Sven Michaelsen
»Das drucken Sie aber nicht!«

SVEN MICHAELSEN

»*DAS DRUCKEN SIE ABER NICHT!*«

DIE BESTEN INTERVIEWS

PIPER

Mehr über unsere Autoren und Bücher:
www.piper.de

Von Sven Michaelsen liegt im Piper Verlag vor:

Ist Glück Glückssache?
»Das drucken Sie aber nicht!«

MIX
Papier aus verantwor-
tungsvollen Quellen
FSC® C014496

ISBN 978-3-492-05840-7
© Piper Verlag GmbH, München, 2018
Satz: Kösel Media GmbH, Krugzell
Gesetzt aus der Minion Pro
Litho: Lorenz & Zeller, Inning am Ammersee
Druck und Bindung: GGP Media GmbH, Pößneck
Printed in Germany

»Wenn mein Haus in Flammen stünde,
was würde ich retten?
Zuerst das Feuer.«

JEAN COCTEAU

Inhalt

Vorwort
von Benedikt Erenz

Worum es hier geht: Um Leben und Werk. Um Klatsch und Trash. Um Leben und Tod. Wir sitzen im Café, sehen auf die Promenade im Sonnenlicht oder den Boulevard am Abend, und die Welt plappert vorbei. Bunt und roh, flüsternd und keifend, hell auflachend, bitter, mit einem unterdrückten Weinen. Mit einem tiefen Seufzer, in dem alle Lust und alles Weh zergeht.

Künstlerinnen und Künstler der Mode sind es, der Literatur, der Malerei, des Schauspiels ... des Lebens. Sven Michaelsen hat mitgeschrieben. Seit Jahren veröffentlicht er die aufregendsten Interviews in den großen Blättern des deutschen Sprachraums. Gespräche, die Furore machten, wie zum Beispiel jenes mit dem Verleger Hubert Burda oder der wunderbar freimütigen Heide Sommer für das Magazin der *Süddeutschen Zeitung*. Es sind Gespräche, die zunächst nur luftig kreisen, um dieses und jenes, Gesehenes, Gehörtes, Erlebtes. Doch plötzlich geht es um alles und nichts. Um Leben und Tod.

Wie macht er das?

Vielleicht ... nein.

Vielleicht ... nein, auch nicht.

Vielleicht – da kommen wir dem Geheimnis dieser abgründigen Dialoge schon ein bisschen näher –, schafft er das, weil Michaelsen nicht nach dem fragt, was sein Gegenüber für Werk und Leben hält. Sondern nach der Erfahrung, die der Version von sich selbst und der eigenen Arbeit zugrunde liegt. Nicht nach Kindheit und Lehrjahren, sondern nach dem Menschen, der das Kind und der Lernende einmal war. Diesen Moment versucht er zu fassen, den Moment, in dem der Mensch seine Erfahrung begreift und im Gespräch neu erfindet, wie oft auch immer er sie schon erzählt haben mag. Wie sehr er selber daran glaubt oder im Stillen daran zweifelt.

Kein Insistieren. Kein Diskutieren. Nur Geduld, Witz und sanfte Neugier. Vor allem aber kommt diese Fragekunst aus der besten Schule, die es für einen Menschenforscher geben kann: aus der guten, alten, alles zersetzenden Schule des Existenzialismus. Es ist jene große Schule des Zweifels, die unsere Nachkriegskultur – mal schwarzweiß streng, mal poppig bunt – bis weit in die siebziger Jahre bestimmt hat. Camus, Ionesco, Améry, Frisch, Jandl. Michaelsen hat sie studiert. Ihre Skepsis und illusionsfreie Weltsicht inspirieren seine Fragen. Denn was ist das: diese Erfindung, die wir das Leben nennen? Warum machen wir dies und nennen es gut? Und jenes und nennen es böse? Warum verstehen wir nicht, was die Welt von uns will? Und das Schicksal, was immer das ist? Warum ist das Schreckliche oft so komisch? Das Lustige oft zum Weinen? Und was ist das überhaupt, über alle Sprache hinaus: Erfahrung? Was macht sie mit uns bis in unsere Körper, unsere Träume hinein?

Michaelsen fragt nach diesem und jenem, nach Anekdoten, Gerüchten, Zitaten. Scheinbar ziellos bis sich das Gespräch verdichtet. Bis es tief hineingeht in den Raum der individuellen Erfahrung. Dabei dreht es sich nicht um Daten und Deutungen. Seine Fragen zielen auf Lebensgrund und Lebensgepäck. Auf die Risse und Widersprüche, aus denen die Energie kommt. So öffnen ein paar beiläufige Anekdoten, die Juergen Teller über die gewalttätige, hoffnungslose Figur seines Vaters erzählt und über die eigene Ohnmacht, die Ohnmacht des Sohnes, der er war, den Blick auf das Panische in Tellers Fotografie. »Zuhause lief ich immer geduckt herum, denn jeden Moment konnten die Dinge explodieren.« Da geht es nicht mehr um einen Aspekt des Werkes, sondern um den Kern. Da geht es (auch darin gut existenzialistisch) im Beiläufigen um die Menschliche Komödie im Großen, um die Absurdität, ein Mensch zu sein.

»Ich schaue dir gern beim Leben zu«, habe ihre große Liebe Jean-Claude Carrière einmal zu ihr gesagt, erinnert sich Hanna Schygulla, und in der Erinnerung an diesen einen Satz liegt alles: die Unmöglichkeit ihrer Liebe und die Wehmut über ein Leben, wie wir alle es leben und doch zu verfehlen glauben. Es sind solche völlig unscheinbaren Momente, die viele dieser Gespräche so unvergesslich machen – neben den grellen Lichtern, die hier natürlich auch nicht fehlen. Das sind sich exzentrische Naturen wie Peter Sloterdijk, André Heller oder die großartige Inge Feltrinelli natürlich schuldig.

Eine der denkwürdigsten Begegnungen und Höhepunkte dieses Best-of-Albums von Michaelsens Interviews aus den Jahren 2012 bis 2017 ist vielleicht das Gespräch mit dem heute fast schon ein wenig in Vergessenheit geratenen kanadischen Künstler und Autor Douglas Coupland, dessen Roman *Generation X* 1991 zum Kultbuch wurde. Die Fragen sind diesmal so kurz wie simpel, Couplands Antworten voll Satire und Melancholie, zugleich von einer provokanten Abgeklärtheit. Der Leser weiß nicht so recht, wo die Prätention aufhört und die Verzweiflung beginnt, und wird zum Zeugen einer furiosen Improvisation über den rasenden Wahn und Witz unserer Zeit.

»Sagen Sie mal was Nettes zu mir«, blafft Peter Handke Michaelsen an, »Sie blättern da wie ein Untersuchungsrichter in Ihren Aufzeichnungen.« O nein. Da irrt Handke. Ein Untersuchungsrichter ist dieser Ethnologe der Kulturmenschheit nicht. Ein Fragen-, kein Fallensteller. Ein Forscher, der wissen will, nicht urteilen. Bescheiden zudem: In den vorausgegangenen Auswahlbänden mit seinen Interviews – *Starschnitte* (2006) und *Wendepunkte* (2012) – sind die Fragen weggelassen und nur die Antworten gedruckt. So werden aus Gesprächen Monologe, Selbsterforschungen, denen der Leser als Komplize des Autors wie durch einen Venezianischen Spiegel hindurch zusieht respektive -hört. Ein reizvolles Spiel, das viele Leser fasziniert hat.

Diesmal allerdings hat Michaelsen die Fragen stehengelassen, zugelassen. Diesmal tritt er selber auf. Nicht als Untersuchungsrichter, sondern als Mann in der Menge, im Café am Boulevard, an der Strandpromenade. Da sitzt er, hört zu und rührt in seiner Tasse. Er hört genau, hört im Lärm das leise Wort, den flüchtigen Satz. Eine Erinnerung, eine Anekdote, die der Andere eigentlich gar nicht erzählen will, albern, banal, peinlich – »Das drucken Sie aber nicht!« –, ein kleines Übrigens nur, ganz nebenbei. Denn die ganze Wahrheit erfährt man immer nur ganz nebenbei.

Ein junger Mann mit lädiertem Selbstbewusst-
sein will unbedingt Maler werden, doch als
seine Bilder bei den Galeristen durchfallen,
wird er stattdessen welt-
weiter Chefauktionator
von Sotheby's und Kunst-
berater von Milliardären
und arabischen Potentaten:
Simon de Pury über die
Keramikvase am Totenbett
von Jackie Onassis und
seine Jahre als Trüffelhund
von Baron Thyssen-Borne-
misza, über die Rezepte von
Jeff Koons zur Steigerung
der Potenz und den schwarzen Tag, als er ein
Bild von Max Ernst aus Versehen in vier Teile
zerschneidet

> **»Kunst zu sammeln ist eine unheilbare Suchtkrankheit, aber es ist die schönste Krankheit, die es gibt«**
>
> SIMON DE PURY

Der Bildhauer Alberto Giacometti wurde einmal gefragt, was er aus einem brennenden Haus retten würde: eine Katze oder einen Rembrandt. Er entschied sich ohne zu zögern für die Katze.

Ich würde bedenkenlos den Rembrandt retten und die Katze ihrem beklagenswerten Schicksal überlassen. Kunstwerke sind für mich lebende Objekte, die den Tod ihres Schöpfers überdauern, manchmal für Jahrtausende. Weil große Kunst das Beste in uns Menschen verstärkt, ist ihr Überleben wichtiger als das eines Tieres.

Seit wann können Sie einen Monet von einem Manet unterscheiden?

Seit meinem 13. Lebensjahr. Meine Mutter fuhr mit mir nach

Florenz und Paris und führte mich durch Museen und Galerien. Ich schämte mich immer ein wenig, wenn wir vor einem Gemälde standen und sie mir Erläuterungen aus dem Kunstführer vorlas, aber mit meinen Kindern habe ich später das Gleiche gemacht.

Mit welchem Ergebnis?

Als meine Kinder Teenager waren, fuhr ich mit ihnen für eine Woche nach New York. Sechs Tage lang absolvierten wir ein Programm für Halbwüchsige. Am siebten Tag, einem Mittwoch, wollte ich ihnen unbedingt das Museum of Modern Art zeigen. Als wir vor dem Eingang standen, bekamen meine Kinder Smiley-Gesichter. Als ich fragte, warum sie so beglückt gucken würden, deuteten sie auf ein Schild: »Mittwochs geschlossen«.

Sie wollten seit früher Jugend Maler werden. Nachdem Ihre abstrakten Tuschbilder bei drei Galerien durchgefallen waren, gingen Sie für 18 Monate beim Schweizer Kunsthändler Eberhard Kornfeld in die Lehre. Eine gute Zeit?

Der Höhepunkt war, dem berühmten Sammler Heinz Berggruen für ein paar Tage als Chauffeur zugeteilt zu werden. Der Tiefpunkt war, für eine wertvolle Zeichnung von Max Ernst ein Passepartout zuschneiden zu sollen. Ich übersah, dass die Zeichnung unter der Pappe lag, und zerschnitt sie in vier Teile. Ich hatte ein furchtbar schlechtes Gewissen und war mir sicher, rausgeworfen zu werden, aber Kornfeld reagierte höchst gelassen: »Kein Problem, junger Mann, für mich arbeitet der weltbeste Restaurator. Wenn er mit seiner Arbeit fertig ist, wird niemand darauf kommen, was passiert ist.« Bei der Versteigerung der Zeichnung wurde der Schaden mit keinem Wort im Katalog erwähnt. Ich zitterte, dass alles herauskommen würde, aber vom Käufer kam nie eine Beschwerde. Ich hatte das perfekte Verbrechen begangen.

Haben Sie noch andere Kunstwerke auf dem Gewissen?

Nein, aber es ist erschreckend, wie oft Objekte hinter den Kulissen zerstört werden. Als junger Mann habe ich Kunsttransporte begleitet. Wenn ich in feuchtheißen Städten wie

Bombay oder Bangkok das Flugzeug wechseln musste, standen die Kisten mit wertvollen Gemälden manchmal stundenlang in der prallen Sonne. Beim Auktionshaus Christie's rutschte einmal ein Klavier vom Podium und machte aus einer mehrere Millionen Dollar teuren Stradivari Kleinholz. Bezeichnend ist auch, was mit einem Objekt von Christo passiert ist, als es bei einem Auktionshaus eingeliefert wurde. Man hatte vergessen, den Mitarbeitern der Frachtabteilung zu sagen, dass Christo ein Verpackungskünstler ist. Indem die Männer sein Werk auspackten, zerstörten sie es.

Mit 23 waren Sie eine unbezahlte Hilfskraft am Empfangstresen des Auktionshauses Sotheby's in London, bereits zwei Jahre später schickte Ihr Arbeitgeber Sie als Verkaufschef nach Monaco. Zu Ihren Insignien zählten eine Cabana im »Monte Carlo Beach Club« und ein privates Whisky-Depot im Nachtklub »Jimmy'z«. Es folgten Fotogeschichten über Sie in der *Vogue* und in der *International Herald Tribune*. Schmorte Ihr Ego durch?

Nein, die geringschätzigen Blicke meiner Mutter waren an mir haften geblieben und verhinderten, dass ich der Sonne zu nahe kam. Vom zehnten bis zum 18. Lebensjahr war ich felsenfest davon überzeugt, der größte Versager unter Gottes Himmel zu sein. Ich war ein miserabler, ängstlicher Schüler, der von seiner leistungsbesessenen Mutter, die stets Klassenbeste gewesen war, von morgens bis abends an seinen brillanten Geschwistern gemessen wurde. Mit 15 schickte sie mich für zweieinhalb Tage zu einem angesehenen Psychologen ins Engadin. Nach endlosen Tests schrieb der Mann einen siebeneinhalbseitigen Bericht über mich, den meine Mutter mir viermal vorlas. Das Fazit des Fachmanns war verheerend: Ich solle auf keinen Fall das Gymnasium beenden oder gar studieren, Krankenpfleger wäre genau das Richtige für mich. Heute kann ich meine Schande wie eine Anekdote erzählen, aber sie hat Spuren hinterlassen. Obwohl meine Mutter schon lange tot ist, spüre ich immer noch den Wunsch, sie zu beeindrucken. Wir können unseren hartnäckigsten Feinden entkommen, nicht aber unseren Eltern.

Wie kamen Sie in Monaco an Kunden, die sich von ihren Schätzen trennen wollten?

Das Auktionsgeschäft lebt von drei Ds: divorce, debt, death – Scheidung, Schulden, Tod. Deshalb begann mein Tag mit Zeitungslektüre, erst die Gesellschaftsseiten, dann die Todesanzeigen.

Nach fünf Jahren bei Sotheby's wurden Sie 1979 Kurator der Kunstsammlung von Hans Heinrich Ágost Gábor Tasso Baron Thyssen-Bornemisza de Kászon, genannt Heini, Enkel des Stahl-Tycoons August Thyssen und einer der reichsten Männer der Welt. Warum wechselten Sie Ihren Beruf?

Der Baron hatte in der Villa Favorita in Lugano die großartigste private Kunstsammlung der Welt zusammengetragen. Alle großen Künstler vom 12. bis zum 20. Jahrhundert waren vertreten. Nur die englische Königin besaß etwas Vergleichbares. Ein weiterer Grund war, dass der Baron mir ungeheuer imponierte. Er war eine auratische Erscheinung, hatte Ladykiller-Appeal und besaß Manieren, die mehr als tadellos waren. Einmal trafen wir uns in meinem Sotheby's-Büro. Wenn eine Angestellte hereinkam, stand er jedes Mal auf und begrüßte sie so galant und formvollendet, als stünde ihm ein gekröntes Haupt gegenüber. Um seine Sammlung vorzuführen, schickte er mir sein Flugzeug, eine Dassault Falcon. Damals gab es einen Jetset, aber niemand besaß einen Jet. Für den Baron war es ein gewöhnlicher Tag, wenn er morgens in London frühstückte, in Amsterdam zu Mittag aß, nachmittags in Paris den Louvre besuchte und abends in Rom auf einer Party tanzte.

Wie sah Ihr erster Arbeitstag aus?

Ich sollte ein komplettes Inventar seiner Bilder erstellen. Ich ahnte nicht, dass mir eine Weltreise bevorstand. Der Baron hatte Büros in Bremen, Zürich und Monte Carlo und Häuser in London, Gloucestershire, St. Moritz, Marbella, Jamaika und auf Sardinien. Überall hing teuerste Kunst an den Wänden.

Thyssen-Bornemisza war damals Ende fünfzig und sah aus, wie Hollywood sich einen verworfenen Baron vorstellt: zweireihiger Maßanzug mit Einstecktuch, manikürte Finger-

nägel, halb geschlossene Augenlider, stets ein Glas in der Hand, atemraubende Trophäenfrauen an jedem Finger.

Seine Ehefrauen waren nicht weniger spektakulär als seine Eroberungen. Als wir uns kennenlernten, war er in vierter Ehe mit der brasilianischen Bankierstochter Denise Shorto verheiratet, einer Society-Version von Brigitte Bardot, die an der Sorbonne studiert hatte und akzentfrei fünf Sprachen sprach. Sie kannte sich in Kunstgeschichte aus und besaß den ungekünstelten Stolz einer Löwin. Sie war die perfekte Frau für Männer, die alles haben.

Was für ein Mensch war Thyssen-Bornemisza?

Er war ein Grandseigneur mit staubtrockenem Witz, der vieles ernst nahm, aber sich selber nie. Er war ein Beobachter, der sein romanhaftes bis seifenopernartiges Leben so distanziert betrachtete, als wäre es nicht das eigene. Und er war ein Connaisseur, der ein Drei-Sterne-Essen im »La Tour d'Argent« in Paris nicht weniger schätzte als einen Dürer oder Holbein. Für ihn zu arbeiten war der feuchte Traum von jedem, der sich mit den Spitzen von Kultur, Hochfinanz und Society vernetzen wollte. Er galt als verwöhnter Exzentriker und launenhafter Autokrat, aber ich sagte mir, wenn du es mit Heini schaffst, schaffst du es später mit jedem. Und so war es. Was ich über Diplomatie, die Bewegungsgesetze der Machtwelt und die Psychologie von Superreichen weiß, habe ich als seine rechte Hand gelernt.

Wie war das Leben in der Villa Favorita?

Der Vater des Barons hatte die im 17. Jahrhundert erbaute Villa 1932 von Friedrich Leopold von Preußen gekauft und auf dem Gelände ein Museum im Stil der Neuen Pinakothek in München errichten lassen. Ich zog mit meiner ersten Frau ins Torhaus der Villa. Unseren Ältesten brachten wir mit, die drei folgenden Kinder wurden dort geboren. Als der Baron unsere beengten Verhältnisse bemerkte, nahm er uns im Haupthaus auf. Seine Begrüßung lautete: »Gratuliere, Sie haben sich aus dem Torhaus herausgevögelt.« Wenn er mit Gästen Englisch sprach, beschrieb er seine Herkunft gern mit den Worten: »My family's in iron and steel. My mother irons and my father steals.« Einmal im Jahr musste er für seine Familie einen Finanzreport schreiben. Da er wusste, wie öde die Lektüre war, brachte er ungefähr auf Seite zwanzig eine Fußnote an: »Wenn du bis hierhin gelesen hast, rufe mich an. Ich schicke dir eine Kiste Krug-Champagner.« Den Champagner hat sich nie jemand verdient.

Sie wurden der Trüffelhund von Thyssen-Bornemisza. Wie oft haben Sie für ihn Kunst gekauft?

Jede Woche, manchmal auch jeden Tag, denn Erfolg gebiert Verlangen. Der Baron galt bei Händlern als Buyer Number One, deshalb wurden Bilder zuerst ihm angeboten. Maler, die ihn interessierten, hatten tot zu sein. Lebende Künstler fand er dubios. Die große Ausnahme war Lucian Freud, der in Berlin geborene Enkel von Sigmund Freud. Von ihm ließ er sich Anfang der Achtziger malen. Da Freud schrecklich langsam arbeitete, musste er ihm 160 Stunden lang Porträt sitzen, verteilt auf 15 Monate. Heute hängt das Bild mitsamt seiner Sammlung im Museo Thyssen-Bornemisza in Madrid.

Gab es eine Chance, die Sammlung nach Deutschland zu holen?

Dafür hätte man dem Baron ein Weltklasseangebot auf dem Silbertablett servieren müssen. Als die Villa Favorita zu klein für seine Sammlung wurde, ließ er den Architekten James Stirling einen Erweiterungsbau entwerfen, der am Ende 50 Millionen Schweizer Franken kosten sollte. Da ein Teil der Villa Favorita ein für jedermann zugängliches Museum war, meinte der Baron, die Schweizer sollten sich an den Baukosten beteiligen, aber die angebotene Summe empfand er als Ohrfeige. Als klar war, er würde seine Sammlung in das Land transferieren, das ihm den größten Respekt zollte, begann ein Hauen und Stechen, als wären Machiavelli, Richelieu und Metternich gleichzeitig am Werk. Lothar Späth bot dem Baron ein eigenes Museum in Stuttgart an, Prinz Charles kam mit einem handschriftlichen Brief von Margaret Thatcher nach Lugano, Disney und das Getty Museum in Los Angeles gaben Offerten ab, aber das Rennen machte Madrid. Carmen Cervera, die fünfte und letzte Frau des Barons, war Spanierin und hatte gute Beziehungen zu Felipe González und der königlichen Familie. Man bot dem Baron für seine Sammlung einen Palast vis-à-vis vom Prado an. Als er Ja sagte, begann der größte Kunsttransfer in Friedenszeiten, den die Welt je gesehen hat.

Warum sind Sie nach sieben Jahren bei Thyssen-Bornemisza 1986 zu Sotheby's zurückgekehrt?

Der Hammer rief mich. Ich vermisste das Fieber und das Drama bei Auktionen. Das Timing war perfekt. Auf dem Kunstmarkt hatte ein Goldrausch begonnen. Die Preistreiber waren Japaner. Sie kauften Hochhäuser in Manhattan, Filmstudios in Hollywood und Tonnen von Kunst.

1992 wurden Sie Europa-Chef von Sotheby's und weltweiter Chefauktionator des Hauses. Was macht einen guten Auktionator aus?

Autorität, Stil, Verve, Theatralik und Sachkenntnis. Sie dürfen nicht wie ein schnöder Verkäufer wirken, der seine Ware unbedingt losschlagen will. Ihr Wissen und Ihre Bewunderung für das zu versteigernde Objekt müssen im Saal spürbar sein, andernfalls kriegen Sie keinen Draht zu den Bietern. Ihnen sitzen keine ahnungslosen Geldsäcke gegenüber, sondern smarte, informierte Kenner, die jeden Hype sofort durchschauen würden. Kunsthandel ist das snobistischste Milieu der Welt.

Wie bereiten Sie sich auf eine Auktion vor?

Ich lasse mir den Sitzplan geben, merke mir, wer wo sitzt, und notiere, wen welche Objekte interessieren könnten. Rufe ich ein Los auf, schaue ich den potenziellen Interessenten in die Augen. Weil ich extrem abergläubisch bin, muss ich eine Stunde vor Beginn einer Auktion einen Apfel essen. Ich muss auf dem Podium auch immer das Gleiche anhaben. Deshalb meinen viele, ich besäße seit 25 Jahren nur diesen einen dunkelblauen Zweireiher von Caraceni. Meine dritte Zwangshandlung ist, immer etwas Rotes mit mir herumzutragen. Früher war es ein rotes Notizbuch, heute steckt mein Handy in einem roten Etui.

**Sie sagen, wenn ein und dasselbe Objekt von fünf Auktio-
natoren vor demselben Publikum versteigert wird, kommen
fünf verschiedene Preise zustande. Woran liegt das?**

An der unterschiedlichen Performance der Auktionatoren.
Bieter haben ein Limit im Kopf. Ich verführe sie dazu, ihr Limit
zu vergessen, denn mein Job ist, das Maximum aus ihnen herauszuholen. Dazu muss ich die Stimmung im Saal prägen wie
ein Showmaster, der die Zuschauer mit seiner Flamboyanz
ansteckt. Wichtig ist, für eine Dramaturgie zu sorgen und das
Tempo zu variieren. Nur Anfänger brennen ein Feuerwerk ab
und versteigern die teuren Objekte hintereinander weg.

**Könnten Sie ebenso gut Pferde oder Schweinehälften ver-
steigern?**

Ich fürchte ja.

Was raten Sie einem Neuling bei einer Auktion?

Kaufen ist einfach. Schwierig ist, der Versuchung zu kaufen
zu widerstehen. Seien Sie anspruchsvoll und wählerisch, als
gelte es, Ihre einzige Tochter zu verheiraten. Aber nehmen Sie
sich in Acht: Kunst, die schwer zu kriegen ist, hat etwas Unwi-
derstehliches und steigert die Begehrlichkeit. Das ist wie bei der
Liebe.

Was war Ihre kräftezehrendste Auktion?

Bei der Contessa Corsini in Florenz habe ich 1994 in zweieinhalb Tagen 1718 Lose durchgehämmert. Seither habe ich immer
Emser Pastillen bei mir.

Was war das teuerste Objekt, das Sie versteigert haben?

2010 wurde Andy Warhols *Men in Her Life* bei Sotheby's ein-
geliefert. Das Bild brachte bei mir 63,4 Millionen Dollar. Fünf
Jahre später versteigerte Jussi Pylkkänen bei Christie's *Die
Frauen von Algier* von Picasso für 179,4 Millionen Dollar – eine
neue Bestmarke. Aber Auktionsrekorde sind wie Sportrekorde:
Man kann sich nie sehr lange mit ihnen schmücken. Im Novem-
ber 2017 wurde bei Christie's die angeblich aus der Hand von
Leonardo da Vinci stammende Jesus-Darstellung *Salavator
Mundi* für 450,3 Millionen Dollar versteigert. Auch dieser Welt-
rekord wird demnächst gebrochen werden.

Der Franzose Maurice Rheims, eine 2003 gestorbene Legende Ihrer Zunft, hat die Pornobuchsammlung von König Faruk versteigert, das Fallbeil, das den Nacken von Louis XVI. durchtrennte, sowie den Zweispitz, den Napoleon 1809 während der Schlacht bei Wagram trug. Haben Sie ähnliche Kuriosa versteigert?

1996 wurde der Nachlass von Jackie Onassis versteigert. Die Auktion dauerte vier Tage und war der größte Publicityerfolg in der Geschichte von Sotheby's. Ein Bieter zahlte ein kleines Vermögen für die Keramikvase, die an Jackies Totenbett gestanden hatte.

Eine Kollegin von Ihnen hat mal einem Kunden im Saal zugerufen:»C'mon, get your balls out!« Darf man jemanden auffordern, seine Eier rauszuholen, um den Auktionspreis in die Höhe zu treiben?

Bei einer kommerziellen Auktion: nein. Bei einer Wohltätigkeitsauktion: ja. Da dürfen Sie wie eine gewiefte Animierdame auftreten und alle Register ziehen. Wenn ich die Leute im Saal kenne, spiele ich die großen Egos gegeneinander aus. Keiner will das Bietgefecht verlieren, denn er glaubt, sein Prestige würde leiden. Das Schöne ist, dass diese Eitelkeitsduelle Notleidenden zugutekommen. Bei der Amfar-Gala in Cap d'Antibes habe ich 2014 ein vergoldetes Mammutskelett von Damien Hirst für 15 Millionen Dollar an den aus der Ukraine stammenden Milliardär Leonard Blavatnik versteigert. Im folgenden Jahr bat mich Leonardo DiCaprio, auf einem Weingut bei Saint-Tropez eine Auktion für seine Umweltstiftung zu leiten. Der Eintritt kostete 19 000 Dollar. Unter den 650 Gästen waren Sylvester Stallone, Goldie Hawn, Adrien Brody, Orlando Bloom, Marion Cotillard, Harvey Weinstein, Larry Gagosian und Tommy Hilfiger. Die Auktion begann um 21 Uhr und endete morgens um halb drei. Es kamen vierzig Millionen Dollar zusammen.

Was haben Sie versteigert?

Zuerst Erlebnisse, die man nicht kaufen kann: mit Roger Federer Tennis spielen, mit Harvey Weinstein zu den Oscars gehen, eine Arktis-Expedition mit Albert von Monaco. Dann kamen Arbeiten von Andy Warhol, Frank Stella, Banksy und Monet unter den Hammer. Zum Schluss habe ich zwei Privatkonzerte von Elton John versteigert. Den Zuschlag bekamen zwei Milliardäre aus Asien für jeweils drei Millionen Dollar.

Sie haben bei Sotheby's eine Vortragsreihe ins Leben gerufen mit Rednern wie Helmut Newton, Karl Lagerfeld und den Philosophen George Steiner und Bernard-Henri Lévy. Wer hat Sie am stärksten beeindruckt?

Anthony Burgess, der Autor von *A Clockwork Orange*. Weil er sich für einen langweiligen Redner hielt, schickte er mir Notenblätter mit einer Komposition, die er eigens für seinen Auftritt geschrieben hatte. Die Musik war so schwierig zu spielen, dass die Solisten eine Woche lang proben mussten. Der faszinierendste Teil des Abends begann nach dem Schlussapplaus. Als Zugabe setzte sich Burgess selbst ans Piano und spielte so besessen, dass Schaum aus seinen Mundwinkeln kam. Nach ein paar Minuten sprang er auf, rief ein paar passionierte Worte über die Kunst in den Saal und spielte weiter. In diesem Wechsel ging das eine Stunde lang. Unter den Zuhörern saß David Bowie und machte sich eifrig Notizen.

Zu Ihren Rednern gehörte auch Jeff Koons. Wie war sein Auftritt?

Er war noch mit dem italienischen Pornostar Cicciolina zusammen und arbeitete an großen und höchst realistischen Skulpturen, die die beiden beim Sex zeigten. Seine Serie nannte er *Made in Heaven*. Während er redete, wurden Fotos seiner Kopulationsskulpturen auf eine riesige Leinwand hinter ihm projiziert. Sein Vortrag gipfelte in dem Satz: »Rembrandt benutzt für seine Kunst Pinsel, ich meinen Schwanz.« Bei diesem Wort riss es ein paar ältere Damen vom Sitz. Sie stürmten türenknallend aus dem Saal. Am nächsten Morgen beschimpfte mich eine von ihnen am Telefon: »Ich bin schockiert, dass ein so proper aussehender Mann wie Sie eine solche Ferkelei organisiert!« In der nächsten Sekunde bat sie mich, zu ihr nach Hause zu kommen, sie wolle mir ein Gemälde zur Versteigerung geben.

In dem Moment wusste ich, was ich den Controllern aus der Sotheby's-Zentrale sage, sollten sie mich wegen der hohen Kosten für die Vortragsreihe grillen wollen.

Nach ihrem Auftritt wurden die Redner mit einem Festessen in großer Runde geehrt. Wie verhielt sich Koons?

Er hatte mich ein paar Tage zuvor wissen lassen, dass alle Gäste ein Spezialmenü bekommen sollten, das die Potenz steigere. Das Rezept habe ihm Arnold Schwarzenegger verraten. Als ich einen Toast ausbrachte und auf die aphrodisierende Wirkung der Speisen hinwies, riefen die Gäste im Chor: »Wir wollen mehr! Wir wollen mehr!« Im Umgang mit Händlern und Käufern zeigt Koons gespenstisches Geschick. Wenn eins seiner Werke versteigert wird, kommt er zur Vorbesichtigung und beantwortet mit Engelsgeduld die Fragen von Interessenten. Ich kenne keinen zweiten Künstler, der das eigene Werk so überzeugend vermitteln kann. Wenn Sie seinem Charme und seiner Begeisterung ein paar Minuten ausgesetzt sind, bleibt Ihnen nichts anderes übrig, als ihn zu lieben. An ihm lässt sich ein modernes Phänomen studieren: Der Künstler ist die Kunst.

1997 verließen Sie Sotheby's zum zweiten Mal und gründeten mit Ihrer Kollegin Daniella Luxembourg das Auktionshaus de Pury & Luxembourg. Warum wollten Sie Ihrem ehemaligen Arbeitgeber die Stirn bieten?

Christie's und Sotheby's bildeten seit Jahrzehnten ein Duopol, das mehr als neunzig Prozent des Auktionsmarktes beherrschte. Durch einen ruinösen Konkurrenzkampf waren die Gewinne fast auf null geschrumpft. Ich wollte die beiden Kolosse zu einem Triumvirat zwingen. Wenn Christies's und Sotheby's wie Coca-Cola und Pepsi waren, wollte ich Red Bull sein.

Ihre Geschäfte liefen anfangs glänzend.

Deshalb wurde Bernard Arnault auf uns aufmerksam, der Chef des Luxusgüterkonzerns LVMH. Sein Erzrivale François Pinault hatte Christie's 1998 für 1,2 Milliarden Dollar gekauft, also wollte Arnault ebenfalls ein Auktionshaus besitzen. LVMH kaufte die Londoner Galerie Phillips, und wir fusionierten zu

Phillips, de Pury & Luxembourg. 75 Prozent des neuen Unternehmens gehörten LVMH.

Ihr erster Scoop war die Versteigerung von Bildern aus der Sammlung von Heinz Berggruen.

Arnault und ich trafen uns mit Berggruen in der »Paris Bar« in Berlin und boten ihm eine unschlagbare Garantiesumme. Bei der Auktion versteigerten wir 41 Meisterwerke, darunter einen Cézanne für 38 Millionen Dollar. Alles schien bestens zu laufen, aber ein paar Monate später stürzten in New York die Zwillingstürme ein, und der Luxusmarkt drohte zu kollabieren. Nachdem Arnault deswegen aus unserer Firma ausgeschieden war, trugen wir ein Stigma: Einer der größten und intelligentesten Alpha-Player auf dem Kunstmarkt hatte uns das Vertrauen entzogen! Der 4. November 2002 wurde dann mein Pearl Harbor. Vor der Versteigerung waren 17 Bilder auf je mehr als eine Million Dollar geschätzt worden, aber als ich das Podium betrat, saßen die Bieter den ganzen Abend auf ihren Händen, und wir verkauften nur eins von den 17. Statt an diesem Tag um die fünfzig Millionen Dollar umzusetzen, kamen wir nur auf 6,9 Millionen. Die Schadenfreude unserer Konkurrenten war grenzenlos. Ich war ein Dead Man Walking.

Wie sind Sie als Verlierer?

Ich versuche mich mit dem Satz zu trösten: Erfahrungen sind das, was man bekommt, wenn man nicht bekommt, was man wollte.

Nach dem Ausstieg Ihrer Partnerin Daniella Luxembourg gründeten Sie 2003 im New Yorker Meatpacking District ein neues Auktionshaus mit dem Namen Phillips de Pury und spezialisierten sich auf Kunst, Fotografie und Design aus den vorangegangenen 25 Jahren.

Wir waren ein Guerilla-Auktionshaus für das Hier und Jetzt. Keine Impressionisten und alten Meister mehr, sondern Richard Prince, Cindy Sherman, Andreas Gursky, Helmut Newton, Ron Arad und Marc Newson. Wenn wir Juwelen versteigerten, verschickten wir den Katalog in einer Pizzaschachtel. In unserem Beirat saßen hippe Leute wie Mario Testino, Marc Jacobs, Lapo

Elkann, Gloria von Thurn und Taxis, Malcolm McLaren und Juergen Teller. Unsere Kunden waren die neuen Goldfinger: junge Hedgefondmanager und Investmentbanker. Sie fanden es cool, dass wir in unseren Räumen Konzerte mit Human League oder Patti Smith veranstalteten. Mit dem letzten Hammerschlag einer sieben Stunden langen Auktion ging ein Vorhang auf, und Nile Rodgers brachte mit seiner Band Chic den Saal in Ekstase. Magisch war auch, wie Cindy Sherman mit George Clinton in einer Marihuanawolke tanzte oder wie das Publikum beim Auftritt von Kid Creole & the Coconuts um den Hai-Tank von Damien Hirst tanzte.

Nach Auftritt und Kleidung wirken Sie wie ein Schweizer Bankier. War es Kalkül, dass Sie Ihr neues Unternehmen wie ein Glamrocker führten?

Beurteilen Sie ein Buch nie nach dem Umschlag. Ich weiß, dass ich konservativ und konventionell wirke, aber ich liebe Hip-Hop, bin ein ziemlich guter DJ und gehöre auf Partys immer zu den Letzten. Zu Künstlern fühle ich mich stärker hingezogen als zu Menschen, die Kunst kaufen.

Was war Ihr erster Kunstkauf?

1987 habe ich in einer Ausstellung in Zürich ein Gemälde des russischen Malers Erik Bulatow entdeckt. Es zeigte eine Landschaft, quer über dem Bild stand »Ne Prislonyatsa«, nicht hinauslehnen. Das Bild beeindruckte mich so stark, dass ich Bulatow instinktiv sagte, ich möchte es kaufen. Er verlangte 35 000 Schweizer Franken. Da ich so viel Geld nicht hatte, bat ich um Ratenzahlung. Als meine erste Frau und ich uns trennten, wurde unsere Sammlung aufgeteilt, und *Ne Prislonyatsa* ging in ihren Besitz über. 2007 hat sie mich das Bild in London versteigern lassen. Es erzielte 916 000 Pfund.

Heinz Berggruen gestand kurz vor seinem Tod, seine Sammelobsession habe ihn zu einem zutiefst unglücklichen Menschen gemacht. Er verglich sich mit einem Heroinjunkie, der sein Leben mit der Suche nach Stoff verbringt.

Ich habe Berggruen gut gekannt. Sollte er unglücklich gewesen sein, lohnt es sich, unglücklich zu sein. Kunst zu sammeln ist eine Besessenheit, eine Suchtkrankheit, noch dazu eine unheilbare, aber es ist die schönste Krankheit, die es gibt. Die Infizierten gehen über ihre finanziellen Mittel, um ein Objekt in ihren Besitz zu bringen. Man erkennt sie an ihrem bittersüßen Schmerz, ein Opfer gebracht zu haben. Ihre Passion ist zugleich Liebe und Leid. Ich kenne Sammler, die wegen ihrer Käufe sehr bescheiden leben und noch auf dem Sterbebett zum Telefon greifen, um bei einer Auktion mitzubieten.

Großsammler können sich nur mit einem Bruchteil ihrer Käufe umgeben. Das meiste verschwindet in schwer bewachten Zollfreilagern in der Schweiz oder in Singapur. Im Genfer Zollfreilager, dem größten geheimen Museum der Welt, soll Kunst im Wert von hundert Milliarden Franken lagern. Was bringt es diesen Leuten, ihre Kunstsammlung als Slideshow auf dem iPad zu betrachten?

Mit 18 war ich überzeugt, ein Bild lebt nur, wenn ein Mensch davorsteht und es sich anschaut. Ich glaubte, Menschen können sich an Kunstwerken erfreuen, ohne das Verlangen zu haben, sie besitzen zu wollen. Ich habe lernen müssen, dass Sammler völlig anders ticken. Das Wichtigste für sie ist, das Objekt zu besitzen. Ob sie auch leibhaftig davorstehen können, ist zweitrangig.

Sigmund Freud meinte, Sammler kompensieren Entbehrungen, die sie als Kind durch fehlende Mutterliebe erlitten haben. Wer es nicht schaffe, erwachsen zu werden, ersetze Teddys und Puppen durch Kunstwerke.

An dieser Theorie ist viel dran, aber vergessen Sie nicht, dass Sammeln ein Urtrieb des Menschen ist. Meine kleine Tochter ist von Puppen besessen und baut eine Sammlung auf. Meine Passion in ihrem Alter waren Modellautos. Eine Sammlung zu haben gibt einem das Gefühl von Zugehörigkeit und Geborgenheit, auch wenn wir alle wissen, wie trügerisch dieser Glaube ist. Es gibt allerdings auch Sammler, für die Kunst lediglich eine Möglichkeit ist, ihr Anlagenportfolio zu diversifizieren. Ein Gerhard Richter ist für sie ein solider Vermögenswert wie eine Immobilie an der Côte d'Azur. Die Schönheit und

Wahrheit eines Bildes interessiert sie ebenso wenig wie das Inspirierende und Lebensintensivierende, das von Kunst ausgehen kann.

Sie wohnen in einem geräumigen Townhouse im Londoner Stadtteil Mayfair. Wie viel Ihrer Kunst ist dort zu sehen?

Etwa zwanzig Prozent. Der Rest ist in einem Zollfreilager in der Schweiz.

Wie viel Kunst kaufen Sie?

Zwei, drei Objekte im Monat. Ich habe den ebenso eitlen wie vergeblichen Traum, eines Tages meine eigene Villa Favorita zu haben.

Der Stahltycoon Andrew Carnegie wäre längst vergessen, hätte er New York nicht 1891 die Carnegie Hall geschenkt. Befeuert Museumsstifter wie Bernard Arnault und François Pinault insgeheim der Wunsch, unsterblich zu werden?

Gut möglich, denn als beinharte Realisten wissen beide, dass nichts länger lebt als Kunst. Warum ragen Menschen wie Richard III. oder Wallenstein aus dem historischen Dunkel? Doch nur, weil die Künstler Shakespeare und Schiller Dramen über sie geschrieben haben, die so gut sind, dass wir sie immer noch lesen. Jeder Milliardär weiß, er ist ein paar Jahre nach seinem Tod ein Niemand, es sei denn, er hinterlässt ein kulturelles Vermächtnis, das seinen Namen verewigt. Die egoistische Seite von Mäzenen ist, dass sie Geld gegen postmortalen Ruhm tauschen wollen. Kratz einen Altruisten und sieh einen Heuchler bluten.

Arnault soll 65 Milliarden Dollar schwer sein, Pinault, einst Schulabbrecher, heute Eigentümer von Modemarken wie Gucci, Yves Saint Laurent und Bottega Veneta, wird auf 27 Milliarden Dollar geschätzt. Was eint die beiden Franzosen?

Sie sind sowohl Visionäre als auch begnadete Geschäftemacher. Auf dem Luxusmarkt diese beiden weltumspannenden Imperien geschaffen zu haben ist für mich eine Leistung, die an Kunst grenzt. Schauen Sie sich an, wie die beiden Kunst für ihre Werbung nutzen: Louis Vuitton wird als diejenige Firma in die

Modegeschichte eingehen, die mit Künstlern wie Yayoi Kusama, Takashi Murakami, Richard Prince und Jeff Koons zusammengearbeitet hat. Das von Frank Gehry entworfene Louis-Vuitton-Museum hat mit seiner Ausstellung der Schtschukin-Sammlung alle Besucherrekorde in Paris gebrochen. Diese Synergien zwischen Kunst und Kommerz zu erzeugen ist vor ihnen niemandem gelungen.

Was unterscheidet die beiden?

Arnault ist äußerst höflich, hat kultivierte Umgangsformen und wirkt reserviert bis kühl. Pinault ist extrovertierter und lässt erkennen, welche Leidenschaften ihn treiben. Bei Auktionsvorbesichtigungen wartet er nicht die offizielle Eröffnung ab, sondern nimmt es in Kauf, über Kisten zu klettern, um der Erste zu sein. Keiner seiner Angestellten bei Christie's ist so begierig wie er, die eingelieferte Ware zu sehen. Bei der Art Basel soll er einmal eine Bauarbeitermontur angezogen haben, um vor allen anderen Käufern in die Ausstellungshallen zu gelangen.

Was raten Sie Menschen, die eine Sammlung aufbauen wollen?

Jede Sammlung ist eine Psychoanalyse des Sammlers – wobei man zugeben muss, dass es billiger wäre, zum Psychiater zu gehen. Man sollte beachten, dass Kunstwerke ein eigenes Leben haben und genauso energetisch geladen sind wie wir. Mit einigen Menschen können sie, mit anderen überhaupt nicht. Deshalb ist es oft das Kunstwerk, das sich den Sammler aussucht, und nicht umgekehrt. Das mag nach Humbug klingen, aber ich kann diese These mit Hunderten Beispielen belegen. Der energetische Gehalt eines Objekts erklärt auch, warum Provenienz ein Zauberwort im Kunsthandel ist.

Provenienz heißt: Ein Warhol, der dreißig Jahre lang bei Gunter Sachs hing, ist erheblich teurer als derselbe Warhol, der dreißig Jahre lang bei einem Niemand hing.

Möchten Sie unter einem van Gogh essen, der Pablo Escobar gehört hat oder einem fürchterlichen Diktator und Kannibalen wie Jean-Bédel Bokassa? Ich hätte Angst vor der negativen

Energie, die von diesen Unmenschen in den van Gogh überge-
gangen ist. Es ist doch viel erhebender, mit einem Bild zu leben,
dessen Vorbesitzer eine bewundernswerte Biografie und einen
erlesenen Geschmack hatte. Das sind energetische Pluspunkte,
und für diese positive Aufladung eines Kunstwerks muss der
Käufer halt mitbezahlen.

**Können Sie ein Bild lieben, dessen Schöpfer ein Scheusal
ist?**

Wenn ich von einem Kunstwerk fasziniert bin, will ich den
Künstler kennenlernen. Diese Treffen haben meine Wertschät-
zung bislang immer bestätigt. Mein Glauben an die Kohärenz
von Person und Werk reicht bis ins Private. Ich war mal sehr
stark von einer Frau angezogen, die Künstlerin war. Sie lud
mich in ihr Atelier ein und zeigte mir ihre Arbeiten. Die Bana-
lität ihrer Bilder entsetzte mich derart, dass eine Stimme in mir
sagte: »Dieser Person machst du nicht länger den Hof! Das ist
das Ende!« Das soll nicht heißen, dass ich nur geniale Künstlerinnen begehrenswert finde, aber der Geschmack eines Menschen ermöglicht einen Blick in seine Seele. Wenn sich beim
Geschmack Abgründe auftun, lässt das für die Seele nichts
Gutes vermuten.

**Gäbe es bedeutend weniger Kunstsammler ohne glanz-
volle Festivitäten wie die Art Basel, die Art Basel Miami
Beach oder die Kunst-Biennale in Venedig?**

Wahrscheinlich. Das Highlife ist die Leimrute für die Wan-
nabes. Die wahrhaftigsten Kunstliebhaber sind Menschen, die
Diebe beauftragen, weltberühmte Gemälde zu stehlen. Diese
Suchtsammler sitzen allein im Keller vor ihren Bildern und
brauchen kein Publikum, um ihre Schätze genießen zu können.
Man kann ausschließen, dass sie Kunst als Ego-Fetisch oder Sta-
tussymbol benutzen, denn wer einen Picasso stehlen lässt, muss
ihn mit ins Grab nehmen.

**Der US-Künstler Sol LeWitt meinte: »Die einzige mög-
liche Art, ein Kunstwerk zu besitzen, ist, es zu verstehen.«
Richtig?**

Falsch. Was heißt denn schon verstehen? Künstler verstehen

ihre Werke oft selber nicht. Ein Löffel hat ja auch keine Ahnung vom Geschmack der Suppe, in der er schwimmt.

Verlangt es mehr Glauben als die Religion, *Das Schwarze Quadrat* von Kasimir Malewitsch für einen Höhepunkt der Malerei des 20. Jahrhunderts zu halten?

Für manche Menschen passiert auf einem monochromen Bild mehr als auf Facebook oder einem Dating-Portal. Das sollte man respektieren.

Der Kunsttheoretiker Bazon Brock meint, er sehe lieber einen Busen als ein schwarzes Quadrat.

Das geht mir auch so.

Geht Ihnen die ganze Künstlerei manchmal furchtbar auf die Nerven?

Nein. Unsere Alltagskultur wird von Verdruss und Klage bestimmt, von Motzen und Mäkeln. Die Kunst lässt mich in einer Bewusstseinsblase leben, in der es heiterer zugeht. Aufheiterung ist nicht das schlechteste Lebensziel, denn miesepetrige Menschen gibt es genug.

Im Buch *100 Secrets of the Art World* schreibt Matthias Mühling, Direktor des Lenbachhauses in München: »Meine Großmutter war eine Konzeptkünstlerin. Wo immer sie Urlaub machte, schickte sie mir eine Postkarte mit dem immergleichen Satz: ›Alles Scheiße, Deine Emma.‹ Und sie hieß nicht mal Emma!« Wie oft sagt eine Stimme in Ihnen, dass Sie mit Bullshit …

… Stopp! Es ist verschwendete Lebenszeit, sich auf Diskussionen einzulassen, was Kunst ist und was nicht. Kunst ist alles, womit man durchkommt, meinte Andy Warhol. Mehr gibt es dazu nicht zu sagen. Meine Beziehung zu einem Bild ist rein intuitiv. Meine Sinnesempfindungen entscheiden, ob ich es bedeutend oder banal finde. Erst danach sucht mein Intellekt nach Argumenten, um zu belegen, was ich spüre. Kunden erwarten von mir, meine Urteile mit bedeutsam klingenden Begriffen zu begründen. Deshalb ist es notwendig, einen bestimmten Jargon zu beherrschen. Aber im Grunde ist das alles Hokuspokus.

Ist ein Künstler, der seine Kunst erklären muss, gescheitert?

Dann gäbe es sehr viele gescheiterte Künstler. Es ist üblich geworden, die Interpretation zur Kunst mitzuliefern. Dafür sorgen Galeristen und Kuratoren. Oft ist es eine Qual, diese kaum verständlichen Texte zu lesen. Da ich mir nicht vorschreiben lassen möchte, wie ich ein Kunstwerk zu verstehen habe, will ich es ohne den Künstler kennenlernen und lese vorher auch keine Sekundärtexte. Wer naiv vor einem Werk steht, hat den schärfsten Blick.

1961 füllte der italienische Künstler Piero Manzoni jeweils dreißig Gramm seiner eigenen Exkremente in neunzig Weißblechdosen und verschloss sie geruchssicher. Jede Dose wurde zum tagesaktuellen Preis von 18-karätigem Gold verkauft. Sein Werk nannte Manzoni *Merda d'artista*, **Künstlerscheiße. 2007 wurde eine Dose bei Sotheby's für 124 000 Euro versteigert. Würden Sie eine der Dosen geschenkt nehmen?**

Ich habe miterlebt, wie der legendäre Auktionator Peter Wilson eine Manzoni-Dose versteigert hat. Seine zwischen Ekel und Belustigung changierende Mimik war köstlich. Inzwischen gilt *Merda d'artista* als Ikone des Ikonoklasmus. Wäre Manzoni nicht zwei Jahre nach seiner Aktion gestorben, müsste man ihm gratulieren, denn seine Häufchen sind in sehr gute Hände gekommen. Es gibt ein Buch, in dem die Besitzer mit ihrer Dose abgebildet sind. Man sieht ein Who 's who bedeutender Sammler. Würde ich eine Dose geschenkt bekommen, wäre ich glücklich, sie einzulagern und in zwanzig Jahren zu sehen, welchen Marktpreis sie hat. Leben möchte ich nicht mit einer Manzoni-Dose. Meine Beziehung zur Kunst ist sinnlich, nicht intellektuell, und bei Fäkalien spüre ich keine sinnliche Attraktion.

Der Schauspieler Sylvester Stallone sagte über seine Erfahrungen mit moderner Kunst: »Ich habe 1,7 Millionen Dollar für ein Bild von Anselm Kiefer bezahlt. Es war Stroh drauf. Kiefer hat das Stroh mit Klebstoff befestigt. Zu Hause denke ich: Scheiße, was liegt da unterm Bild? Stroh. Jeden Tag ein neuer Halm. Ich rufe den Händler an und sage: ›Der Kiefer

haart.‹ Sagt der Händler: ›Mister Stallone, das muss so sein, das Bild geht durch eine Entwicklung, das Bild lebt.‹ Ich dachte, ich werd' verrückt. 1,7 Millionen Dollar! Ich hab' die Halme wieder drangeklebt. Jeden Tag lag ein Halm unten, ich hin, Klebstoff, Halm wieder dran. Ich hab's nicht eingesehen.«

Da kann ich ein Lied von singen. Bei einem Atelierbesuch in Budapest habe ich mich in ein Gemälde verliebt, das aus vielen Wachsschichten bestand. Ich kaufte es und ließ es zu mir nach Hause transportieren. Obwohl meine damalige Frau und meine Kinder das Bild scheußlich fanden, hängte ich es im Wohnzimmer auf und sagte: »Eines Tages werdet ihr stolz auf mich sein, weil ich dieses Bild gekauft habe!« Ein paar Stunden später stellte ich bestürzt fest, dass das Wachs geschmolzen war. Ich hatte das Bild zu nah an die Heizung gehängt. Es war im Eimer. Ich rief den Künstler an und beschrieb, was passiert war. Er sagte, da kann ich Ihnen nicht helfen, und legte auf. Als meine Kinder die Ruine sahen, triumphierten sie. Ihre Expertise hatte gewonnen.

Sie beobachten den Kunstmarkt seit mehr als vierzig Jahren. Wie haben sich Künstler verändert?

Meine Frau und ich verbringen jeden Sommer einen Monat in Los Angeles, weil es dort die vitalste Kunstszene gibt. Jeden Tag besuchen wir zwei bis drei Künstler in ihren Ateliers. Mich verblüfft, wie viel strategisches Kalkül uns begegnet. Oft sagt eine Stimme in mir: »Es ist alles im Schaufenster, aber im Laden ist gar nichts.« Der Bohemekünstler, der in seinem privaten Kokon versponnen ist und in den Tag hinein lebt, ist ebenso ausgestorben wie der Politkünstler, der wie ein Gladiator öffentlich gegen wilde Bestien kämpft und mit seinem Blut den Sand befleckt. Man kann heute drei Sorten Künstler unterscheiden. Typ eins misst sich an seinen Zeitgenossen, Typ zwei an der Kunstgeschichte. Der Inbegriff von Typ zwei ist der in Berlin lebende Rumäne Adrian Ghenie. Er weiß so gut wie alles über die Größen der Kunstgeschichte, aber so gut wie nichts über die Celebrity-Künstler der Gegenwart. Der dritte Typ sind junge

Leute, die den Markt studieren wie Investmentbanker an der Wall Street. Sie wollen Cash, so viel und so schnell wie möglich, und laufen mit gefälligen Werken dem Geld hinterher. Da sie keine künstlerische Mission haben, lässt es sie kalt, wenn man sie als Schoßhunde der Reichen und Mächtigen verspottet und ihre Arbeiten als bloßen Zierrat für Bungalows in Beverly Hills abtut. Die meisten von ihnen verglühen wie Leuchtraketen, aber einige müssen nach ihrem Ausflug in die Kunst nie wieder arbeiten. Ich denke, vier von fünf Künstlern, die heute auf dem Kunstmarkt gehandelt werden, sind in zwanzig Jahren vergessen.

Der Maler Markus Lüpertz meint, ein zweistelliger Millionenpreis sei für ein Kunstwerk der Todesstoß: »Wenn sich die Leute die Kunst von Gerhard Richter ansehen, denken sie nur noch an die hohen Summen.«

Lüpertz hat recht. Was etwas kostet, beeinflusst unterschwellig, was wir sehen. Bei Richter sehen viele keine Kunst, sondern Geldscheine. Dass Kunst so populär geworden ist, liegt auch daran, dass sie so teuer geworden ist. Siebenstellige Preise faszinieren Menschen. Man kann die Regel aufstellen: Je länger die Schlangen vor einem Museum, desto teurer die ausgestellten Bilder.

Astronomische Preise haben aber auch ihr Gutes. Am Empfangstresen von Sotheby's stand mal ein älteres Ehepaar mit einem Objekt, das es mit größter Sorgfalt verpackt hatte. »Ein Familienerbstück, das wir über alles lieben«, sagten sie und wollten es kaum aus der Hand geben. Als der hinzugerufene Sotheby's-Experte so diplomatisch wie möglich zu verstehen gab, das Objekt habe keinen finanziellen Wert, waren die beiden nicht wiederzuerkennen. Dieselben Menschen, die das Objekt eben noch mit Sorgfalt und Liebe behandelt hatten, warfen es achtlos in den Karton zurück. Weil es keinen Geldwert hatte, war die Liebe verschwunden und das Objekt nicht länger würdig, geschützt zu werden. Seit diesem Augenöffner halte ich hohe Preise für einen Segen. Sie garantieren Pflege und Schutz der Kunst.

Wie viele Menschen gibt es, die für Kunst ein Vermögen ausgeben?

Der Kunstmarkt ähnelt einer Pyramide. Die Spitze bilden rund dreißig High Roller, die den Willen und die Mittel haben, für ein einzelnes Kunstwerk mehr als hundert Millionen Dollar auszugeben. Dazu kommen hundert bis 125 Personen, die fünfzig Millionen für ein Werk ausgeben. Bei Objekten für eine Million Dollar gibt es einige Tausend Käufer. Den Fuß der Pyramide bilden 85 Millionen Menschen, die auf Ebay an Kunstversteigerungen teilnehmen. Um die Spitze der Pyramide muss sich niemand Sorgen machen: Seit 2012 hat sich die Zahl der Milliardäre mehr als verdoppelt, und ich gehe davon aus, dass diese Entwicklung so weitergeht.

Unterscheiden Sie bei Kunstwerken zwischen Preis und Wert?

Ja, denn beides kann himmelweit auseinanderklaffen. Ich war 1973 in Avignon bei der letzten Picasso-Ausstellung, die Picasso noch selbst konzipiert hatte. Gezeigt wurden 201 Bilder, die er von September 1970 bis Juni 1972 gemalt hatte. Die Reaktionen der meisten Kritiker waren verheerend: Ein seniler alter Mann, peinlich, dass er überhaupt noch malt und diese Bilder auch noch auszustellen wagt! Heute gilt Picassos Spätwerk als ebenso bedeutend wie die Bilder aus seiner blauen Periode. Es gehört zur Faszination des Kunstmarktes zu beobachten, wie brutal und irrational sich der vorherrschende Geschmack wandelt. Wie in der Mode kann morgen das Gegenteil von heute gefragt sein.

Ein Bild von Martin Kippenberger trägt den schönen Titel *Selbstjustiz durch Fehleinkäufe*. Bei welchem Künstler lagen Sie total daneben?

Ich habe Ross Bleckner eine Weltkarriere vorausgesagt und vor dreißig Jahren Bilder von ihm gekauft. Heute sind sie weniger wert als damals. Seine Erfolgskurve verlief anfangs steil nach oben, aber 1995 zeigte das Guggenheim-Museum in New York eine Bleckner-Ausstellung, die schlecht zusammengestellt war. Eine Einzelschau in einem Topmuseum kann Sie in den

Himmel oder in die Hölle befördern. Bleckners Marktwert hat sich von der schlampig gemachten Guggenheim-Schau nie wieder erholt.

Auf der Liste der reichsten Deutschen steht Gerhard Richter mit 700 Millionen Euro Vermögen auf Platz 220. Karl Lagerfeld besitzt nur halb so viel. Wundert es Sie, dass man mit einem Pinsel reicher werden kann als der Chef eines weltumspannenden Modeimperiums?

Nein, aber Sie vergessen, das Wichtigste zu erwähnen. Bei Richter und Lagerfeld war Geld keine Sekunde lang die Triebfeder, trotzdem sind beide Multimillionäre geworden. Das stimmt einen doch froh.

Larry Gagosian hat es vom Betreiber eines Postershops in Santa Monica zum weltweit mächtigsten Kunsthändler gebracht und setzt pro Jahr rund eine Milliarde Dollar um. Es heißt, wechselt ein Künstler zu Gagosian, steigen die Preise seiner Arbeiten um rund fünfzig Prozent.

Gagosian hat es geschafft, sich zu einer Marke zu machen wie Apple oder Porsche. Jemand hat ausgerechnet, dass 55 Prozent aller lebenden Künstler, die in Auktionskatalogen vertreten sind, bei ihm unter Vertrag stehen. Seine Machtstellung und Marktdominanz sind einmalig in der Geschichte der Kunst. Trotz seines kommerziellen Erfolgs geht er künstlerisch nie Kompromisse ein. Seine Kataloge sind optimal gemacht, jedem Künstler offeriert er die besten Bedingungen für Ausstellungen. Das bewundere ich. Kürzlich schwärmte mir ein Sammler von einem Maler vor. Der Name fiel ihm nicht ein, aber eins wusste er genau: »Er ist bei Gagosian!« Es klang wie eine magische Formel, mit der Stein zu Gold wird.

Niemand kauft mehr Kunst als die Herrscherfamilie von Katar. Der jährliche Etat für Ankäufe soll bei einer Milliarde Dollar liegen. Gelagert wird die Kunst in der Schweiz.

Die Museen, die in Katar entstehen, um diese Kunst zu zeigen, gehören zu den ambitioniertesten kulturellen Megaprojekten des 21. Jahrhunderts. In zehn, zwanzig Jahren wird Doha für Kunstliebhaber ein Muss sein wie Rom, Florenz oder Sankt

Petersburg. Das 2008 eröffnete Museum für Islamische Kunst ist der erste Beweis für die Qualität der Architektur, die in Doha entsteht. Es ist meines Erachtens das schönste Gebäude, das I. M. Pei je entworfen hat. Geplant sind sieben bis acht dieser sensationellen Museen.

Die einflussreichste Frau in der Kunstwelt ist Sheikha Al-Mayassa bint Hamad bin Khalifa Al-Thani, die 1983 geborene Schwester des Emirs von Katar. Sie entscheidet, welche Kunst gekauft wird. Welche Erfahrungen haben Sie mit ihr gemacht?

Sie ist eine Art Katharina von Medici in der Wüste. Sie kauft intelligent und mit einem extrem hohen Sinn für Qualität. Es wird eine Sensation sein, wenn das Publikum eines Tages zu sehen bekommt, was sie für Katar erworben hat. Mehr kann ich nicht sagen, weil sie auf extreme Diskretion besteht.

2012 haben Sie Ihre letzten Anteile an Phillips de Pury an den russischen Luxuskonzern Mercury verkauft, seit 2015 betreiben Sie mit Ihrer zweiten Frau die Firma de Pury de Pury. Was tun Sie?

Wir entdecken neue Künstler, beraten Klienten beim Aufbau einer Sammlung und führen Kunstauktionen im Internet durch. Wir brauchen nur noch Telefon und Computer und sind deshalb so frei wie nie zuvor in unserem Leben.

Das Kunstvolk betet das Rebellische und Subversive an, strotzt aber vor Konformität. Wollen Ihre Kunden nicht alle irgendwas von Gursky, Richter oder Koons haben?

Ich sage ihnen, sie tun sich keinen Gefallen, dieselbe Welle zu surfen wie tausend andere auch. Herdenverhalten verspricht weder Wertsteigerung noch Distinktionsgewinn. Wenn Sie Novize sind, eruiere ich als Erstes Ihren Geschmack. Wir gehen Kunstbücher durch, fahren zur Messe nach Basel oder Miami und finden heraus, auf was Sie ansprechen. Sobald ich weiß, wie Sie ticken, schlage ich Ihnen Werke zum Kauf vor, die ich für sehr gut halte und die in meinen Augen das Potenzial haben, im Wert zu steigen. Der größte Fehler von Anfängern ist, ein Bild mit den Ohren zu kaufen. Wichtiger als die Expertisen von

Fachleuten ist, dass Sie Freude an einem Objekt haben. Dafür ist die Kunst schließlich da.

Ihre goldene Regel für Neulinge, die sich keinen Kunstberater leisten wollen?

Verfolgen Sie, was Künstler sammeln. Künstler haben den geschultesten und gnadenlosesten Blick von allen – und ihre Augen schauen in die Zukunft.

Sie sagen Künstlern wie Urs Fischer, Mark Bradford und Alex Israel eine goldene Zukunft voraus. Ist das eine sich selbst erfüllende Prophezeiung, weil Ihr Urteil auf dem Kunstmarkt Gewicht hat und Sie selbst als Käufer auftreten?

Da ist etwas dran. Wenn ich auf Instagram ein Foto eines Kunstwerks veröffentliche, gibt es bei Käufern eine Schwarmreaktion, und der Marktwert des Künstlers geht nach oben. Aus diesem Grund gibt es Künstler, die mich bitten, Fotos ihrer Arbeiten auf Instagram zu veröffentlichen. Meine Frau sagt, ich solle endlich aufhören, meine Lieblinge zu posten, denn dadurch werden sie so teuer, dass ich sie mir selbst nicht mehr leisten kann.

Übertreibt Ihre Frau?

Nein. Bei mir in der Nähe gibt es ein Restaurant mit dem Namen »Novikov«. Weil ich finde, dass die Bartheke des Lokals cool aussieht, habe ich sie fotografiert und das Bild auf Instagram veröffentlicht. Unter dem Foto stand #novikov. Daraufhin fragten mich eine Menge Leute, wo sie einen Novikov kaufen können.

Mit 23 gründet er die psychedelische Band
Blitzkrieg und wird zehn Jahre lang ein
kettenrauchender LSD-Hippie mit schwarz
lackierten Fingernägeln,
der sich von Frikadellen
und Wiener Schnitzeln
ernährt; heute ist er der
einflussreichste Restau-
rantkritiker des Landes:
Jürgen Dollase über
zwanghafte Redundanz-
esser und die degustative
Missionarsstellung, über
Gourmet-Spießer, die
immer nur Foie gras
bestellen und die Herausforderung, in Fett
marinierte Schafsaugen, fermentierte Ameisen
und frittiertes Moos zu essen

> **»Meine erste Auster
> war wie der Biss in
> einen Kosmos, den ich
> noch nicht kannte, aber
> längst liebte«**
> JÜRGEN DOLLASE

**Sie waren bis zu Ihrem 35. Lebensjahr ein kulinarischer An-
alphabet. Wie kam das?**

Ein mit fünf Jahren erlittenes Trauma hatte mich zu einem
zwanghaften Redundanzesser gemacht. Meine Großeltern lebten zur Miete auf einem Bauernhof in Oberhausen-Alstaden.
Wenn ich das Wochenende bei ihnen verbrachte, spielte ich mit
den Gänsen, die auf dem Hof herumliefen. Eines Sonntags war
ich bei den Bauern zum Mittagessen eingeladen. Als ein gebra-
tenes Tier auf den Tisch kam, wurde mir gesagt, dies sei die
Gans, mit der ich immer so gern gespielt hätte. Von diesem
Tag an war ich blockiert. Ich aß nur noch Fleisch, das keinem
konkreten Tier zugeordnet werden konnte. Frikadellen konnte
ich nur essen, weil man mir sagte, sie kämen aus der Fabrik. Zu

meinem Fimmel gehörte, dass ich nichts mehr aß, was fettig, glibberig oder schwabbelig war. Inzwischen weiß ich, dass sehr viele Menschen ähnliche Traumatisierungen erlebt haben. Was Essen angeht, sind wir alle Psychopathen. In uns herrschen Diktaturen, deren Potentaten Namen tragen wie Mutter oder Jugendherbergsessen.

Nach dem Abitur gingen Sie zum Bundesgrenzschutz, anschließend schlossen Sie sich der Rockband Speed Kills an.

Wir waren berüchtigt. Jedes Stück dauerte etwa eine Stunde und begeisterte die Zuschauer in dem Maße, wie sie vollgedröhnt waren. Beim Bassspielen lief mir schon mal das Blut von den Händen, weil ich statt mit Plektrum mit den Fingern spielte und es so intensiv wurde.

Mit 23 gründeten Sie die Band Blitzkrieg.

Wir suchten einen deutschen Namen, der international verständlich war. Nach ein paar Monaten mussten wir uns wegen rechtlicher Probleme umbenennen, weil es bereits eine englische Band gab, die Blitzkrieg hieß. Unser neuer Name war Wallenstein.

Warum benannten Sie eine Rockband nach einem ermordeten böhmischen Feldherrn des 16. Jahrhunderts?

Weil wir beide im September geboren sind und ich damals ein kosmisch veranlagter Hippie war mit sehr langen Haaren, schwarz lackierten Fingernägeln und Schminke um die Augen. Da Golo Mann damals gerade seine Wallenstein-Biografie veröffentlicht hatte, schickte unsere Plattenfirma ihm Musik von uns. Er schrieb einen Brief zurück, in dem es hieß, das sei Musik mit sehr viel Intensität, aber viel anfangen könne er mit ihr nicht.

Warum prangte auf der Hülle der zweiten Wallenstein-Platte *Mother Universe* ein Foto Ihrer Großmutter?

Meine Oma ist Jahrgang 1887 und gehörte zu jenen wunderbaren alten Damen, die in sich hineinschmunzelten, wenn im Fernsehen wilde Rockmusik lief. Sie hatte so viel im Leben gesehen, dass sie sich niemals über irgendwas aufregte. Ich habe das Cover auch unter LSD-Einfluss geprüft: Ha, es war gut! Leute, die ein bisschen was von dieser Droge verstehen, werden sofort wissen, was ich meine: Wenn man nicht Opfer der Droge ist, aktiviert der LSD-Blick analytische Wahrnehmungen. Mit bestimmten Leuten wollte man hinterher nichts mehr zu tun haben, weil sie bescheuerte Verhaltensweisen zeigten. Mit dem Bild meiner Oma war aber alles in Ordnung. Psychedeliker würden sagen, es hatte die richtigen Zusammenhänge und, kosmologisch gesehen, seine Ordnung.

Die französische Musikzeitschrift *Best* kürte *Mother Universe* zur LP des Monats, Begründung: »Die Musik von Wallenstein ist einmalig. Es gelingt ihnen, eine Synthese von reiner, melodischer Musik und hartem, brutalem Rock und unfassbaren, an Wahnsinn grenzenden Empfindungen zu finden.«

Wenn man was drin hat, kann man das so sehen. Das Drogenohr hört ja ein bisschen anders. Wir haben psychedelisch korrekte Musik gemacht, die unter Drogeneinfluss sehr gut wirkte. Ich hatte enge Beziehungen zu einer Kommune in Viersen am Niederrhein, die indische Musik hörte und sehr mit fernöstlicher Philosophie zugange war. Wir waren in einer Phase des LSD-Konsums angelangt, in der es keine Halluzinationen mehr gab. Für uns waren Drogen ein todernstes Wahrheitskonzept. Drogen waren unser Leben. Wir verstanden Leute nicht, die sich Drogen reinschmissen, nur um in ihrem Kopf irgendwelche irren Kinoeffekte zu erzeugen und dann staunend und mit offenem Mund rumzuliegen. Das war eine andere Abteilung. Mit der hatten wir nichts am Hut. Uns ging es um ein psychedelisches Klarbewusstsein. Das war sehr viel erfreulicher. Man hatte das Gefühl, irgendwo angekommen zu sein, wo die Dinge so sind, wie sie tatsächlich sind.

Bei einer Studiosession spielten Sie die deutsche Nationalhymne auf dem Mellotron. Wie klang das?

Ungefähr so aggressiv verzerrt wie *The Star-Spangled Banner* von Jimi Hendrix. Der Song ist leider nie veröffentlicht worden. Der Chef der Plattenfirma fand ihn aus irgendwelchen Gründen zu heftig.

Es kommt vor, dass Menschen von LSD-Trips nicht wieder runterkommen. Ist Ihnen das auch passiert?

Mir nicht, aber unser holländischer Bassist hat leider einen bösen Schaden abgekriegt. Das Problem beginnt, wenn Ihr Trockenbewusstsein die großen, von der Droge induzierten Impressionen nicht in den Griff bekommt. Dieses Hängenbleiben im Zwischenbereich führt zu Psychosen.

Ihr Song *Charline* kletterte 1979 bis auf Platz 17 der deutschen Charts, Sie traten in der ZDF-Sendung *Disco* auf und spielten mehr als 200 Konzerte im Jahr. Alles auf LSD?

Nein. Mitte der Siebziger wurde es dann doch ein bisschen unerfreulich mit den Drogen. Im Supermarkt kam man wegen der vielen Lichter nicht mehr zurecht. Man konnte sich nicht mehr normal bewegen, weil man immer ein bisschen woanders war. Ich aß kaum noch und nahm sehr stark ab. Einer kam mit der Idee, wir könnten uns zur Beruhigung Opium spritzen. Das war das einzige Mal, dass ich gespritzt habe. Meine kleine Opium-Kur endete in einem Dämmerzustand. Danach wurde ein Gefühl in mir von Tag zu Tag stärker: Mein Gott, Denken ist aber auch schön! Mein Gehirn sprang wieder an und machte Pläne, wie es denn weitergehen soll. Das war eine schöne Erfahrung. Ich habe dann mit Drogen nie mehr was Größeres zu tun gehabt.

1983 wurde Wallenstein aufgelöst.

Die Neue Deutsche Welle kam auf, und da wir Englisch sangen, war unsere Zeit zu Ende. Gesundheitlich war ich auch nicht übermäßig gut in Form: zu viel Alkohol und jeden Tag drei Schachteln Roth-Händle. Ernährt habe ich mich von Wiener Schnitzeln, Frikadellen und Hamburgern. Als ich kaum noch die Treppen hochkam, sagte mein Internist: »Für einen Siebzigjährigen sind Sie in ziemlich guter Verfassung.« Ich war aber erst Anfang dreißig.

Sie haben dann 15 Jahre lang wie besessen gemalt, Ihre Bilder aber weder ausgestellt noch verkauft. Wie wurde die Gourmandise zu Ihrem Lebensinhalt?

Im Kunstseminar an der Universität lernte ich 1976 meine

heutige Frau kennen. Sie ist es, die meine kulinarische Menschwerdung bewirkt hat. In den ersten Jahren schaute sie mir beim Fast-Food-Essen noch kommentarlos zu und schwieg, wenn ich Garnelen als ekliges Gewürm beschimpfte. Als wir dann aber Anfang der Achtziger in Ostende an den Fischrestaurants im Hafen entlangliefen und ich mich weigerte, in eins der Lokale einzukehren, fing sie plötzlich an zu weinen. Von diesem Moment an war mir mein verklemmtes Essverhalten unglaublich peinlich. Es hat dann noch etwas gedauert, mich auf Kurs zu bringen, aber eines Tages war es so weit: Beim Anblick von Fisch würgte es mich nicht länger, und ich aß meine erste Schnecke. Meine erste Auster war wie der Biss in einen Kosmos, den ich noch nicht kannte, aber längst liebte. Es war wie ein Dammbruch: Ich war infiziert vom Kulinarischen.

Sie brachten sich in jahrelangen Selbstversuchen das Kochen auf höchstem Niveau bei, studierten die besten Köche der Welt und notierten Ihr Wissen auf Tausenden Karteikarten.

Wir hörten mit dem Rauchen auf und steckten das eingesparte Geld in Fünf-Mark-Stücken in eine Sparbüchse. Mit diesem Etat besuchten wir Restaurants mit zwei oder drei Michelin-Sternen oder mindestens 18 Punkten im *Gault-Millau*. Am Ende des Essens hatten wir oft das Gefühl, Geld rausgeschmissen zu haben, ich wäre aber nie darauf gekommen, unseren Ärger zu Papier zu bringen. 1998 las ich ein Vorwort des Publizisten Johannes Gross zu einem Buch des Sternekochs Harald Wohlfahrt, bei dem ich öfter gegessen hatte. Weil mich der schlappe Text kolossal aufregte, tippte ich einen Rundumschlag, der ein paar Schreibmaschinenseiten lang war, und schickte ihn Gross. Ein paar Wochen später wurde ich eingeladen, für die *FAZ* Restaurantkritiken zu schreiben. Da meine Frau mir gerade zum Geburtstag einen Restaurantbesuch beim Großmeister Alain Ducasse in Paris geschenkt hatte, schrieb ich darüber meinen ersten Artikel. Da war ich immerhin schon 51.

Sie sind zum einflussreichsten Gastronomie-Kritiker des

Landes avanciert. Wie viele Restaurants besuchen Sie im Jahr?

In beruflicher Absicht etwa 130.

Werden Sie erkannt?

Von den Kellnern eher nicht, aber ich habe schon renommierte Sommeliers erlebt, denen die Hände zitterten, als sie mir einschenkten.

Sie unterscheiden zwischen Restauranttestern und Restaurantkritikern. Warum?

Die meisten Tester sind Schaumschläger, die irgendwelchen Unsinn schreiben, weil ihnen der professionelle Unterbau fehlt. Ihre Sachkenntnis über das Kochen ist armselig. Ein Kritiker meckert nicht rum, sondern macht transparent, was vor ihm auf dem Teller liegt. Zur analytischen Restaurantkritik gehört, dass man schreibt, wer in dieses Restaurant gehen soll. Wer Heino will, sollte nicht in die Oper gehen. Ein Kritiker ist am besten zur Hälfte Koch und zur Hälfte Intellektueller. Wenn man aus eigener Praxis weiß, wie einfach es ist, das Publikum mit Effekten zu beeindrucken, verliert man den bewundernden Laienblick auf eher mittelprächtige Leistungen. Meine Erfahrungen beim Kochen kamen bei den Köchen von Anfang an gut an. Sie hatten das Gefühl, endlich ist da mal jemand, der weiß, wo vorn und hinten ist. Von einigen Zusammenhängen verstehe ich mehr als der Koch selbst. Das ist normal. Ein Künstler ist auch nicht gehalten, sein Werk zu begreifen. Ein Ornithologe weiß mehr über Vögel als ein Vogel.

Ihre Frau arbeitet halbtags als Kunstlehrerin. Warum ist sie fast immer dabei, wenn Sie Restaurants testen?

Sie ist ein hochprofessioneller Gegenpart und eine knochenharte Kritikerin, die noch weniger bereit ist zu relativieren als ich. Es geht auch so gut wie kein Text von mir aus dem Haus, den ich ihr nicht vorgelesen habe.

Haben Sie in Restaurants Zettel und Stift neben sich liegen?

Ich spreche meine Notizen in ein Diktiergerät und mache Fotos. Mit meiner Frau verständige ich mich über das Essen in

Begriffen und Kürzeln, die außer uns vermutlich niemand versteht. Unsere Geheimsprache ist sehr salopp. Wir sind immer noch ein bisschen Rock'n' Roll. Beim Akt des Essens schweigen wir. Da ist die Konzentration zu hundert Prozent auf die Gabel gerichtet. Wer beim Essen schnattert, der kann auch Pappe essen. Es gehört zu den niederschmetterndsten Folgen der Smartphonediktatur, dass die Fähigkeit schwindet, einfach mal den Mund zu halten.

Stimmt es, dass Sie am Geschmack erkennen, ob Sie einen weiblichen oder männlichen Hummer essen?

Das ist ganz einfach. Der männliche Hummer schmeckt speckiger, der weibliche nussiger. Solche Unterscheidungen sind allerdings nur bei fitten Hummern möglich und nicht bei diesen schlappen Halbleichen, die in Holzwollekisten in Deutschland ankommen.

Wenn das Ehepaar Dollase essen geht, sitzt jemand Drittes unterm Tisch.

Unsere Welsh-Terrier-Hündin Sophie begleitet uns seit 2003 in jedes Restaurant. Wir stecken ihr immer Kleinigkeiten in ein Doggy-Bag. Bei der Rückkehr kontrolliert sie sofort, was es ist. Die Präzision ihrer Nase ist ein großes Vorbild für mich. Ich versuche von ihr zu lernen, wie man feinste Nuancen schon aus drei Metern Entfernung wahrnimmt.

Fühlen sich Gäste in Gourmetrestaurants gestört, wenn Sie mit einem Hund aufkreuzen?

Zickige Reaktionen gibt es fast nie. Wir haben ja auch kein altes, schmutziges Krokodil dabei, sondern einen kleinen Hund, der sich perfekt benimmt. Sophie kommt rein, legt sich unter den Tisch auf ihr Deckchen, ist still und bettelt auch nicht. Sie hat in ihrem Leben lediglich in zwei Restaurants gebellt – aber jeweils nur einmal. In ihr Gourmetbuch haben Hunderte Köche einen kleinen Gruß für sie reingeschrieben, in allen möglichen Sprachen und oft mit lustigen Zeichnungen. Im Moment sind wir bei Band elf.

Hat Sophie eine Lieblingsspeise?

Ja. Langustinen.

Kommt es vor, dass das Ehepaar Dollase höchst geteilter Meinung über das Essen ist?

Es passiert schon mal, dass der eine etwas für absolute Antiküche hält, was der andere großartig findet. Es dauert teilweise Tage, bis das durchdiskutiert ist. Endgültige Klärungen sind dann eher selten.

Sind Sie beide privat ein geselliges Paar?

Nein. Wir sind Zweizelgänger, wie ich immer sage. Wir haben keinen großen Freundeskreis und pflegen keine sogenannten Beziehungen. Ich habe einfach zu viel zu tun, um mir Menschen als Sättigungsbeilage aufzuhalsen.

Kommt Ihnen ein Wort wie lecker über die Zunge?

Selten. Lecker ist die degustative Missionarsstellung. Würde dieser 08/15-Kommentar ausreichen, könnte der Analphabet fragen, wieso er lesen lernen soll.

Wie viele Gerichte bestellen Sie, wenn Sie ein Restaurant rezensieren?

Das Minimum sind fünf Gerichte à la carte. Die Prüfung beginnt, wenn Sie schon mittags beruflich gegessen haben und abends noch mal ranmüssen. Irgendwann kommt das üble Gefühl: Jesses, es ist echt zu viel, du kriegst nichts mehr rein! An diesem toten Punkt eine Pause einzulegen wäre ein tödlicher Fehler. Wenn Ihr Magen eine Pause bekommt, scheidet er Enzyme aus, die signalisieren: Essen vorbei, jetzt ist Verdauen angesagt. Der Appetit kommt nur wieder, wenn Sie weiteressen. Zuweilen ist die Gastronomie-Kritik ein harter körperlicher Beruf.

Machen Sie Leibesübungen, um keine Auberginenfigur zu bekommen?

Sport habe ich zuletzt beim Bundesgrenzschutz getrieben, aber ich gehe jeden Tag viermal mit unserer Sophie. Auf Testreisen laufe ich nachmittags stundenlang durch die jeweilige Stadt, um ein paar Kalorien zu verbrennen. Berlin kenne ich bis in jeden Winkel.

Sie haben schon in Fett marinierte Schafsaugen gegessen, Destillat aus Waldboden, frittiertes Moos, fermentierte

Ameisen, in Bitumen gegartes Gemüse und geschmorte Hoden vom Hahn. Wann streiken Sie?

Ich stecke aus Prinzip alles in den Mund, was man mir auf den Teller legt. Die Hoden waren übrigens von glatter, fester Textur und schmeckten sehr gut. René Redzepi serviert im »Noma« in Kopenhagen lebende Garnelen, die putzmunter auf dem Teller zappeln. Sie in den Mund zu nehmen und durch Kauen zu töten, ist eine Erfahrung, die tief in die Psyche eingreift. Wer das für die Perversion einer überreizten Avantgarde hält, sollte wissen, dass es zu den kulturellen Traditionen der Bretagne gehört, bei ablaufendem Wasser am Strand kleine Garnelen aufzusammeln und lebend in den Mund zu stecken.

Haben Sie nach einem Restaurantessen schon mal an posttraumatischem Stress gelitten?

Nur was die Mengen angeht. Da bin selbst ich ein paarmal bis zum Anschlag gekommen. Ein berüchtigter Vertreter ist mein durchaus lieber Freund Helmut Thieltges vom »Waldhotel Sonnora« in Bernkastel-Wittlich, den ich als Klassiker sehr schätze. Wenn ich vorbeikomme, meint er, mir alles präsentieren zu müssen, was er in letzter Zeit entwickelt hat. Wenn ich sage, fünf Gerichte reichen, heißt es, ob er nicht noch zwei, drei Sachen zusätzlich bringen könne. Einmal kamen dann 23 Gerichte. Das war grenzwertig. Gott sei Dank hatte ich zufällig meinen Hausarzt dabei. Ich habe schon Drei-Sterne-Köche gestoppt, die 35 Gänge für mich vorbereitet hatten. Es muss ja auch irgendwie rein. Was die Köche nicht so ganz begreifen: Je mehr ich probiere, desto mehr ziehen sie sich aus. Das ist wie Striptease. Nach zwanzig, 25 Gerichten weiß ich alles über den Koch. Je mehr man isst, desto sicherer wird die Einschätzung. Diese Gewichtung kriegt kein Hobbytester hin.

Lassen Sie Essen, das Sie komplett missraten finden, zurückgehen?

Nein, das fände ich ein wenig pompös. Wenn das Essen nicht gut ist, baue ich den Teller um und verstecke das Fleisch oder den Fisch unter Salat. Dann sieht der Teller wie zwei Drittel gegessen aus, und niemand ist düpiert.

Haben Sie ein Restaurant schon mal vor dem Dessert verlassen, weil Sie meinten, es mit Totalversagern zu tun zu haben?

Nein. Da würde ich gar nicht drauf kommen. Auch wenn das Essen bizarr ist, esse ich weiter, um zu gucken, ob denn jetzt etwas kommt, was noch bizarrer ist. Das Interesse an katastrophalen Leistungen ist auch ein Interesse. Ich bin der Meinung, dass ich eine gewisse mentale Hygiene pflegen muss, indem ich immer mal wieder schlechtes Essen ganz genau degustiere und reflektiere, von Dosen-Ravioli bis Tütensuppen.

Hatten Sie schon mal eine Lebensmittelvergiftung?

Öfter. Meist nach Austern. Einmal auch bei einem bekannten deutschen Fernsehkoch. Nach seinem Fisch war ich drei Wochen krank. Wenn mich Fernsehköche im Studio bekochen, denke ich jedes Mal: Mann, Mann, gut, dass niemand weiß, wie das Zeug hier eigentlich schmeckt.

Wie erkennt man, ob eine Auster verdorben ist?

Essen Sie nie eine Auster, die kein Wasser mehr hat und sich hohl anfühlt. Riechen Sie beim Öffnen der Auster am Scharnier: Wenn Ihnen der Geruch von Klärschlamm oder Hafenbeckenwestseite entgegenschlägt, sollten Sie passen. Der Aufklärungsbedarf bei Austern ist enorm. Eine auf Eis gekühlte Auster zu essen ist kontraproduktiv, weil die Kälte uns einen wesentlichen Teil des Aromas nicht wahrnehmen lässt. Auch das Schlürfen der Auster, also das Schlucken ohne Kauen, ist kontraproduktiv, weil man nur wenig von der komplexen Aromenstruktur mit ihrer Vielzahl von jodigen und mineralischen Noten mitbekommt. Statt die Auster so schnell wie möglich durch den Mund zu schleusen, muss man sich zu dem Glibber bekennen und ihn langsam zerkauen.

Was raten Sie einem Menschen, der zum ersten Mal ein Sterne-Restaurant besucht?

Mein Geheimtipp lautet: Komm rein und sage, du hättest von Tuten und Blasen keine Ahnung. Mit dieser Offenheit wecken Sie die fürsorglichen Instinkte des Personals. Die lieben es, kulinarische Anfänger zu betüddeln und zu Liebenden zu machen.

Vielleicht kriegen Sie sogar einen Extragang auf Kosten des Hauses. Sie sollten allerdings darauf achten, in welcher Stadt Sie sind. Paris ist zwecklos. Da machen die Kellner bloß Witze über Sie. Man verrät auch nicht zu viel, wenn man sagt, dass in manchen weltbekannten Restaurants zweierlei Versionen von Gerichten ausgegeben werden. Laien bekommen die Sparversion. Oft werden alle Ausländer in einer Ecke des Restaurants versammelt, damit das Stammpublikum nicht weiter gestört wird. Man muss leider sagen, dass es auch in der Exzellenzgastronomie das gibt, was der Volksmund abgewichste Gestalten nennt.

Wie viel Trinkgeld geben Sie in Sterne-Restaurants, wenn 800 Euro auf der Rechnung stehen?

Fünfzig Euro. Das halten auch alle Servicekräfte für völlig normal. Nur bei Beträgen bis zu 150 Euro gebe ich zehn bis 15 Prozent Trinkgeld.

Was nervt Sie an der Spitzengastronomie?

Das Konzept Luxus. Es ist ein Fehler, dass Spitzenrestaurants automatisch auch die teuersten Restaurants sind. Niemand macht das Tor auf für Leute, die von gutem Essen fasziniert sind, aber nicht in Geld baden. Schauen Sie sich die Speisekarte eines gehobenen Restaurants in den Dreißigerjahren an. Da standen hundert Gerichte drauf. Das Spektrum reichte von einer Bockwurst mit Brot bis zum Hummer. Diese große Freiheit müssen wir zurückgewinnen. In unseren Spitzenrestaurants muss jeder Stuhl 250 Euro pro Abend bringen. Das ist das Gegenteil von Freiheit. Liebe Spitzenköche, landet bitte schön endlich mal in der Mitte der Gesellschaft!

Wo sehen Sie zukunftsweisende Konzepte?

In Spanien, England und den USA gibt es bereits Formate, die freier sind. Im »Tickets« von Albert Adrià in Barcelona können Sie Gerichte ab 1,30 Euro bestellen. Die teuersten Sachen kosten um die 25 Euro. Menüs werden nicht angeboten. Sie können ihr Essen selber zusammenstellen oder sich beraten lassen. Auf die fünfzig Plätze kommen fünfzig Servicekräfte. Die Rechnung ist um die Hälfte billiger als in Restaurants vergleichbarer Qualität. In Berlin hat Tim Raue mit dem »La Soupe Populaire«

eine günstigere Zweitlinie etabliert. Dieses Restaurant finde ich ganz hervorragend, auch wenn Tim Raue von Natur aus etwas von einer größenwahnsinnigen Berliner Schnauze hat. Als ich ihn fragte, wie er darauf gekommen sei, seine Königsberger Klopse aus Kalb mit Elementen von Zunge und Bries zu machen, bekam ich zur Antwort: »Ich wollte einfach nur die besten Königsberger Klopse der Welt machen.« Dieser bescheidene Anspruch ist typisch für ihn, aber möglicherweise hat er es geschafft. Die Klopse sind einfach großartig.

Welches Sterne-Restaurant wird hoffnungslos über-schätzt?

Paul Bocuse.

Welche Küche finden Sie richtungsweisend?

Das größte revolutionäre Potenzial hat die Nova-Regio-Kü-che, eine Mischung aus Avantgarde und neuer Regionalität. Ist es nicht aberwitzig, wenn in den Alpen oder auf nordfriesischen Inseln mediterrane Küche aufgetischt wird? Es ist doch viel sinnvoller, alles Essbare zu erforschen und zu verarbeiten, was die nähere Umgebung hergibt: Kräuter, Wurzeln, Moose, Flech-ten, Pflanzen, Blüten, Bäume.

Sie wollen Bäume essen?

Stefan Wiesner bietet im »Rössli« im Schweizerischen Escholzmatt einen Gang mit neun Elementen an, bei dem er alle Teile eines Nussbaums verwendet. Zum Aromatisieren von Saucen benutzt er Sägespäne. Für den neuen Gourmet bedeutet Achtung vor dem Tier, dass er auch das Fett, den Speck, die Haut und alle Innereien isst. Ein avancierter Koch hat zu bewei-sen, dass er aus allem etwas sehr Gutes machen kann. Er wirft den Strunk des Wirsings nicht weg, sondern zeigt, dass er krea-tiv zubereitet eine Delikatesse ist. Kochen hat auch etwas mit Moral und ökologischem Gleichgewicht zu tun.

In Kevin Fehlings Hamburger Drei-Sterne-Restaurant »The Table« essen maximal zwanzig Gäste nebeneinander an einer Theke ohne Tischtuch und schauen sechs Köchen bei der Arbeit zu. Wie finden Sie das?

Ich gönne Fehling seinen Riesenerfolg, denn im »La Belle

Epoque« in Travemünde hat er abgeschnitten von der Welt gekocht, als hätte ihn ein böses Schicksal nach Sibirien verbannt. Mit dem »The Table« hat er eine Form gefunden, die Kommunikation aufzulockern. In der Spitzengastronomie ist eine coole Atmosphäre ein seltener Glücksfall. Es ist schon sehr deutsch, beim Betreten eines Sterne-Restaurants in eine Verkrampfung und verschwurbelte Gestelztheit zu verfallen, als würde man einen Staatsempfang besuchen. Man projiziert eine Prüfungssituation, wo es um Genuss und Hedonismus gehen sollte.

Wie reagieren Sie, wenn ein Kellner mit einer Pfeffermühle an Ihren Tisch kommt und fragt, ob's ein wenig frisch gemahlener Pfeffer sein darf?

Ich schmunzle und lehne dankend ab. Da ich das Gericht noch nicht probiert habe, ist die Frage des Kellners unmöglich zu beantworten. Man könnte auch fragen, ob für die richtige Würzung nicht der Koch zuständig sein sollte.

Kellner in Spitzenrestaurants sind gelegentlich schwer erträglich. Die einen ergötzen sich an der eigenen Servilität, die anderen schweben über den Teppich wie feierlich agierende Priester und geben zu verstehen, dass eigentlich sie es verdient hätten, Gast zu sein.

Mir fällt an Kellnern gar nichts auf. Ich bin da absolut schmerzfrei. Dabei habe ich wirklich alles erlebt, von schneidender Arroganz in Pariser Restaurants bis zu dienernden Service-Bubis, die irgendwelchen auswendig gelernten Hokuspokus vom Stapel lassen. Zum Kotzen finde ich eher das Verhalten der Leute, die bedient werden. Der Gast wird sehr geschont in Deutschland. Da wäre immer mal wieder eine Publikumsbeschimpfung fällig.

Weshalb?

Ich finde zum Beispiel Gäste unerfreulich, die Spitzenküche als Lifestyle instrumentalisieren wie Schuhe mit roten Sohlen. Auf Sylt sitzen Sie in vollen Restaurants, haben aber das beklemmende Gefühl, es ist niemand da, der sich was Gutes tun will. Da sitzen meckernde Problemhansel, die den Sommelier anschnauzen: »Ich habe den gleichen Wein zu Hause, aber da schmeckt er ganz anders!« Das Problem ist nicht, dass Leute keine Ahnung haben. Das Problem ist, dass Leute so tun, als hätten sie Ahnung, aber keine haben. Der Sommelier denkt in solchen Fällen: Dumme Nüsse! Den Tisch hake ich ab! Es wäre schön, wenn die kreative Küche das Publikum hätte, das sie verdient.

Auf die letzten zwanzig Jahre bezogen: Verstehen die Deutschen mehr oder weniger von gutem Essen?

Der kulinarische Analphabetismus ist gleich geblieben, leider. Sie können heute immer noch damit reüssieren, dass Sie wissen, was Fleur de Sel oder Tonkabohnen sind. Das ist bizarr. Am schlimmsten sind diese dumpfen Gourmet-Spießer alter Schule, die meinen, sie wären im falschen Lokal gelandet, wenn auf der Karte nicht Hummer, Foie gras, Steinbutt, Kaviar und Trüffeln stehen. Die wollen kriegen, was sie kennen, und das sind die klischeehaften Gerichte der alten Spitzenküche. Eine kreative Küche hat bei ihnen keine Chance, eine Avantgarde-Küche schon gar nicht. Diese Leute wollen nicht an das konkrete Tier erinnert werden, das auf ihrem Teller landet, an Tod und Schlachtung schon gar nicht. Wenn Sie denen eine Schnepfe mit aufgeschnittenem Kopf servieren und sie auffordern, das sehr gut schmeckende Gehirn der Schnepfe rauszulöffeln, empfinden die das als Insubordination. Die Scheinschmecker sind auch schuld, dass es bei Fleisch einen lächerlichen Zartheitskult gibt. Warum serviert man uns Fleisch von Milchlämmern, die kurz nach der Geburt von der Mutter getrennt wurden? Deren Fleisch ist zwar butterzart, schmeckt aber nach nichts. Kleine Milchtiere aufzutischen ist für mich Pädophilie auf dem Teller.

Befällt Sie beim Gedanken an ein Leben ohne Fleisch nackte Panik?

Nein. Bei Avantgarde-Köchen wie René Redzepi sieht man so gut wie kein Fleisch auf dem Teller. Mir fällt das überhaupt nicht auf. Der wirkliche Gourmet wird an grundlegenden Veränderungen seines Speiseplans nicht zugrunde gehen. Ich finde, wer ein Tier isst, sollte auch in der Lage sein, es selbst zu töten.

Das würde die Zahl der Vegetarier schlagartig erhöhen. Ansonsten bin ich gegen jeden Fundamentalismus. Man sollte erst mal mit dem Unsinn aufhören, für Hamburger Rinder zu töten. Im Labor zusammengeschraubter Fleischersatz schmeckt identisch. Auch für Fischstäbchen müssten keine Fische sterben.

Wäre für Sie ein Leben ohne Foie gras sinnlos?

Foie gras zu verbieten wäre ein Kulturverlust. Aber die Lösung wurde bereits gefunden: die ungestopfte Foie gras. Gänse nehmen ein Überangebot an Nahrung freiwillig an. Dadurch schwillt ihre Leber, ohne dass man die Tiere qualvoll stopfen muss. Viele Köche arbeiten bereits mit ungestopfter Foie gras.

Wann nervt Sie Sterneküche?

Ich mache mir Sorgen um die Entwicklung einiger deutscher Drei-Sterne-Köche. Bei denen sage ich: Das ist eine Sackgasse. Der fährt gegen die Wand. Das ist eine überzüchtete, ins Kunsthandwerkliche gehende Küche ohne individualistische Expressivität. Da demonstriert jemand gigantische handwerkliche Fähigkeiten und eine perfekte Küchenorganisation, aber was bei mir ankommt, ist lediglich das fade Gefühl von Mainstream und leerlaufender Virtuosität. Namen nenne ich nicht. Das sage ich denen selbst.

Die einst einflussreichen Bewertungen von Michelin und Gault-Millau interessieren den internationalen Gourmet-Jetset kaum noch. Für ihn bestimmt die Website »The World's 50 Best Restaurants« die Anziehungskraft eines Lokals.

Statistisch ist die Liste ziemlicher Schwachsinn, aber das schmälert nicht ihren Einfluss. In der internationalen Bewertung hatten deutsche Köche vor acht bis zehn Jahren ihren Höhepunkt. Langsam verschwinden wir wieder in der Versenkung.

Die Zahl der Deutschen, die eine Ausbildung als Koch absolvieren, hat sich seit 2007 halbiert.

Mit einer 35-Stunden-Woche ist Spitzengastronomie nicht zu machen. Es wird immer schwieriger, Nachwuchs zu kriegen, der fanatisch genug ist, sich diesen Stress anzutun. Auf der anderen Seite gibt es einen neuen Typ Koch. Das sind so bärtige

Gestalten, für die Kochen im wahrsten Sinne ein künstlerischer Beruf ist. Sie agieren nicht im Hintergrund, sondern treten auf. Einige von ihnen stellen die Improvisation in den Vordergrund und kochen in kleinen Lokalen als One-Man-Show für zwölf bis 14 Gäste. Es gibt keine Karte, und man bekommt nicht gesagt, was es gibt. Zum Reiz der Performance gehört, dass der Koch auch mal einen schlechten Tag hat. Berühmt werden die, wo man sagt, es schmeckt jeden Tag anders, aber immer Spitze.

Entspricht das Ranking von »The World's 50 Best Restaurants« Ihren Erfahrungen?

Die Spitze der Liste gefällt mir sehr. Ab Rang zehn zerfranst sie. Grob über den Daumen gehören dreißig Restaurants nicht unter die Top fünfzig.

Die aktuellen Spitzenreiter sind Daniel Humm mit seinem New Yorker Restaurant »Eleven Madison Park« und der Italiener Massimo Bottura von der »Osteria Francescana« in Modena.

Massimo Bottura ist ein guter Bekannter von mir und einer der ganz wenigen Intellektuellen unter den visionären Spitzenköchen. Ihm gelingen künstlerische Geniestreiche, bei denen man sich fragt: Ist dies noch Essen oder schon etwas anderes, von dem wir noch gar nicht wissen, was es mit uns macht? Er bringt aber auch scheinbar simple, minimalistisch komprimierte Kompositionen auf den Tisch wie Pasta ohne Pasta.

Sie ahnen es: Hä?

Pasta ohne Pasta ist wie Pizza ohne Pizza. Der Teig spielt für die Pizza keine Rolle. Was Sie brauchen, sind die Aromen von Tomaten, Käse, Oliven und Kräutern. Wenn Sie die schmecken, haben Sie das Gefühl, eine Pizza zu essen. Bottura hat eins der ganz wenigen Gerichte produziert, wo ich sage: Das ist ein kulinarisches Kunstwerk! Seine Inspiration waren schwarze Kugeln, die der italienische Künstler Lucio Fontana Ende der Fünfziger als Reaktion auf die Raumfahrt entworfen hat. Fontana fragte sich, welche Merkmale die Kugeln haben müssten, um Außerirdischen zu beweisen, dass menschliches Denken am Werk war. Seine Lösung war ein Schnitt in die Kugel. Bottura serviert Ihnen eine aufgeschnittene schwarze Kugel, in deren Innerem sich ein Stück Kalbszunge befindet. Sein Gericht nennt er »Tutte le lingue del mondo«, also »Alle Sprachen dieser Welt« oder »Alle Zungen dieser Welt«. Vor dieser Kreation verneige ich mich.

Kann Kochkunst Kunst werden?

Wer weiß denn schon, was Kunst ist? Das ist eine flache, banale Diskussion. Kulinarik kann kunstähnliche Dimensionen haben, wenn sie in ästhetische und psychische Bereiche vorstößt wie im »Ultraviolet« von Paul Pairet in Shanghai. Sein Restaurant besteht aus einem Raum mit einem Tisch für zehn Gäste. Bevor Sie etwas zu essen bekommen, wird erst einmal Ihr Kopf gefüttert. Das geht von Bildprojektionen an den Wänden über Düfte bis zu Musik. Ich habe mir mal ein Szenario ausgedacht: Sie essen Lamm. Die Projektionen zeigen niedliche Lämmer auf blümchenbestandenen Bergwiesen. Plötzlich wird auf hyperrealistische Schlachthausszenen umgeschaltet, und es ertönen verzweifelte Tierlaute. Mit diesem verstörenden assoziativen Kontext gelangen Sie vom Genussleben in die stressige Realität. Wahrnehmung springt in Erleben um. Das ist ein Brechstangenbeispiel, aber man kann das sehr viel subtiler machen. In dieser Richtung liegt die Terra incognita der Kulinarik.

Ein Glaubenssatz von Alain Ducasse lautet: »Ein guter Steinbutt mit einem schlechten Koch ist besser als ein schlechter Steinbutt mit einem guten Koch.« Richtig?

Es wird langsam Zeit, diese so plausibel klingende Position zu relativieren. Die klassische französische Küche hat uns beigebracht, dass exzellente Gerichte nur mit Spitzenprodukten möglich sind. Dieses Prinzip wird irgendwann uninteressant, weil Sie in den Bereich von Hyperprodukten kommen, die nur in Paris zu kriegen sind. Bei einem Kochkünstler schwindet die Bedeutung der Produktqualität ein bisschen. Ein Huhn sauberer Qualität nimmt jede Zubereitung an. Mit einer sensationellen Idee können Sie es in etwas ziemlich Gutes verwandeln.

Jeder fünfte Deutsche kocht nur einmal pro Woche selbst, elf Millionen Deutsche kochen nie, in jeder dritten Familie läuft beim Essen der Fernseher oder Computer.

Für viele ist Essen eine ordinäre Verrichtung wie Verdauen. Dabei ist schlecht essen wie sich nicht waschen. Die Deutschen essen 800 Millionen Currywürste im Jahr. Diese darmgepressten Fleischabfälle sind nur dank einer Gewürzsauce genießbar, die nach dem Prinzip Keule angemischt wird. Ich führe seit Jahren einen Feldzug gegen gedopte Geschmacksbilder und werbe für aromatische Abrüstung. Jamie Oliver zum Beispiel ist jemand, der grauenhaft grob würzt. Er hat überhaupt nicht im Griff, was er macht. Oder nehmen Sie diese furchtbaren Mirácoli-Spaghetti: Wenn Sie sich diese feurige Pampe reinhauen, wird Ihr Mund regelrecht tapeziert. Den Geschmack haben Sie noch zwei Stunden später auf der Zunge, und alles, was Sie zwischenzeitlich essen, ist mit Mirácoli parfümiert. Wer mit solchen extremen Überwürzungen angefixt wird, braucht immer mehr Dröhnung und ist über kurz oder lang für feinere Geschmacksbilder verloren. Spitzenküche ist für diese Leute langweilig, weil es dort wesentlich milder und differenzierter zugeht. Es heißt dann zu allem, es schmecke schlapp und fade. Das ist im Grunde eine zivilisatorische Katastrophe. Schuld an ihr ist der lange Arm der Lebensmittelindustrie. Sie züchtet mit ihren Überwürzungen Süchtige. Die Leute glauben, »McDonald's« und Co. seien nette Firmen, weil man sich dort so kinderfreundlich gibt. In Wahrheit werden dort die Junkies von morgen angefixt. Die frühe Bindung an überwürzte Mischaromen ist meist prägend fürs ganze Leben. Kinder lernen den Geschmack klarer, purer Aromen gar nicht erst kennen und finden deshalb zu keiner soliden Esskultur. Manchmal denke ich, das sollte justiziabel sein.

Überkommen Sie nach mehr als zwanzig Jahren Testesserei Überdruss und Ennui?

Nein. Selbst wenn ich einen beliebigen Eck-Imbiss betrete, spüre ich die kindliche Aufregung und Neugier, was es denn jetzt wohl zu essen gibt. Mich interessiert auch, was in einer

Mensa oder auf einer Autobahnraststätte auf den Tisch kommt. Da bestelle ich mit Wollust ein paniertes Fischfilet, weil ich wissen möchte, wie die das geregelt kriegen. Und dann liegt auf Ihrem Teller ein kartonähnliches Gebilde mit strammer Panierung. Sie schneiden es an, und der Fisch kommt Ihnen entgegengelaufen. Dann wissen Sie natürlich, was schon wieder alles passiert ist: Der Fisch kam frisch aus der Tiefkühltruhe und wurde zu schnell und zu heiß in der Fritteuse gegart. So kriegen Sie alles kaputt. Aber dann gibt es wieder Begegnungen mit Gerichten, die man am liebsten in einer Orgie enden lassen würde.

Die Mutter stirbt bei seiner Geburt, mit 11 wird er gezwungen, mit der Stiefmutter zu schlafen, nach dem Tod des Vaters hat er 17 Jahre lang Sex mit seinem Vormund, einem Pastor: Fritz J. Raddatz über Glücksimpotenz und den Trost eines Tagebuchs, über die monströse Egozentrik von Schriftstellern und die Frage, wie fehlende Selbstliebe zu exzessiver Gefallsucht wird

»Die Kindermädchen versuchten weinend dazwischenzugehen, wenn mein Vater mir mit einer Pferdepeitsche wie rasend blutige Striemen schlug«

FRITZ J. RADDATZ

Die abstoßendste Figur in Ihren Tagebüchern ist Ihr Vater, ein Oberst a. D. der kaiserlichen Armee, der in der Weimarer Republik zur Direktion der Ufa gehörte.

Das Wort Vater steht in meinem Inneren in Anführungszeichen. Nach seinem Tod sagte meine Stiefmutter mir, er sei nicht mein leiblicher Vater. Also ein Jakob-Augstein-Schicksal, außer dass der wahre Vater kein berühmter Romancier mit Millionenauflage war.

Konnte Ihre Stiefmutter Ihnen sagen, wer Ihr biologischer Vater ist?

Ja. Den möchte ich aber nicht aufdecken, weil er kein ganz unbekannter Mann war.

Sie wurden zu Hause über Jahre brutal misshandelt. Wussten Sie, warum?

Ich habe mich jeden Tag gefragt, wie es sein kann, dass mein Vater so furchtbar grausam zu mir ist. Beim geringsten Vergehen wurde ich so geprügelt, dass selbst der Hund Mitleid mit mir hatte und erst recht meine Kindermädchen, die oft weinend versuchten, dazwischenzugehen, wenn er mir wie rasend blutige Striemen schlug. Mein Gefühl war, dass er mit seinen geradezu orgiastischen Hassausbrüchen sich für irgendetwas an mir rächte. Deshalb erscheint es mir plausibel, was meine Stiefmutter sagte: Er prügelte auf einen Bastard ein. Dazu benutzte er eine Hundepeitsche aus geflochtenem Leder oder eine Pferdepeitsche, die aus einem Stahlstock bestand, der mit Stroh und Leder umwickelt war. Die Pferdepeitsche war weniger flexibel und tat deshalb nicht ganz so weh. Geschlagen wurde ich entweder auf den nackten Hintern oder auf die Lederhose, die Kinder damals trugen. Nachher bin ich oft zu den Schäferhunden gegangen und habe mich mitleidig ablecken lassen.

Als Sie elf Jahre alt waren, gab es eine Nacht, die, wie Sie schreiben, »mein ganzes Leben bestimmt und zerstört hat, nämlich als mein Vater mich verführt und ich mit seiner Frau ficken muss«.

Obwohl ich ein alter Mann bin, habe ich diese Nacht nicht vergessen können. Mein Vater kam mit erigiertem Glied in mein Schlafzimmer, zog mich durch die Verbindungstür ins elterliche Schlafzimmer und führte mich meiner Stiefmutter zu. Mit meinen elf Jahren hatte ich keine Ahnung, was von mir erwartet wurde. Ich hatte noch nicht mal onaniert. Meine Sexualität bestand aus unbegriffenen Ferkelversen aus der Schule und Witzchen, wie die Kinder zustande kommen. Mein Vater führte mir vor, wie man das macht. Sein erigierter Schwanz – riesig in den Augen eines Elfjährigen – war ein entsetzlicher Schock. Es war eine psychische und physische Vergewaltigung. Heute würde man Herrn Raddatz einen Sexualverbrecher nennen und die Polizei rufen.

Kann ein Elfjähriger mit einer Frau Geschlechtsverkehr haben?

Es ging nicht richtig, aber es ging. Irmgard, so hieß sie, war die erste Frau, mit der ich geschlafen habe. Wir waren nicht verwandt, für sie war ich wie ein fremder Junge. Sie war mit ihrem Mann sexuell im Gange und deshalb entzündet, wie man das vornehm nennt. Da muss es einen Moment gegeben haben, dass sie sagte, wenn sogar der Vater das interessant findet, dann will ich es auch.

Was für eine Frau war Ihre Stiefmutter?

Eine aufs Körperliche ausgerichtete Vorstadt-Mondäne, eine rothaarige Lola mit grünen Katzenaugen. Die Beziehung zwischen ihr und dem Herrn Raddatz war vor allem sexuell bestimmt. Er war ihr verfallen bis zur Hörigkeit. Die beiden hatten öfter Triolen. Da war dann allerdings kein Elfjähriger beteiligt, sondern ein erwachsener Mann.

Wann haben Sie über den Missbrauch sprechen können?

Ich habe das verbunkert in meinem Inneren und dort nicht wieder rausgeholt. Erst vier Jahre später habe ich meinem Vormund davon erzählt, Pastor Mund. Bei ihm lebte ich, nachdem mein Vater 1946 gestorben war.

Ihr Vormund, ein, wie es in Ihren Tagebüchern heißt, »verlogener Charismatiker« mit »sirrend-hexischem Charme«, führte ein Doppelleben. Nach außen gab er den tief religiösen Ehemann und Kindsvater, mit Ihnen, seinem anfangs minderjährigen Mündel, hatte er 17 Jahre lang Sex.

Nicht selten hinter dem Altar, während seine Frau das Essen bereitete, vor dem selbstverständlich gebetet wurde. Ich hatte mit der erwähnten Ausnahme bis dahin keine sexuellen Erfahrungen und hielt unsere Beziehung für Liebe – was es von meiner Seite bestimmt war und von seiner, denke ich, auch. Es war nicht nur die Verführungsgeschichte eines Dreißigjährigen und eines 15-Jährigen. Obwohl er mich betrog, war ich fast sklavisch an ihn gebunden.

In Ihren Träumen haben Sie bis heute auch Sex mit Frauen.

Und das wundert Sie? Ich habe auch längere Beziehungen

mit Frauen gehabt. Nachdem ich mit einer Frau geschlafen hatte, ging ich oft noch in eine Schwulensauna. Ich könnte nicht sagen, ob ich von jung an schwul war oder es erst durch die Verführung des Pfaffen wurde. Ist eigentlich auch wurscht. Nachdem er mich verführt hatte, war mein Begehren ausschließlich auf den Pfaffen fixiert.

Peter Handke sagt, seine Akne habe ihn zum Schreiben gebracht. John Updike nennt als Grund seine Schuppenflechte. Sie haben Vitiligo, auch Weißfleckenkrankheit genannt.

Wie Michael Jackson. Die Haut bestrafte mich mit widerlichen Flecken, weil ich aus ihr rauswollte. Ich habe das kurz nach dem Abitur bekommen. Damals wusste niemand, dass das eine Krankheit ist. Es begann mit einem ganz kleinen Flecken am Hals, dann wurden es mehr. Ich versuchte die Flecken zu kaschieren. Der erste Dermatologe verschrieb mir eine Creme. Später hieß es, Sie sind ein Nervenbündel, und deshalb ist Ihr vegetatives Nervensystem gestört. Nach vielen Gesprächen mit Dermatologen glaube ich heute, dass Vitiligo eine seelische Wurzel hat.

Ihre Mutter Alice, eine schöne Pariserin aus reichem Haus, ist bei Ihrer Geburt gestorben. Gab es in Ihrer Kindheit Zärtlichkeit und Liebe?

Ich bin in meiner Kindheit nicht einmal in den Arm genommen, geküsst oder gestreichelt worden, es sei denn vom Hund mit der Zunge. Das Fehlen von Liebe und einer behütenden Mutter war für mich eine intensive Ego-Kränkung. Diese Kränkung versuchte ich zu kompensieren, indem ich mir meine eigene schützende Welt aus Buchstaben baute. Die Beziehung zu Pastor Mund war ebenfalls eine Flucht in einen Schutz hinein. Ich hätte damals auch einen Feuermelder umarmt und geküsst auf der Suche nach einem, der mir hilft zu leben.

Werden aus ungeliebten Kindern Erwachsene, die nicht lieben können?

Die fehlende Liebe hat bei mir zum einen eine fast panische Suche nach Liebe und ein dauerndes Anbieten meiner Liebe bewirkt, egal ob bei Männern oder Frauen. Zum anderen, was man bösartig meine exzessive Gefall- und Ruhmsucht nennen könnte. Ich würde es die Anerkennung auf dem Markt der Eitelkeiten nennen, die ich auf manchmal absurde Weise gesucht habe. Es ist das ewige Penis-zeigen-Müssen des ungeliebten und sich deshalb minderwertig fühlenden Kindes. Vor dem Krieg war ich mit meinem Vater im »Haus Vaterland«, einem Varieté am Potsdamer Platz in Berlin. Als Musik gespielt wurde, bin ich mit meinen sieben Jahren auf die Tanzfläche gegangen und habe zum Entsetzen oder Amüsement aller Gäste einen Spitzentanz getanzt. Dieser Spitzentanz hieß später Rowohlt oder *Zeit*-Feuilleton.

Bei was heben Sie den Finger: Eitelkeit oder Narzissmus?

Bei Ersterem. Narzissmus ist ein die Persönlichkeit zersetzendes Gift und führt nicht zur Produktion. Ein Narzisst kann kein wunderbares Klavierkonzert schreiben, weil er vor der letzten Note in seinem Spiegelbild ersäuft. Eitelkeit dagegen kann einen Menschen aufblühen und sich großartig entfalten lassen, wie eine japanische Papierblume. Diese Menschen ziehen aus ihrer Ich-Besessenheit Ehrgeiz, Kraft und Produktivität.

In Ihren Tagebüchern beklagen Sie ständig, dass man Ihnen mickrige Blumensträuße mitbringt, zu niedrige Honorare anbietet und Sie in miesen Hotels unterbringt. Das nennt man narzisstische Kränkung.

Nein, es geht um Herabsetzung meiner Würde. Unsere Welt ist nun mal so gebaut, dass Geld auch eine Form der Anerkennung für Begabung ist. Wer mir vierhundert Euro für einen Artikel anbietet, sagt mir, eigentlich bist du ein Niemand, ein Greis auf Nuttentour. Das als Kränkung zu empfinden muss gestattet sein, ohne den Stempel Narzisst aufgedrückt zu bekommen.

Mit Gabriele Henkel, der Witwe des Waschmittel-Milliardärs Konrad Henkel, verband Sie eine 40-jährige Freundschaft. Die endete, als Ihnen Frau Henkel als Gastgeschenk zwei Geschirrhandtücher überreichte.

Ich zog damals in eine neue Wohnung, ein großes Ereignis

für mich, und hatte Menschen eingeladen, die ich für Freunde hielt. Natürlich bringt man dann nicht zwei Geschirrhandtücher mit. Frau Henkel nagt ja nicht am Hungertuch. Schenken heißt für mich, einen Menschen zu streicheln. Also bringt man entweder gar nichts mit oder etwas, was sich sehen lassen kann. Zwei Geschirrhandtücher würde man doch nicht mal seiner Putzfrau schenken, wenn die in die neue Zweizimmerwohnung gezogen ist.

Ein Dauerthema Ihrer Tagebücher ist das, was Sie die »Verkommenheit des Literaturbetriebs« nennen. Dabei rezensieren Sie immer wieder Bücher von Freunden.

Das ist ein heikel Ding. Besser täte man es nicht. Ich habe mich darüber hinweggesetzt und gesagt, ich mache, was ich will.

Zu den Freunden, die Sie immer wieder rezensiert haben, zählt Günter Grass. Auch mit ihm sind Sie auseinander.

Er nimmt mir übel, dass ich ihn öfter mit dem George-Grosz-Stift karikiert habe, statt ihm Seerosen ins Haar zu malen.

Nachdem Grass sein israelkritisches Gedicht Was gesagt werden muss veröffentlicht hatte, schrieben Sie: »Der Ex-Freund ist artistisch impotent geworden. Wieso hält er nicht die Klappe? Er kommt mir vor wie die alternden Schwulen in den Parks, die an sich herumfummeln, ihn kaum oder nicht oder knapp hochkriegen – und dann kommt ein widerliches Tröpfchen.«

Da Grass in einem übrigens scheußlichen Gedicht selber geschrieben hat: »Er steht mir noch, aber nicht so oft«, darf ich so etwas schreiben. Es ist nun mal so, dass Indiskretion zum Wesen eines Tagebuchs gehören. Ich bin ja auch mir selber gegenüber indiskret.

Dass Sie öffentlich gemacht haben, er würde seine Frau »an jeder Ecke betrügen«, hält Grass für den Verrat einer Freundschaft.

Das mit dem Betrügen war alles schon vorher publiziert worden. Lesen Sie mal die Grass-Biografie von Michael Jürgs. Aber ich akzeptiere, dass er gekränkt ist. Umgekehrt bin ich über sein

Tagebuch auch gekränkt. Das muss er akzeptieren, tut er aber nicht. Ich werde nicht an seiner Tür klingeln und sagen, wir wollen uns wieder lieben. Ich denke, dass das nicht zu reparieren ist.

Haben Sie Ihre Tagebücher vor der Publikation zensiert?

Ein paar intime Dinge habe ich wegen Schamgrenzen rausgenommen. Der Rest wurde durch das Sieb von zwei Anwälten und meinem Verleger Alexander Fest gerührt. Wenn Fest fragte, ob ich der Person XY das wirklich antun wolle, sagte ich, ja, das tue ich dem an – und vor allen Dingen mir. Fest wollte mich vor mir selber schützen, aber ich habe mich nicht schützen lassen.

2007 notierten Sie nach einem Telefonat mit der Frau Ihres todkranken Freundes Peter Rühmkorf: »Als ich unverblümt nach Pinkeln-Können mit der künstlichen Blase und nach seinem Pimmel fragte (›Du weißt ja, wie wichtig das Ding für uns Männer ist‹), erzählte sie, sie habe wegen genau dieser seiner Angst einen Handspiegel gekauft und den vor seinen Schwanz gelegt – den Schwanz, mit dem er sie 1000-fach betrog – und gesagt: ›Nu sieh doch mal, alles prima und sehr appetitlich.‹« So etwas öffentlich zu machen, kann man niederträchtig nennen.

Eine heikle Passage. Ich fand es unglaublich rührend, dass Eva das machte, sie akzeptierte ja keineswegs, dass er so viel fremdgegangen war. Ich habe lange überlegt, soll ich das weglassen? Ich hätte es weggelassen, wenn Eva noch lebte. Jetzt ist es Literaturgeschichte – als würden die Brüder Goncourt etwas über den Schwanz von Balzac schreiben.

Als Rühmkorf in seinen Tagebüchern beschrieb, wie es in Ihrem Badezimmer aussieht, waren Sie tief beleidigt.

Entschuldigen Sie, das ist doch was anderes. Er war Gast in meiner Wohnung, aber statt zum Pinkeln das Gästeklo zu benutzen, ist er mit Block und Bleistift in mein Badezimmer geschlichen und hat notiert, welche Hautcreme und Präservativmarke ich benutze. Widerliche Schlüssellochguckerei. Das ist, als hätte ich mit dem Zentimetermaß seinen Schwanz ausge-

messen und das Ergebnis zwischen zwei Buchdeckeln veröffentlicht. Das habe ich ihm auch gesagt.

**Künstler von Rang, das gehört zu ihrer Natur, sind monst-
röse Totalegozentriker. Wie konnten Sie glauben, dass solche
Naturen zu Freundschaft fähig sind?**

Das war wohl naiv von mir, aber wir sprachen von meinem
Bedürfnis, Liebe zu schenken und zu erwarten. Irgendwann
habe ich aber begreifen müssen, dass man für sogenannte Groß-
schriftsteller bloß Fußvolk ist. Auch bei Hubert Fichte dachte
ich, uns verbinde eine gegenseitige Freundschaft, die bis zum
gemeinsamen Besuch von Knabenpuffs reichte. In seinen Tagebüchern las ich dann: »Befreundet sind wir eigentlich nicht.«
Älterwerden heißt, skeptischer gegenüber Menschen zu werden
und mehr und mehr enttäuscht vom Leben zu sein. Man kotzt
die Welt an, die einen ankotzt. Schöner ist, dass man in die Welt
hineinstürmt und andere umarmt – selbst wenn die vielleicht
gar nicht umarmt werden wollen.

Haben Sie noch Freunde?

Meinen Lebenspartner. Und dann vielleicht noch Inge Feltrinelli, Rolf Hochhuth, Joachim Kaiser und Kurt Drawert.

Es kommen keine jüngeren Freunde nach?

Die jungen Leute sind mit Recht an einem Herrn Raddatz
überhaupt nicht interessiert. Sie kennen ihn wahrscheinlich gar
nicht oder verwechseln ihn mit Carl Raddatz. Warum soll Herr
Kehlmann Herrn Raddatz besuchen oder ihm sein neues Buch
mit einer Widmung schicken? Junge Autoren wollen auch Martin Walser oder Joachim Kaiser nicht sehen. Wir sind die unter-
gegangene Generation, die Methusalems. Das war bei Goethe
schon so. Keiner der jüngeren Autoren mochte den. Er schreibt
doch im Divan: »Sie lassen mich alle grüßen / und hassen mich
bis in den Tod.« Und wenn einer mal kam wie Heinrich Heine,
dann war er unverschämt und antwortete auf die Frage von
Goethe, woran er arbeite: »An einem Faust.« Damit war das
Gespräch natürlich beendet. Man möchte das Wort von Hans
Sahl zitieren: »Fragt mich aus, ich lebe noch.«

Ihre Wohnung ist mit Hunderten Pretiosen und einer mil-

lionenschweren Kunstsammlung dekoriert. Überlegen Sie manchmal, ob es nicht schöner wäre, leere weiße Wände anzuschauen?

Mary Tucholsky sagte zu mir: »Sie besitzen Ihre Dinge nicht, die Dinge besitzen Sie!« Ich bin tatsächlich ein morbider Ding-Fetischist, der Zierrat als Lebensstütze braucht. Meine geradezu manische Schönheitssucht ist eine Ersatzhandlung. Nach dem Krieg war ich eine Schwarzmarktratte, gotterbärmlich arm und verdreckt. Deshalb habe ich mich später an Spielzeuge wie meinen Porsche oder Jaguar geklammert. Heute noch kann ich mich einen ganzen Abend lang freuen an den wunderschönen Messerbänkchen aus weißen Elfenbein-Elefanten. Absurd, ich weiß, aber dieser schöne Schnickschnack befriedigt meinen Spieltrieb, meine Restlibido. Nach diesem Gespräch werde ich mir zum Abflattern Rotwein in ein besonders schönes Fadenglas einschenken und mich vor ein bestimmtes Bild setzen. Das ist abwegig und skurril und hat vielleicht auch was Lächerliches für die Jüngeren. Die wissen wahrscheinlich gar nicht, was ein Messerbänkchen ist, und warum sich jemand mit diesem Schnokus umgibt. Ich frage mich, warum die jüngeren Kritiker so wenig von ihrem Beruf geprägt sind. Wie kann man täglich mit Form zu tun haben und so formlos leben? Bei denen wird der Kaffee aus Pappbechern gezuzzelt.

Während andere »graue Socken ums Gehirn haben« erfreuen Sie sich »am seidigen Gleiten eines fein gewirkten Strumpfes«, schreiben Sie.

Mancher Zierrat war Trost für Angst. Als ich zu Toni Morrison nach Princeton fuhr, hatte ich ziemliches Muffensausen: Würde sich die schwarze Diva des amerikanischen Literaturwesens einem Weißen aus Deutschland öffnen? Kriege ich die Auster auf? Ich brachte ihr einen Riesenstrauß weiße Gardenien mit, die Blume von Billie Holiday. Und siehe da, it worked beautifully. Das Interview ging um die Welt. Als Belohnung für meine Angst habe ich mir in New York eine Tiffany-Lampe gekauft, die ich mir nicht leisten konnte. Wenn ich sie heute anschaue, sehe ich Toni Morrison und nicht Tiffany. So lebe ich mit den Dingen, und deswegen helfen sie mir gegen Bedrückungen und die Schatten, die sich um mich rumwickeln. Das ist nicht zu verstehen für Menschen, die den Pizza-Boten anrufen und sich eine Coca-Büchse auf den Tisch knallen. Ich lasse mir ein anständiges Essen bereiten und zwischen den Gängen das Besteck wechseln. Die Frühstückskonfitüre esse ich aus in Paris ersteigerten Tharaud-Keramiken und die Butter aus silbernen Renaissance-Dosen. Alles etwas maniriert, wenn Sie so wollen. Andere nehmen vielleicht Heroin.

2011 gab der Bundepräsident für Sie ein Essen im Schloss Bellevue. Sie ließen sich in einer gemieteten Limousine von einem Chauffeur vorfahren.

Warum kann der Großkotz nicht ein ordinäres Taxi nehmen, wollen Sie fragen? Ich wusste ja nicht, ob der Bundespräsident vielleicht draußen auf der Treppe steht und wartet. Ich wollte comme il faut sein, wie man das in Paris sagt.

Als bei Grass das Essen in Ikea-Schüsseln auf den Tisch kam und »6.-klassiger Wein« gereicht wurde, stieß Ihnen das als »Gulaschkleinbürgerlichkeit« auf. Sollten einem solche Dinge nicht völlig egal sein bei Menschen, die man mag?

Sie werden den Eintrag über meinen Besuch bei Joachim Fest erinnern, der ein sehr formbewusst und kultiviert lebender Mensch war mit vielen schönen Möbeln und Skulpturen, mir sehr ähnlich, auch wegen der Angeberei mit seinen Sachen. Nach dem Besuch habe ich notiert: »Vielleicht ist mir doch das Gulasch bei Grass lieber.« Unsere Abende hatten immer eine große Wärme: »Fritz, willst du noch einen Slibowitz?« Ich hasse Slibowitz, aber egal. Einmal sagte er: »Fritz, darf ich zu dir zum Essen meine Söhne mitbringen, damit sie mal sehen, wie man kultiviert lebt?« Das habe ich aber abgelehnt und gesagt: »Günter, ich bin doch kein Tanzstundenlehrer!«

Nach knapp vierzig Raddatz-Büchern war der 2010 erschienene erste Band Ihrer Tagebücher der größte Kritikererfolg Ihres Lebens. Der 2014 erschienene zweite Band schließt mit der Ankündigung, nichts mehr notieren zu wollen.

Ich schreibe seit dem 31.12.2012 nicht mehr Tagebuch.

Manchmal ärgere ich mich über meine eigene Entscheidung, zum Beispiel, wenn das Honorar der *Süddeutschen Zeitung* nicht kommt für meinen Artikel zum 85. Geburtstag von Joachim Kaiser. Ich musste denen schreiben wie ein Junge, der den Papa um das Taschengeld anfleht. Dann hieß es, ich müsse eine Rechnung schicken. Das habe ich noch nie bei einer Zeitung erlebt. Zumutungen dieser Art hätte ich normalerweise aufgeschrieben, um meinen Ärger zu bannen. Ein Tagebuch ist ja auch ein Jammerlappen und ein Schluchztüchlein.

Warum verzichten Sie darauf?

Das hängt mit Alter, Einsamkeit und fehlendem Erleben zusammen. Die meisten meiner Zündfiguren sind inzwischen tot. Meine nörgelnden Kommentare über Kommentare in Zeitungen interessieren weder mich noch andere. Über Sekundärdinge zu schreiben, fände ich lächerlich. Bevor ich ganz zum Laffen werde, sage ich *time to say goodbye.*

Wie geht es Ihnen ohne Tagebuch?

Ich führe jetzt Monologe mit mir alleine. Als Selbstspiegel und Beichtbuch brauche ich das Tagebuch nicht mehr. Zu meinem größten Bedauern tue ich nichts mehr, was der Beichte bedürfte.

Kennt man sich im Alter oder wird man sich immer mehr zum Rätsel?

Ich kenne mich in allen Verwinkelungen, in allen Verlogenheiten, in allen Eitelkeiten. Was mich überraschen kann, ist die Differenz von Selbst- und Fremdwahrnehmung. Ich weiß bis heute nicht, wie ich auf Menschen wirke, ob sie alle nur lügen und ich in Wahrheit grauenvoll bin.

Findet man keine neuen Wahrheiten mehr, sobald man über ein bestimmtes Alter hinaus ist?

Man findet neue Wahrheiten, aber man schiebt sie beiseite. Wenn mir gesagt würde, du bist dein Leben lang ein verlogenes Arschloch und eine bösartige Tunte gewesen, dann kann das sogar sein, aber ich würde sagen, so war mein Leben nicht.

Wann haben Sie das letzte Mal etwas zum ersten Mal gemacht?

Das muss sehr lange her sein. Ich könnte Ihnen nur sagen,

wann ich mit Sachen aufgehört habe, zum Beispiel mit Wasserski. Eines Tages merkte ich, O Gott, da kommt eine Welle, dir fehlt die Kraft – na ja, und dann lag ich drin. Nachdem ich dreimal wieder angefangen hatte, sagte selbst der Wasserski-Mensch in dem Schnellboot, ich glaube, wir hören lieber auf.

Was haben Sie zuletzt aufgegeben?

Viel zu schnell Auto zu fahren, unter anderem wegen meiner schlechten Augen. Heute fahre ich nur noch zur Apotheke und zurück, natürlich in einem Zwölfzylinder, das muss sein.

Erwarten Sie noch etwas von der Zukunft, was Sie nicht bereits kennen?

Nee.

Viele Alte wirken, als säße ihnen der Kopf falsch herum auf den Schultern, sie schauen zurück statt nach vorne.

Wenn ich meinen täglichen *morning swim* im Kellinghusenbad absolviere, komme ich an einer Litfaßsäule vorbei. Von den Herrschaften, die da abgebildet sind, wüsste ich nicht zu sagen, ob es Pop-Menschen sind oder Tänzer. Ich weiß nicht nur nicht, was ein Nerd oder Groupon ist, ich habe auch keine Ahnung, ob ein Smartphone was ist, mit dem man telefoniert, oder das, wo man reinguckt. Wozu soll ich mein ohnehin löchrig gewordenes Gehirn mit der Frage belasten, was Flip-Flops sind? Dann sitze ich halt mit dem Rücken zur Fahrtrichtung und werde zum Fossil.

Lesen Sie noch Zeitung?

Ja, aber ganz selektiv, auch das Feuilleton. Was interessiert mich Tarantino?

Wenn Sie früher einen Raum betraten, war es, als brächen Sie durch die Wand.

Vielleicht habe ich so viel geredet, damit man mir nicht wirklich nahekommt, weil ich vieles in mir für unaussprechlich hielt.

Gibt es den legendären Gastgeber Raddatz noch, der zu Fackelschein 30, 40 Gäste mit Pasteten und Ruinart-Champagner bewirtet?

Ich gebe keine Einladungen mehr, mein Telefonbüchlein ist voll mit Toten. Andauernd stirbt jemand. Maximilian Schell musste ich jetzt auch noch ausstreichen. Er lebte unter meinem Namen mit der Soraya in einem Hotel in Kampen zusammen, weil sie die Pressemeute fürchtete. Würde ich ein neues Telefonbuch anlegen, wäre es hostiendünn.

Viele Alte schauen sich am liebsten Tiersendungen im Fernsehen an. Werden im Alter Menschen zur Anstrengung?

Ja. Es ist unangenehm, einem Besucher erklären zu müssen, dass ich abends um halb zehn abbaue und müde werde. Und natürlich kennen die Leute meine Geschichten, wenn ich anfange: »Als Johannes R. Becher mal zu mir sagte …« Ich sehe es zwar nicht, aber hinterher mache ich mir klar, dass die in den Tiefschlaf verfallen sind oder sich gesagt haben: »Jetzt fängt der Alte wieder an zu schwätzen von seiner Mary Tucholsky oder seiner Zeit bei *Volk und Welt* in Ostberlin.« Ich sehe das selbst bei meinem Lebenspartner, der nun nicht um halb zehn geht. Wenn ich beim Abendessen von Erich Kästner erzähle, sagt er erst mal gar nichts. Wenn ich mir dann mein zweites Glas Bordeaux und mein abendliches Zigarillo genehmige, sagt er: »Das hattest du mir übrigens schon zwölfmal erzählt.« Je älter man wird, desto besser war man früher. Das ist der Betrug des Alters.

Sie sind seit 1984 ein Paar und leben in einer sogenannten eingetragenen Partnerschaft. Wie haben Sie Ihren 15 Jahre jüngeren Freund kennengelernt?

Das sage ich Ihnen nicht. Die fromme Version ist: nach einem Vortrag von mir. Aber das stimmt nicht.

Sie beklagen, dass Ihr Freund meist schweigt, wenn Sie Aufsätze oder Bücher veröffentlichen.

Der Gerd, so heißt er, hält diese Diskretion für sehr klug und rücksichtsvoll und sagt: »Du bist von Ranwanzern und Schmeichlern umgeben und fällst darauf rein, wenn man dir mit lügnerischen Komplimenten Honig um den Bart schmiert. Warum glaubst du diesen Quatsch?« Ich falle auf diesen Quatsch natürlich rein in meiner Sucht, gelobt zu werden. Ich sage nur: Spitzentanz.

Sie schreiben über Ihren Freund: »Er geht zur Apotheke und zur Post, zum Ananasladen oder Staubtuchgeschäft. Er

treibt sich nicht herum (ist also ›treu‹), was will ich eigentlich? Will ich einen Adorno, der mir abends den warmen
Umschlag ans Bett bringt, einen Enzensberger, der mir den
frischen Pyjama zurechtlegt, einen Joachim Kaiser, der das
Mineralwasser in der Karaffe nachfüllt?«

Ich habe kaum jemanden kennengelernt, der so sehr zeigt,
wie wichtig ich ihm bin. Es ist ganz große Zuneigung. Er hängt
enorm an mir und hilft mir beim täglichen Leben, vom Gute-
Nacht-Tee bis zur Wärmflasche. Nur meine, wie heißt das
Modewort, grenzwertige Eitelkeit geht ihm manchmal auf den
Wecker, was ich auch verstehe. Trotz aller Zuneigung kokettiere
ich gelegentlich mit dem Tucholsky-Satz: »Einsam, aber nicht
allein.«

**Was bliebe für Ihren Freund übrig, wenn Sie nach dem
Bibelwort leben würden: »Liebe deinen Nächsten wie dich
selbst«?**

Nicht viel. Die Selbstliebe ist die Gräte meines Lebens. Meine
Tagebücher sind ja voller Selbstzweifel und Selbstanklagen. Und
die große Frage ist, ob ich jemals einen Menschen glücklich
gemacht habe. Manchmal denke ich, wer mit mir lebt, ist allein.

**Im Tagebuch zitieren Sie Ihren Freund Joachim Kaiser:
»Es mangelt nicht an der Potenz, es mangelt an der Libido.«
Trifft das auch für Sie zu?**

Ja. Man würde, um Grass zu variieren, noch einen hochkriegen, aber die Sehnsucht und die Neugier fehlt. Ich bin ein hum-
pelnder, halb blinder, halb tauber Greis, trotzdem möchte ich
die Libido wiederhaben. Man möchte es wollen können.

**2011, schreiben Sie, zeigte Ihnen beim Bartschneiden »ein
junger Mann, ca. 30, strahlend sein enorm erigiertes Glied,
winkte gleichsam damit«.**

Ich bin erstaunt, dass es so etwas noch gibt und finde es wunderbar. Von mir muss immer noch eine Art Magnetstrom ausgehen. Ich bin dann aber zur Pediküre gegangen.

**Was ist das Schlimmste am Alter, die Versteinerung, das
schrumpfende Herz?**

Das eigentlich Dramatische ist der rapide auf null gehende

Neugierpegel. Beim Zeitunglesen erwische ich mich bei dem Gedanken: Kenn ich, weiß ich schon, brauche ich nicht, schade um meine Lebenszeit.

Sie haben als Kritiker Hunderte Bücher gelesen, in denen Autoren ihr Altsein beschreiben. Bereitet einen Lektüre auf die Zumutungen des Alters vor?

Nein. Wenn es einem selber bevorsteht, in die Grube zu fahren, ist man wieder Analphabet. Als Leser hat man einen Vorsprung an Leidensfähigkeit. Es klingt hochmütig, aber ich denke, dass ein Maurer oder ein Müllabfuhrmensch weniger Fantasie hat als unsereiner und deshalb Leid und Katastrophen auf einer niedrigeren Intensitätsstufe erlebt.

Sie sind ein hochgezüchteter Hypochonder, der seit Jahren glaubt, morgen zu sterben. Sollte man nicht besser so leben, als gebe es keinen Tod?

Für einen denkenden Menschen ist es unvorstellbar, sich nicht mit dem Tod auseinanderzusetzen. Will man verbrannt werden? Will man, wie selbst Voltaire zum Schluss, geistlichen Beistand? Solche Gedanken vergällen das Leben nicht, sie intensivieren es. Gerd und ich haben verschiedene Wohnungen und ein bestimmtes Ritual, wann wir uns sehen. Um zehn vor sechs stehe ich am Fenster, weil er um sechs kommt und ich dann meinen ersten Drink bekomme. Da ich weiß, dass meine Uhr abläuft, intensivieren solche Rituale unsere Beziehung. Ich habe mich schon mit 20 über ein wunderbares Gedicht freuen können, aber nicht mit dieser Seligkeit wie heute.

Gibt es mit über 80 noch Glück?

Wenn man darunter den Tanz auf den Wolken versteht und den großen inneren Jubel, auf der Welt zu sein, dann hat mich das Glück vor langer Zeit verlassen. Wenn man Zusammengehörigkeit und Beständigkeit in einer Beziehung meint, dann ist das Glück nicht ganz an mir vorbeigegangen.

»Glück ist nicht mei Sach«, schreiben Sie.

Ob man glücklich ist, ist zu 90 Prozent Veranlagung. Ich habe diese Glücksbegabung nicht. Einen Satz wie »Was ist das Leben schön!« habe ich in meinem ganzen Leben nicht sagen können.

Dazu gab es dann doch zu viele Verwundungen. Wenn man meint, im Beckett-Sand zu versinken, hilft nur sehr viel Selbstironie.

Welche Note geben Sie Ihrer Selbstironie?

Eine Zwei bis Drei. Ich bin in der Lage, mich über mein Alter und meine Hässlichkeit lustig zu machen. Was ich nicht mag, ist, wenn man nur voller Spott über sich selber ist. Dürrenmatt empfahl, das Leben als Komödie zu sehen, aber der Mann war, wie wir alle wissen, etwas dumm. Man kann manches grauslich komisch finden, aber das Leben ist keine Komödie.

Sie beschreiben Ihren heutigen Zustand mit den Wörtern: Bitterkeit, Verkrauchtheit, Gemuffel, seelische Ermattung, Lebensekel, Lebensüberdruss, anhaltende Depressionen, Vergeblichkeitsgedanken, Endzeitgefühle, atemabschnürende Todesfurcht, Weltverachtung, Erlebnisarmut, Leere, Vereisung, Glücksimpotenz, Wälz- und Albträume, Zittrigkeit, Echolosigkeit, Abgemeldetsein, Schwerhörigkeit, Astigmatismus, Polyneuropathie, Arthrose, Herpes, Gürtelrose, verkrebste Lymphen, Krebsverdacht, Prostata-Alarm. Gibt es auch etwas Schönes am Alter?

Es gibt Angenehmes, Schönes nicht. Das Alter ist ein Massaker. Da hat Philip Roth leider recht.

Triumphieren Sie heimlich, wenn einer in Ihrem Alter stirbt?

Bei vielen Alten sind Hass und Rachsucht die stärksten Gefühle. Je länger sie leben als ein anderer, desto größer der Sieg über ihn. Wenn ein Totenauto an Thomas Bernhard vorbeifuhr, hat er sich immer händereibend gesagt: »I net!« So geht es mir nicht, oder noch nicht. Wenn wir Zeitung lesen, und der Gerd sagt, der und der ist gestorben, frage ich immer, wie alt? Selbst der Tod von weitläufig Bekannten erzeugt in mir ein grässliches Entzugs- und Verlustgefühl.

Würde das auch für Ihren Intimfeind Hellmuth Karasek gelten, den Sie im Tagebuch als »Widerling« schmähen?

Ja. Selbst bei Karasek, der ja nun kein Kollege ist, sondern ein Heizdeckenverkäufer, würde es einen kleinen Moment von

Kummer und Traurigkeit geben. Und vielleicht würde ich sogar eine Blume schicken.

Wen, der tot ist, vermissen Sie wirklich?

Den Maler Paul Wunderlich. Sein Tod war ein schrecklicher Stoß, den ich bis heute nicht verwunden habe, obwohl er schon vier Jahre her ist. Das war eine ganz einmalige, 50 Jahre währende Freundschaft ohne Eintrübungen. Jeder Abend war purer Champagner. Heute denke ich, vielleicht übertreibe ich, und mir war Paul Wunderlich viel wichtiger als ich ihm.

Denken Sie daran, mit dem Schreiben aufzuhören?

Leben, um zu leben, ist nicht mein Leben. Müßiggang führt bei mir zu zerstörerischer Unrast. Besser sich krummlegen für irgendein Artikelchen, als sich nutzlos und überflüssig fühlen. Ich versuche es gelegentlich mit dem Nichtstun, wenn wir auf Teneriffa sind. Bei der Abreise sage ich der Sekretärin, keine E-Mails, auch wenn der Papst plötzlich Kommunist wird. Am vierten, fünften Tag merke ich, dass ich vor lauter Ausruhen mit den Händen trommle. Ein Buch nur so zu lesen oder um eine Kritik darüber zu schreiben, ist wie der Unterschied von Onanie und Geschlechtsverkehr.

Selbst ein Einsiedler wie Samuel Beckett ist am Ende seines Lebens in ein Altersheim gegangen. Ist das eine Option für Sie?

Ein Raddatz in einer sogenannten Seniorenresidenz? Das mache ich definitiv nicht. Ich will bis zum Ende mit dem Schnokus leben, den ich angehäuft habe, und meine Bücher um mich herum haben. Eine Zweizimmerwohnung im Altenheim, wo man nur Brecht und Benn und noch ein paar andere mitnehmen kann? Nein, ausgeschlossen.

Der unrettbar an Krebs erkrankte Schriftsteller Wolfgang Herrndorf notierte nach dem Kauf eines Revolvers: »Die gelöste Frage der Exitstrategie hat eine so durchschlagend beruhigende Wirkung auf mich, dass unklar ist, warum das nicht die Krankenkasse zahlt. Globuli ja, Bazooka nein. Schwachköpfe.«

Ein toller Satz. Ich habe ihm daraufhin ein Kärtchen geschrieben. Man sollte den Giftbecher auf Krankenschein bekommen. Sonst zwingt man die Leute dazu, sich am Kanal eine Kugel in den Kopf zu schießen oder sich vor den Zug zu werfen – was ich dem Zugführer gegenüber ungehörig finde. Ich werde mein Ende selber in die Hand nehmen. Ich habe eine Exit-Strategie gefunden. Ich hätte keine Lust, in die Schweiz zu fahren und einer Combo von Ärzten eine Sterbeerlaubnis abzutrotzen.

Sie schreiben, dass Sie neben »gewiss 1000 Männern« auch mit »etwa 20 Frauen« geschlafen haben. Was wäre aus einem Vater Raddatz geworden?

Zwei Frauen waren von mir schwanger, bei der Dritten war es strittig. Ich wollte damals nicht Vater werden, habe es aber natürlich den Frauen freigestellt. Die haben das dann selber entschieden. Ich habe das sehr bereut. Eigentlich wäre ich gern Vater geworden. Dass ich es nicht bin, ist ein Lebensversäumnis. In einem Fall hat mir der Arzt gesagt, es wäre ein Sohn gewesen. Das hat mich schlimm umgehauen. Das Gefühl von damals ist in mir so lebendig, als wäre es gestern gewesen. Heute bin ich ein Kindernarr. Es ist wunderschön anzusehen, wie die Väter heute ihre Kleinen pudern und wickeln. Manchmal denke ich auch, in 40 Jahren prozessiert ihr gegen euren Vater. Aber diesen frivolen Witz lassen wir mal.

Transzendieren Kinder das eigene Leben?

Nein, das ist eine niedliche Illusion. Ich habe aber bei anderen erlebt, wie Familienrummel einen Menschen trägt und stabilisiert. Unsereins hat kein Geäst, das im Sturm schützen könnte.

Nach dem Abitur wird sie Sekretärin und betreut ein halbes Jahrhundert lang Größen wie Carl Zuckmayer, Joachim Fest und Rudolf Augstein: Heide Sommer über die Sexgier von Alpha-Männern und das Unglück, dem Glück hinterherzulaufen, über ihren wiederkehrenden Traum, mit dem schwulen Dandy Fritz J. Raddatz zu schlafen, und die Frage, warum bei Intellektuellen Erkenntnis so selten zu Selbsterkenntnis führt

»Helmut Schmidt quoll seine Selbstherrlichkeit aus den Ohren«

HEIDE SOMMER

Sie sind seit mehr als einem halben Jahrhundert Sekretärin und haben für Theo Sommer, Carl Zuckmayer, Joachim Fest, Günter Gaus, Rudolf Augstein, Fritz J. Raddatz und Helmut und Loki Schmidt gearbeitet. Wie kamen Sie mit 22 zur *Zeit*?

Ich erschien ohne Termin in der Personalabteilung und durfte gleich zur Chefin. Ich sagte:»Ich bin Sekretärin und möchte hier arbeiten.« So einfach war das 1963. Ich kam ins Politikressort, das von Gräfin Dönhoff geleitet wurde, und arbeitete für ihre berühmten Buben. Das waren Theo Sommer, Hans Gresmann, Rolf Zundel und Dietrich Strothmann. Dazu kam noch der chaotische Jungredakteur Kai Hermann, der später beim *Stern* mit der Serie *Wir Kinder vom Bahnhof Zoo* berühmt wurde. Meine wichtigste Qualifikation war, die Handschriften der fünf entziffern zu können. Sie schrieben ihre Artikel mit der Hand, ich tippte sie in eine riesige mechanische Schreibmaschine.

77

Ihr Vater war Dirigent und Komponist, Ihre Mutter Konzertpianistin. Warum wollten Sie Sekretärin werden?

Als ich ein gutes Abiturzeugnis nach Hause brachte, gab es einen kurzen Wortwechsel mit meinem Vater: »Willst du studieren? Wenn ja, kann ich unser Haus nicht bauen.« Ich hätte staatliche Hilfe beantragen können, aber nach 13 Jahren Schule hatte ich nicht die geringste Sehnsucht nach einer Universität. Ich wollte arbeiten.

Die Zeit war in den Sechzigern ein Herrenclub. Was fiel Ihnen an Ihren Kollegen auf?

Wir Sekretärinnen waren den ganzen Tag mit den Redakteuren zusammen, oft bis tief in die Nacht. Für die Ehefrauen blieb nur der Anfang und der Rest des Tages übrig. Sie erlebten ihre Männer noch müde oder schon wieder müde. Während die Herren der Schöpfung die Weltpolitik ausdeuteten, mussten sie den Haushalt machen und die Kinder hüten. Ich war froh, ein anderes Leben zu haben, und fühlte mich privilegiert.

Ihr Arbeitsplatz war das Pressehaus am Hamburger Speersort, das heute Helmut-Schmidt-Haus heißt. Im selben Gebäude wurde damals der Spiegel gemacht, im Nachbarhaus der Stern. Warum wollten Sie zur Zeit?

Ich hatte im Hamburger Amerikahaus eine Podiumsdiskussion mit Theo Sommer gesehen und fand den Mann sehr eindrucksvoll.

Sommer, zehn Jahre älter als Sie, war verheiratet und hatte zwei Kinder. Wie kamen Sie sich näher?

Nach meinen ersten Monaten bei der Zeit gingen wir abends öfter auf Partys oder zum Heringessen in die Journalistenkneipe Fiete Melzer. Außerdem gab es gemeinsame Betriebsausflüge von Zeit und Stern, immer ein ganzes Wochenende mit Sonderzug und Sambawagen und tollen Hotels in Amsterdam, Kopenhagen oder Berlin. Theo und ich hatten eine richtig stramme Affäre, von der jeder im Haus wusste.

Drei Jahre später zogen Sie nach Saas-Fee in die Schweiz, um für Carl Zuckmayer zu arbeiten, der mit Stücken wie Der Hauptmann von Köpenick und Des Teufels General zu Ruhm

**und Reichtum gekommen war. Warum haben Sie bei der *Zeit*
gekündigt?**

Theos Ehefrau hatte spitzgekriegt, was los war, und ich musste
Hamburg verlassen. Wie es immer so geht, rausgekommen ist es
durch ein Telegramm in der Manteltasche. Ich hatte ihm dieses
Telegramm nach Japan geschickt, wo er auf einer Dienstreise
war, und er hat es in seiner Manteltasche vergessen. Und was tut
eine gute Hausfrau, die den Mantel ihres Gatten in die Reinigung
bringen will? Sie kontrolliert, ob noch etwas in den Taschen ist.

**Warum haben Sie zu Sommer nicht gesagt, steh zu uns,
und trenne dich?**

Ich wollte Theo nicht bedrängen. Er hatte immer gesagt, er
sei ein Familienmensch und werde sich niemals scheiden lassen. Das musste ich von Anfang an schlucken und habe es
geschluckt. Dieses Runterschlucken war ein Relikt meiner schu-
lischen Erziehung: Als liebende Frau musst du dich opfern. Das
kannte ich aus den griechischen Tragödien. Diese Kultur wurde
uns nahegelegt. Meine Rolle war, die dienende, entsagende Frau
für den Mann zu sein, der die Liebe meines Lebens war.

Wie waren Sie als junges Mädchen?

Verklemmt, artig und brav. Ich bin gerne zur Schule gegangen und war mit viel Freude im Schulorchester und im Chor.
Mit neun hatte ich eine lange Therapie wegen meiner Kinder-
lähmung. Ich hatte das Virus mitgebracht, als wir 1949 aus Bad
Kissingen nach Hamburg zogen. Im Fränkischen gab es damals
eine riesige Epidemie mit Tausenden von Toten. Ich hatte vier
Wochen 40 Grad Fieber und fantasierte. Ich konnte meine
Beine nicht mehr spüren, auch nicht, wenn man mir Nadeln
hineinstach.

**Wollten Ihre Eltern ein adrettes Fräulein aus Ihnen
machen, das früh unter die Haube kommt?**

Nein, sie haben meine beiden Brüder und mich gleich behandelt. Bei aller Angepasstheit – ich bin emanzipiert geboren. Das
Leben meiner Eltern wurde durch Musik geprägt. Männliche
und weibliche Künstler hatten für sie den gleichen Wert. Diese
Überzeugung haben sie auf ihre Kinder übertragen.

Wie kam es zu Ihrer Anstellung bei Zuckmayer?

Er hatte eine Stellenanzeige in der *FAZ* aufgegeben. Beim ersten Treffen waren seine Frau Alice und seine Tochter Winnetou dabei. Nach der Begutachtung sagte Winnetou zu ihren Eltern: »Was will *die* denn in Saas-Fee?« Ich war im schwarzen Kostüm und mit hohen Absätzen erschienen, das war normal für mich. Man trug damals Pfennigabsätze mit Messingbeschlag, die Löcher ins Parkett machten. Zuckmayer hat mich sofort genommen, und dann saß ich im November in diesem absolut toten Saas-Fee. Die Geschäfte waren zu. An den Türen hingen kleine, mit Kopierstift beschriebene Pappzettel: »Geöffnet mittwochs von 15 bis 16 Uhr«.

War es in Zuckmayers Haus auch so still?

Das Ehepaar lebte auf getrennten Etagen. Die Herrin des Hauses hatte ein Himmelbett mit Tüllvorhängen von Sears & Roebuck, der Entlebucher Sennenhund schlief darunter. Wenn sie mit ihrer Nachthaube auf den riesigen Plumeaus lag, meinte man, Wilhelm Busch hätte die Szene gemalt. Der Herr des Hauses brauchte seine Ruhe und hielt auf seinen Mittagsschlaf. Wenn der beendet war, duschte er seinen Kopf eiskalt ab. Eine Lebensweisheit von ihm lautete: »Wenn man sich nach dem Mittagsschlaf noch mal frisch macht wie am Morgen, hat man einen zweiten Morgen.« Abends sollte ordentlich getafelt werden. Für das Kochen war eine junge Intellektuelle aus Eindhoven zuständig. Sie war superklug und schrieb an ihrer Doktorarbeit über Musils *Mann ohne Eigenschaften,* aber in der Küche war sie eine Niete. Ich habe Zuckmayers Herz mit einer Himbeerquarkspeise gewonnen.

Von der Sekretärin zum Mädchen für alles: Behagte Ihnen das?

Ja, das liegt mir im Blut. Wenn ich irgendwo bin, sehe ich, was gemacht werden muss.

Zuckmayer war 69, als Sie bei ihm einzogen, Sie waren 26.

Ein paarmal machte er offene Andeutungen und wollte was, wenn wir uns auf der Wendeltreppe begegneten. Sein Verhalten war mir zutiefst peinlich, weil ich absolut nicht wollte. Ich war ja noch immer so furchtbar in Theo verliebt. Wir hatten ernsthaft versucht, uns zu trennen, aber es ging nicht. Er hat mich jeden Tag in Saas-Fee angerufen. Es war keine einseitige Liebe.

Nach einem Jahr in Saas-Fee kehrten Sie nach Hamburg zurück und wurden Sekretärin in der Chefredaktion von Schöner Wohnen. Wie kamen Sie 1969 zum Spiegel?

Ich traf Joachim Fest auf der Straße, und der fragte mich, ob ich nicht zu ihm in die Essay-Redaktion des *Spiegels* kommen wolle. Wir kannten uns von Cocktail-Empfängen, zu denen Theo mich mitgenommen hatte. Später wurde ich Sekretärin von Günter Gaus in der Chefredaktion und kam dann zu Rudolf Augstein. Gaus und Augstein schrieben ihre Artikel noch in deutscher Schrift und diktierten sie mir anschließend ins Stenogramm. Die 500 Seiten seines Buches *Jesus Menschensohn* hat mir Augstein auch in den Block diktiert.

Irma Nelles, viele Jahre die Büroleiterin von Augstein, schreibt in ihren Memoiren über den Spiegel der Siebzigerjahre: »**Wenn die Redakteure auf dem Klosett hockten und kein Klopapier vorfanden, brüllten sie aus der Kabine heraus: Papier! Dann rannte eine der Sekretärinnen zur Männertoilette und schmiss wütend eine neue Rolle Toilettenpapier durch den von innen zehn Zentimeter weit aufgehaltenen Türspalt.**« **Haben Sie Ähnliches erlebt?**

Nein, Augstein hatte ein wunderschönes Privatbad, das jeden Morgen von den *Spiegel*-Putzfrauen picobello hergerichtet wurde. Hätte ich in einem der Ressorts gearbeitet, wäre mir das, was Nelles beschreibt, vielleicht auch passiert. Aber es hätte mir nichts ausgemacht. Das liegt an meinem Grundgefühl, emanzipiert geboren zu sein. Ein Redakteur, der auf dem Klosett hockt und nach Papier brüllt? Da steh ich drüber.

Wie haben Sie Augsteins Trinkerei erlebt?

Die tragischen Momente begannen Anfang der Siebziger. Nach einem Mittagessen krabbelte er volltrunken auf allen vieren über die Ost-West-Straße. Die Nachricht verbreitete sich wie ein Lauffeuer im Haus. Wäre das Gebäude ein Schiff gewesen, wären wir gekentert, denn die gesamte Belegschaft stand auf einer Seite an den Fenstern und gaffte. Ich fand das pervers und schämte mich für meine Kollegen. Da unten kroch immerhin der Mann, der ihnen rasend viel Gehalt zahlte und 50,5 Prozent des Verlags schenken wollte.

Als Augstein 1972 im Wahlkreis Paderborn-Wiedenbrück für die FDP in den Bundestag einziehen wollte, holte er Sie in sein Wahlkampf-Team. Was war Ihre Aufgabe?

Ich reiste mit ihm, kümmerte mich um den Journalisten-Tross und ließ für seine Reden Recherchematerial aus dem *Spiegel*-Archiv kommen. Mein älterer Bruder, ein promovierter Literaturwissenschaftler, hat dem Rudolf erst mal die frisch verabschiedeten Freiburger Thesen der FDP und sicherheitshalber auch das Godesberger Programm der SPD erklärt. Naiverweise hatte Rudolf nicht damit gerechnet, bei Podiumsdiskussionen Argumente liefern zu müssen, ohne Mitarbeiter an seiner Seite zu haben, die ihm zuarbeiteten.

Zeitzeugen schildern den Wahlkämpfer Augstein als verlorene, deplatzierte Figur, die schwitzend schlechte Reden hielt und die Scham darüber mit Bier betäubte.

So war es. Gestandenen *Spiegel*-Reportern war ihr hilfloser Chef peinlich. Nähe zu wildfremden Menschen herstellen zu müssen war nicht Rudolfs Begabung. Im *Spiegel*-Hochhaus wurde auf elf Etagen für ihn gearbeitet, und plötzlich war er ganz allein der bösen, weiten Welt ausgesetzt. Hinter seinem *Spiegel*-Schreibtisch in seinem mit dunkler Mooreiche getäfelten Büro war er der allmächtige Alleinherrscher, aber dieser Sicherheit gebende Raum fehlte ihm im Wahlkampf. Das war nach 25 *Spiegel*-Jahren eine Herausforderung, die er unterschätzt hatte. Er war scheu und wusste, dass flüssiges Sprechen nicht zu seinen Stärken zählte. Große Reden schwingen? Das war nicht Rudolf. Er hat in *Spiegel*-Konferenzen gesprochen und ganze Ressorts niedergemacht, aber er war kein großer Redner.

Irma Nelles schildert Augstein als müden, ungelenken Don Juan. Über ihr Einstellungsgespräch in einer Bonner Hotelsuite schreibt sie: »Wortlos ging Augstein in das angren-

zende Schlafzimmer, zog dort seinen Morgenmantel und unter Stöhnen und Ächzen auch seine Strümpfe aus. Dann fing er schweigend an zu rauchen. Den Geruch kannte ich von Studentenpartys. Haschisch! Er sei so entsetzlich einsam, murmelte er und etwas wie, wir sollten jetzt endlich mal fieken. Eine Sekunde lang überlegte ich, warum er wohl fieken statt ficken sagte, und erklärte ihm unmissverständlich, ich hätte einen festen Freund.«

Im Grunde suchte Rudolf keine Sekretärin, sondern eine Lebenshilfskraft, die ihm eine warme Suppe kocht. Das mit dem Sex war vermutlich eher nebensächlich und in der Vorstellung schöner als in der Realität. Er hat sich nicht entblödet, an einem Samstagnachmittag bei mir zu Hause anzurufen und einleitungslos zu fragen: »Hai-däh, willst du mit mir leben?« Da war ich nicht die Erste oder Einzige. Ich wusste sofort, dass es ihm sehr schlecht gehen musste. Er tat mir leid, vor allem, weil ich auch noch Nein sagen musste.

Was wollte er von Ihnen: Suppe oder Sex?

Er suchte immer alles, Lebenshilfe, Frau und Geliebte. Dabei war er noch mit Maria Carlsson verheiratet, und Gisela Stelly, die Nummer vier seiner fünf Ehefrauen, war auch schon da.

Sie standen auf Augsteins Lohnliste. Fühlten Sie sich durch seine Offerte missbraucht, in Ihrer Würde verletzt?

Nein, so habe ich nie gedacht. In solchen Momenten war er Rudolf für mich, ein Mensch und ein Freund – ach, Unsinn, wenn ich ganz ehrlich bin, fühlte ich mich sogar geschmeichelt. Das war es ja: Wie unmöglich er sich auch verhielt, man wollte von ihm gemocht werden. Selbst Alice Schwarzer antichambrierte schön brav bei ihm und freute sich, dass er sie überhaupt empfing. Aber er hat sie oft lange warten lassen. Dass er Narrenfreiheit hatte, lag auch daran, dass er großzügig war und einen an tollen Festen teilhaben ließ. Ich verdanke ihm Begegnungen mit dem leider sehr betrunkenen Willy Brandt und Interviews mit Franz Josef Strauß, bei denen ich das Tonband bewachte.

Wie wurden Sie die Trauzeugin von Stelly und Augstein?

Ich kam morgens mit einer schlimmen Erkältung in den *Spiegel*, war mies angezogen und konnte mich nicht leiden. Meine Kollegin sagte, ich solle meinen Mantel anbehalten, Otto, der Fuhrparkleiter, würde uns beide zu Augstein nach Haus fahren. Ich hatte keine Ahnung, was los war, aber zwei Stunden später saßen wir alle auf Ratsherrenstühlen in einem dunklen, holzgetäfelten Zimmer vor dem Standesbeamten im Blankeneser Rathaus.

Warum haben die beiden 1972 so holterdiepolter geheiratet?

Rudolfs Wahlkreis war Paderborn, die schwärzeste Katholikengegend. Er selber war ja auch katholisch. Im Wahlkampf mit einem schwangeren Fräulein Stelly an seiner Seite aufzutreten wäre schlicht sündhaft gewesen. Darum musste das jetzt und sofort sein. Als Theo und ich vier Jahre später heirateten, habe ich Rudolf gebeten, mein Trauzeuge zu sein. Er sagte: »Also davor kann ich nur warnen. Horst Ehmke ausgenommen, sind alle Ehen, bei denen ich Trauzeuge war, schiefgegangen.« Ich blieb trotzdem bei meiner Wahl.

Wie fand Sommer es, dass Sie mit dem Wahlkämpfer Augstein umherreisten?

Als ich mein Köfferchen für zwei Wochen packte, sagte er: »Ja, und wer brät mir jetzt mein Steak?« Ich war wütend und dachte: Arschloch!

Dennoch haben Sie Sommer 1976 geheiratet, ein Jahr nach der Geburt Ihres zweiten gemeinsamen Kindes.

Vielleicht hätte ich da schon gar nicht mehr wollen sollen. Es wurde schlechter statt schöner. Ich arbeitete wegen der Kinder nicht mehr und erlebte deshalb nichts, was Theo interessiert hätte. Ich war für ihn nicht mehr auf Augenhöhe, wie man heute so blöd sagt, und mich ärgerte es, wenn er beim Nachhausekommen meckerte, warum die Go-Karts der Kinder noch vorm Haus stünden und die Küche nicht aufgeräumt sei. Wenn ich mit ihm über unsere Probleme reden wollte, hieß es: »Ich hatte heute schon meine Konferenz.«

Nach fünfeinhalb Jahren Ehe haben Sie sich von Sommer getrennt. Ein Grund war, dass er eine Affäre mit einer 26 Jahre jüngeren Journalistin hatte.

Nein, ich habe ihn nicht verlassen, *weil* er eine Freundin hatte, sondern *als* er eine Freundin hatte! Ich war froh, dass er jemanden hatte, als ich ging. Plötzlich ohne die Familie zurückbleiben zu müssen war für ihn nicht leicht. Denn die Söhne nahm ich natürlich mit.

Ist Ihnen bei einem Mann sexuelle Treue wichtig?

Wichtig vielleicht, aber nicht das Wichtigste. Hätte ich mich in meiner Ehe wohler gefühlt, wäre ich nicht ohne wenn und aber gegangen.

Ihre beiden Söhne haben Sie 1974 und 1975 als ledige Frau bekommen.

Als ich 1968 aus der Schweiz zurückkam, sagte Theo, er wolle mit mir leben, aber es dauerte noch etliche Jahre, bis es dazu kam. Das war eine harte Zeit für mich, weil er jedes Wochenende bei seiner Familie verbrachte und ich alleine in der großen Wohnung saß, in die er eigentlich mit einziehen wollte. Was ich in meinem Leben alleine war, ist eine Katastrophe, wenn ich das heute mal so deutlich sagen darf.

Sie waren jung und sahen gut aus. Warum sind Sie an den Wochenenden nicht ausgegangen?

Weil das seelisch nicht ging. Ich wohnte in der Nähe der herrlichen Alsterwiesen, aber da spazieren zu gehen war mir nicht möglich. Ich bekam Zustände, wenn ich all die verliebten Pärchen sah. Ich habe an den Wochenenden mit niemandem gesprochen, nur geputzt, gelesen und geträumt. Ich war einsam, richtig schwer einsam. Als Theo 1969 als Leiter des Planungsstabes zu Helmut Schmidt ins Verteidigungsministerium nach Bonn ging, bin ich jedes Wochenende mit der Bahn zu ihm runtergefahren und habe ihm den Haushalt gemacht.

Hätte er das nicht selber erledigen können?

Helmut Schmidt hat 20 Stunden am Tag gearbeitet, Theo 18 Stunden. Wann hätte er putzen und seine Hosen bügeln sollen?

Sommer hat 1988 zum dritten Mal geheiratet und wurde mit 58 Jahren zum fünften Mal Vater. Gab es nach ihm Männer in Ihrem Leben?

Ich war 42, als ich mich von Theo getrennt habe. In dem Alter habe ich hoffen dürfen, noch mal jemanden zu finden. Aber nix da. Über die Gründe habe ich viel nachgedacht und bin auch beim Psychologen gewesen, aber der war genauso ratlos wie ich und hat mich wieder nach Hause geschickt.

Hatten Sie Affären?

Ich habe sehr nette Beziehungen gehabt, mal kurz, mal länger, nichts von Dauer. Anfangs dachte ich, die Männer trauen sich nicht an mich ran, weil ich doch sehr von Theo geprägt bin. Ich habe Theo immer noch im Herzen, und dadurch blockiere ich mich selber. Sensible Männer spüren das. Meine netteste Beziehung war ein Mann, mit dem ich toll über Filme und Bücher reden konnte. Nach zwei Jahren fragte er mich: »Sagen Sie mal, Frau Sommer, würden Sie denn auch mal mit mir schlafen?« Da begann eine klasse Zeit. Dieser Mann hat mir sehr über die Wechseljahre hinweggeholfen.

Was ist aus Ihnen beiden geworden?

Der Mann muss inzwischen über 90 sein. Irgendwann hörte er auf, sich zu melden. Der wollte nicht mehr. Wenn das Körperliche bei alten Männern nachlässt, müsste die Liebe umso größer werden. Aber Liebe war seine Sache nicht.

Bis zu seinem Suizid im Februar 2015 haben Sie 14 Jahre lang für den Publizisten Fritz J. Raddatz gearbeitet, einen flamboyanten Exzentriker, der nach eigener Auskunft mit rund tausend Männern und zwanzig Frauen geschlafen hat.

Ich gehöre nicht dazu. Dabei hätte ich gerne mal mit ihm geschlafen.

Warum?

Um ihn zu trösten und das Ewig-Weibliche spüren zu lassen. Ich hatte einen wiederkehrenden Traum: Ich öffne mein wehendes Gewand und ihm gefällt, was er da sieht. Ich erinnere mich fast nie an meine Träume, aber diesen Traum kann ich bis heute vor meinem inneren Auge abrufen. Raddatz war ähnlich zerrissen und einsam wie Augstein, aber für solche Menschen habe ich ein großes Herz.

In seinem Tagebuch schrieb Raddatz 2009: »Geringer, wenngleich mich erfreuender Trost: das vorzeitige Geburtstagsgeschenk von Sekretärin – pardon: Mitarbeiterin – Heide Sommer.«

Süß. Mir war es schnuppe, wie er mich bezeichnet. Er wusste, was er an mir hatte, und kam oft mit Alltagsproblemen oder heiklen diplomatischen Angelegenheiten zu mir. Seine Einleitung lautete immer: »Frag bei klugen Frauen nach.«

Was haben Sie Raddatz geschenkt?

Eine von mir zusammengestellte Bibliografie mit seinen sämtlichen Büchern, Artikeln, Fernseh- und Rundfunkauftritten der letzten zehn Jahre. Das war etwas, woran er sich delektieren konnte.

Wie haben Sie Ihren Chef angesprochen?

Je nach Stimmung mit Fritz und Sie oder mit Raddatz und Du. Wenn die Stimmung jovial war, sagte ich: »Mensch Raddatz, kannste nicht mal … «

Die letzten Jahre haben Sie im Souterrain der Wohnung von Raddatz in Hamburg-Harvestehude gearbeitet. In der Nachbarschaft mokierte man sich über einen Müllcontainer, an den jemand ein extra angefertigtes Schild geklebt hatte, Aufschrift: »Prof. Raddatz«. Wer war das?

Er selber natürlich! Das ist Raddatz, wie er leibt und lebt. Er hatte ein riesiges Ego, aber kein Selbstbewusstsein. Wie soll man bei einer solchen Kindheit auch Urvertrauen entwickeln? Die Mutter starb bei seiner Geburt – »an ihm«, wie er es ausdrückte. Der entsetzlich grausame Vater schlug ihm beim geringsten Vergehen mit einer Hundepeitsche aus geflochtenem Leder blutige Striemen. Was die Stiefmutter mit dem elfjährigen Raddatz gemacht hat, ist ja bekannt.

Raddatz hat es 2014 so erzählt: »Obwohl ich ein alter Mann bin, habe ich diese Nacht nicht vergessen können. Mein Vater kam mit erigiertem Glied in mein Schlafzimmer, zog mich durch die Verbindungstür ins elterliche Schlafzimmer und

führte mich meiner Stiefmutter zu. Mit meinen elf Jahren hatte ich keine Ahnung, was von mir erwartet wurde. Ich hatte das noch nie gemacht, ich hatte noch nicht mal onaniert. Meine Sexualität bestand aus unbegriffenen Ferkelversen aus der Schule und Witzchen, wie die Kinder zustande kommen. Mein Vater führte mir vor, wie man das macht. Sein erigierter Schwanz – riesig in den Augen eines Elfjährigen – war ein entsetzlicher Schock. So was hatte ich noch nie gesehen. Es war eine psychische und physische Vergewaltigung. Heute würde man Herrn Raddatz einen Sexualverbrecher nennen und die Polizei rufen.«

Wir haben über diese Szene geredet, aber da kam nicht viel von ihm. Er genoss wohl mein Mitgefühl, aber an seinen Schmerz wollte er nicht ran. Sein Lebensmotto lautete:»Berühre mich – aber fass mich nicht an!« Ihm nahezukommen war fast unmöglich, weil er seine als Kind erlittenen Verletzungen nie überwunden hat. Ich glaube, selbst für seinen Lebenspartner Gerd Bruns, mit dem er mehr als 30 Jahre zusammen war, waren bestimmte Bereiche tabu. Aus dieser Dunkelzone kam das Tragische an Raddatz: Warum konnte er den Hals nicht vollkriegen mit Lob? Warum musste er jede Schmeichelei von zweitklassigen Leuten vor sich hertragen wie eine Monstranz? Warum litt er darunter, dass die Welt ihn nicht als großen Schriftsteller sah? Es war mir manchmal peinlich, Briefe für ihn zu tippen, in denen es hieß:»Ich kann mich ja nicht mit Günter Grass vergleichen, aber …« Indem er das schrieb, verglich er sich ja schon mit Grass. Wenn er schrieb:»Ich bin zwar kein Nobelpreisträger …«, schielte er nach der höheren Liga. Manchmal habe ich versucht, ihm solche Passagen auszureden, aber da kam ich nicht weit. Tippen muss ich das, was der andere geschrieben haben möchte. Wer das nicht akzeptiert, kann keine Sekretärin sein.

Raddatz war wie Augstein ein Vieltrinker. Haben Sie Ihren Chef blau erlebt?

Nein, aber er liebte Champagner, für ihn das höchste der vornehmen Gefühle, und brauchte jeden Abend eine Flasche

Rotwein. Gegen die brüllenden Kopfschmerzen am nächsten Morgen nahm er jede Menge Thomapyrin. Wenn er auf Veranstaltungen wegen des Alkohols ein bisschen hinüber war, habe ich meinen kleinen Raddatz fest unter den Arm genommen, zum Warten an die Parkhauswand gestellt und nach Hause chauffiert. Gerd Bruns trinkt höchstens mal ein alkoholfreies Bier. Ihm war schon das Wort Champagner zuwider.

Hatten Sie außerhalb Ihrer Dienstzeiten oft Kontakt mit Raddatz?

Nein, ihn privat anzurufen, das erlaubte man sich nicht. Für ihn wäre das die höchste Form der Störung und Unhöflichkeit gewesen. Eine Ausnahme habe ich am 11. September 2011 gemacht, als die Zwillingstürme einstürzten. Da wollte ich nicht nur ein Fax schicken. Er war gleich am Apparat. Als ich erzählte, was passiert war, fragte er, wann und auf welchem Kanal man das denn sehen könne. Als wäre er aus einer anderen Welt.

»Schenken heißt für mich, einen Menschen zu streicheln«, sagte Raddatz gern. Was schenkte er Ihnen?

Ruinart-Champagner, freundliche Umschläge mit Geld, Pralinen. Und Parfüm, immer dasselbe: *First*. Weil ich die Erste für ihn sei, wie er sagte. Aus seinem Nachlass hat er mir eine afrikanische Holzplastik vermacht, die er mit einer Widmung versehen hatte. Die steht jetzt in meiner Wohnung.

Warum wollte Raddatz sterben?

Aus Angst vorm Tod und weil er merkte, er schafft es nicht, sich innerlich zu glätten. Jede Zurücksetzung, jede Kränkung nagte an ihm, als sei sie gestern passiert. Ein weiterer Grund war sein körperlicher Zustand. Er hasste seinen Verfall. In unbeobachteten Momenten schlurfte er wie ein Tattergreis vornübergebeugt über den Bürgersteig. Wenn ich das vom Auto aus sah, dachte ich: Jetzt bloß nicht hupen, der fällt tot um vor Schreck. Aber dann fiel mir ein, dass er ja fast taub ist. Wenn ich das Fenster runterkurbelte und ihn ansprach, stellte er sein Gesicht auf hell, reckte das Kinn in die Höhe und nahm Haltung an.

In seinen letzten Jahren klagte Raddatz im Tagebuch über

seine rapide zunehmende Schusseligkeit: »Ohne die wunderbar hilfreiche, aufmerksame, sorgfältige Heide Sommer kann ich bald kein Manuskript mehr verabschieden.« Stimmt es, dass Sie seine Texte redigiert und verifiziert haben?

Ja, Fakten und Zitate waren nicht immer seine Stärke. Eigene Texte einkürzen konnte er auch nicht gut. Wenn er sich sprachlich im Bild vergriffen hatte, was öfters vorkam, habe ich ihm Korrekturvorschläge ins Manuskript geschrieben. Er konnte sie durchstreichen oder ein Häkchen am Rand machen. Das könnte man sich heute alles im Literaturarchiv Marbach anschauen.

Seit wann ahnten Sie, dass Raddatz sterben will?

Ich war in seine Pläne eingeweiht und mit den Vorbereitungen befasst. 2011 reiste er in die Schweiz, um zu eruieren, ob einer der Vereine für begleiteten Suizid sich seiner annehmen würde. Er wurde aber gleich wieder nach Hause geschickt. Es hieß, er komme nicht in Frage, weil er noch viel zu gesund sei. Ich habe dann Termine mit Roger Kusch und dessen Sterbehilfeorganisation für ihn gemacht. Dort wurde Raddatz Mitglied. Der Vertrag mit der Bestattungsfirma Trostwerk ging auch über meinen Schreibtisch. Ende 2014 sagte er mir, er habe nicht mehr viel Zeit, im Frühjahr sei es so weit. Weil ich dachte, er wolle sich seine geliebte Rhododendronblüte noch einmal gönnen, tippte ich auf Mai. Er schied dann aber schon am 26. Februar aus dem Leben, einen Tag vor dem Erscheinen seines Buches *Jahre mit Ledig*. Mit diesen Erinnerungen an seine Zeit als Lektor bei Heinrich Maria Ledig-Rowohlt kehrte er zu seinen Anfängen zurück. So schloss sich für ihn der Kreis. Aus seinen Aufzeichnungen geht hervor, dass er Suizid und Buchveröffentlichung genau koordiniert hatte.

Wann haben Sie Raddatz zuletzt gesehen?

Am 20. Februar, einem Freitag. Er hatte mir gesagt, er fahre am Samstag zu einer Geburtstagsmatinee für seinen toten Freund Thomas Brasch nach Berlin und bleibe ein paar Tage. Das Hotel habe ich selber noch für ihn gebucht. In Wirklichkeit flog er am Montag mit einer aus Hannover angereisten Sterbebegleiterin nach Zürich ins Hotel Baur au Lac. Nach weiteren

Untersuchungen und Arztgesprächen wurden ihm am Donnerstag die tödlichen Medikamente gegeben. Er hat seinen Freitod mit unglaublicher Akribie vorbereitet. Eine Woche vor seinem Tod fragte mich sein privater Hausmeister, was denn mit dem Chef los sei, es seien nur noch drei Flaschen Rotwein im Haus, und er solle kein Kaminholz mehr nach oben bringen.

Wie wirkte Raddatz bei Ihrer letzten Begegnung?

Aufgabenlos, gebrochen, leer, ganz auf sein Ende gerichtet. Als er über den Korridor taperte, wusste etwas in mir: Das ist das letzte Mal, dass du ihn siehst! Ich wollte ihn nicht umarmen, weil er Berührungen hasste, also habe ich hinter seinem Rücken mit meinen Armen einen Sonnenkreis gebildet und ihn gesegnet. Mit dieser Geste wünschte ich ihm Kraft für das, was er vorhatte, sie war mein Abschied. Ich dachte, mach's gut, Kerl, du bist eine absolut einmalige Type. Dann habe ich erst mal ordentlich geheult. Zwei Tage später wurde mein älterer Sohn Vater von Zwillingen. Von der Entbindungsklinik fuhr ich abends um acht zum Haus von Raddatz, weil ich diese Vorahnung hatte. Von der Straße aus konnte ich sehen, dass bei ihm alle Lampen brannten, es war hell wie sonst nie. Er war also keineswegs in Berlin. Ich habe gedacht, der liegt da tot, ruf die Polizei. Aber dann hatte ich einen anderen Gedanken: Du weißt, er will sich umbringen, wie und wann und wo ist seine Sache, fahr nach Hause. Das habe ich dann gemacht.

Wissen Sie, was in der Wohnung vor sich ging?

Ja. Bruns und ich sind sehr befreundet und offen miteinander. Er hatte Verdacht geschöpft und fand in der Nacht von Samstag auf Sonntag das Flugticket nach Zürich und die Terminvereinbarung mit der Sterbeklinik. Dann haben die beiden Männer den ganzen Sonntag durchgeheult und sich verabschiedet. Am Montag ist Raddatz ins Flugzeug nach Zürich gestiegen und hat von dort aus noch jeden Tag mit Bruns telefoniert, und dieser mit mir. Ich hätte auch selber noch mit Raddatz sprechen können, aber ich habe ihn losgelassen. Am Donnerstag rief Bruns mich an und sagte, heute Mittag ist es so weit, er bekomme einen Anruf, wenn Fritz tot sei. Als ich am nächsten Tag ins

Büro kam, lag dort ein handschriftlicher Brief von Raddatz. Auf dem Umschlag stand: »Von dieser Reise kehre ich nun nicht zurück …« Auf diese Weise hat er sich von allen Mitgliedern seines Haushalts persönlich verabschiedet. Wie schrecklich muss er sich gefühlt haben, als er diese Briefe schrieb.

Augstein und Raddatz liegen nur wenige Meter voneinander entfernt auf dem Friedhof von Keitum auf Sylt. Besuchen Sie die beiden öfters?

Nein, Gräber haben für mich keine tiefere Bedeutung. Ich brauche keinen Ort für meine Trauer. Sie ist in meinem Herzen.

Neben Ihrer Arbeit für Raddatz haben Sie von 2006 bis 2009 für Helmut und Loki Schmidt gearbeitet. Wie kam es dazu?

Ich habe die Schmidts kennengelernt, als Theo 1969 für das Verteidigungsministerium arbeitete. Meinen Erstgeborenen habe ich auf dem Küchentisch des Ferienhauses der Schmidts am Brahmsee gewickelt. Nach der Trennung von Theo gab es zwei Ehepaare, die mir die Treue hielten, eins waren die Schmidts. Als das Bundeskanzleramt 2006 fragte, ob ich in Schmidts Stab eintreten wolle, bestand ich darauf, zu klären, ob man bei der damals noch hohen Arbeitslosigkeit eine Rentnerin einstellen dürfe. Aber da hieß es nur: »Was Schmidt sagt, wird gemacht!« Als ich nach Jahrzehnten zum ersten Mal wieder in das Langenhorner Reihenhaus kam, hatte sich nichts verändert: noch immer dieselbe Teak-Einrichtung, dieselben Bilder, derselbe Flügel – konservative Treue.

Raddatz verabscheute Schmidt und ließ keine Gelegenheit aus, ihn zu verhöhnen.

Und ich musste seine Schmähungen dann immer in den Computer tippen. Vier Tage bei Schmidt in Langenhorn, freitags bei Raddatz: Schizophrenie lass grüßen. Aber ich war beiden loyal.

Wussten Sie, dass Schmidt jahrzehntelang Affären hatte?

Alle wussten es. Das fing schon Mitte der Sechziger an, als er in Hamburg Innensenator war. Mitte der Siebziger hat Loki sich einmal bei mir ausgeweint.

Noch vor 30 Jahren stand in einem Handbuch für Sekretärinnen: »Geben Sie sich auch optisch so frisch und appetitlich wie der Obstsalat, den Sie servieren.« Wie finden Sie diesen Satz?

Witzig, aber junge Frauen empfänden das heute als eine
schwere Beleidigung. Mein Bestreben war, mich hübsch und
frisch anzuziehen, charmant und fröhlich zu sein und meine
Herren mit Tüchtigkeit zu verwöhnen. Ich habe 27 Jahre immer
einen Hund gehabt. Selbst beim Gassigehen war ich nicht unge-
schminkt. Wenn ich krank bin und schlecht aussehe, muss der
Arzt warten, bis ich wieder präsentabel bin. Man hat doch einen
Anspruch an sich selbst.

Haben Sie am Arbeitsplatz geflirtet?

Nein – oder nur sehr wenig. Wenn Günter Gaus beim Diktie-
ren wie ein Tiger durchs Zimmer wanderte und mir ab und zu
über den Nacken strich und natürlich bemerkte, wie das auf
mich wirkte, dann war das ja nicht meine Schuld. Zwischen
20 und 30 war mir nicht bewusst, wie gut ich aussah. Das habe
ich erst sehr viel später auf Fotos gesehen. Ab Mitte 30 hatte ich
das nötige Selbstbewusstsein für das Spiel zwischen den Ge-
schlechtern, aber da war ich eine verheiratete Mutter von zwei
Kindern und hörte für einige Jahre auf zu arbeiten. Hätte ich
über den Gartenzaun hinweg mit dem Nachbarn flirten sollen?
Einer der Nachbarssöhne kam öfters mit Schallplatten vorbei,
wenn Theo verreist war. Wir hörten dann *Wish you were here*
von Pink Floyd.

**Würden Sie einem Mann zu einer Sekretärin oder zu einem
Sekretär raten?**

Er soll die Sekretärin nehmen. Frauen sind verlässlicher, ein-
fühlsamer und fürsorglicher als Männer. Ein Sekretär würde
seinem Chef niemals das Obst schälen und in mundgerechte
Stücke schneiden. Der sucht sich für solche Dienstleistungen
eine Frau, die in der Hierarchie unter ihm steht. Bei Feingefühl
sind Männer auch nur zweite Wahl. Wenn ich für meine Chefs
Einladungen absagen musste, habe ich das mit Worten gemacht,
dass der Gastgeber zu weinen anfing, weil mein Chef verhindert

war. Auf dieser Klaviatur muss man spielen können, und das können Frauen einfach besser.

Haben Ihre Chefs bemerkt, wenn Sie mit neuen Ohrringen oder neuen Schuhen ins Büro kamen?

Für so etwas hatte nur Raddatz einen Blick. Die anderen haben alle nur feste sich selber gesehen.

Sie sind durch Ihre Chefs eine Spezialistin für eitle Männer geworden. Was fällt Ihnen an dieser Spezies auf?

Dass Erkenntnis nicht immer zu Selbsterkenntnis führt. Raddatz' Eitelkeit zum Beispiel war eine Kompensation seiner Minderwertigkeitskomplexe. Sie resultierte aus Schwäche, und das machte ihn so kränkbar. Das krasse Gegenteil war Helmut Schmidt. Dem quoll seine Selbstherrlichkeit aus den Ohren, und ob er wirklich zu kränken war, wage ich zu bezweifeln.

Kam es vor, dass Sie Ihren Chefs die Meinung gegeigt haben?

Nein, ich halte die Schnauze, aber wenn man mir auf Dauer dumm kommt oder mich ungerecht behandelt, ertrage ich das nicht und packe meine Sachen.

Fühlten Sie sich von Ihren Arbeitgebern angemessen bezahlt?

Nein, denn ich habe ja das Leben meiner Chefs mitgelebt, statt um 18 Uhr den Griffel fallen zu lassen. Nur das Bundeskanzleramt hat mich für meine Arbeit bei Schmidt gut bezahlt.

Hätten Sie gern mal für eine Frau gearbeitet?

Ach Gott, ach Gott, Sie meinen so von Schwester zu Schwester? Nein. Ich habe mal für eine Frau gearbeitet, deren Firma Geld von Frauen anlegte. Die fand ich so affig und lächerlich in ihrem Getue, dass ich da ganz schnell wieder aufgehört habe, ehe es zwischen uns zum Krach kommen konnte.

Sind Sie eine Männerfrau, die mit Frauen nicht kann?

Überhaupt nicht. Ich habe großartige, lebensbegleitende Freundinnen, von Gretchen Dutschke über Bettina Röhl bis zu Pamela Biermann.

Ihr derzeitiger Chef Klaus von Dohnanyi, ehemals Bundesminister für Bildung und Wissenschaft und Bürgermeis-

ter von Hamburg, ist Jahrgang 1928. Empfinden Sie es als belastend, meist mit betagten, starrsinnigen Herrschaften zu tun zu haben?

Nein, sie durchziehen mein Leben von Anfang an. Ich kann alte Männer verstehen, ich kann sie bedienen, ich kann sie glücklich machen. Viele Künstlerkollegen meiner Eltern waren alte Menschen, und in der Zeit mit Theo habe ich Herbert Weichmann, Carlo Schmid und Herbert Wehner erlebt und zugesehen, wie Greta Wehner ihrem zuckerkranken Stiefvater und späteren Ehemann drei Löffelchen Hüttenkäse mit Kiwi servierte. Das sind Bilder, die mich geprägt haben. Ich hätte auch nichts gegen einen älteren Freund. Ich kenne Frauen, die sich vor alten Männern ekeln. Das tue ich nicht.

Was haben Sie über das Glück gelernt?

Dass es unglücklich macht, dem Glück hinterherzulaufen. Glück kann man nur durch Verdienst erlangen. Wer sich nicht einsetzt, wird mit einer schalen Grundstimmung und wenig Selbstwertgefühl durchs Leben gehen. Ich übersetze seit vielen Jahren Bücher aus dem Englischen ins Deutsche. Mein größtes Projekt waren die fünf Romane des Alterswerks von Henry Roth. An denen habe ich insgesamt sechs Jahre gesessen. Diese Leidenschaft macht mich glücklich. Leerlauf würde mich krank machen. Was aber das Glück mit Männern angeht, so ist mein Fazit zwiegespalten. Mein Leben war voller Männer, aber ohne Mann. Die vielen anderen haben den einen ja nicht ersetzen können.

Nach mehr als 50 Jahren im Maschinenraum des deutschen Medien-, Politik- und Kulturbetriebs: Bleiben große Männer groß, wenn man sie aus der Nähe beobachtet?

Ach, was ist denn schon Größe? Ich gehe auf die 80 zu. Im Rückblick auf das eigene Leben fragt man sich nicht, welche Menschen groß waren. Wichtig ist, dass man eine liebevolle Verbindung hatte, wie ich zu Augstein und Raddatz. Bei beiden habe ich durch gedankliche Osmose gespürt, was sie in ihrem Innersten bewegt und was sie ausbrüten. Welche Frau kann das schon über ihren Ehemann sagen?

Mit 15 verteilt er vor Kirchen selbstgedruckte Flugblätter, auf denen er mit flammender Emphase dazu aufruft, zum wahren und lebendigen Glauben zu finden; mit einer spät-nächtlichen Livesendung im Radio wird er 20 Jahre lang zum Beichtohr der Beladenen und Lebens-müden: Jürgen Domian über seine Bulimie und Bisexualität, über ab-gründige Anrufer wie den Hackfleischmann und das Grauen, zu zweit zu frühstücken

»Ich hockte einsam in einer Wohnung ohne Telefon, hörte Schosta-kowitsch, las Camus und Celan und fraß und kotzte«

JÜRGEN DOMIAN

Ihr Lebensthema ist der Tod. Wann begann diese Obsession?

Mit zwölf oder 13. Ich begriff, dass wir endlich sind, und grü-belte stundenlang über Fragen wie: Werden tote Kinder im Jen-seits nie erwachsen? Können die Toten mich sehen? Wie sehen Tote aus? Wann sterben meine Eltern? Wie sterbe ich? Kann man Toten etwas mitteilen? Wenn ich abends schlafen ging, packte mich die Angst, im Schlaf zu sterben und am nächsten Morgen tot im Bett zu liegen.

Haben Sie Hilfe gesucht?

Im Konfirmandenunterricht hatten wir einen charismati-schen Pastor, der mir erklärte, dass Gläubige den Tod nicht fürchten müssen, weil sie im Paradies das ewige Leben erwar-tet. Durch die Strahlkraft dieses Mannes wurde ich fanatischer Christ. Mein ganzes Leben war bestimmt vom Glauben. Ich las die Bibel hoch und runter, ging zu jeder Gelegenheit in die Kirche und betete morgens, mittags und am Abend. Auf alle existenziellen Fragen fand ich die Antwort in der Heiligen Schrift, und meine Angst vor Tod und Sterben löste sich auf wundersame Weise auf.

Mit 15 verteilten Sie vor der Kirche selbstgedruckte Flugblätter, auf denen Sie mit flammender Emphase dazu aufriefen, zum wahren und lebendigen Glauben zu finden.

Mein Fanatismus ging so weit, dass ich ahnte, was in religiös motivierten Attentätern vorgeht. Ich war besessen von der Richtigkeit meines Glaubens und wollte, dass alle Menschen die Welt so sehen wie ich. Es machte mich zornig, sonntags die braven Gummersbacher Bürger in schicken Klamotten und Pelzmänteln in die Kirche wackeln zu sehen. Ich verachtete diese Leute, weil ich ihnen unterstellte, dass sie nicht mit Leib und Seele Jesus Christus verbunden sind, sondern nur aus bürgerlicher Tradition in den Gottesdienst gehen. Deshalb jagte in meinem Flugblatt eine Beschimpfung die nächste. Ich kam mir groß und mutig vor, denn ich hatte Jesus vor Augen, wie er die Händler aus dem Tempel trieb. Das fand ich super. So wollte ich auch sein.

Wie lange hielt Ihr Fanatismus?

Bis ich 20 wurde. Ich wollte Theologie studieren, aber kurz vorher brach alles zusammen. Im Philosophieunterricht im Gymnasium hatte ich mitbekommen, dass die größten Kritiker des Christentums Ludwig Feuerbach und Friedrich Nietzsche sind. Ich dachte, du musst deine Gegner kennen, also lies die beiden. Ich war so selbstherrlich zu glauben, dieser Kampf auf höchstem Niveau würde meinen Glauben nur noch stärker machen. Aber je mehr ich mich in *Das Wesen des Christentums* und *Der Antichrist* vertiefte, desto mehr Risse bekam das Fundament meines Glaubens. Plötzlich musste ich vor der Frage kapitulieren, warum dieser angeblich liebende Gott es zulässt, dass ein Kind behindert geboren wird oder eine junge Mutter stirbt. Dieser egoistische Gott erschien mir auf einmal als ein von Menschen gemachtes Konstrukt. Mich hätte ein Gott beeindruckt, der sagt: »Ich liebe dich, aber was geht das dich an?« Ich fand es plötzlich so klein, dass dieser Gott etwas von mir erwartet und ständig sagt, du sollst, du musst. Ich stand vor dem Nichts. Gott war weg, der Tod hatte wieder Macht über meine Gedanken und verdunkelte mein Leben. Es gab kein Gut und Böse mehr und keinen Trost, eine Katastrophe.

Ihr Vater war Hausmeister, Ihre Mutter Putzfrau. Das prädestiniert einen nicht, Nietzsche und Feuerbach zu lesen.

Mein Vater wurde mit 17 in den Krieg geschleudert und kam mit schweren Traumata zurück. Dadurch konnte er nie etwas lernen. Ich sollte es mal besser haben, aber ich war ein schlechter Schüler, der sich im Unterricht verängstigt zurückhielt. In der Hauptschule, die ich besuchte, kamen fast alle Kinder aus einfachen Verhältnissen, trotzdem gab es klare Hierarchien. Das Kind der Kassiererin sah auf das Kind der Putzfrau herab. Gelernt haben wir diese Hackordnung von unseren Vorbildern, den Lehrern. Ich wurde vom ersten Schuljahr an wie das Letzte behandelt, während das Kind der Kassiererin schon einen Tick bevorzugt wurde. Ein Lehrer war als Kapitän des VfL Gummersbach ein prominenter Mann, aber er hatte das pädagogische Talent einer Bratwurst. Er verteilte Kopfnüsse und demütigte die Schwachen. Als ich bei einer Erdkundefrage versagte, schrie ein anderer Lehrer, ob ich denn nur Hasenscheiße im Kopf hätte. Dann ging er genüsslich durch die Klasse und sagte: »Der Jürgen kann noch nicht mal einen Putzlappen richtig auswringen. Wir sollten ihn Doofian nennen.«

Nach Handelsschule und Fachoberschule bekamen Sie mit 18 die Genehmigung, ein Gymnasium zu besuchen.

Das war mein Lebensglück. Als ich im Arbeitsamt Gummersbach die Idee formulierte, auf ein Gymnasium zu wechseln, haben die mich fast ausgelacht: Greif mal nicht nach den Sternen, Junge, mach lieber eine Lehre. Gott sei Dank habe ich nicht auf diese Sesselpuper gehört und mich trotzdem bei Gymnasien beworben. Nach zwei ernüchternden Absagen saß ich vor Horst Kienbaum, dem Direktor des Gymnasiums Grotenbach. Dieser feine Mensch sagte einen Satz, den ich mein Lebtag nicht vergessen werde: »Einen Fall wie Sie hatten wir noch nie. Aber wenn Sie bereit sind, in den nächsten drei Jahren auf Ihre Freizeit zu verzichten und nur zu lernen, dann kommen Sie.« Die ersten Monate waren ein Erweckungserlebnis. Ich las zum ersten Mal einen Roman und ging zum ersten Mal in die Oper. Die Lehrer förderten mich, und bei den Schülern war ich sofort akzeptiert. Es war ein ungeheurer Triumph für mich, dass ich schon ein Jahr später zum Schülersprecher gewählt wurde. Auch Ärztesöhne, die mich früher nie gegrüßt hatten, weil ich Hauptschüler war, gaben mir ihre Stimme.

Nach Abitur und Zivildienst gerieten Sie mit Mitte 20 in die schwerste Krise Ihres Lebens. Sie hatten Ihren Glauben verloren, suchten Ihre sexuelle Identität und wurden zum Bulimiker.

Bulimie war damals eine unbekannte Krankheit, deswegen schämte ich mich vor mir selbst. Ich hockte einsam in einer Wohnung ohne Telefon im sechsten Stock, hörte Schostakowitsch, las Camus, Kafka und Celan und fraß und kotzte. Wenn Sie vor dem Klo knien und den Finger bis zum Anschlag in den Hals stecken, um kotzen zu können, verlieren Sie jegliche Achtung vor sich selbst. Und wenn das dreimal, viermal am Tag vorkommt, liegen Sie in der Gosse. Bis auf eine Freundin wusste niemand etwas von meiner Kotzerei. Es war tabu, darüber zu sprechen, auch wegen der ethischen Fragen: Du verschwendest Unmengen von Lebensmitteln, während andere hungern – was für eine Schande!

Haben Sie erbrochen, um nicht dick zu werden?

Nein. Ich empfand das Kotzen als Entladen meiner inneren Spannungen. Wenn ich nicht brechen konnte, sah ich aus wie eine Schwangere. Dann half nur noch ein Liter warmes Salzwasser, um das Erbrechen zu ermöglichen.

Wie lange ging das so?

Gut zwei Jahre. Dann las ich im *Spiegel* einen Bericht über eine Krankheit namens Bulimie. Und der Zufall oder das Schicksal wollte es, dass in dem Bericht eine Selbsthilfegruppe erwähnt wurde, die sich bei mir in der Nähe traf. Ich habe viele Wochen mit mir gerungen und dann entschieden, da gehst du mal hin. Die meisten in der Gruppe waren Frauen. Es ging zu wie bei den Anonymen Alkoholikern. Bevor man zum Beispiel sagen durfte, dass man dafür ist, das Fenster zuzumachen, musste man immer sagen: »Ich bin Bulimiker.«

Was für Menschen saßen in der Runde?

Die meisten waren multipel erkrankt, bulimische Alkoholiker oder bulimische Heroinjunkies. Es war wirklich das geballte Elend, mit dem ich da zusammensaß – und genau das hat meine Selbsterhaltungskräfte geweckt. Ich dachte, nee, zu denen willst du nicht gehören!

Wie oft sind Sie zu den Treffen gegangen?

Nur ein einziges Mal. Hinterher habe ich gesagt, jetzt kämpfst du, jetzt ringst du mit dir selbst bis zum endgültigen Sieg. Das war kein Kampf, das war ein Krieg. Ich zwang mich zur Selbstzucht und kaufte im Supermarkt nur noch die Mengen ein, die ein gesunder Mensch essen würde. Um nachts keinen Fressflash zu kriegen, schloss ich abends die Küchentür ab und brachte den Schlüssel in den Keller. Wenn ich es zwei oder drei Tage geschafft hatte, nicht zu kotzen, war das schon ein Erfolg. Jeder Rückfall war natürlich ein Drama, aber ich bläute mir immer wieder ein, zum Sieg gehört auch die Niederlage, das musst du aushalten und wieder aufstehen und weiterkämpfen. Es dauerte ein Jahr, bis ich es geschafft hatte. Obwohl ich nun schon über 30 Jahre clean bin, habe ich immer noch kein normales Verhältnis zum Essen.

Aus heutiger Sicht: Was hat Sie bulimisch gemacht?

Hauptsächlich der Zusammenbruch meines Glaubens. Ich wurde vom fanatischen Christen zum fanatischen Atheisten und fiel in ein Nichts. Ich glaubte nun fest daran, dass es Gott nicht gibt – und kapierte nicht, dass ich damit von einem Glauben in den nächsten gefallen war. Einen Gott allerdings ließ ich in meiner neuen Welt zu, und der hieß Friedrich Nietzsche. Seine *Götzen-Dämmerung* hat den Untertitel *Wie man mit dem Hammer philosophiert*. Das fand ich grandios. Ich philosophierte mit dem Holzhammer und schlug alle Werte kaputt, die für mich bis dahin von Bedeutung gewesen waren. Super! Ich geriet in einen philosophischen Rauschzustand, aber was blieb übrig? Nach welchen Grundsätzen handelt man? Wäre ich weiter in der Nietzsche-Welt geblieben, wäre ich wahrscheinlich zu einem brutalen Egomanen oder Kriminellen geworden.

Was hat neben Ihrem Glaubensverlust zu Ihrer Bulimie geführt?

Der Kampf um meine sexuelle Orientierung. Den ersten Sex hatte ich mit 16 mit einem Mädchen. Bis Anfang 20 habe ich völlig normal als heterosexueller Mann gelebt. Dann kam die stille Stunde, in der ich mir eingestand, dass ich meinen damals besten Freund genauso mochte wie meine damalige Freundin. Und dann ging es los: Was bedeutet das? Willst du ihn mal umarmen? Ja, klar. An Sexualität habe ich zu diesem Zeitpunkt noch gar nicht gedacht. Es war der Wunsch, einen Hauch Zärtlichkeit und Erotik mit ihm zu teilen. Das brachte meine Identität natürlich gehörig ins Wanken. Das Schöne war dann, dass ich mein Coming-out mit genau diesem besten Freund hatte. Irgendwann gestand er mir, dass in ihm Ähnliches vorging wie in mir. Das war großes Glück, denn so musste ich nicht in irgendwelche schmuddeligen Schwulenkneipen gehen.

Was wurde aus Ihnen beiden?

Unsere heimliche Beziehung dauerte zwei Jahre, dann haben wir uns aus den Augen verloren. Ich bin der einzige Mann in seinem Leben geblieben. So was gibt es auch.

Sind Sie bisexuell oder schwul?

Ich habe mir über viele Jahre keine Freunde in der Schwulenszene gemacht, wenn ich gesagt habe, ich bin bisexuell. Mir wurde dann immer unterstellt, ich wäre zu feige, mich zu meinem Schwulsein zu bekennen. Was für ein Schwachsinn! Um meine Ruhe zu haben, habe ich lange Zeit gesagt, ja, Leute, ich bin schwul. Aber meine Ausrichtung ist klar bisexuell.

Ob Mann oder Frau, haben Sie je mit einem Menschen zusammengelebt?

Nein. Ich bin von Natur aus ein Einzelgänger. Ich habe es immer geliebt, mich auf jemanden zu freuen. Ich wollte nicht den Alltag, das Sockenwaschen, die Frage, wer putzt das Klo? Es gab viel Zusammensein, aber nie ein Zusammenleben. Heute denke ich, vielleicht würde das doch gehen.

Ihre Livesendung *Domian* läuft von montags bis freitags und beginnt nachts um eins. Wie leben Sie mit diesen Arbeitszeiten?

Ich stehe je nach Schlafqualität zwischen zwei und drei am Nachmittag auf. Dann folgen zwei Stunden mit Frühstück und ausgiebiger Zeitungslektüre. Gegen halb sechs beginnen die ersten Verpflichtungen, die mit der Sendung zusammenhängen. Gegen 23 Uhr fahre ich ins Studio. Wenn die Sendung um zwei zu Ende ist, gibt es eine Stunde Nachbesprechung mit dem Team. Um Viertel nach drei bin ich zu Hause. Dann beginnt eine schwierige Zeit. Ich habe schon alles Mögliche ausprobiert, um schneller ins Bett zu gehen, aber ich kann es nicht. Trotz aller Routine bin ich adrenalingeflutet, wenn ich aus der Sendung komme. Deshalb wird es dann fünf, halb sechs.

Was machen Sie in den Stunden, bevor Sie einschlafen?

Ich gehe ins Internet oder schaue die Fernsehsendungen, die ich abends verpasst habe, Talkshows, *Hart aber fair*, Stefan Raab. Damit fahre ich mich allmählich runter. Dann folgen ein Glas Rotwein, eine Melatonin-Tablette und Ohrenstöpsel gegen die Tagesgeräusche im Innenhof. Leider kommt es in steter Regelmäßigkeit vor, dass ich morgens um halb acht immer noch versuche, einzuschlafen. Das ist die Hölle. Für klassische Beziehungen ist mein widernatürlicher Lebensrhythmus ein Killer. Und dann schreibe ich auch noch Bücher und habe deswegen am Wochenende auch kaum Zeit. Hätten Sie Lust, sich mit mir Sonntagnacht um eins in einer Bar zu treffen? Das sind schon spezielle Typen, die auf diese Frage mit Ja antworten.

Wie lange dauerte Ihre längste Beziehung?

13 Jahre. Vor 14 Jahren haben wir uns getrennt.

Mann oder Frau?

Das war ein Mann.

Beruf?

Journalist.

Nachtredakteur bei einer Tageszeitung?
Nein, er hatte normale Arbeitszeiten. Ich rechne es ihm hoch an, dass er 13 Jahre lang auf meinen Rhythmus Rücksicht genommen hat.

Man könnte sich mit Ihnen nachmittags treffen. Sie frühstücken, der andere isst ein Stück Kuchen.
Ich frühstücke nicht gern mit Menschen. Gestern las ich, dass sich das Bundeskabinett einmal im Monat zum gemeinsamen Frühstück trifft. Das wäre für mich das Grauen. Entweder frühstücke ich, oder ich unterhalte mich über die Steuerreform.

Leben Sie in einer Beziehung?
Nein. Ich bin seit einigen Jahren solo. Je älter man wird, desto schwieriger ist es, eine Liebe zu finden. Ich möchte keine Kompromisse und Konzessionen machen. Dann verzichte ich lieber, denn ich kann wirklich gut allein leben.

Was machen Sie, wenn Ihre Sendung Sommerpause hat?
Früher bin ich immer in den Süden gefahren. Seit 15 Jahren fahre ich mit meinem Auto fast 3000 Kilometer Richtung Norden und wandere in Lappland durch die Wildnis. Dort ist es 24 Stunden am Tag hell. Ich bin für mich allein und schweige. Es ist wie Exerzitien halten. Nur in der Stille hört und sieht man genau, auch sich selbst.

***Domian* läuft seit 1995. Wie groß ist Ihr Team?**
Es gibt einen Hörfunktechniker, einen Ablaufregisseur, einen Redakteur, einen Psychologen für Notfälle und drei Leute am Telefon. Wir sind die kleinste Fernsehsendung Deutschlands. Ich schminke mich selbst und kümmere mich auch um die Beleuchtung.

Die Telefonnummer von *Domian* wird pro Sendung 30 000 Mal gewählt. 150 Anrufer kommen durch und werden abgecheckt, ob sie eine interessante und glaubwürdige Geschichte zu erzählen haben. Mit sechs Anrufern sprechen Sie in Ihrer 60-minütigen Sendung. Kann man Menschen in zehn Minuten helfen?
Die Hilfe findet meist jenseits der Worte statt, indem man einfach da ist und aufmerksam zuhört.

Wie viele Menschen rufen Sie aus Motiven wie Exhibitionismus, Narzissmus oder Geltungssucht an?

Natürlich gibt es Anrufer, die bloß mal für ein paar Minuten bekannt sein wollen, aber zwei Drittel suchen einen Gesprächspartner, weil sie einsam, verzweifelt oder in Not sind. Denen bietet unser Format eine Art mediale Seelsorge. Die Botschaft ist: Ich höre dir zu, auch wenn die anderen dich widerlich, pervers und krank finden. Je intensiver das Gespräch ist, desto mehr vergessen die Leute, dass sie nicht im Beichtstuhl sitzen, sondern ein paar hunderttausend Zuhörer haben.

In seinem Roman *Der Circle* schreibt Dave Eggers: »Leiden war nur dann Leiden, wenn es in Stille, in Einsamkeit geschah. Schmerz, der in der Öffentlichkeit ertragen wurde, vor den Augen von Millionen Menschen, war kein Schmerz mehr. Er war Verbundenheit.« Ist es dieser Mechanismus, der Ihre Sendung so erfolgreich macht?

Ja, aber für uns sind auch Exhibitionisten wichtig, die Spaß daran haben, eine ausgefallene Sexgeschichte zu erzählen. *Domian* ist eben auch ein Entertainmentformat. Ohne die Selbstdarsteller würde es zu finster und traurig werden.

Welche Themen bringen Quote?

In den ersten Jahren trieb das Thema Sexualität die Zahlen in die Höhe. Als die erste Windelfetischistin bei uns anrief, war das ebenso eine Sensation wie der schwule Arzt, der sich zum Fisten bekannte. Inzwischen schaut man sich das im Internet an. Für Quote sorgen heute Themen wie Liebe, Eifersucht, Trennung, Einsamkeit, Krankheit, Tod.

Sucht sich das Unglück Unglückliche aus?

Ja, das denke ich oft. Es ist verrückt, wie das Unglück immer wieder bei Menschen zuschlägt, die schon genug Tragödien hinter sich haben. Das Nachdenken darüber kann einen zum Esoteriker machen.

Kulturkritiker behaupten, dass wir trotz immer mehr Kommunikationsangeboten immer einsamer werden. Richtig?

Nein. Nach meiner Beobachtung war die Einsamkeit vor

20 Jahren genauso groß wie heute. Sobald es um schicksalhafte Dinge geht, sind viele von uns allein. Einen Freund, der einem wirklich zuhört, haben die wenigsten. Das ist sehr traurig, aber so ist das Leben.

Wie erkennen Ihre Mitarbeiter, ob sie einen Spaßvogel am Telefon haben, der Ihnen die Hucke volllügen will?

Das verrate ich nicht. Meine Mitarbeiter sind wirklich mit vielen Wassern gewaschen, aber ab und zu schafft es doch einer, uns zu verarschen. Wir hatten unlängst einen Fake, der perfekt war. Ein Anrufer erzählte, er wäre das Kind einer Amish-Familie. Der wusste so unfassbar viele Details über die Kultur der Amish, dass er trotz harter Befragung vollkommen glaubwürdig wirkte. Nachdem er zehn Minuten auf Sendung war, lachte er los und sagte: Reingefallen!

Welche Schicksale werden von Ihren Mitarbeitern aussortiert, obwohl sie stimmen?

Bei uns rufen immer und immer wieder Menschen an, die Sachen sagen wie: »Ich habe 50 Schlaftabletten genommen und will mit Domian reden.« Dann laufen bei uns Lebensrettungsmaßnahmen an. Auf Sendung kommen diese Anrufer nie.

Warum zeichnen Sie Ihre Sendung nicht am Nachmittag auf? Dann könnten Sie vor Mitternacht im Bett liegen.

Was man tagsüber übertüncht, bricht nachts auf. Die Nacht öffnet die Seelen. Die Dunkelheit wirft uns auf uns selbst zurück und potenziert Empfindungen. Wer verzweifelt ist, ist es nachts doppelt und dreifach. Für diese Menschen sind wir die Kerze im Fenster.

Sind Sie privat auch der verständnisinnige Zuhörer, oder kommt da eine redewütige Rampensau zum Vorschein?

Wenn es so wäre, dann wäre ich in der Nacht eine Kunstfigur. Vielleicht bin ich völlig verblendet, aber ich behaupte, ich bin privat derselbe Mensch.

Sie haben es in Ihrer Sendung mit Mördern, Satanisten und schrägen Vögeln zu tun, die einander beim Sex ankoten, auf benutzte Tampons stehen oder Smegma auf ihr Brötchen

schmieren. Welche Berufsdeformationen beobachten Sie bei sich?

Mein Menschenbild ist negativer geworden. Ich habe mir früher nicht ausmalen können, zu was der Mensch fähig ist und welche seelischen Abgründe es gibt und frage mich, ob ein zusätzliches Schloss an der Haustür ratsam ist. Da kriege ich eine Gänsehaut. Ich bin aber nicht zum Misanthropen oder Zyniker geworden. Dafür gibt es zu viele Anrufer, die Beispiele für Courage, Selbstlosigkeit und Tapferkeit sind.

Haben Sie mal wieder etwas von Edwin gehört?

Von welchem Edwin?

Sie wurden in der Sendung mal von einem 26-Jährigen angerufen, der beim Metzger einmal im Monat 60 Kilo Hackfleisch kauft und daraus in seinem Wohnzimmer einen Frauenkörper für einsame Sexspiele formt. Ein Kommentar auf YouTube lautete: »Komm ins Mett, Schatz.«

Hieß der Edwin? Nein, der Hackfleischmann hat nicht wieder angerufen.

Als Edwin seine Geschichte erzählte, fragten Sie: »Bevorzugst du Rinder- oder Schweinegehacktes?« War Ihnen klar, dass das ein Brüller ist?

Nein. Ich war begeistert, weil die Geschichte so bizarr war. Deshalb habe ich die Frage einfach so rausgehauen. Ich lasse mir von meinen Mitarbeitern nie ein Briefing geben, wer zu mir durchgestellt wird. Wüsste ich vorher, was auf mich zukommt, wäre mir die Frage nie und nimmer eingefallen.

Welcher Anruf bringt Sie heute noch zum Weinen?

Bei uns meldete sich eine Mutter, deren Kind entführt, sexuell missbraucht und ermordet worden war. Sie saß gefangen in ihrer Wohnung, weil draußen Boulevardreporter lauerten. Ihren Mann und ihr zweites Kind hatten Verzweiflung und Schmerz stumm gemacht. Da sie mit niemandem über ihre Not sprechen konnte, rief sie unsere Nummer an. Wir haben fast 30 Minuten lang miteinander telefoniert. Jeder Medienprofi sagt Ihnen, es ist ein Unding, im Fernsehen 30 Minuten zu telefonieren. Doch, das geht.

Haben Sie jemanden, den Sie anrufen können, wenn Sie in seelischer Not sind?

Ja. Zum Glück habe ich mein Leben lang immer einen oder zwei Menschen gehabt, die mir so vertraut waren, dass ich mit ihnen über alles sprechen konnte.

»Jeder, der in die Öffentlichkeit strebt, kompensiert etwas«, sagten Sie mal. Was kompensieren Sie mit _Domian_?

Den Minderwertigkeitskomplex, den man mir in der Hauptschule eingeimpft hat. Die Demütigungen von damals erklären meinen Ehrgeiz und meine Eitelkeit. Medienberufe laden krankhafte Narzissten geradezu ein, aber ich habe inzwischen begriffen, wie albern es ist, sich etwas darauf einzubilden, auf der Straße erkannt zu werden.

In 20 Jahren _Domian_ haben Sie sich von mehr als 20 000 Anrufern Probleme erzählen lassen. Leiden Sie mittlerweile unter Mitgefühlsmüdigkeit?

Im Gegenteil. Ich werde dünnhäutiger und ringe in der Sendung öfter mit den Tränen als vor zehn, 15 Jahren. Vielleicht liegt es am Altwerden, vielleicht an meiner spirituellen Suche.

Sie sind Zen-Buddhist und lesen Mystiker wie Teresa von Avila, Johannes vom Kreuz und Meister Eckhart.

Zen ist bei mir Teil jedes Atemzuges. Ich versuche, gemäß dieser Philosophie zu handeln und zu urteilen, aber erklären kann ich sie nicht. Fragt man einen Zen-Meister, was Zen lehrt, lautet die Antwort: nichts. Die zwei großen Säulen des Zen sind Mitgefühl und die unbedingte Achtung allen Lebens. Wenn überhaupt, lehrt Zen uns die Gegenwart und den Moment. Die einzige Wirklichkeit, die der Mensch hat, ist das Jetzt, und nur darum geht es. Die Vergangenheit ist schon im Besitz des Todes und die Zukunft nichts weiter als eine Illusion. Wenn ich versuche, danach zu leben, lebe ich klarer und angstloser. Ich mache mir kaum noch Gedanken über die Zukunft und verschwende keine Zeit mehr, mich mit meiner Vergangenheit zu beschäftigen.

Obwohl Ihre Quoten konstant sind, wollen Sie mit _Domian_ aufhören. Warum?

Ich möchte öfter die Morgensonne sehen. Im Winter lebe

ich mit ein, zwei Stunden Tageslicht. Das schlägt einem aufs Gemüt.

Hat es etwas zu bedeuten, dass es außer Anne Will keinen offen homosexuellen Talk-Host gibt, der es in die A-Liga geschafft hat?

Das hat eine Menge zu bedeuten. Warum gibt es in den oberen Etagen des Fernsehens keine offen schwul lebenden Journalisten, Moderatoren oder Sportreporter? Zufall kann das nicht sein. Lesbische Frauen, die wie Anne Will mit ihrem Privatleben sehr zurückhaltend sind, nehmen die TV-Gewaltigen nicht so ernst. Lesbische Liebe löst in der Gesellschaft weniger Provokationen aus als die Liebe unter Männern.

Sie arbeiten seit einigen Jahren ehrenamtlich in einer Kölner Palliativstation. Wie hat diese Arbeit Ihr Verhältnis zum Tod verändert?

Die ständige Präsenz des Todes hilft zu begreifen, dass Tod und Leben eine Einheit sind. Die Beschäftigung mit dem Zen-Buddhismus hat mir letztendlich die Angst vor dem Tod genommen. In einem Koan fragt ein Schüler, ob es ein Leben nach dem Tod gebe. Der Zen-Meister antwortet: »Ich war noch nicht tot.«

Mit 12 wird sie nach Auschwitz deportiert und rezitiert auf dem Appellplatz Balladen von Schiller; nach ihrer Befreiung wird sie erst Germanistin und dann eine berühmte Schriftstellerin: Ruth Klüger über die Allmacht des Zufalls und ihre Unfähigkeit zu weinen, über die Hassliebe zu Martin Walser und einen deutschen Ehemann, der von ihr nichts über Konzentrationslager hören will

»Ich habe nicht überlebt, ich gehöre zu den toten Kindern«

RUTH KLÜGER

Ihr Deutsch ist immer noch Wienerisch gefärbt.

Ich komm nicht von Auschwitz her. Mein Urschleim ist der 7. Bezirk. Der Mensch in mir hat die Augen aufgeschlagen, als ich Deutsch gelernt habe.

1938 besetzten Hitlers Truppen Ihre Geburtsstadt Wien. Ab September 1941 wurden alle Juden ab sechs Jahren gezwungen, den Judenstern zu tragen. Wie haben Sie auf diese Stigmatisierung reagiert?

Ich war zehn Jahre alt und habe den Judenstern nicht ungern getragen. Der Einmarsch der Deutschen war für mich etwas noch nie Dagewesenes, unheimlich und faszinierend zugleich. Auf der Straße sah man wegen des Judensterns auf einmal, wer zu uns gehörte. Diesen Menschen nickte man zu, oder man grüßte sie. Wegen der deutschen Besatzer begriff ich mich auf kindisch-naive Weise als jüdisch und oppositionell und ließ mich nicht mehr Susanne oder Susi nennen, sondern Ruth, nach meinem zweiten Vornamen. Wie hätte ich Ihrer Meinung nach reagieren sollen?

In Ihrem sozialdemokratisch gesinnten Elternhaus wurde ab 1939 hinter vorgehaltener Hand erzählt, Juden kämen in Konzentrationslager, wo sie gefoltert würden. Deshalb wäre es verständlich, wenn Sie Panik und Todesangst empfunden hätten.

Zu Hause war nur noch meine Mutter da. Mein Vater war 1940 nach Italien geflüchtet, er wurde vier Jahre später von Deutschen erschossen. Mein Bruder wurde mit 17 von Deutschen erschossen. Meine Mutter, gegen die ich so viel einzuwenden hatte, später und auch damals schon, ist ihr Leben lang furchtlos gewesen. Sie hat die Befehle der Deutschen mit Verachtung behandelt, und mit Verachtung nahm sie hin, dass sie für ihre Judensterne auch noch zehn Pfennig pro Stück zahlen sollte. Wie sie hatte ich für Selbstverachtung nichts übrig und versuchte mir ihren verächtlichen Gesichtsausdruck, den ich bewunderte, zu eigen zu machen. Dabei war die Ausgrenzung der Juden in vollem Gang. Ich musste meine Schule verlassen, Lesen übte ich an judenfeindlichen Schildern, und als ich auf keiner Parkbank mehr sitzen durfte, wurde mein Lieblingsplatz der jüdische Friedhof. Dort ließ man mich in Ruhe.

Im September 1942 wurden Sie mit elf Jahren mit Ihrer Mutter ins KZ Theresienstadt sechzig Kilometer nordwestlich von Prag deportiert. Warum haben Sie fünfzig Jahre später in einem Porträt Ihrer Kindheit den Satz geschrieben: »Ich habe Theresienstadt irgendwie geliebt«?

Als ich nach zwanzig Monaten in Theresienstadt im Mai 1944 ins KZ Auschwitz-Birkenau kam, habe ich mich in eine bessere Welt zurückgesehnt. Diese bessere Welt war nicht Wien, es war Theresienstadt, denn dort hatte es für mich ein Zusammenleben mit Kindern gegeben. In Wien war ich isoliert gewesen, ein asoziales, absonderliches Kind ohne Freundinnen, das unter Tics und Zwangsvorstellungen litt. Ich habe immerzu fantastische Geschichten erfinden müssen, um das Leben fristen zu können, und was ich mir ausdachte, war nicht immer normal. Wenn Theresienstadt mich auch nicht geheilt hat, so ist dort doch einiges besser geworden bei mir. Aus dem in sich versponnenen, unansprechbaren Mädchen wurde ein soziales Wesen mit Lust an Gesprächen und einem Talent für Freundschaft. Ich tat mir nicht leid, sondern lachte viel, tobte und machte Krawall.

Sie kamen mit zwölf Jahren nach Auschwitz-Birkenau. Als Ihnen dort ein Mithäftling die Nummer A-3537 auf den Arm tätowierte, empfanden Sie »eine Art Freude«. Warum?

Weil etwas Ungewöhnliches passierte. Ich erlebte ein Abenteuer, wie mit dem Judenstern. Und ich wusste, wenn ich wieder rauskomme, werde ich etwas Interessantes und Wichtiges zu erzählen haben. Der Lebensstrang der Erwachsenen war, wir müssen überleben, weil das, was hier passiert, erzählt werden muss. Das habe ich übernommen. Mit dieser Nummer auf dem linken Arm konnte ich später Zeugnis ablegen, in Gedichten oder in einem Buch wie »Hundert Tage im KZ«. Es konnte tröstlich sein zu denken, ich bin etwas ganz Außergewöhnliches, und was ich erlebe, wird mir später Ehre einbringen. Das war Gegengift für Selbstmitleid.

Im Sommer 1944 deutete ein inhaftierter Lehrer auf ein paar Grashalme und sagte zu Ihnen: » Seht ihr, sogar in Auschwitz wächst etwas Grünes. « Sie verachteten ihn für diesen Satz.

Ich wurde bitter und wütend. Ich bitte Sie, ich war im Todeslager, warum musste ein Erwachsener mich unbedingt darauf aufmerksam machen, dass mich das Gras in Auschwitz überleben wird? Es war die Sentimentalität, die mich aufbrachte, obwohl ich das Wort vielleicht gar nicht kannte damals, diese Hoffnung, die keine Hoffnung ist. Hoffnung macht untätig und feige, Verzweiflung macht stark.

Sie waren im B IIb genannten Familienlager von Auschwitz-Birkenau untergebracht. Wussten Sie von den Gaskammern und Krematorien?

Ja, ich habe eine Freundin gehabt, Liesel. Ihr Vater war im Sonderkommando und hat Asche von Leichen geschaufelt. Man sah auch die auf Lastwagen gehäuften nackten Toten, umschwärmt von Fliegen. Jeder wusste, was da auf uns zukommt. Trotzdem sind die Leute nicht angstschlotternd herumgelaufen, einfach weil Menschen nicht auf Dauer angstschlotternd herumlaufen.

Ihre Mutter schlug Ihnen am Ankunftsabend vor, sich gemeinsam in den unter Starkstrom stehenden Stacheldraht zu stürzen, der das Lager umgab.

Ihr Vorschlag überstieg mein Fassungsvermögen, und ich tat so, als würde sie es nicht ernst meinen. Meine Weigerung nahm sie gelassen hin: »No, dann eben nicht.«

Ende 1944 kamen Sie mit Ihrer Mutter nach Christianstadt, ein Lager für Zwangsarbeiterinnen, das zum KZ Groß-Rosen in Niederschlesien im heutigen Polen gehörte. Welche Arbeiten befahl man Ihnen?

Wir haben den Wald gerodet, die Stümpfe gefällter Bäume ausgegraben und Eisenbahnschienen getragen. Manchmal musste ich auch in den Steinbruch.

Sie waren inzwischen 13 Jahre alt. Wie hartgesotten waren Sie?

Wie soll ich das beurteilen können? Dazu fehlen mir Vergleiche. Ich kannte nur Kinder, die das Gleiche erlebten. Ich habe mir gar nicht besonders leidgetan. Ich war darauf aus, in Freundschaften Verständnis zu finden und etwas zu lernen.

Sie waren ein lesebesessenes Kind, das bereits mit sieben Jahren anfing, Gedichte zu schreiben, auswendig zu lernen und aufzusagen.

Ich kann sie bis heute. Bei uns zu Hause las ich alles an Lyrik, was mir in die Hände fiel. Diese frühe Bekanntschaft mit der deutschen Literatur hat mich mehr geprägt, als ich es mir später gewünscht habe. Allerdings war ich auch süchtig nach Naziliteratur. Den *Stürmer* fand ich unwiderstehlich, weil mir meine Eltern verboten hatten, so etwas auch nur in die Hand zu nehmen. Es wurde mir auch nie erlaubt, eine Hitlerrede im Radio zu hören. So wurde der *Stürmer* meine Pornografie.

Juden war es verboten, ins Kino zu gehen. Warum haben Sie sich 1940 in der Wiener Innenstadt unter Lebensgefahr den antisemitischen Hetzfilm *Jud Süß* angesehen?

Weil es diesen Film gab, und was immer da war, hat mich

interessiert. Man hatte von diesem Film gehört, er ist diskutiert worden. Ich wusste, dass er gegen die Juden geht, aber ich wollte ihn aus Bestemm sehen – wie sagt man das in Deutschland?

Aus Trotz.

Aus Trotz gegen meine Mutter, die mir verboten hatte, den Film zu sehen, und aus Trotz gegen Verbote überhaupt. Was ich nicht durfte, wollte ich erst recht.

Wenn Sie im KZ stundenlang Appell stehen mussten, sagten Sie Gedichte von Goethe und Heine vor sich hin oder Balladen von Schiller.

Ich fiel nicht um, weil es immer eine nächste Zeile zum Aufsagen gab. Fiel sie einem nicht ein, lenkte das Nachgrübeln von der eigenen Schwäche ab.

Ist es ein Aberglaube, man könne Horror und Albdruck durch Kunst bannen?

Nein. Verse vor mich hin zu sagen war ein Gegengewicht zum sinnlosen und destruktiven Zirkus, in dem wir untergingen. Was einem Halt gab, war die Form, die gebundene Sprache, das Gereimte. Der Inhalt der Gedichte war in meiner Lage wertlos. Nehmen Sie Schillers Ballade *Ritter Toggenburg*:

»*Und er hört's mit stummem Harme,*
Reißt sich blutend los,
Preßt sie heftig in die Arme,
Schwingt sich auf sein Roß,
Schickt zu seinen Mannen allen
In dem Lande Schweiz,
Nach dem heil'gen Grab sie wallen,
Auf der Brust das Kreuz.«

Das ist natürlich ein völliger Blödsinn, so schlecht wie die meisten Schiller-Balladen, aber von Bedeutung war, der allgemeinen Auflösung etwas ästhetisch Geformtes entgegensetzen zu können. Gedichte halfen mir zu überleben. Sie sind, wie Träume, eine Möglichkeit, dem Unterbewusstsein Luft zu verschaffen. Sich mit Goethe an schöne Orte begeben zu können bewies mir,

dass es da draußen eine Natur geben muss, die nicht so ausschaut wie die Mondkraterlandschaft der Lager.

**In Ihrem 1944 im Alter von zwölf Jahren verfassten Ausch-
witz-Gedicht *Der Kamin* heißt es:**

> *» Täglich hinter den Baracken*
> *Seh' ich Rauch und Feuer stehn.*
> *Jude, beuge deinen Nacken,*
> *keiner hier kann dem entgehn.*
> *Siehst du in dem Rauche nicht*
> *ein verzerrtes Angesicht?*
> *Ruft es nicht voll Spott und Hohn:*
> *Fünf Millionen berg' ich schon!«*

Wie kamen Sie auf die Zahl fünf Millionen?
Ich hatte sie irgendwo im Lager aufgeschnappt. Man kann
auch in Auschwitz übertreiben. Tatsächlich sind dort nicht
mehr als 1,1 Millionen von uns in Rauch aufgegangen. Ich habe
dieses Gedicht in Anflügen von Todesangst verfasst. Ich bildete
mir ein, es ginge nicht um mich, sondern um etwas, was ich
lediglich beobachte. So versuchte ich bei Verstand zu bleiben.

Haben Sie sich in den Lagern von außen gesehen?
Ganz selten. Erniedrigung und Scham habe ich gespürt,
wenn man sich wie ein Viech untersuchen lassen musste oder
die Zähne besessen von Gier in den Kanten Brot schlug. Einmal
dachte ich, ich habe überhaupt keine Essmanieren mehr. Dass
man in einer Gruppe war, in der es allen so ging, hat die Scham
gelindert.

Haben Sie in den KZs oft geweint?
Nein, ich weine nicht. Ich kann überhaupt nicht weinen.
Das wird mir gelegentlich vorgeworfen. Ich weiß nicht, wie man
das macht, weinen. Die einzige Ausnahme, an die ich mich
erinnere, ist 15 Jahre her. Ich hatte in dichtem Nebel eine Katze
überfahren und bin mit der Leiche tränenüberströmt rumgelaufen, um die Leute zu finden, denen die Katze gehört. Ich habe
sie aber nicht gefunden und war völlig durcheinander. Das

heißt, nur ein Schock kann bei mir Tränen hervorrufen, sonst nichts.

Haben Sie je vor Freude geweint, zum Beispiel bei der Geburt Ihrer Kinder oder Enkel?

Nein, wie gesagt, ich weine nicht. Vielleicht ist das eine Reaktion auf mein Wiener Elternhaus. Ich habe als kleines Mädchen mit Weinen nie etwas erreicht. Also warum überhaupt weinen lernen?

Schweißt Todesnot Menschen zusammen, oder offenbart sie deren Abgründe und Bösartigkeiten?

Beides. Dass Leid sittliche Läuterung bewirkt, ist rührseliger Unsinn. Es stärkt den Charakter, wenn man nicht hungert, und es schwächt ihn, wenn Hunger den Selbsterhaltungstrieb bis zur Kriminalität steigert. Es gab aber nicht nur brutalste Selbstsucht in den Lagern. Ich habe Frauen erlebt, die freundlich zu einem Kind wie mir waren, auch wenn sie hungerten und froren und sich fürchteten. Meiner feministischen Ansicht nach kann man mehr Zusammenhalt von Frauen erwarten als von Männern. Frauen sind weniger aggressiv und wissen mehr über das Gute als Männer, die es so gern trivialisieren. Vielleicht wissen Frauen auch mehr über das Böse als Männer, die es so gerne dämonisieren. Die jüdische Philosophin Simone Weil hat einmal gefragt, warum in Romanen fast immer das Gute langweilig und das Böse interessant ist. Sie hielt das für eine genaue Umkehrung der Wirklichkeit.

Der 2016 gestorbene Literaturnobelpreisträger Imre Kertész kam mit 14 Jahren nach Auschwitz. In seinen Tagebüchern heißt es: »Das wirklich Irrationale und tatsächlich Unerklärbare ist nicht das Böse, im Gegenteil: Es ist das Gute.«

Ich trauere Kertész nach. Er ist mir lieb, weil er den Mut hatte zu sagen, dass es bei den Häftlingen in Auschwitz auch Komik, Gelächter, Lebenslust und Glück gab. Was er über die Unerklärlichkeit des Guten sagt, habe ich selbst erlebt. Bei der Selektion in Auschwitz wurden Frauen im Alter von 15 bis 45 Jahren als Zwangsarbeiterinnen ausgewählt. Die anderen kamen in die

Gaskammer. Ich war zwölf und nach fast zwei Jahren Theresienstadt unterernährt und unentwickelt. Eine freundliche Schreiberin, ein Häftling wie ich, vielleicht 19 oder zwanzig, flüsterte mir zu, ich solle mich für 15 ausgeben. Der amtierende SS-Mann sah mich misstrauisch an und sagte, die ist aber noch sehr klein. Die Schreiberin behauptete kühn, ich würde dennoch eine gute Arbeiterin abgeben, da ich muskulöse Beine hätte. Er zuckte die Achseln und ließ es gelten. Diesen Sekunden verdanke ich mein Weiterleben. Die Schreiberin hatte kein Motiv. Das ist das Unerhörte ihres Verhaltens. Das Gute hat keine Ursache als sich selbst und will auch nichts als sich selbst. Ich wollte, ich hätte meine Retterin irgendwann treffen können. Hat sie es vielleicht für andere auch gemacht? Und hätte ich es für sie gemacht? Ich weiß es nicht. Diese Frau war der Zufall meines Lebens. Das zum Tode verurteilte Kind hatte eine Lebensverlängerung gewonnen.

Das Lager Christianstadt wurde Anfang 1945 aufgelöst. Auf dem Transport ins KZ Bergen-Belsen gelang Ihnen und Ihrer Mutter die Flucht. Nach dem Kriegsende in Bayern angelangt, wurden Sie von den Amerikanern zu »Displaced Persons« erklärt und lebten zweieinhalb Jahre in Straubing, Deggendorf und Regensburg.

Mein Vater war Sozialdemokrat und Zionist. Ich verstehe nicht, warum er uns nicht vor 1938 nach Palästina gebracht hat. Ich hätte 1945 nach Israel gehen sollen. Dort hätte ich zu einer Mehrheit gehört. Aber meine Mutter wollte unbedingt nach Amerika.

Es gibt in Ihrer Biografie einen zweiten lebensentscheidenden Zufall. 1945 schickten Sie zwei Ihrer Auschwitz-Gedichte an eine Zeitung. Veröffentlicht wurden lediglich zwei Strophen, ohne dass Ihr Name genannt wurde. 14 Jahre später wurden Ihre Gedichte ohne Ihr Wissen in einer Anthologie nachgedruckt. Anfang der Sechzigerjahre stieß ein amerikanischer Germanist auf Ihre Gedichte und verhalf Ihnen zu einer Assistentenstelle am German Department der University of California in Berkeley und dem Angebot zu promovie-

ren. **Heute sind Sie die prominenteste Auslandsgermanistin und Autorin von zwei Bestsellern, den 1992 und 2008 erschienenen Erinnerungsbüchern** *weiter leben* **und** *unterwegs verloren.*

Sie wollen sagen, dass Auschwitz für meine Karriere verantwortlich ist? Wenn ich schlecht gelaunt bin, ärgert mich das, weil ich nie in die Schuld der Deutschen geraten wollte. Bei guter Laune empfinde ich meinen Berufsweg als poetische Gerechtigkeit. Die Germanistik stellte die Möglichkeit in Aussicht, mit den Lagern ins Reine zu kommen. Ich ahnte nicht, dass ich Freunde verlor unter den Juden. Sie verstanden nicht, warum ich mich freiwillig mit dieser Teufelskultur beschäftigen wollte. Warum studierst du die Sprache unserer Verächter?, fragten sie.

Schreiben Sie noch Gedichte?

Manchmal. Ich bin nicht losgekommen von der Lyrik. Es gibt noch so vieles zu bedichten.

1949 schrieb der jüdische Sozialphilosoph Theodor W. Adorno den berühmtesten Satz der Germanistikgeschichte …

»Nach Auschwitz ein Gedicht zu schreiben, ist barbarisch.« Später hat er sich korrigiert.

Darf man aus Auschwitz Kunst machen?

Ja. Wenn man aus allem Kunst macht, warum dann nicht aus etwas, was die Menschen so dringend angehen sollte? Andernfalls wäre Auschwitz das verbotene Paradies: Von allen Früchten darfst du essen, aber von dieser nicht. Meine Gedichte über Auschwitz sind keine gelungenen Gedichte, aber sie sind aus einem Anlass entstanden. Warum sollte das verwerflich sein? Wo ist die Sünde?

Sie gehören zu den Letzten, die wissen, wie Auschwitz war. Wem ist es gelungen, den monumentalen Horror der KZ-Welt halbwegs realistisch zu porträtieren?

Nehmen Sie sich neun Stunden, und schauen Sie sich *Shoah* von Claude Lanzmann an, womöglich in einer Sitzung. Oder, wenn das zu viel ist, in zwei Sitzungen. Dann haben Sie schon viel begriffen.

Schindlers Liste **von Steven Spielberg?**

Ist kein Muss. Lesen Sie lieber *Roman eines Schicksallosen* von Imre Kertész.

Nach einem Notabitur wurden Sie 1946 mit gerade mal 15 Jahren Studentin der Philosophisch-theologischen Hochschule Regensburg. In den Hörsälen begegnete Ihnen ein Zwanzigjähriger in Jackett und Krawatte, der sich mit Ihnen zu Spaziergängen und Theaterbesuchen verabredete.

Ich will nicht über Martin Walser reden!

Walser war von Ihnen hingerissen. In einem Brief an eine Freundin schwärmte er: »Ihre Konversationsgabe ist von einer solchen Schärfe, dass mich jede Unterhaltung alle meine Zungen und Geisteskräfte kostet, um bestehen zu können. Dass sie glänzende, wirkliche Gedichte schreibt, ist auch nicht ihre hervorragendste Eigenschaft. Das Große und Schöne ist, wie sie sich zu geben weiß.«

Er war schon eindrucksvoll. Und ich habe natürlich versucht, ihn zu beeindrucken. Er war für mich der Inbegriff des germanischen Nachkriegsintellektuellen, und seine Aufmerksamkeit schmeichelte mir. Sein Ding war Kafka, damals noch fast ein Geheimtipp. Dessen Erzählungen ließen uns nicht mehr los.

Sie haben einander Briefe geschrieben.

Wenn ich ihm schrieb, ging es ihm um seine Antworten. Er wollte Sätze zusammenbringen. Darum geht es ja bei Schriftstellern, und er übte, einer zu sein. Das Objekt, an dem er praktizierte, war ihm weniger wichtig.

Sind Sie sicher, dass Walser nicht in Sie verliebt war? Und Sie in ihn?

Keine Ahnung. Was heißt verliebt? Ich fand ihn ungeheuer interessant, aber ich kann mir nicht vorstellen, dass ich damals in einen Deutschen verliebt gewesen wäre. Das wäre schon vom Aussehen her nicht gegangen. Ich kann nicht sagen, dass ich Deutsche abstoßend fand, aber es war an der Grenze. Einer, der so deutsch aussieht wie Walser, war mir auf jeden Fall nicht geheuer. Er war ja sehr fesch. Er hat so ausgeschaut wie der junge Jakob Augstein.

Rückblickend werfen Sie Walser vor, er habe Sie nie nach Ihren Erlebnissen in Auschwitz gefragt.

Das ist das Verdrängen seiner ganzen Generation. Ich bin mit dieser Auschwitz-Nummer rumgelaufen und trug im Sommer öfter kurzärmlige Blusen. Da hätte er mich doch ausfragen können, was meine Erfahrungen waren. Einmal fanden wir am Wegrand ein Abzeichen der NSDAP. Er glaubte, ich sei erschrocken. Als wäre es so leicht, mich zu schrecken.

Warum haben Sie nicht von sich aus angefangen, von Auschwitz zu erzählen?

Es war sehr, sehr schwierig für mich, etwas zu sagen, ohne weinerlich zu klingen. Und er sollte nicht denken, dass ich ihm eine Schuld aufbürden will oder kann. Es war sowieso schon eine schwierige Annäherung: jemand wie ich und jemand wie er, nach dem Krieg. Da war eine Mauer, die beide nicht überschreiten konnten oder wollten. Deshalb haben wir uns lieber in literarische Gespräche vertieft.

Nach Ihrer Übersiedlung in die USA blieben Sie 55 Jahre lang miteinander befreundet. Als Walser dann 2002 seinen Roman *Tod eines Kritikers* veröffentlichte, kündigten Sie ihm in einem offenen Brief die Freundschaft.

Ich halte *Tod eines Kritikers* für bösartig und antisemitisch. Seine vier Jahre zuvor gehaltene Rede in der Paulskirche habe ich noch irgendwie verdaut, aber dieser Roman war zu viel.

Halten Sie Walser für einen Antisemiten, oder meinen Sie, er habe einen Roman geschrieben, der Klischees enthält, die üblicherweise von Antisemiten benutzt werden?

Ich kann nicht beurteilen, ob Walser Antisemit ist. Er weiß es vielleicht selber nicht. Aber die Figur des Kritikers in dem Roman schöpft aus bitteren, bösen Quellen und fördert das eventuelle Vorurteil des Lesers. Das hätte im Post-Holcocaust-Zeitalter nicht vorkommen sollen.

Shylock, der verhasste Jude in Shakespeares *Kaufmann von Venedig*, ist eine antisemitische Figur. Ist deshalb das Stück antisemitisch?

Ja. In der Geschichte des Judenhasses ist Shylock die einflussreichste literarische Gestalt. Wie er sein Messer wetzt, um ein Pfund Fleisch aus Antonios Körper herauszuschneiden: Das ist das Bild des Juden, das in die europäische Kultur stärker einging als jedes andere Bild des gefährlichen Juden, gerade weil es ein geniales Porträt von einem stark motivierten Bösewicht ist. Shakespeare selber wird kaum ein Judenhasser gewesen sein. Es gab ja damals keine Juden in England, sie waren vertrieben worden. Er hat den Typ des bösen Juden wohl der italienischen Literatur entnommen.

Hat Walser auf Ihren in der *Frankfurter Rundschau* veröffentlichten Brief geantwortet?

Nein, 2002 war Schluss mit uns, rettungslos und auf immer. Der Martin hängt mir schon nach, aber das ist nicht mehr zu lösen. Man kann ja gar nicht mit ihm diskutieren, weil er ein Verdrängungskünstler ist. Widerspricht man ihm, unterbricht er einen und schmiedet wunderschöne Sätze, denen nicht zu widersprechen ist. Er hat ein stilistisches Gefühl, das hervorragend ist, nicht wahr?

Nachdem Sie 1947 mit 16 Jahren in die USA übergesiedelt waren, lebten Sie von Aushilfsjobs. Mit 21 heirateten Sie, mit 23 wurden Sie zum ersten Mal Mutter. Ihr Mann Werner Thomas Angress war gebürtiger Berliner und Professor für Deutsche Geschichte an Universitäten in Kalifornien und New York. Dennoch haben Sie in den neun Jahren Ihrer Ehe nie Deutsch miteinander gesprochen.

Sie können nicht ermessen, wie belastend diese Sprache für unsereinen war, wie ein Buckel, den man loswerden wollte. Wir wollten uns assimilieren und Amerikaner werden. Wenn einer von uns etwas auf Deutsch sagte, sagte der andere: Hast du gerade ein deutsches Buch gelesen? Statt eines VW-Käfers kaufte ich lieber eine schlechte britische Karre. Es war auch klar, dass wir unseren beiden Kindern kein Deutsch beibringen. Heute werfen sie uns das vor.

Ihr Ex-Mann lebte seit 1939 in den USA und kämpfte ab 1944 als US-Soldat gegen die Deutschen. Im Mai 1945 war er an der Befreiung des KZs Wöbbelin in Mecklenburg betei-

ligt, später erfuhr er, dass sein Vater in Auschwitz ermordet wurde. Wollte er, anders als Walser, wissen, was Sie in KZs erlebt hatten?

Nein. Als er eine Vorlesung über die Hitlerzeit hielt, bot ich an, mit seinen Studenten eine Stunde lang über Konzentrationslager zu sprechen. Er war entsetzt, das wolle er auf keinen Fall. Eine Zugbrücke ging hoch. Er selbst hat auch nie etwas von meinen Erlebnissen wissen wollen, absolut nichts. Er hat immer sofort abgelenkt. Dafür hat er mir sehr viel über seine Erlebnisse im Krieg erzählt. Als er schilderte, wie eiskalt ihm im Winter 1944/45 war, fasste ich mir ein Herz und sagte, mir war kälter, du hast warme Kleidung und gute Decken gehabt, ich hatte Zeitungspapier an den Füßen. Er geriet aus der Fassung. Entweder hatte er nie daran gedacht, oder er war der Meinung, dass ich meine Erlebnisse gefälligst runterschlucken soll, weil Kriege den Männern gehören. All das gehört zu meinem Misstrauen Männern gegenüber. Diese Beziehung war der größte Fehler, den ich je gemacht habe. Ich fühlte mich wie im Gefrierfach eines Kühlschranks. Ich war von Anfang an nicht für die Ehe gemacht. Ich tauge nicht zur Hausfrau. Ich wollte meinen eigenen Beruf haben.

Haben Sie nach der Trennung von Angress je wieder mit einem Mann zusammengelebt?

Lieber nicht. Es gab schon Männer hier und da, aber nicht zum Zusammenleben. Ich war froh, frei zu sein. Ich habe die Ehe wirklich als eine Bedrückung empfunden.

In Ihren prägenden Jahren hatten Sie es mit Männern zu tun, die Naziuniformen trugen, Befehle brüllten und mit Peitschen schlugen. Standen diese Bilder zwischen Ihnen und der Männerwelt?

Kann sein. Wie soll ich das wissen? Die Machtstruktur, in der ich in den Lagern gelebt habe, war männlich gezeichnet, mit schwarzen Stiefeln, Militäruniformen und allem, was dazugehört. Von dieser Männermacht habe ich mich ferngehalten. Ich wollte unauffällig sein, darum auch nicht weinen. Weinen ist auffällig.

Träumen Sie von Konzentrationslagern?

Ich weiß es nicht. Ich erinnere mich an meine Träume nicht. Vor vielen Jahren hatte ich das Gefühl, ich träume von leeren Landschaften, in denen es furchtbar einsam ist. Aber was sich da abspielt? Ich weiß nicht einmal, ob in meinen Träumen geredet wird, und wenn ja, ob auf Deutsch oder auf Englisch. In meiner Geburtsstadt wurde die Traumdeutung erfunden, aber ich denke, es gibt gute Gründe, warum unsere Psyche verdrängt, was ihr nicht in den Kram passt. Ich frage mich manchmal, ob meine Katze Träume hat. Bei Hunden merkt man manchmal, dass sie träumen. Wenn sie im Schlaf plötzlich zu laufen beginnen, sind sie hinter etwas her.

Die Preise und Auszeichnungen, die Sie bekommen haben, kommentierten Sie mit der sarkastischen Bemerkung: »Wenn eine Tierart fast ausgestorben ist, weil sie so intensiv gejagt worden ist, werden die übrig gebliebenen Exemplare besonders gepflegt.«

Man behandelt die Überlebenden der Shoah mit einer Mischung aus Abscheu und Ehrfurcht. Krebskranke und Krüppel kennen diese Distanz. Unter Juden kann die Abneigung noch stärker sein. Durch die falsche Logik des Unbewussten wird unser Überleben für all jene zum Vorwurf, die unbehelligt leben durften.

Viele KZ-Überlebende leiden ihr Leben lang unter einem Schuldkomplex. Sie auch?

Ich habe lange gedacht, mir sei die berühmte Überlebensschuld fremd. Ich hatte ja nichts angestellt, wofür sollte ich büßen? In den vergangenen Jahren sagt mir aber ein Gefühl, du hast nicht überlebt, du gehörst zu den toten Kindern, ein Teil von dir ist in den Lagern geblieben, du gehörst zu einer anderen Welt. In einem Gedicht von mir ist vom Galgenplatz die Rede, auf dem der Flieder blüht. Dieses Bild trifft mein Leben.

Wie gegenwärtig sind die drei Jahre im KZ in Ihrem Kopf?

Die Gespenster, die sich in den Lagern bei mir eingenistet haben, sind Teil meines Lebens, aber sie bringen mich nicht dazu, meinen Kopf gegen die Wand zu schlagen. Ich bin nie zu

Versammlungen der Holocaust-Überlebenden gegangen. Ich habe die Opferrolle schon 1938 abgelehnt. Andererseits habe ich mir meine Auschwitznummer erst vor zwanzig Jahren weglasern lassen. Sie hatte viele aggressiv gemacht oder abgestoßen, wohl als Symbol der Erniedrigung. Bleib mir vom Leib damit!, war die häufigste Reaktion. Ein älterer Universitätsprofessor fragte, wer mir das Recht gebe, wie ein Mahnmal herumzulaufen. Der Mann war Jude. Untersuchungen über den jüdischen Selbsthass füllen ganze Bibliotheken.

Verblassen Ihre Erinnerungen, wie alte Fotografien?

Die entscheidenden Erinnerungen bleiben. Sie sind wie festgefroren. Ich muss mich an die Selektion nicht erinnern. Sie ist seit 74 Jahren immer wieder da. Die grellste Erinnerung aus Auschwitz-Birkenau ist, wie meine Mutter bestraft wird und auf Steinen kniet. Mein Gefühl war, Zeugin von etwas ganz Ungehörigem zu sein.

Sind Ihnen Ihre Erinnerungen manchmal fremd?

Sie sind der Person fremd, die ich seither geworden bin. Man schält einen Menschen aus sich heraus, und dann noch einen, und dann noch einen. Diese verschiedenen Leben sind der einzig lohnende Grund, alt zu werden. Ich bin heute ein anderer Mensch, als ich mit sechzig war. Alles andere am Altern ist langweilig. Schlafen gehen, aufwachen, Zähne putzen, duschen, abtrocknen, essen müssen, trinken müssen – was soll das alles? Immer das Gleiche, außer dass es anstrengender wird. Das müsste eigentlich aufhören, denkt man sich. Und wahrscheinlich ist es auch gar nicht mehr so lang hin.

Vor einem Vierteljahrhundert schrieben Sie: »Nur an meinen Unversöhnlichkeiten erkenn ich mich, an denen halt ich mich fest. Verzeihen ist zum Kotzen.« Sind Sie heute das geworden, was man altersmilde nennt?

Ich werde immer wieder gefragt, verzeihst du den Deutschen, hast du dich mit ihnen versöhnt? Das ist unmöglich. Die Jauche meiner Vergangenheit hört nicht auf, an die Oberfläche zu kommen. Außerdem bin ich nicht befugt, stellvertretend den Mord an sechs Millionen Menschen zu verzeihen. Das Bewusstsein der Absurdität des Ganzen sitzt bei mir aber tiefer als die Empörung über das große Verbrechen. Die Shoah war eine völlige Sinnlosigkeit. Niemand hat was davon gehabt, dass ich als verhungertes Sträflingskind Eisenbahnschienen getragen habe, statt auf einer Schulbank zu sitzen.

1992 sagte Ihnen ein Kardiologe, Sie hätten wegen eines Herzfehlers im besten Fall noch drei Jahre zu leben. Was haben Sie an Ihrem Leben geändert?

Nicht viel. Ich hatte keine Angst vorm Sterben. Ich habe sie jetzt auch nicht. Ich hatte sie nicht einmal in meinen letzten Wochen in Auschwitz. Warum nicht sterben? Ich möchte ganz gern noch ein bisschen weiterleben, es ist interessant, aber ich muss nicht. Niemand ist mehr von mir abhängig, das erzeugt Einsamkeit. Ich bin schwerhörig und vergesslich, und das Leben wird einförmiger, weil eine Freundin nach der anderen stirbt. Meine Rettung bei der Herzgeschichte war übrigens eine Wunderoperation in Deutschland. Die Klinik lag nicht weit entfernt vom Konzentrationslager Groß-Rosen, wo ich Zwangsarbeiterin gewesen war. Und siehe da, ich lebte lustig weiter.

Bevor Sie Hochschullehrerin wurden, hatten Sie in einem »Bookmobile« gearbeitet, einem Bus, der in eine fahrbare Ausleihbibiliothek umgewandelt worden war und Vorstadtbewohner mit Lektüre versorgte. Was lesen Sie zurzeit?

Nachdem dieses Trampeltier Trump gewählt worden ist, habe ich noch mal die Romane von Jane Austen gelesen, einen nach dem anderen. Diese Welt ohne Politik war sehr gut, um von dem Schrecken wegzukommen. Austen war mein Gegengift zu Trump. Ihre Romane haben ein Rückgrat und sagen etwas darüber, wie sich die Menschen miteinander und zueinander verhalten sollen. Jetzt wäre es eigentlich Zeit für *Die Brüder Karamasow,* aber bei Dostojewski wird mir zu viel an Gott geglaubt. Ich habe mal eine Liste gemacht mit den großen Langweilern der Weltliteratur. Darauf standen *Der Mann ohne Eigenschaften* von Robert Musil, *Auf der Suche nach der verlorenen Zeit* von Marcel Proust und *Moby Dick* von Herman Melville. Gegen den heftigen Widerstand von Freunden habe ich auch *Das Schloss* von Franz Kafka auf die Liste gesetzt.

2010 sagten Sie, Sie schrieben an einem Roman. Was ist aus Ihrem Debüt als Belletristin geworden?

Ich bin stecken geblieben. In dem Roman geht es darum, dass unser Leben weitgehend vom Zufall abhängt. Ich glaube nicht an Vorbestimmung oder Karma-Theorien, wonach unser Schicksal das Ergebnis unserer Handlungen ist. Es ist ein Zufall, dass Trump Präsident ist. Joe Biden hätte die Wahl gewonnen, hätte er nicht wegen des Todes seines Sohnes aufgegeben. Auch Auschwitz war nur ein grässlicher Zufall. Warum musste Deutschland so einen verdammt blöden Kaiser haben? Er hätte Hitler verhindern können. Sie merken, ich bin zufallsbesessen. Wenn man es dem Zufall verdankt, nicht in den Gaskammern von Auschwitz gestorben zu sein, lässt einen das Thema nie wieder los.

Wird einer, der glaubt, alles sei Zufall, Nihilist?

Nein, er beginnt die Freiheit zu lieben. Wer an Zufall statt an Notwendigkeit glaubt, hat die freie Wahl. Freiheit ist nur möglich, wo der Zufall weilt. Wäre alles vorbestimmt, wäre es egal, welche Entscheidungen wir treffen. In meinem unfertigen Roman gibt es drei Frauen, die immer wieder zum Glücksspiel nach Las Vegas fahren. Eine von ihnen, eine jüdische Deutschamerikanerin, wird davon geplagt, sich für alles verantwortlich zu fühlen. Sie denkt bei allem, was geschieht, sie hätte es besser machen müssen. Am Ende kommt sie auf das Zufallsprinzip und lässt in der letzten Szene mit großer Freude die Würfel über den Spieltisch rollen. Sie weiß, von jetzt an ist sie frei.

Sind Sie Glücksspielerin?

Ich fahre manchmal mit Freunden für zwei, drei Tage zum Spielen nach Las Vegas.

Roulette?

Nein, mich treibt es immer wieder zum Black Jack. Bei diesem Spiel hat man das Gefühl, eine gewisse Kontrolle über die nächste Karte zu haben. Das ist natürlich falsch, aber es nährt den Wunsch des Spielers nach Selbstbestimmung. Dostojewski hat viel Geld verloren, weil er meinte, wenn eine Zahl dreißig Mal nicht kommt, ist es höchst wahrscheinlich, dass sie beim nächsten Mal kommt. Aber Zahlen haben kein Gedächtnis, und der Zufall auch nicht. Spieler können das nicht akzeptieren. Sie glauben, was Schiller im *Lied von der Glocke* über das Kind sagt: »Ihm ruhen noch im Zeitenschoße / die schwarzen und die heitern Lose.« Das ist aber nicht wahr. Im Zeitenschoße ruht nur eins: der Zufall, das Irgendwas. Fragen Sie Quantenphysiker: Gott würfelt. Auch wenn Einstein es abgestritten hat.

Haben Sie je an Gott geglaubt?

In Auschwitz habe ich geglaubt, Gott wird mich nicht umkommen lassen, weil ich so schöne Gedichte verfasse. Eine mit dieser Fähigkeit wird er durchkommen lassen. Aber mein Glaube an eine höhere Macht ist immer dünner geworden, und dann war er nicht mehr da – als hätte sich eine Flüssigkeit verflüchtigt oder als wären einem Mann langsam die Haare ausgefallen.

Der israelische Psychoanalytiker Zvi Rex sagte einmal: »Die Deutschen werden den Juden Auschwitz nie verzeihen.« Richtig?

Der Satz bringt die Verschiebung von Schuldgefühlen auf die Opfer auf den Punkt. Er ist dem Göring-Wort verwandt: »Wer ein Jude ist, bestimme ich!« Man kann damit sowohl Judenfreund als auch Judenfeind sein. Doch die deutschen Nachkriegsgenerationen und die Emigrantenpolitik der Merkel-Regierung widersprechen diesem Zynismus. Das heißt, die Auseinandersetzung mit der Nazizeit hat aufgeklärt und progressiv gewirkt.

Gibt es für Sie eine Zeit, die Ihnen im Rückblick wie das eigentliche Leben vorkommt, sodass alles Spätere nur noch Wiederholungen und Variationen dieser entscheidenden Lebensphase waren?

Es gab eine Zeit, in der ich richtig glücklich war. Das war der Sommer 1945. Ich war frei, die Sonne schien, und alles blühte wie verzaubert. Ich habe schwimmen und radeln gelernt. Es war ganz einfach, ich habe mich draufgesetzt und bin losgefahren.

Das war eine Ausweitung des Lebens, wie ich sie nie vorher und nie nachher erlebt habe. Dieser Sommer steckt in mir, er hat mir Kraft gegeben.

Der Vater wird wegen seiner Ausrottungspolitik
»Schlächter von Polen« genannt und stirbt 1945
am Galgen; der Sohn wird nach dem Krieg von
seiner fanatischen Nazi-
Mutter zum Betteln
geschickt und macht als
Kulturjournalist Karriere
bei »Playboy« und
»Stern«: Niklas Frank
über seine Kindheit als
»Prinz von Polen« und die
Scham, von einem Mas-
senmörder geliebt werden
zu wollen, über die Ge-
sänge von Ilse Koch, der
»Bestie von Buchenwald«,
und einen Bruder, der sich
mit 13 Litern Milch am
Tag in den Tod trinkt

»Ich freute mich sehr, als die Wachleute abgemagerte KZ-Häftlinge auf einen Esel setzten und ihm einen mächtigen Schlag auf die Flanke gaben«

NIKLAS FRANK

Warum tragen Sie seit mehr als vierzig Jahren ein Foto mit sich, das den Leichnam Ihres gehenkten Vaters zeigt?

Ich will jeden Tag sichergehen, dass er tot ist.

Als kleiner Junge lebten Sie am Schliersee in Oberbayern oder auf der Wawelburg über Krakau, dem Dienstsitz Ihres Vaters. Zum Hofstaat der Franks gehörten Diener, Kindermädchen, Köchinnen, Chauffeure und Ehreneskorten.

Ich fand es toll, von oben bis unten betütelt zu werden. Der Wawel war wie ein Königshof, und ich war der Prinz von Polen und hatte eine Riesengaudi. Ich sehe mich noch als Dreikäsehoch im Dom neben der Burg Versteck spielen zwischen den Gräbern polnischer Bischöfe und Heiliger, beschützt von SS-

Soldaten mit Gewehren. In der Burg machte ich die Gänge mit meinem Tretauto unsicher. Ich wartete hinter einer Ecke, bis ich jemanden kommen hörte. Dann trat ich in die Pedale. Es machte mir Höllenspaß, jemanden zu verletzen. Wenn ich nach oben lugte, sah ich verbissene Gesichter ein erzwungenes Lächeln aufsetzen – ich war eben der Sohn des mächtigen Burgherrn.

Ihr Vater war besessen von Prunk und Pomp und insze-nierte sich als Genussmensch und Feingeist. Für Mußestun-den hatte er Schloss Kressendorf requirieren lassen, dreißig Autominuten von Krakau entfernt.

In Kressendorf gab es eine riesige Freitreppe. Wenn ich oben an der Balustrade stand und sah, dass unten unser Diener Johann entlanglief, rief ich: »Johann!« Wenn er gehorsam die Treppen heraufgestiegen war, fragte er höflich: »Bitte?« Worauf ich »Danke!« krähte und lachend davonzischte. Das musste er sich gefallen lassen. Niemand hätte sich getraut, das Früchtchen des Generalgouverneurs von Polen zurechtzuweisen, dem Alleinherrscher über siebzehn Millionen Menschen.

Sie sind Jahrgang '39 und waren bei Kriegsende sechs Jahre alt. Empfindet ein kleiner Junge, der glaubt, er sei der Prinz von Polen, so etwas wie Skrupel?

Einerseits spürte ich dieses intensive Triumphgefühl, Erwach-senen befehlen zu können, andererseits wusste ich tief innen, ich tue unrecht. Man bekam endlos Spielzeug von jedem Gast geschenkt. Ich habe alles sofort kaputt gemacht. Da war die-ses schlechte Gewissen, das man mitbekam. Die Erwachsenen wussten von den viehischen Verbrechen, die wir Deutschen täg-lich in Polen verübten. Ihre daraus resultierende innere Anspan-nung übertrug sich als psychischer Druck auf mich, und ich machte wie unter Zwang alles kaputt, was da war.

Für die Fahrten in Ihre bayerische Heimat stand Ihnen der mahagonigetäfelte Salonwagen Ihres Vaters zur Verfügung, der an reguläre Züge angehängt wurde. Was bekamen Sie vom Leben außerhalb des Wawel mit?

Dass unterhalb des Burghügels das Morden anfing, begriff ich nicht. Einmal hat mich mein Kindermädchen Hilde in das mit Stacheldraht umzäunte Außenlager eines KZs mitgenommen. Warum, weiß ich nicht. Vielleicht war einer der Bewacher Hildes Liebhaber. Ich freute mich sehr, als die Wachleute abgemagerte Häftlinge auf einen Esel setzten und ihm einen mächtigen Schlag auf die Flanke gaben. Das verschreckte Tier machte Bocksprünge, und die Männer fielen runter. Das war für mich ein unbändig lustiger Nachmittag. Obendrein gab es zum Schluss beim obersten Soldaten Kakao.

Bei ihren Raffzügen durchs Krakauer Getto setzte Ihre Mutter die Discountpreise selbst fest, zu denen sie Pelzmäntel und Stoffe kaufte.

Sie ließ sich von ihrem Chauffeur im Mercedes ins Getto fahren, bewacht von der SS. Einmal durfte ich mit. Ich stand in meinem reizenden Pepita-Anzug im Fond, drückte die Nase ans Fenster und sah traurig oder wutig dreinschauende, schlottrige Menschen. Als mich ein sehr viel älteres Kind anglotzte, streckte ich ihm die Zunge raus. Es ging weg. Ich war der Gewinner und lachte.

Ab Ende '44 lebten Sie mit Ihrer Mutter und Ihren vier Geschwistern wieder am Schliersee. Was empfanden Sie, als Ihr Vater im Januar '45 nach Hause kam?

Auf einer Truhe lag seine Brille. Ich nahm sie, schaute ihn ruhig an und brach beide Bügel ab. Da stand er so was von baff da. Ich sehe noch sein empörtes Gesicht. Er gab mir eine Ohrfeige, aber das war für mich in Ordnung. Ich habe mich auch nicht entschuldigt. Ich konnte mit ihm einfach nichts anfangen.

Im Umkreis Hitlers kursierte der Spruch: »Im Westen liegt Frankreich, im Osten wird Frank reich.« Ihr Vater, ein promovierter Jurist, der in den Zwanzigern zu Hitlers Stammverteidiger aufgestiegen war, griff in Polen in die Staatskasse und raubte Kunstschätze, darunter Bilder von Rembrandt, Raffael und Leonardo da Vinci. Bekamen Sie davon etwas mit?

Vatis Diebereien waren nicht zu übersehen. Einmal ließ er im Salonwagen 200 000 eingekalkte Eier aus Krakau zu uns an den Schliersee schicken. Mit einem anderen Transport kamen geraubte Plastiken, Gobelins, Madonnen und Ikonen.

Ihre Geschwister hatten zeitlebens zärtliche Gefühle für ihren Vater. Sie nie?

Es gibt eine einzige zärtliche Szene. In seinem Badezimmer auf dem Wawel stand mein Vater vor dem Spiegel und rasierte sich. Als er mich sah, tupfte er mir etwas von seinem Schaum auf die Nasenspitze. Das hat sich mir eingebrannt. Eine Sehnsucht, von ihm geliebt zu werden, gab es wohl auch bei mir.

Ihr Vater wurde am 4. Mai '45 von amerikanischen Soldaten verhaftet. Am Tag darauf wurde Ihr Haus am Schliersee geplündert.

Ich fand das aufregend und spannend. Was meine Eltern geplündert hatten, wurde jetzt von befreiten polnischen und ukrainischen Zwangsarbeitern geplündert. Meine Mutter konnte gerade noch eine mit Schmuck und Juwelen prall gefüllte Tasche bei einer Nachbarin verstecken. Die Amis stellten dann Wachen auf. Ein GI, der Vatis Weinkeller entdeckt und sich betrunken hatte, stellte meine Mutter und uns drei jüngste Kinder an die Wand unseres Hauses und legte mit seinem Gewehr auf uns an. Während meine acht und zehn Jahre alten Geschwister losheulten, hatte ich, sechs Jahre alt, keine Angst, weil ich damals – ich weiß das noch wie heute! – dachte: Der Ami mit dem Gewehr hat recht! Der ist auf der richtigen Seite, ich auf der falschen. Was ich dunkel spürte, sah ich Wochen später in der ersten demokratischen Zeitung: Fotos von Leichenhaufen, darunter Kinder meines Alters. Immer stand Polen darunter, und ich wusste ja, Polen gehört uns Franks! Der Ami übrigens, der uns erschießen wollte, hatte nicht mit Muttis Mut gerechnet. Die hat ihn dermaßen zusammengeschrien, dass er verängstigt das Gewehr absenkte und dann von einem anderen Ami weggeführt wurde.

Ihr Vater – er war politisch verantwortlich für die Vernichtungslager Treblinka, Majdanek, Belzec und Sobibor und wurde wegen seiner Ausrottungspolitik »Schlächter von Po-

131

len« genannt – ließ sich im Nürnberger Gefängnis katholisch taufen und schrieb seiner Familie Hunderte frömmelnde Briefe, in denen er von Jesuserscheinungen und Lichtbrücken zu Gott berichtete.

Als Kind hat man ein feines Gespür für Wahrheit und Verlogenheit. Seine Briefe haben mich schon damals abgestoßen, ein verschwiemeltes Gesülze und pathetischer Schmarrn. Er war halt eine Kitschjuhle. Mein Bruder Norman glaubte ihm seinen neuen Glauben auch nicht: »Als Vati keinen Hitler mehr hatte, nahm er den lieben Gott als dessen Nachfolger.«

Ihr Vater wurde in Nürnberg als Hauptkriegsverbrecher vor Gericht gestellt. In seinem Generalgouvernement starben sechs Millionen Menschen, viele davon in Auschwitz, dem »größten Menschenschlachthaus, das es je gegeben hat«, wie es Ralph Giordano später formulierte.

Als in den Zeitungen die ersten Fotos aus dem Gerichtssaal erschienen, sagte unsere Mutter stolz: »Wenigstens sitzt er in der ersten Reihe.« Als er während der Befragung durch seinen Verteidiger eine Mitschuld an der Vernichtung der Juden eingestand, war sie stocksauer. Wenn er sich schuldig bekannte, war sie es ja auch. Prompt nahm er in seinem Schlusswort das Schuldeingeständnis zurück.

Vor der Urteilsverkündung durfte die Familie den Vater besuchen. Für Sie die erste und letzte Begegnung seit seiner Verhaftung.

Wir sind vom Schliersee mit dem Zug nach Nürnberg gefahren, mit einer wunderbaren Dampflokomotive. Wenn du das Fenster geöffnet hast, flogen dir lauter Rußkörner ins Auge. Das war richtig toll. Beim Reinkommen in den ziemlich dunklen Besucherraum im Nürnberger Gefängnis sah ich als Erstes Hermann Göring, weil der genau gegenüber der Tür saß. Hinter einer Glasscheibe. Wie alle anderen Angeklagten in diesem Raum. Mein Vater saß auf der rechten Seite des Raums, mit einem weiß behelmten Ami-Soldaten neben sich. Meine Mutter führte mich an der Hand, und ich setzte mich gegenüber Vati auf ihren Schoß.

**Ihr Vater war damals 46 Jahre alt. Wie sah er nach einein-
halb Jahren Haft aus?**

Er hat mich angelacht. Einen grauen Anzug hatte er an. Sein
Bewacher mit dem weißen Helm sah viel schneidiger aus. Der
gefiel mir besser.

**Nach seiner Verhaftung ließen amerikanische Soldaten
Ihren Vater Spießruten laufen. Er riss sich darauf mit einem
Nagel die Pulsadern der linken Hand auf und verletzte dabei
Nervenstränge. Ist Ihnen die Wunde aufgefallen?**

Nein. Auch nicht die Wunde an seinem Kehlkopf, die von
seinem zweiten Selbstmordversuch stammte. Die GIs, die ihn
Spießruten laufen ließen, hatten zuvor ein Außenlager des KZs
Dachau befreit und dabei Leichenberge und zum Skelett abgemagerte Überlebende entdeckt. Deshalb droschen sie den
Polenschlächter voller Wut aus der Hose. Wohl aus Schmerz
und Schock wollte er sich daraufhin umbringen.

Wie lange haben Sie mit Ihrem Vater gesprochen?

Nicht länger als sieben, acht Minuten. Ich war natürlich
stumm. Er erzählte mir, dass wir bald alle gemeinsam in unserem Haus am Schliersee fröhlich Weihnachten feiern und er uns
dann auch wieder vom Huber Toni erzählen würde. Das war
seine einzige lustige Geschichte: Der Huber Toni hatte beim
Scheißen im Wald immer solche Angst vor Räubern, obwohl er
selbst ein Räuber war. Ich dachte: Warum lügt er? Er weiß doch,
dass er gehängt wird! Es war eine Riesenenttäuschung für mich.
Ich hatte gehofft, er würde ehrlich zu mir sein. Immerhin war
ich damals sieben Jahre alt. Ein scheißender Huber Toni reicht
nicht fürs Leben.

**Waren Sie überzeugt, dass man Ihren Vater zum Tode ver-
urteilen würde?**

Es war klar, dass es für Vati ans Eingemachte ging. Die Kinder in der Schule sagten mir fröhlich: »Gell, Niki, dein Papa
wird bald aufg'hängt.« Und ich habe »Ja!« gesagt. Vatis Anwalt
hatte Mutti schon im Sommer 1946 gesagt, dass alle, die in über-
fallenen Ländern führend tätig gewesen seien, keine Chance
hätten.

Die Verkündung der Urteile am 1. Oktober '46 wurde live vom Bayerischen Rundfunk übertragen.

Die Mutti hatte eine Liste mit den Namen der Angeklagten gemacht und kreuzte während der Übertragung jeden an, der zum Tode verurteilt wurde. Auch bei ihrem eigenen Mann machte sie das Kreuz. Das, muss ich sagen, bewundere ich. Irgendwie war sie mit dem Urteil einverstanden. Doch dann kam wieder der Zorn über sie. Elf Tage später schrieb sie Vati ins Gefängnis: »Alle waren wir Opfer einer kleinen verbrecherischen Clique. Ich sehne die Atombomben herbei, wenigstens für mich und die Kinder.«

Haben Sie geweint, als Sie hörten, Ihr Vater sei zum Tod durch den Strang verurteilt worden?

Nein. Ich habe auch keinerlei Mitleid empfunden.

Ihr Vater wurde in der Nacht zum 16. Oktober 1946 in der Turnhalle des Nürnberger Gefängnisses gehängt. Die Henkersmahlzeit bestand aus Würstchen mit Kartoffelsalat, anschließend schrieb er Briefe.

Wenn ich in ein paar Stunden gehenkt werde, würde ich schreien vor Angst. Widerwillig muss ich ihm da Stärke zugestehen. Aber statt eines ehrlichen Abschiedsbriefes verfasst er, der Schreibtischmassenmörder mit Doktorhut, einen weiteren Schwulstlappen an seine Frau: »Die Wahrheit wird siegen! Ich war niemals ein Verbrecher! Meine ›Schuld‹ ist eine rein politische Angelegenheit – aber keine juristische.« Dabei war Vati genau informiert, was in den Vernichtungslagern seines Gouvernements passierte. Es war ihm nur piepegal gewesen.

Am Abend vor seinem Tod schrieb Ihr Vater Ihnen einen letzten Gruß in sein Gebetbuch. Haben Sie es noch?

Ja. Das war meine letzte Enttäuschung. Alle Welt schrieb mich Niki, ohne c. Jetzt kriege ich von Mutti dieses Büchlein überreicht, und was schreibt der Kerl? »Meinem lieben Nicki«, mit ck. Todtraurig und stocksauer war ich. Kinder sind so.

Was stand in dem letzten Gruß?

Er endete mit dem Satz: »Ewig bete ich für Dich, mein Nicki.« Blanker Quatsch, denn er hatte nur noch ein paar Stunden zu leben. Der hätte in Steno beten müssen, so vielen hat er das versprochen gehabt.

Die Leichen der Gehenkten wurden nachts in zwei unauffälligen Lieferwagen nach München gebracht und verbrannt. Die Asche wurde in Alu-Dosen gefüllt und in den Conwentzbach geschüttet, der in die Isar fließt. Die leeren Behälter zerschlug man mit Äxten.

Ich war zu der Zeit mit den zwei nächstälteren Geschwistern in einem Kinderheim in Schäftlarn. Die Kinderschwestern haben uns nichts von Vatis Tod gesagt. Ein paar Tage später kam die Mutti zu Besuch und sagte aufgesetzt fröhlich: »Schaut, ich habe ein Frühlingskleid an, weil Vati jetzt glücklich ist. Er ist im Himmel. Ihr müsst also nicht weinen.« Denn die beiden Geschwister heulten erbärmlich. Ich blieb still. Dass ich nicht mitheulte, fand die Mutti irgendwie beleidigend. »Warum weinst du nicht?!«, zischte sie mich an.

Was fühlten Sie?

Zum einen wusste ich ja, dass Vati gehenkt würde. Es war also keine Neuigkeit für mich, was Mutti erzählte. Zum anderen empfand ich diesen riesigen Druck: Ich liebe diesen Vater nicht und bin dadurch schuldig. Auch ein Kind weiß, es gehört sich, den Vater zu lieben und um ihn zu trauern. Niki mit ck, ein scheißender Huber Toni und ein gelogenes Weihnachtsfest, vor allem aber die erste Zurückweisung als »Fremdi« hatten den totalen Bruch erzeugt.

Wie sah die Zurückweisung aus?

Ich lief, ein Lätzchen um den Hals, um einen großen runden Tisch im Warschauer Schloss Belvedere hinter ihm her und wollte unbedingt in seine Arme. Aber Vati lief vor mir weg und rief mir spöttisch zu: »Was willst du denn? Du gehörst doch gar nicht zur Familie. Du bist doch ein Fremdi.« Drei Jahre war ich damals alt. Diese Zurückweisung hat sich mir eingebrannt in die Seele bis heute, mit 75. Viele Jahre später habe ich durch einen Brief rausbekommen, dass Vati glaubte, ich sei nicht sein Sohn, sondern der seines besten Freundes Karl Lasch, den er offensichtlich nicht ohne Grund »mein blonder Strolch«

nannte. Lasch verführte wahllos und hatte auch ein Verhältnis mit Mutti. Vati hatte ihn im Generalgouvernement zum Gouverneur von Radom gemacht. Wegen Korruption und Schiebereien wurde er auf Befehl Himmlers verhaftet und in seiner Zelle erschossen.

Nach außen galten die Franks als nationalsozialistische Musterfamilie.

Die Ehe meiner Eltern war die absolute Groteske. Vati war eifriger Fremdgeher und hieß hinter vorgehaltener Hand der »große Rammler im Osten«. Auch Mutti hatte etliche Liebhaber, darunter den Staatsrechtler Carl Schmitt – mein dritter mutmaßlicher Vater. Als Vati sich 1942 wegen seiner wiederaufgetauchten Jugendliebe Lilly scheiden lassen wollte, denunzierte Mutti sie bei Himmler als Halbjüdin. Sie kämpfte eiskalt um ihre Ehe, natürlich nur wegen der Privilegien: »Ich bin lieber die Witwe als die geschiedene Frau eines Reichsministers!« Sie schaffte es, dass Hitler Vati die Scheidung verbot. Und dieser Jammerlappen ließ sich das gefallen! »Du bist eine Bestie!«, schrie er Mutti hilflos wütend an.

Sie waren sieben Jahre alt, als Ihr Vater gehenkt wurde. Waren Sie in dieser Zeit ein glückliches Kind?

Ja. Über der Familie lag zwar Tag und Nacht die Anspannung, wie das Urteil lauten würde, aber wichtiger als der Prozess war für mich, dass ich eine riesige Waffensammlung von den in die Alpenfestung fliehenden deutschen Soldaten hatte und jeden Tag im Wald herumballern konnte. Das war wunderbar.

Einmal haben Sie einen Dackel mit Kanonenschlägen in die Luft gesprengt. Nicht sehr sympathisch.

Das hatte – hoffentlich – nichts mit meinem Vater zu tun, sondern nur mit der Besitzerin des Dackels, die mich beim Stehlen ihrer Aprikosen erwischt und in der Volksschule verpetzt hatte. Als sie ihren fetten alten Dackel vor Judiths Laden in Neuhaus anband und ich per Zufall ein paar Schweizer Kanonenschläge in meiner Lederhose fand, habe ich sie dem Viech unter den Bauch gebunden. Ich stehe zu dieser Untat. Heute tut sie mir pflichtschuldigst leid. Als der *Stern* noch Klasse hatte, konnte ich mal einen Artikel über Theo Waigel mit dem Satz beginnen: »Wer als Bub Katzen am Schwanz an den Gartenzaun bindet, kann als Mannsbild so unsympathisch nicht sein.« Waigel hatte mir das erzählt. Wer auf dem Land zwischen Bauern aufwächst, die Hühner schlachten und sie zur Gaudi der Kinder noch ohne Kopf rumlaufen lassen, bekommt einen gesünderen Blick auf die Welt.

Genossen Sie bei Ihren Mitschülern einen Sonderstatus?

Nein. Eine Ausnahme waren die Wochenschauen, die damals vor den Hauptfilmen im Kino liefen. Da wurde immer über den Nürnberger Prozess berichtet, und meine Mitschüler sahen Vati in der ersten Reihe sitzen. Als später im Fernsehen die ersten Dokumentationen über die Nürnberger Prozesse liefen, ging der Kameraschwenk wie üblich von Göring aus nach rechts die erste Reihe entlang, wurde aber meist kurz vor Vati gestoppt. Familie Frank hing in dieser Sekunde mit schiefen Köpfen in den Sesseln, weil sie noch weiter nach rechts ins Gerät glotzte, um doch noch Vati ins Blickfeld zu bekommen. Die Enttäuschung war jedes Mal groß, weil unser Vati eben doch nicht ein so wichtiger Hauptkriegsverbrecher war, dass ihn die Kamera einfach zeigen musste. Tja, man ist schon ein gemischter Charakter.

Würden Sie Ihren Vater umarmen, wenn er jetzt zur Tür reinkäme?

Sicher nicht. Ich würde ihm sagen: »Willst du was essen, was trinken?« Und danach: »So, Vati, jetzt fangen wir an zu reden.« Ich sammle seit mehr als vierzig Jahren Material über ihn. Jetzt kenne ich Vati bis in sein Innerstes. Klar, es gibt keine wirkliche Aufarbeitung und keine wirkliche Vergangenheitsbewältigung, geschehen ist geschehen, aber ich würde ihn mit all meinen Fundstücken konfrontieren.

Auf die Frage, ob Ihr Vater ein Gesinnungstäter war oder ein räuberischer Ganove, der ans große Geld wollte, haben Sie einmal geantwortet: »Wenn Hitler gesagt hätte, lasst uns alle Oberpfälzer umbringen, hätte mein Vater auch Ja gesagt.

Die Millionen Leichen waren ihm wurscht, Hauptsache, der Mercedes.«

Ich bin mir sicher, dass er kein wirklicher Antisemit war. In den Tagebüchern, die er mit 19, 20 geschrieben hat, ist kein einziger antisemitischer Satz drin. Hitler hat ihn als Generalgouverneur nur genommen, weil er genau wusste, dass Vati eine nachgerade homoerotische Verehrung für ihn hegte und nie Widerstand leisten würde. Wie gesagt, wenn Hitler statt der Juden die Oberpfälzer als Parasiten am deutschen Volkskörper ausgelöscht haben wollte, wäre das Vati auch scheißwurschtegal gewesen. Hauptsache, er konnte brillieren. Wenn er als Generalgouverneur zum Mord an den Juden und Polen aufrief, sagte er nicht einfach nur: »Lasst sie uns vernichten!« Nein, er machte eine sprachliche Pointe daraus: »Wenn ich für je dreißig Polen, die ich erschießen lasse, ein Plakat aushängen ließe, dann würden die Wälder Polens nicht ausreichen, um all das Papier herzustellen für solche Plakate.« Das ist pointiert formuliert und hat bösen Witz. Oder er fragte in Lemberg höhnisch: »Ich bin eben durch dieses alte Judennest gefahren: Ich habe ja gar keinen dieser Plattfußindianer mehr gesehen! Habt ihr etwa etwas Böses mit denen angestellt?« Das hat doch was! Klar, dass der Saal voller Deutscher mit »großer Heiterkeit« reagierte, wie im Protokoll zu lesen ist.

Ihre Mutter kam aus bitterarmen Verhältnissen. Zeitzeugen beschrieben sie als eine zum Fürchten tüchtige Überlebenskampfmaschine, willensstark, mitleidlos, ungebildet, habgierig.

Ja, das war sie wohl. Ich habe allerdings nie wieder einen Menschen getroffen, der so in der Wirklichkeit gelebt hat wie sie. Ein paar Wochen nach Kriegsende verkaufte sie ihre von Juden in Polen geraubten Juwelen in Schliersee an Juden, die den Holocaust überlebt hatten, als sei nichts passiert. Schon in den Dreißigerjahren, als Vati Reichsminister war und sie mit eigenem Horch und eigenem Chauffeur das Dritte Reich genoss, sagte sie: »Kinder, ich weiß, eines Tages werde ich euch wieder mit meiner Schreibmaschine ernähren müssen.« Ihre Absturzhöhe 1945 war enorm: Die Reichsministergattin und Königin von Polen mit überquellenden Schmuckkassetten und Dutzenden von Pelzen landete plötzlich in einer feuchtkalten Zweizimmerwohnung ohne Bad. Das Frank'sche Vermögen wurde eingezogen, und sie bekam keinen Pfennig Rente. Als kein geklauter Schmuck mehr zu verkaufen war, hatte sie nichts außer fünf ziemlich dämlichen Kindern. Besonders schmerzlich für mich: Es gab keinen Diener Johann mehr.

Ihre hungernden Kinder schickte sie zum Betteln.

Wir kriegten einen Zettel in die Hand und gingen von Bauer zu Bauer. Mein Bruder Michel war charmant und lustig und sah blendend aus. Er hat viel gebracht. Mir hat man nix gegeben. Ohne Johann, wie sollte ich das machen? Die Scham, dass ich nichts brachte, ist noch heute in mir drin.

Im Mai 1947 wurde Ihre Mutter wegen Flucht- und Verdunklungsgefahr verhaftet und ein Vierteljahr lang in ein US-Lager bei Augsburg gesperrt.

Ich habe sie mehrmals besucht und traf auch auf die anderen Hohen Frauen: Frau Göring, Frau Frick, Frau von Schirach oder Frau Heß. Denen ging es da richtig gut. Sie mussten nichts arbeiten, saßen in der Sonne, feierten mit Fresspaketen der Verwandten von Hermann Görings erster Ehefrau Carin aus Schweden, und waren quietschfidel. Einmal fragte mich Mutti bei einem Besuch: »Kannst du das hören?« Ich hörte etwas, konnte es aber nicht identifizieren. Da sagte sie: »Das ist die Ilse Koch, die sie die Bestie von Buchenwald nennen. Die sitzt dort drüben im Keller und singt Nazi-Lieder.« Als Mutti braun gebrannt nach Hause kam, sagte sie: »Kinder, das war mein schönster Urlaub.«

Ihre Mutter wurde als Minderbelastete eingestuft.

Sie konnte zig Persilscheine von Freundinnen und ehemaligen Günstlingen vorweisen. Mit den vielen Juden, die sie angeblich gerettet hatte, hätte man halb Palästina bevölkern können.

Bei Ihnen zu Hause fanden regelmäßig Séancen statt, bei denen mit Ihrem toten Vater geredet wurde.

Damit bin ich aufgewachsen. Tante Martel, Muttis Schwester,

galt als Medium für das Herbeirufen von Toten. Der Ärger war nur, dass ihr zunächst immer ihr verstorbener Mann Julius erschien. Der hatte Selbstmord verübt. Das regte uns auf. Wir wollten natürlich mit Vati sprechen. Wir mussten also Julius erst wegschicken, dann stöhnte Tante Martel laut und lange, bis sie endlich Vati rangezerrt hatte. Einmal hat es mich allerdings wirklich gerissen. Mutti fragte neben ihrer in Trance stöhnenden Schwester: »Hans, wenn es wirklich du bist und kein böser Geist, dann klopf jetzt bitte mal im Schrank.« Und ich sage Ihnen, es klopfte im Schrank! Unglaublich! Sogar jetzt werde ich noch ein bisschen zittrig.

Hangmen also die: John Woods, als Henker von Nürnberg zu Weltruhm gelangt, starb 1950 beim Ausprobieren eines elektrischen Stuhls.

Mutti hat sich diebisch darüber gefreut. Zur Feier des Tages gab es Bohnenkaffee. Sie kannte das Foto des lachenden Henkers von Nürnberg mit dem Strick in der Hand. Da kannst du als Witwe von seinen Händen schon ein bisserl zornig werden. »Wenn das kein Zeichen des Himmels ist«, sagte sie. Da war sie ganz schnell auf Gottes Seite.

1953 gelang Ihrer Mutter ein geheimer Bestseller. Unter dem Titel *Im Angesicht des Galgens* veröffentlichte sie im Eigenverlag Brigitte Frank Aufzeichnungen, die ihr Mann in seiner Nürnberger Zelle verfasst hatte. Um Käufer zu finden, schrieb sie Tausende Werbebriefe.

Sie hat sich für uns Kinder aufgearbeitet. Sie hatte die clevere Idee, die Empfänger persönlich anzureden, und hämmerte mit so viel Kraft auf die Tasten, dass die Adressaten an der Wölbung der Buchstaben im Papier sehen konnten, dass sie ein Original in der Hand hielten. Das kostete natürlich eine wahnsinnige Arbeitszeit. Sie saß schon morgens um vier an ihrer Erika-Schreibmaschine, und das Geklapper ging bis abends. Sie hat das Buch für 4,50 Mark drucken lassen und für 19,50 Mark verkauft. Da sie nie einen Pfennig Steuer zahlte, hatte sie eine Höllenangst vor dem Finanzamt. Wenn ich zu Hause war und es an der Tür läutete, sagte sie leise zu mir: »Niki, schau durch's Guckloch. Wenn's ein Mann mit 'ner Aktentasche ist, sind wir nicht da.«

Ihre Mutter verdiente mit _Im Angesicht des Galgens_ rund 250 000 Mark.

Der Chef von VW hat nicht nur zig Exemplare gekauft, sondern ihr auch noch einen VW Käfer geschenkt. Sie zog in eine herrschaftliche Wohnung am Schwabinger Josephsplatz und flanierte im Persianer durch München. Nachmittags trank sie im »Carlton« oder »Regina« Tee und hielt wieder Hof wie als Königin Polens auf dem Wawel in Krakau.

Fünf Jahre später hatte Ihre Mutter das Geld durchgebracht. Herzkrank, mit Wasser in den Beinen und drei Schachteln Camel am Tag rauchend, rutschte sie ins Elend.

Als null Geld mehr da war, machte sie aus ihrer Altbauwohnung ein Billigasyl. An den Stuckdecken der Zimmer brachte sie Laufschienen an, arbeitete Bettlaken zu Vorhängen um und bugsierte sie in die Schienen. So entstanden ein Dutzend Kabuffs, in die sie Matratzen und Wolldecken legte. Dann fuhr sie am Abend mit der Tram zum Hauptbahnhof und sprach Leute an, ob sie für fünf Mark bei ihr übernachten wollten. Wenn ich in den Internatsferien bei ihr wohnte, wusste ich nicht, wo ich schlafen kann, weil überall Fremde hausten. Das war eine Wirklichkeit, die Mutti nicht mehr ertrug. Sie brach zusammen. Es war das einzige Mal, dass ich sie weinen sah. Da habe ich richtig gelitten. Und sie sehr geliebt. Ein halbes Jahr später starb sie, mit 63.

Wer zahlte Ihr Internat?

Der Hilfsfonds Freunde der Familie Frank. Ich kam mit zwölf aufs Internat in Wyk auf Föhr und blieb dort bis zu meinem miserablen Abitur 1959.

Gefiel Ihnen das Internat?

Ja, es war meine Heimat. Ich erlebte dort eine unheimlich glückliche Zeit. Das Internat wurde nach den Regeln des Deutschritterordens geführt. Es ging sehr streng zu, mit Appell und Morgenlauf und sehr viel Sport. Dort war ich richtig daheim und bei mir. Der Leiter, Pastor Lohmann, war für mich

Ersatzvater. Er sammelte gerne Nazi-Kinder und sagte mir einmal, als ich so um die 14 Jahre alt war: »Niki, dein Vater war der beste Redner, der war besser als Hitler, Goebbels, Göring!« Dennoch war es keine versteckte Napola.

Wussten Ihre Mitschüler, wer Ihr Vater war?

Nein. Die beiden Ribbentrop-Söhne, Adolf und Barthold, waren auch einige Jahre da. Ich kann mich nicht erinnern, dass ich mit denen je über unsere gehängten Väter geredet hätte.

Wenn Sie nach Hause trampten, protzten Sie vor den Fahrern mit Ihrem Vater. Warum?

Weil ich mit dieser Nummer glänzend gefahren bin. In den Fünfzigerjahren waren es ja meist die alten Nazis, die die ersten Autos fuhren. Und ich wusste, ich krieg von denen was zu essen oder Geld, wenn ich sage, dass ich der Sohn des Generalgouverneurs von Polen bin. Es hat sich immer ausgezahlt. Das war von mir ein übles und eiskaltes Ausnutzen der Verbrechen meines Vaters.

Hatte Ihre Mutter nach 1945 Liebhaber?

Vielleicht einen, aber das ist unsicher. Die Mutti hat alles aufgeschrieben und aufgehoben, sogar das Intimste. Deswegen weiß ich, dass sie nie einen Orgasmus gehabt hat. Geschlechtsverkehr war für sie Dienst am Manne. Es ist unglaublich, mit welcher Härte sie die Männer durchschaut hat. Über ihre beiden Schwiegersöhne sagte sie einmal zu mir: »Ich hätte sie zertreten.« Und der amerikanische Pater, der meinen Vater getauft und zum Galgen begleitet hatte, erzählte mir: »Niklas, Ihr Vater hatte noch im Nürnberger Gefängnis Angst vor Ihrer Mutter!«

Drei Tage vor ihrem Tod im März 1959 sagte sie Ihnen: »Du hast mich nie gemocht, was, Kleiner?«

Das hat sich mir natürlich eingebrannt. Ich habe ihr meine bockige Liebe auch nie gezeigt, außer beim Haarekämmen. Wenn ich sie kämmte, machte sie die Augen zu und schnurrte wie eine Katze. Das war für mich toll. Da war ich ihr sehr nah, weil ich ihr Zärtlichkeit geben konnte. Sie selbst war kein zärtlicher Mensch. Herzlichkeit, Umarmungen, Bussis, das gab es bei ihr nie. Wir fünf Kinder haben diese Kälte, die sie uns während der hohen Zeit der Franks zeigte, durch noch eisigere Kälte heimgezahlt, als sie am Boden lag.

Wie hat Sie die Nachricht vom Tod Ihrer Mutter erreicht?

Ich war im Internat und hatte eine Platte Kuchen bestellt, weil ich Geburtstag hatte. Als ich das Blech über den Appellplatz zu meiner Bude trug, rief mich die Sekretärin ins Büro, da wäre ein Telefongespräch für mich. Ich habe den Kuchen abgestellt, und meine schwer heulende Schwester Brigitte sagte mir, die Mutti sei gestorben. Dazu habe ich mal wieder »Ja« gesagt, bin mit dem Kuchen zu den anderen und habe fröhlich gefeiert. Dass mir eben meine Mutter weggestorben ist, habe ich nicht gesagt, denn ich war wirklich fröhlich. Muttis Tod war eine große Befreiung. Endlich konnte sie mich nicht mehr in meinen Feigheiten ertappen.

Gehen Sie ans Grab Ihrer Mutter?

Selten. Ich kann keine Beziehung zu ihr aufbauen, wenn ich vor dem Grab stehe, denn als meine Schwester Gitti starb, hat ihr Ehemann aus Geiz gebeten, dass sie auch in Muttis Grab gelegt würde. Mein Bruder Norman gestattete es. Mutti musste ausgegraben werden, und ihre Knochen lagen während Gittis Beerdigung in einem offenen Plastiksack hinter dem Nachbargrabstein. Ihr bleicher Schädel mit den riesigen Augenhöhlen lugte hervor. Ich konnte sehen, dass sie ein Gebiss trug. Da hab ich kurz aufgelacht. Die Trauergäste dachten sicher, ich sei debil. Der Tod und das Groteske – wie Muttis plötzlich herübergrüßendes Gebiss – haben mich immer fasziniert. Als mein Bruder Norman 2009 starb und in der Anatomie von Medizinstudenten zerwirkt wurde, hätte ich zu gerne selbst Skalpell angelegt. Aber der Professor durfte es mir nicht erlauben. Ich habe Norman sehr geliebt – im Rahmen der ziemlich beschränkten Frank'schen Liebesmöglichkeiten – und wäre ihm beim Aufschneiden noch einmal ganz nahe gekommen.

Sind Sie sich manchmal selber unheimlich?

Nein, das war ich mir noch nie. Ich finde mich rundum glänzend misslungen. Wenn wir zu meiner Lebensphilosophie kommen: Für mich war stets die Groteske das Wichtige. Auch bei

Interviews habe ich danach gesucht. Als ich mit Thomas Bernhard in seinem Bauernhof in Ohlsdorf saß, klingelte es draußen. Bernhard ging hin. Als er zurückkam, sagte er: »Weil wir gerade über die Groteske des Lebens reden: Draußen stand meine Putzfrau, um mir zu sagen, dass sie heute nicht kommt.«

Wussten Ihre Freunde und Journalistenkollegen, wer Ihr Vater ist?

Nein. Nur einmal wurde nachgeforscht. Als ich 1973 zum *Playboy* ging, lud mich der von Hugh Hefner eingesetzte Supervisor, Mister Spelman, zum Mittagessen ein und sagte: »Herr Frank, wir wissen sehr wohl, wes' Vaters Kind Sie sind. Aber wenn Sie mir versprechen, dass Sie im *Playboy* nicht Ähnliches wie Ihr Vater verlauten lassen, haben Sie hier freie Hand.« Ich und zwischen nackten Mädchen im *Playboy* wie Vati den Holocaust einfordernd!

1987 haben Sie sich mit Ihrem Buch *Der Vater. Eine Abrechnung* selbst geoutet. Wie kam es dazu?

Als Internatsschüler bin ich oft mit dem Rad nach Wyk in die Buchhandlung gefahren, um im Namensverzeichnis zeitgeschichtlicher Neuerscheinungen unter »Frank, Hans« nachzuschauen. Dann las ich schnell die Seiten, auf denen er erwähnt wurde. Als ich mit 22 meine spätere Frau kennenlernte, habe ich ihr gesagt: »Eines Tages schreibe ich über meinen Vater.« Aber das tat ich erst, als ich schon auf die 50 zuging. Unbewusst hatte ich immer den Satz im Kopf: Ich lasse mir von diesen Eltern mein eigenes Leben nicht kaputtmachen! Den Vater habe ich in einem zwölfwöchigen Rauschzustand in Muttis alte Erika-Schreibmaschine gehackt, mit der sie Vatis Geschreibsel aus der Nürnberger Zelle zum Bestseller gemacht hatte. Das war ein äußerst zorniger Kampf gegen meinen Vater, verbunden mit dem befriedigenden Gefühl: Heute wieder schwere Schläge gegen dich geführt, Vati! Ihn verbal in den Dreck zu ziehen löste ein unendliches Triumphgefühl in mir aus. Es löste auch meine Angst vor ihm, denn er beherrscht ja noch immer mein Gehirn, dieser verfluchte Kerl.

Ihr Buch löste einen Eklat aus. Der Hauptgrund war, dass

Sie beschrieben hatten, wie Sie als Jugendlicher jahrelang zu der Vorstellung onaniert haben, wie Ihr Vater gehängt wird. Zitat: »Ich mochte Dein Sterben. Ich legte mich nackt hin, auf das stinkende Linoleum der Toilette, die Linke am schlaffen Glied, und mit einer leichten Rubbelbewegung fing ich an Dich zu sehen, wie Du auf und ab gehst in Deiner Zelle, die Fäuste gegen die Augäpfel gepresst ... und dann führten sie Dich die 13 Stufen – Symbolik muss sein – hinauf, die Haube drüber, den Strick um den Hals und ab in die Ewigkeit. Dafür krieg ich den Orgasmus.«

Die Toilette mit dem Linoleum war in der Dürnbachstraße 7 in Neuhaus am Schliersee. Wir vier Geschwister lebten zusammen mit unserer Mutter in dieser Zwei-Zimmer-Wohnung. Die älteste Schwester hatte schon geheiratet. Die Toilette war der einzige Ort, an dem man für sich sein konnte. Dort habe ich vier Jahre lang die Hinrichtung meines Vaters mit Lust zelebriert. Die Todesnacht zum 16. Oktober wurde von Mutti immer feierlich mit Kerzen und lautem Gedenken begangen. Mich indes drängte es aufs Linoleum. Warum, wusste ich lange nicht. Erst eine Journalistin hat mir die Augen geöffnet: »Herr Frank, Sie haben Ihren Orgasmus als Zeichen des Überlebenswillens gegen diesen Vater gesetzt.«

Sie haben in den Folgejahren Bücher über Ihre Mutter und einen Ihrer Brüder geschrieben. Ihr Bruder Norman warf Ihnen deshalb »unappetitlichen Exhibitionismus aus Ruhmsucht« vor. Ist da etwas dran?

Ja und nein. Wenn ich so im Kreis der schreibenden Nazi-Täter-Nachkommenschaft herumschaue, entdecke ich eine gewisse Eitelkeit. Gegen die kämpfe ich bei mir an, indem ich mir immer wieder klarmache, dass es die Millionen unschuldig Ermordeten sind, denen ich die Einladungen zum Lesen aus meinen Büchern verdanke. Wenn ich danach zum Beispiel eine Flasche Schnaps oder Wein überreicht bekomme, halte ich sie hoch und sage ins Publikum: »Sie sehen, welchen Gewinn man einstreicht, wenn man auf dem Ticket eines Nazi-Verbrechers fährt.«

Sie haben *Der Vater* in Ihrer Zeit als Kulturchef des *Stern* veröffentlicht. Waren Sie als Branchenprofi gegen Verrisse immun, die Ihr Buch als »Seelengekröse« und »hassverseuchtes Gefasel« eines Psychopathen geißelten?

Nein, ich war total im Arsch. Ich dachte, die lieben Kollegen würden sofort kapieren, dass ich dieses Buch aus Zorn über die Verbrechen der Nazi-Zeit geschrieben habe und zeigen wollte, wie es in einer Familie zugeht, die ihre Moral unterdrückt und auf einem Meer von Blut ein prächtiges Leben feierte. Aber meine Verzweiflung dauerte nicht lang. Dann gewann wieder dieses merkwürdige andere Gefühl in mir die Überhand: Ihr könnt mich alle mal! Norman hatte auch dieses Überlegenheitsgefühl und führte es darauf zurück, dass wir zwölf Jahre lang Dienerschaft hatten. Massenmörder mit Hofstaat adelt. Keiner von den kleinen Scheißern kommt an mich heran! Dank Johann.

Ihr Vater-Buch schließt mit der Prognose, dass Sie ein »ewig kindlicher Zombie« bleiben werden, da Ihnen Ihr Vater »wie ein Schweinsrüssel« im Hirn steckt.

Er ist immer gewärtig. Du kriegst ihn nicht los. Zwar bin ich schon mein eigener Mensch geworden, aber der Vati ist immer noch wie eine stickige Haube über mir. Sicher ist manches an mir nur zu verstehen, wenn man weiß, dass ich keine Liebe empfangen habe. Aber das haben Millionen anderer Kinder auch erlebt und sind doch großartige, selbstsichere Menschen geworden.

Es heißt, aus ungeliebten Kindern werden Erwachsene, die nicht lieben können.

Nicht ganz. Ich habe viele emotional schräge Stücke geliefert und meine Umgebung rücksichtslos verletzt. Aber ich kann schon Liebe zeigen, wenn auch in sehr schwieriger und komplizierter Weise. Wenn du diesen Vater-Dreck überleben willst, geht das nur durch Witz. Was ich nicht ironisieren kann, bringt mich an den Galgen. »Eltern sind nicht totzukriegen, aber man kann versuchen, sie kleinzulachen«, schrieb mir mal ein Leser. Ich sehe mich immer – auch jetzt in dieser Sekunde – aus zwei bis drei Meter Höhe, und was ich da sehe, macht mir oft rote Ohren. Dennoch werde ich dadurch nicht zum besseren Menschen. Ich sehe, was ich anrichte, und ich richte es trotzdem an.

Glauben Sie, dass Charakter erblich ist?

Mein Bruder Norman sagte, ein Kriegsverbrechersohn darf keine Kinder haben. So ein blöder Quatsch. Das ist faschistische Denke.

Träumen Sie von Ihrem Vater?

Ich habe mein ganzes Leben lang nicht von ihm geträumt, doch vor zwei oder drei Jahren erlebte ich plötzlich diesen Dreckstraum: Ich gehe eine Straße entlang. Neben mir geht Vati, groß gewachsen. In seinem Ledermantel. Viel größer als ich. Ich rieche das Leder seines Mantels. Er blickt auf mich herab und strahlt eine unendliche Verachtung auf mich aus, weil ich dieses Buch über ihn geschrieben habe. Beim Aufwachen war ich natürlich stocksauer, weil es küchenpsychologisch so verflixt offensichtlich ist: Ich suche eben doch noch nach Vatis Liebe. Zum Kotzen!

Drei Ihrer Geschwister waren Nazis. Als Sie nach langem Schweigen Anfang der Achtzigerjahre Ihre Schwester Sigrid in Südafrika anriefen und fragten, was sie gerade mache, bekamen Sie zur Antwort: »Ich rechne aus, wie lange jeder Jude hätte brennen müssen, wenn wirklich sechs Millionen vergast und verbrannt worden wären.«

Sie hat Vati hoch verehrt und hielt den Holocaust für eine Lüge. 1966 ist sie nach Südafrika ausgewandert, weil sie das Apartheid-Regime schätzte. Meine Schwester Gitti verübte mit 46 Jahren Selbstmord. Schon in ihrer Jugend hatte sie davon gesprochen, nicht älter werden zu wollen als Vati, der ja mit 46 hingerichtet worden war. Mein Bruder Michel trank sich mit bis zu 13 Litern Milch am Tag in den frühen Tod mit 53 Jahren. Norman verhielt sich anders. »Mein Vater war ein Nazi-Verbrecher, aber ich liebe ihn«, war sein Lebensfluch. Aus dieser Falle wollte er nie raus. Immerhin hat er sich den Verbrechen unseres Vaters gestellt und sie anerkannt. Prompt wurde er achtzig Jahre alt – wenn auch als lebenslanger Alkoholiker, der manchmal nachts auf allen vieren durch die Wohnung kroch und um Schnaps bettelte.

Von den fünf Frank-Kindern sind vier am untoten Vater krepiert. Warum Sie nicht?

Woher wissen Sie, dass ich nicht? Meine drei zu früh gestorbenen Geschwister hätten unvoreingenommen prüfen sollen. Aber die haben Vati nur immer als unschuldiges Opfer von Hitler und Himmler verteidigt. Das zog ihnen die Lebenskraft raus. Gegenüber allen vier Geschwistern hatte ich allerdings den Vorteil, dass mich unser Vater zunächst als untergeschobenen Balg zurückgewiesen hatte. Das schuf schmerzliche, aber auch gesunde Distanz. So konnte eine alles verzeihende Liebe gar nicht erst aufkommen. Ich habe nur per Zufall der Geburt mit Vati zu tun. Aber ich bin per Zufall auch Deutscher. Ich werde weder meinem Vater noch uns Deutschen je verzeihen können, was wir in zwölf Jahren zwischen 1933 und 1945 angerichtet haben. Seitdem sind wir in gewisser Weise ein auserwähltes Volk: Wir wissen, dass Feigheit und Schweigen bis zum Holocaust führen können. Doch was erlebe ich? Täglich blinzelt mir mein Vater listig vom Totenfoto in meiner Jackentasche zu. Nein, er und seinesgleichen sind noch lange nicht tot hierzulande.

Wer, glauben Sie, ist Ihr leiblicher Vater: Karl Lasch, Carl Schmitt oder Hans Frank?

Die Lösung ist einfach: Ich schaffte es nie, so ein Frauenheld zu sein wie der Schieber Karl Lasch, ich konnte nie so viele anbetende Jünger um mich scharen wie der Staatsrechtler Carl Schmitt, aber ich kämpfe schon ein Leben lang gegen meine innere Feigheit an, und die kann ich nur von diesem Hans Frank geerbt haben. Tja, ich bin nun mal sein echter Sohn.

Der Vater wird in Auschwitz ermordet, der Sohn überlebt einen Feuersturm, in dem 30 000 Menschen sterben, und schwört mit 16, dem Kommunismus zum Sieg zu verhelfen: Wolf Biermann über seinen Aufstieg zur Symbolfigur des Widerstands gegen die SED-Diktatur und die Zwangshandlung, jeden Tag penibel aufzuschreiben, über Frauen, die im Auftrag der Stasi mit ihm schlafen, und das späte Glück, neun Kinder von vier Frauen zu haben

»Jeder beliebige Schornstein erinnert mich an meinen Vater«

WOLF BIERMANN

Ihr Leben wird bis heute von einem Mann regiert, den Sie nur ein einziges Mal bewusst gesehen haben. Sie waren vier Jahre alt, und das Zusammentreffen dauerte gerade mal dreißig Minuten.

Der eingeborene Grundkummer um den Vater ist das Gesetz, unter dem ich lebe. Wenn die Angst mich hatte, schwebte mein Vater unsichtbar von der Auschwitz-Wolke runter und sagte: »Ich habe mit meinen Genossen das Leben aufs Spiel gesetzt – da wirst du ja nun wenigstens dein Wohlleben aufs Spiel setzen!« Es ist mein schwarzes Glück, dass mein Vater nicht in Stalingrad gefallen ist, sondern im Widerstand war. Ich blieb ihm und seiner Utopie treu, denn wer schlägt schon seinen totgeschlagenen Vater tot.

Für Ihren Vater, Schlosser auf einer Hamburger Werft, war der Kommunismus so unbezweifelbar wie Sonne und Regen. Dass er 1933 eine verbotene kommunistische Zeitung druckte, brachte ihm zwei Jahre Zuchthaus ein.

Nach seiner Entlassung machte er gleich weiter und spionierte Schiffstransporte aus, die auf Befehl Hitlers Kriegsmaterial zur Legion Condor nach Spanien brachten. 1937 wurde seine Widerstandsgruppe von der Gestapo festgenommen. Im Gefängnis Fuhlsbüttel wurde er neun Monate lang in einer Kellerzelle an die Wand gefesselt und schwer misshandelt. Zwei Jahre nach seiner Verhaftung verurteilte ihn der Volksgerichtshof wegen Vorbereitung zum Hochverrat und Landesverrat zu sechs Jahren Zuchthaus.

Wie hat Ihre Mutter Sie durchgebracht?

Sie war Maschinenstrickerin, eine starke, kluge, plebejische Mutter Courage. In der Mittagspause las sie *Lohnarbeit und Kapital* von Karl Marx oder Heines *Buch der Lieder,* von einem Genossen in rotes Leder gebunden. Sich zu bilden gehörte zum Ethos der linken Proletarier.

Wo war Ihr Vater inhaftiert?

Er wurde zum Absitzen seiner Strafe in eine Einzelzelle ins Zuchthaus Bremen verlegt und musste im Arbeitslager Teufelsmoor elf Stunden am Tag Torf stechen. Dreimal im Jahr gab es einen Besuchstermin für jeweils eine halbe Stunde. Im Winter 1940 durfte ich meine Mutter begleiten. Mein Vater war beim Arbeitseinsatz. Auf dem Weg zum Lager tippelte ich an der Hand meiner Mutter durch eine märchenhafte Moorlandschaft, vorbei an schneeüberzuckerten Pyramiden aus Torfstücken, die aussahen, als hätten sie eine weiße Mütze auf. Für mich als vierjähriges, fantasieüberwältigtes Kind waren das hockende Riesen, die etwas Schauriges im Schilde führten.

Wie sah das Lager aus?

Wachtturm, Appellplatz und Holzbaracken, die mit hohem Stacheldraht umzäunt waren. Der Posten sagte: »Kinder dürfen hier nicht rein!« Meine Mutter war eine schöne junge Frau und drückte halb elend, halb erotisch auf die Tränendrüse. Der Posten gab nach und brachte uns zum Aufenthaltsraum des Wachpersonals. Rechts von der Tür sah ich ein Fenster, das aussah, als hätte man es mit zwei Dutzend Männergesichtern beklebt. Aber die ausgemergelten Gesichter mit den aufgerissenen Augen hinter der Scheibe waren echt. Die Häftlinge drängelten, denn jeder wollte ein echtes Kind und eine echte Frau sehen – mitten im Lager! Im Aufenthaltsraum standen zwei Stühle, getrennt durch einen langen Tisch. Meine Mutter nahm mich auf den Schoß. Dann wurde mein Vater reingeführt. Er trug eine pyjamaähnliche Häftlingskluft, sein Kopf war geschoren. Berühren durfte meine Mutter ihn nicht.

Waren Sie aufgeregt?

Nein, kein Herzklopfen, kein Hauch Fremdheit. Das passt zwar nicht in die Schablone, aber so war es. Er war mir so nah und innig vertraut wie die Mama.

Wie konnte das sein?

Bevor meine Mutter zur Arbeit in die Reinigungsfirma Dependorf ging, hatte sie mir jeden Abend von ihm eine Gutenachtgeschichte erzählt und jeden Morgen eine Gutenmorgengeschichte. Und dann hatte sie diesen wunderbaren Knall: Jeden Morgen legte sie mir etwas in mein Leiterwägelchen, das im Treppenhaus vor der Wohnungstür stand – ein Bonbon, eine Oblate, einen Keks, ein Stück Zucker, eine Hühnerfeder, eine Murmel. Beim Frühstück erzählte sie mir dann lang und breit, auf welch abenteuerliche Weise die Kostbarkeiten aus Bremen durch die Lüneburger Heide und über die Elbe es bis zu uns geschafft hätten, trotz des Regens und der Diebe, die mir mein Geschenk hätten stehlen wollen. So wie Katholiken mit der Oblate den Leib Jesu essen, aß ich jeden Morgen die Oblate mit meines Vaters Leib, im wahrsten Sinne des Wortes. Dieses Ritual war der Kampf meiner Mutter gegen Adolf Hitler und für ihre eigene Seele, ein Mehrzweckkrieg.

Über was sprachen Ihre Eltern in den dreißig Minuten?

Meine Mutter erzählte, dass mich alle den kleinen Sänger nennen, und sagte: »Wölflein, sing' dem lieben Papa doch mal was vor.« Ich schmetterte sofort los: »Hörst du die Motoren brüllen: Ran an den Feind! Booomben! Booomben! Bomben auf Engelland, Bumm! Bumm!« Mein armer Vater: Da kommt sein eigen Fleisch und Blut, und was singt dieses Arschlöchlein ihm im Nazi-Knast vor? Das Kriegslied seiner Todfeinde! Ich hatte das Lied in der Goebbels-Schnauze aufgeschnappt, so hieß bei uns zu Hause der Standard-Radioapparat der Deutschen, den die Nazis Volksempfänger nannten.

Wie kam Ihr Vater vom Zuchthaus ins KZ?

Im Dezember 1942, ein knappes halbes Jahr vor seiner Entlassung, ließ er meiner Mutter einen Kassiber zukommen: Ihm stehe »eine nichts Gutes versprechende Reise bevor«. Seine Konfession war der Kommunismus. Dass er nebenbei auch noch Jude war, hat ihn nicht so interessiert. Die Nazis dagegen sehr. Sie brachten ihn nach Auschwitz. Seine ganze Mischpoke war zu dieser Zeit schon von Hamburg nach Minsk deportiert worden. Dort wurden alle von der SS in die Grube geschossen oder im Lastwagen vergast.

Wie hat Ihre Mutter auf den Kassiber reagiert?

Sie wollte ihn sofort besuchen. Doch als sie dort war, sagte der Beamte: »Einen Dagobert Biermann gibt's hier nicht.« Reiner Kafka. Als sie aus dem Gefängnis raustaumelte, hielt ihr ein älterer Beamter die Tür auf und flüsterte: »Es ist ein Transport nach Auschwitz gegangen.« Da hörte meine Mutter zum ersten Mal dieses Wort: Auschwitz. Das ist interessant, denn als kommunistische Widerstandskämpferin war sie ja nicht eine von denen, die Interesse daran hatten, dieses Wort nicht zu kennen. In ihrer Not rannte sie zum Gefängnispastor. Dieser gütige Christ zensierte im Auftrag des Gefängnisses die Post der Häftlinge und kannte meine Eltern seit Jahren durch die Lektüre ihrer Liebesbriefe. Er riet ihr, an den Leiter des Konzentrationslagers Auschwitz zu schreiben. Sie weinte und sagte: »Ich habe nicht mal ein Foto von meinem Mann.« Der Pastor hat später das Verbrecherfoto aus der Häftlingsakte meines Vaters rausgerissen, in ein Kuvert gesteckt und ihr nach Hamburg geschickt, ohne Kommentar. Das kleine schwarz-weiße Porträt hängt heute bei mir in Vergrößerung an der Wand.

Hat Ihre Mutter den Brief geschrieben?

Natürlich. Und sie hat nicht mit Heil Hitler unterschrieben. Auf den Umschlag schrieb sie: »An den Leiter des Konzentrationslagers Auschwitz«. Absender: »Emma Biermann, Hamburg, Schwabenstraße 50a, Hinterhaus, dritter Stock«. Als sie den Einschreibebrief zum Hauptpostamt am Hauptbahnhof brachte, sagte der Beamte: »Auschwitz? Kenne ich nicht. Kommen Sie morgen wieder. Ich erkundige mich.« Am nächsten Tag sagte er freudig: »Gefunden! Auschwitz liegt in Oberschlesien Richtung Polen.« Der war absolut arglos, und das in einem Hauptpostamt im April 1943!

Bekam Ihre Mutter eine Antwort?

Nein. Nach wochenlangem Warten ist sie mit mir zur Gestapo nach Bremen gefahren. Reingelassen wurden wir nicht. Ein Beamter im Vorraum beim Pförtner sagte kaltkorrekt: »Ihr Mann ist am 22. Februar morgens um sieben Uhr an Herzklappenschwäche verstorben.« Meine Mutter schrie auf und wurde ohnmächtig. Sie lag da wie erschossen. Ich hielt ihre Hand. Als sie wieder zu sich kam, wollte man uns rausbugsieren, aber sie krallte sich am Treppengeländer fest. Der Beamte, der sie vom Geländer loszerrte, keuchte: »Sei'n Sie doch nicht so sentimental!« Über Nacht fielen meiner Mutter die Haare aus. Monate später kam ein Brief vom Standesamt Auschwitz. Darin steckte, ohne Kommentar, eine Sterbeurkunde mit Stempel und Unterschrift. Links unten stand in Fettdruck: »Gebührenfrei«.

Was wissen Sie über die Ermordung Ihres Vaters?

Ein jüdischer Genosse meiner Eltern hat Auschwitz als Funktionshäftling überlebt. Er erzählte, dass mein Vater bei der Selektion an der Rampe nicht gleich ins Gas kam, sondern noch eine Nummer auf den Arm kriegte. Ob er später totgeschlagen, erschossen oder vergast wurde, wissen wir nicht.

Einige Monate nach der Ermordung Ihres Vaters eskalierte in Hamburg der Bombenkrieg.

Meine Mutter freute sich über die Himmelsgeschenke der Alliierten – sie fand es nur unpraktisch, dass uns die Bomben auf den Kopf fielen. In einer kindlichen Rotkäppchensprache erklärte sie mir, dass diese Bomben uns befreien sollten von dem bösen Wolf, der den lieben Papa umgebracht hat. Die Piloten waren die Guten. Sie waren gekommen, um uns zu retten. Meine Mutter hatte nur ein Ziel: Ich sollte durchkommen und meinen Väter rächen, indem ich den Kommunismus aufbaue.

Als Teil der Operation Gomorrha wurde Hamburg in der Nacht vom 27. auf den 28. Juli 1943 von 739 Flugzeugen der Royal Air Force bombardiert. Aus den Flächenbränden bildete sich, begünstigt durch Hitze und Trockenheit, ein orkanartiger Feuersturm. Rund 30 000 Menschen starben. Sie haben dieses Inferno um Haaresbreite überlebt.

Diese Nacht ist mir eingebrannt im Gedächtnis wie nichts sonst. Ich erinnere jedes Gesicht, jede Farbe, jeden Geruch, jedes Geräusch. Meine Mutter und ich saßen im Luftschutzkeller, über uns brannte das Haus. Ich presste mein Gesicht in den weichen Mantel meiner Mutter, eine Art Ersatzfilter gegen den Qualm, so konnte ich atmen. Es war ein Gefühl von Geborgenheit und Urvertrauen mitten im Weltuntergang.

Wie sind Sie aus dem brennenden Haus gekommen?

Als die Glut die Holztreppe runterkroch und die Luft knapp wurde, flohen wir durch ein Mauerloch in den Keller des Nachbarhauses und von da nach oben. Ich rannte an der Hand meiner Mutter durch die brennenden Straßen, wie die Ameise auf dem Holzscheit im brennenden Kamin. Der Feuersturm setzte Menschen in Brand, die als Fackeln noch ein paar Meter liefen. Überall lagen kleine, schwarzgekohlte Leichen. Brennende Dächer flogen durch die Luft wie Zeitungspapier, und ich sah, wie Menschen mit ihren Schuhen im kochenden Asphalt stecken blieben. Sie liefen barfuß weiter, sanken in der schwarzen Pampe um und verbrannten. Ein junger Soldat, der uns helfen wollte, wurde einen halben Meter vor uns von einem herabfallenden Steinbrocken zermatscht. Als Chemiefässer explodierten, stiegen herrliche Feuersäulen in die Nacht, und es gab Explosionen in den buntesten Farben. Für ein sechsjähriges Kind ein fantastischer Anblick.

Wie sind Sie dem Feuer entkommen?

Wir stiegen an einer Böschung in einen Kanal. Mein Kinn ragte gerade noch aus dem Wasser. Vor meinem Gesicht sackte eine alte Frau ab, ohne Hilfeschrei, an ihrer Hand ein Pappköfferchen. Ihre Finger lösten sich wie in Zeitlupe vom Griff. Die Nächsten, die ins Wasser flüchteten, stellten sich auf die versunkene Alte. Meine Mutter nahm mich auf den Rücken und watete ans andere Ufer. Mitten in dieser Apokalypse machte ich die Beob achtung, dass kein einziges Kind weinte oder jammerte. Der Schrecken war offenbar zu übermächtig. Dass einem kleinen Menschenkind von sechs Jahren das auffiel, bewundere ich bis heute. Obwohl man von Todesangst überflutet wird, hat ein Menschlein die Distanz, mit einem dritten Auge die Wirklichkeit kalt zu beobachten. Vielleicht liegt da der Kern, warum ich gute Gedichte schreiben kann.

Wie haben Sie den nächsten Morgen erlebt?

Als der Morgen dämmerte, wurde es dunkler. Das Licht der Brände war schwächer geworden, und die Sonne kam nicht durch den Qualm. Wir tappten durch eine Twilight-Landschaft. Auf der Moorweide am Dammtorbahnhof wurden Lebensmittel verteilt. Auf genau derselben Moorweide hatten sich knapp zwei Jahre vorher die Juden versammeln müssen für den Abtransport nach Minsk.

Ist der Feuersturm für Sie ein Trauma?

In einem Gedicht habe ich es so formuliert: »Gebranntes Kind, das neugierselig nach dem Feuer sucht.« Mein linkes Auge ist immer noch sechseinhalb Jahre alt. Sie kennen das berühmte Foto vom ausgeglühten Gehäuse einer Taschenuhr in Hiroshima. Die Zeiger sind auf dem Zifferblatt festgeschmolzen, als die Bombe explodierte. Da hat Gott mal als Künstler dilettiert. Meine Lebensuhr ist auch stehen geblieben im Feuergebläse dieser Schreckensnacht. Ich bin ein sechseinhalb Jahre altes, grau gewordenes Kind.

Nach dem Krieg besuchten Sie ein Gymnasium in einem bürgerlichen Stadtteil. Ihre Noten waren miserabel, und Sie prügelten sich mit Ihren Mitschülern.

Ich machte den Klassenkampf-Clown und agitierte meine armen reichen Mitschüler, denn ich sollte doch als tapferer Kommunist eine gerechtere Weltordnung aufbauen und so meinen Vater rächen. Das war die private Rache meiner Mutter an Adolf Hitler und Auschwitz. Ich trat in die Jungen Pioniere ein und bereitete unermüdlich die Weltrevolution mit dem Kleben

von Pamphleten vor, die ich nicht geschrieben hatte und nicht
verstand. An manchen Wochenenden hielt ich Plakate gegen
die Aufrüstungspolitik von Adenauer am Besenstiel hoch.

Wie reagierte Ihre Mutter auf Ihre schlechten Noten?

Mein Mathematiklehrer, ein Dr. Haupt, war ein Sadist, man
könnte auch sagen: ein strenger Pädagoge. Er zwang mich, die
Fünf in Mathe von meiner Mutter unterschreiben zu lassen,
prügeln durfte er ja nicht mehr. Als ich meiner Mutter diese
Schande zeigte, kam von ihr der Hammer-und-Sichel-Satz:
»Dafür ist dein Vater in Auschwitz gestorben, dass du jetzt eine
Fünf in Mathe hast!« Das hat gesessen.

**1953 siedelten Sie mit 16 Jahren in die DDR über – ohne
Ihre Mutter.**

Aber mit ihrem Segen, sonst hätte es nicht funktioniert. Ich
konnte ja nicht mit 16 Jahren in der DDR auftauchen und sagen:
»Guten Tag, ich heiße Karl-Wolf Biermann und möchte lernen,
wie man die Welt rettet.« Sie wusste, dass ich in der DDR kein
Waisenkind sein werde. Die Partei würde meine Mutter sein
und der Staat mein Vater. Nachdem die westdeutsche KPD meinen Weltenwechsel geregelt hatte, landete ich in einem Internat
in Gadebusch bei Schwerin. Ich sollte im Vaterland der Werk-
tätigen von den Richtigen das Richtige lernen. Meine Mutter
wollte am liebsten mit mir ins gelobte Land gehen, aber zum
Glück haben die Genossen ihr verboten, aus dem Schützen-
graben der Weltrevolution zu desertieren und das Paradies in
der DDR zu genießen. Sie hat das unter Tränen akzeptiert.
Unter uns gesagt: Für mich war es ein Glück, dass ich endlich
wegkam. Ich war in der Phase, wo man die Mutter erst mal vom
Halse haben will.

**Kaum in der DDR, wurden Sie als Renegat und Agent des
Klassenfeindes verdächtigt. Wie kam das?**

Nach einer Woche im Internat gab es eine Vollversammlung
mit Vertretern der SED und FDJ. Der erste Tagesordnungs-
punkt war der geplante Justizmord an den natürlich schuldlos
zum Tode verurteilten Atomspionen Ethel und Julius Rosen-
berg in den USA. Wir stimmten flott mit starker Kinderhand

dagegen. Der zweite Punkt war der Vernichtungsfeldzug gegen die Junge Gemeinde, die Jugendorganisation der evangelischen Kirche. An die zwanzig Mitglieder wurden namentlich aufgerufen und sollten öffentlich abschwören. Das war Inquisition! Ich roch die Angst. Diese niederträchtige Demütigung hilfloser junger Schüler hatte nichts mit dem Kommunismus zu tun, den ich mir damals vorstellte. Gegen Ende kam ein blasses, schmales, blondes Mädchen aus der neunten Klasse dran. Sie stand auf und sagte mit leiser Stimme: »Ich glaube an Gott. Ich trete nicht aus der Jungen Gemeinde aus.« Die Lehrer erstarrten und zogen den Kopf ein. Einige Schüler lachten blöde. Die FDJ-Sekretärin im Präsidium fing an, das Mädchen zu beschimpfen und zu bedrohen. Alle senkten still den Kopf, kein Aas stand dem Mädchen bei. Es war grauenhaft. Und dann meldete sich ein 16-jähriger Junge – es war der Neue aus dem Westen – und hielt eine kleine Rede, in der er die Auschwitz-Keule schwang: »Was hier gemacht wird, das ist kein Kommunismus! Dafür ist mein Vater nicht in Auschwitz gestorben, damit Sie hier dieses Mädchen so kaputt machen!« Der Höhepunkt kam, als ich zur FDJ-Lady sagte: »Sie haben dieses Mädchen beleidigt und bedroht. Und wenn diese Versammlung vorbei ist, gehen Sie wieder zurück in Ihr Büro und sitzen sich dort zufrieden Ihren fetten Arsch breit!« Der Direktor sprang auf und keuchte in tiefer Angst vor seiner Obrigkeit: »Dieser junge Mann hier ist erst vor ein paar Tagen aus Westdeutschland zu uns gekommen, und wie wir alle sehen, muss er in der Deutschen Demokratischen Republik noch sehr, sehr viel lernen.« Damit war ich schon nach einer Woche in meiner schönen neuen Welt zur Skandalfigur geworden und wurde von der Stasi auf den Haken genommen.

Wussten Sie, dass es die Stasi gibt?

Nein, woher denn auch? In einer Stasi-Villa sagte ein Mann mit Stirnglatze zu mir: »Du bist ein Agent unserer Klassenfeinde. Jetzt ist es aus mit dir!« Ich beteuerte in dreißig Variationen, dass ich der liebe Karl-Wolf aus Hamburg bin und zu den Guten gehöre. Ich wurde immer verzweifelter und wütender. Dann kam sein Vorschlag: »Deine einzige Chance ist, jede Woche einen Bericht über die Schüler und Lehrer deiner Schule für uns zu schreiben.« Ich heulte vor Wut, sprang auf und stürzte mich auf ihn. Da hat er mir zwei Dinger verpasst. Ich saß wieder auf meinem Stuhl und wusste, wo der Hammer hängt. Ich sagte kein Wort mehr. Wir schwiegen unerträglich lange. Er merkte, dass die Anwerbung als IM nicht so günstig gelaufen war. Hätte er mich mit subtileren Methoden angeworben, dann hätte ich mit Feuereifer jeden Mitschüler in die Pfanne gehauen und wäre stolz über das Vertrauen der Partei gewesen. Ich war jung und biegsam und dumm und hätte mir jede meiner Denunziationen als Heldentat im Klassenkampf verklärt. Aber nun war ich beleidigt und stur und starr – und so wurde ich kein IM.

Ihre Mutter blieb zeitlebens Kommunistin. Wie reagierte sie, als Sie 1965 von der SED als »pornografischer« und »politisch perverser« Dichter verfemt und dann elf Jahre lang totgeschwiegen wurden?

Als ich verboten wurde, sollten Kader der illegalen KPD im Auftrag der SED dafür sorgen, dass Emma Biermann sich von ihrem missratenen Sohn distanziert. Sie sollte in einem Propagandacoup bestätigen, dass ich mich mit den Mördern meines Vaters verbündet habe, und Scham und Verachtung gegen mich äußern. Da hat sie ihren Genossen drei markante Sätze vor den Latz geknallt: »Mein Sohn ist ein Kommunist, und ihr, Genossen, seid Antikommunisten. Mein Sohn ist ein Revolutionär, und ihr, Genossen, seid Konterrevolutionäre. Mein Sohn ist ein junger Dichter, und ihr, Genossen, seid alte Schweine.« Zum Küssen. Das ist allergrößte Poesie. Besser dichten kann nicht mal ich. Aber sie zahlte einen hohen Preis: Ihre Schwester und zwei derer Töchter wandten sich von ihr ab. Die Treue zur Parteidisziplin war ihnen wichtiger.

Sie haben deutsch-deutsche Geschichte geschrieben: Symbolfigur des Widerstands gegen die SED-Diktatur, Ausbürgerung mit 39 Jahren, Auslöser des Massenexodus von prominenten DDR-Künstlern. Trotz dieser spektakulären Bio-

grafie haben Sie sich stets geweigert, Memoiren zu schreiben. Warum haben Sie Ihre Meinung geändert?

Der Sozialpsychologe Manès Sperber sagte mir einmal: »Seine Memoiren muss man schreiben nicht als letzten Husten, sondern solange man selber noch etwas davon lernen kann.« Ich finde, er hat recht.

Was haben Sie beim Verfassen der 576 Seiten über sich gelernt?

Dass mein Leben ein Schelmenroman ist. Der berühmteste Schelmenroman, den die Deutschen haben, ist der *Simplicissimus* von Grimmelshausen. Es ist die Geschichte eines naiven Menschen, eines Simpels, der in die Menschheit eingefädelt wird mit den Illusionen und Hoffnungen von Eltern, die an ihrem eigenen Kind Gott spielen. So war ich: ein Simpel, der von Hamburg in die DDR kam und sich wunderte, dass ihm so viele Flüchtlinge entgegenkamen, also in die falsche Richtung liefen. Eine Schelmenroman-Situation. Aus dem Simpel wird dann im Laufe von sechzig Jahren ein guter Melancholiker, der versucht, den Widerspruch zwischen begründeter Verzweiflung und begründeter Hoffnung auszuhalten.

Sie sind seit Ihrem 17. Lebensjahr ein besessener Tagebuchschreiber, der es bis heute auf weit mehr als 200 Bände gebracht hat. Was ist Ihr Motiv?

Es ist eine Zwangshandlung, dass ich jeden Tag penibel aufschreibe. Ich habe den Streit der Welt gesucht und brauchte auf dem fünfzehn Meter hoch unter der Kuppel gespannten Seil eine Balancierstange. Warum war das Seil so hoch, und warum gab es kein Netz? Weil ich in einer Diktatur lebte und das Pack, das sich Billetts gekauft hatte, meinen Sturz in den Tod sehen wollte. Meine Tagebücher waren mein seelischer Stabilisator, eine Form permanenter Selbstversicherung und Selbstinfragestellung, die mich vor Depression oder Selbstbesoffenheit schützte.

Basieren Ihre Memoiren auf Ihren Tagebüchern?

Nein. Ich habe keine Lust, meine Tagebücher zu lesen, aber meine Frau hat darin gelesen, Pamela Biermann, meine Miss

Marple. Meine verfluchten Tagebücher waren ihr Kontrollapparat, während ich in edler Einfalt meinen Lebensroman niederschrieb. Sie sagte gelegentlich: »Was du hier geschrieben hast, steht in deinen Tagebüchern ganz anders. Du hast das im Laufe der Jahre durch wiederholtes Erzählen zum Schlechten verbessert, weg von der Wahrheit.« Dem Frisieren der eigenen Biografie entgeht kein Mensch. Wie man auf Plattdeutsch sagt: »De Schnack ward immer beeder.« Der zweite Kontrollapparat waren meine Stasi-Akten. Mehr als 200 Spitzel haben 50 000 Seiten über mich zusammengetragen. Das ist natürlich ein gewaltiges Privileg, denn diese Akten sind deutsche Wertarbeit. Es gibt mal einen Zahlendreher oder einen falsch geschriebenen Namen, aber ansonsten sind die Akten absolut zuverlässig. Die Stasi war mein Eckermann.

Sind Ihre Tagebücher auch ein erotisches Journal?

Natürlich habe ich auch darüber geschrieben, dass ich mal gleichzeitig mit zwei Mädchen im Bett lag, die beide Monika hießen, was übrigens sehr praktisch war. Meine Frau kann und soll das alles lesen, ich hab mich geändert. Dreißig Jahre habe ich in dem mitgespielt, was Brecht »Das Spiel der Geschlechter« nennt. In westdeutscher Sprache der Rudi-Dutschke-Zeit gesprochen: »Wer zweimal mit derselben pennt, gehört schon zum Establishment.« Wir waren stolz darauf, die Leibeigenschaft der Leiber überwunden zu haben und mit jeder ins Bett gehen zu können, auf die wir gerade mal scharf waren. Vermenschlicht hat diesen Macho Biermann erst meine Frau Pamela. Und rückblickend beruhige ich mein Gewissen mit Goethes Halbwahrheit: »Den Dummheiten seiner Epoche entgeht kein Mensch ganz.«

Haben Frauen im Staatsauftrag mit Ihnen geschlafen?

Selbstverständlich. Vier oder fünf. Die Stasi hat mir das hübscheste Mädchen von Ost-Berlin ins Bett gelegt. Wenn sie über die Friedrichstraße ging, drehten sich die Männer nach ihr um und liefen gegen einen Laternenpfahl. Sie hat dann im wirklichen Sinne des Wortes einen Arbeitsunfall erlitten. Sie hat sich in mich verliebt, und dem war sie seelisch-moralisch nicht gewachsen. Sie hat sich dann, wie es im Jargon der Staatssicherheit heißt, dekonspiriert. Im Bett. Nicht mit »Ich liebe dich«, sondern mit »Ich bin ein Spitzel der Stasi«. Sie hatte sich daran erinnert, dass sie zu den Menschen gehört. Ist das nicht wunderbar?

Wurden Sie bei einer Ihrer Stasi-Liebhaberinnen misstrauisch?

Überhaupt nicht. Ich lief ja nicht durch die Welt wie einer, der hinter jedem Strauch einen Strauchdieb sieht. Dann hätte ich mich gleich erschießen können. Vor Paranoia, Einsamkeit, Verblödung und Selbstvernichtung kann man sich nur retten, indem man stolz sagt: »Ich scheiß drauf!« Besser, man frisst beim Apfel den Wurm mit.

Sie wussten, dass Ihre Wohnung verwanzt war. Wie ist es, beim Sex im Kopf zu haben, die Stasi hört einem zu?

Der Mensch verdrängt. Wenn man sich sagt: gar nicht dran denken, hört einem auch keiner zu. Das funktioniert. Wenn man einmal durchschaut hat, dass man diesen Wettlauf des Hasen mit dem Igel nie gewinnen kann, knabbert man in Ruhe an einer Möhre rum. Wie in einem richtigen Schelmenroman ist diese unerträgliche Grausamkeit auch unglaublich komisch. Ich habe in meinen Stasi-Akten fünf Zeilen gefunden, die ich auswendig kann, weil sie schön sind wie ein Gedicht:

> »*Biermann macht Geschlechtsverkehr mit einer Dame.*
> *Es ist Eva-Maria Hagen.*
> *Danach fragt er sie, ob sie etwas trinken möchte.*
> *Aber die Dame hat Hunger.*
> *Danach ist Ruhe im Objekt.*«

Sie müssen zugeben, das ist echte Dichtung. Erich Mielke war ein großer Poet.

Wie hat die Lektüre Ihrer Stasi-Akten Ihr Menschenbild verändert?

Ich musste erschüttert begreifen, dass es in der DDR mehr widerspenstige Menschen als Schweinehunde gab. Da hatte ich eine falsche Perspektive gehabt. Ich begriff, warum der Stasi-Apparat pro Kopf der Bevölkerung ungefähr zwanzig Mal größer war als der Gestapo-Apparat der Nazi-Zeit. Die Nazis brauchten weniger Unterdrücker, weil die Deutschen so begeistert von ihrem Adolf Hitler waren. Im Grunde sind die Stasi-Akten fast so was wie ein Gottesbeweis dafür, dass es in der DDR viele aufrichtige und tapfere Menschen gab. Ist doch nicht das Schlechteste.

Max Frisch schrieb: »Sind nicht vielleicht manche Schriftsteller nur darum so kämpferisch gegen dies oder das, um es selber nicht als Eitelkeit zu erkennen, wenn sie immer und immer in die Arena springen? Im Grunde, wer weiß, haben sie gar nichts gegen den Stier.« Sind Sie auch aus schierer Eitelkeit zum prominentesten Dissidenten der DDR geworden?

Nein. Dass ich nicht aus Eitelkeit gehandelt habe, ist allerdings nicht die Frucht meiner moralischen Überlegenheit. Ich bin das Kind meiner Eltern und habe mit der Muttermilch gesoffen, dass Feigheit etwas ist, was man überwinden kann und muss. Ich habe in diesem großen Theaterstück die Heldenrolle des Drachentöters gespielt, obwohl ich klein und kurzbeinig bin, Asthma hatte und ängstlich und feige bin. Ich war im Grunde eine Fehlbesetzung, aber mein Holzschwert mit sechs Saiten drauf und meine Gedichte erwiesen sich als wirkungsvolle Waffe.

Sie schildern in Ihren Memoiren, wie Ihre Courage Menschen ins Unglück gestürzt hat. Ein junger Elektriker zum Beispiel wollte an eine Hauswand »Biermann hat Recht« schreiben. Weil Passanten kamen, schrieb er nur: »Biermann hat Re«. Die Stasi überführte ihn durch eine chemische Analyse der Farbe.

Das war nach meiner Ausbürgerung, er protestierte dagegen. Er saß drei Jahre lang im Knast, und seine Frau reichte unter Druck die Scheidung ein. Nach seiner Haft wurde er vom Westen freigekauft. Das gemeinsame Kind war nur noch eine anonyme Kontonummer für die Zahlung der Alimente.

Empfinden Sie moralische Schuld?

Ich empfinde Verantwortung für das, was ihm zugestoßen ist. Von Schuld kann nicht die Rede sein. Dieser Mann hat sich für ein freieres Leben in seine eigenen Angelegenheiten eingemischt. Der wäre mit Recht zutiefst beleidigt, wenn er bloß als missbrauchtes Idiotenmännlein eines Dichters gesehen würde. Das widerspräche seiner Menschenwürde.

Als die Mauer aufging, blieben Sie in Hamburg vor dem Fernseher sitzen. Warum sind Sie nicht sofort nach Ost-Berlin gerast?

Meine Ausbürgerung war ja keine Privatangelegenheit. Ich erwartete eine Rehabilitierung, auch im Namen all derer, die gegen meine Ausbürgerung gekämpft hatten. Außerdem existierte die DDR noch mit Stasi, Armee und Polizei – niemand wusste, was wirklich in den nächsten Tagen passiert. Ich wollte nicht durch die Hintertür schleichen wie ein Dieb, so bequem wollte ich es den Herrschenden der DDR nicht machen. Ich war auch zu stolz und zu bitter. Es gab mir einen Stich, dass ich nicht mittendrin im Getümmel der neuen Helden war, die gegen die alten Unterdrücker gesiegt hatten. Schrecklich! Aber es gibt Schlimmeres.

Eines Ihrer Talente ist Vaterschaft. Sie haben von vier Frauen neun Kinder, dazu kommt ein angenommenes Kind. Ihr Kollege Günter Grass brachte es lediglich auf sechs leibliche Kinder von drei Frauen sowie zwei Ziehkinder.

Auf diesem Gebiet bitte keine Wettkampffantasien! Mein erstes Kind wurde mir geboren, als ich zwanzig war, und mein Letztes mit 64 Jahren – und bekanntlich gehören immer zwei dazu. Sechs der Kinder wurden im Westen geboren. Ich habe erst spät begriffen, was die Stasi schon viel früher wusste: was es bedeutet, in der Liebe zu einem Menschen ruhen. Die Stasi hatte für mich einen Zersetzungsplan mit zwanzig Punkten erstellt: irre Verleumdungen, rufmörderische Gerüchte, Rauschgift, Sex mit Minderjährigen, Autounfälle provozieren, krank machende ärztliche Behandlung und so weiter. Viel ernster als all das zusammen war der Punkt: Zerstörung aller Liebesbeziehungen. Als ich das 1992 in den Akten las, beschämte es mich, dass diese dummen Menschenzersetzer in diesem heiklen Punkte klüger waren als ich und all die linksalternativen Dummficks meiner Generation. Die Strategie der Apparatschiks hieß: Wer von Liebesaffären zerfleddert ist, hat keine Kraft im Streit der Welt.

Sie zitieren in Ihrem Buch Heinrich Heines Satz: »Man muss seinen Feinden verzeihen, aber nicht eher, als bis sie gehängt worden.« Geben Sie einem Gregor Gysi die Hand?

Natürlich bin ich wie meisten Leute versöhnungssüchtig, aber der Dichter muss sich leisten, nicht jedem Schweinehund zu verzeihen. Günter Schabowski war eine Kanaille des Regimes, aber da er ein guter Verräter wurde, kann ich ihm die Hand geben. Küssen muss man ihn deswegen nicht gleich. Ich werfe Gysi nicht vor, dass er, wie der Immunitätsausschuss des deutschen Bundestages belegt hat, mit der Stasi zusammengearbeitet hat. Das ist gar nichts für mich, meine besten Freunde waren IM. Gysi habe ich im Dezember 1989 die Hand gegeben, weil ich glaubte, er könnte ein guter Verräter werden. Aber dann erlebte ich, dass er es schaffte, das in der ganzen Welt verteilte Raubvermögen der SED elegant in die Demokratie rüberzuretten. Das ist reaktionär.

Als Sie 2014 zum 25. Jahrestag des Mauerfalls im Bundestag ein Lied singen sollten, wichen Sie vom Protokoll ab und sagten mit Blick auf die Abgeordneten der Linkspartei: »Ihr seid dazu verurteilt, das hier zu ertragen. Ich gönne es euch.«

Ich hatte wirklich vor, wie es verabredet war, nur ein Lied zu singen. Aber dann lümmelte sich vor meiner Nase fröhlich der Inoffizielle Mitarbeiter der Stasi, Willy, also Diether Dehm, der nach meiner Ausbürgerung im Westen mein Manager wurde. Als ich die Fressen von diesem und anderen Missetätern sah, musste ich meinem Herzen Luft machen und sagte: »Ihr seid weder links noch rechts. Ihr seid reaktionär.« Als juristische Person ist Die Linke heute immer noch die SED-Partei, die eben niemals aufgelöst wurde. Natürlich ist der Parlamentspräsident

Norbert Lammert auch ein Schlitzohr. Jeder wusste, wie sehr sich die Abgeordneten von Die Linke ärgern, wenn sie sich *Ermutigung* anhören müssen, das Lieblingslied der Häftlinge in der DDR. Es war peinlich für sie. Im Fernsehen habe ich später gesehen, dass einer der Reaktionäre begeistert mitsang. Wie Sie schon dunkel ahnen: Gregor Gysi verkniff die Lippen. Ein sehr schönes Bild.

Ihre jüngste Tochter ist noch minderjährig. Wie findet sie es, einen Vater zu haben, der über achtzig ist?

Keine Ahnung. Als sie auf die Welt kam, war ich ja auch schon alt. Als kleines Mädchen hat sie in ihrem englischsprachigen Kindergarten ein Bild von mir gemalt und drunter geschrieben: »I like my dad, because he makes me laugh.« Höher kann man im Leben nicht steigen. Ein Kind hat Glück, wenn sein Vater entweder viel zu jung oder viel zu alt ist. In beiden Fällen hat er mehr Muße für sein Kind als jemand, der seine Zeit mit Aufstiegsstrampeleien verplempert und mit größter Inbrunst die Anlagetipps in der Zeitung studiert.

Ihr ältester Sohn Manuel hat die sechzig überschritten.

Er ist sechs Jahre älter als seine Stiefmutter Pamela. Eine sehr komische und anrührende Familiensituation. Die junge Pamela ist mütterlich gegenüber diesem alten Sack Manuel. Das rührt mein Herz. Die rechnen nicht mit dem Kalender, sondern mit dem Herzen.

Ihre Frau hat Ihnen mit 19 Jahren nach einem Workshop ein Gedicht von sich zugesteckt. So wurden Sie, trotz 27 Jahren Altersunterschied, 1983 ein Paar.

Das Gedicht war der Wurm, mit dem mich dieses junge Ding geangelt hat – wobei ich inzwischen weiß, dass sie mich überhaupt nicht angeln wollte. So ist das manchmal im Leben. Ich war damals erst 46 und sie schon 19. In diesem Jahr 1983 erlebte ich die Zeitenwende meines Lebens, im Politischen wie im Privaten. Ich löste mich endlich vom Kinderglauben Kommunismus, und ich traf Pamela. Sie ist für mich der eine und unverwechselbare Mensch, den ich stets – und oft unstet – gesucht habe.

Ihre Mutter starb 1994 mit neunzig Jahren. Haben Sie in ihren Augen Ihre Mission erfüllt und Ihren Vater gerächt?

Ja, der Meinung war sie. Mit dem kindischen Wort rächen meinte sie, ich sollte die Dinge vorantreiben, für die er gelebt hat und die ihn beseelt hatten: eine menschlichere Gesellschaft aufbauen. Heinrich Heine nennt das den ewigen Freiheitskrieg der Menschheit. Dieser Krieg wurde seit der Steinzeit immer wieder verloren und immer wieder gewagt und gewonnen.

Warum haben Sie nie Auschwitz besucht?

Als ich zu Beginn der Neunzigerjahre ein Konzert in Warschau gab, sagte eine hochgestellte Dame in der deutschen Botschaft zu mir: »Wenn Sie morgen in Krakau singen, müssen Sie unbedingt einen Ausflug nach Auschwitz machen. Das ist ein Muss!« Mir fiel mein Häppchen aus der Hand. Ich war unfähig zu antworten, weil ich dachte: Du blöde Planschkuh willst mir erklären, was für mich ein Muss ist? Ich muss gar nicht nach Auschwitz. Ich bin schon mein Leben lang in Auschwitz. Von Anfang an, immer wieder. Jeder beliebige Schornstein erinnert mich an meinen Vater. Deshalb weiß ich auch besser als Martin Walser, was eine Auschwitz-Keule ist.

*Mit 28 zieht ein chronisch erfolgloser Konzept-
künstler in die Mojave-Wüste in Kalifornien,
um im Auftrag eines Verlages ein Sachbuch zu
schreiben – doch er wird
vertragsbrüchig und liefert
stattdessen mit »Generation
X« einen Roman ab, der
weltweit zur Kultlektüre
wird: Douglas Coupland
über klinische Depressionen
und pathologische Geräusch-
empfindlichkeit, über seine
Monate im Zukunftslabor
von Google und die Erfah-
rung, die eigenen Bücher zu
Brei zu zerkauen*

»Eine Kritik zu lesen ist wie in eine leere Schüssel zu spucken, den Inhalt anzustarren und ihn dann runterzuschlucken«

DOUGLAS COUPLAND

**Viele kennen Sie als Autor des Kult-Romans *Generation X*.
Dass Sie seit gut dreißig Jahren auch Bildender Künstler
sind, ist weniger bekannt. Wie sind Sie zur Kunst gekommen?**

Mit sieben Jahren entdeckte ich in einer Enzyklopädie meiner Eltern unter dem Buchstaben »P« Bilder der Pop-Art. Es war ein magischer Moment: *Blam!* und *Whaam!* von Roy Lichtenstein oder *F-111* von James Rosenquist drückten meinen Blick auf die Welt aus. *Campbell's Soup Cans* von Andy Warhol zeigte, wie ich fühlte. Auf einmal wusste ich, dass ich Teil der Popwelt sein würde.

Mit gerade mal sieben Jahren? Das klingt erfunden.

Die Geschichte ist noch nicht zu Ende: Mit neun Jahren kaufte ich mein erstes gebundenes Buch: die Warhol-Biografie von John Coplans. Sie kostete zehn Dollar. Ich wurde fast ohnmächtig, weil ich noch nie so viel Geld ausgegeben hatte. In dem Buch las ich Warhols Satz: »Wenn du das beste Museum der Welt haben willst, nimm einen Supermarkt, bau eine Mauer drumherum und komm in hundert Jahren wieder.« Mit dieser Verdrahtung im Kopf zu denken, bewunderte ich. Ein paar Jahre später bekam ich Warhols Buch *The Philosophy of Andy Warhol* in die Hände. Ich dachte, ich lese Sätze, die in der Zukunft geschrieben wurden, aber das Buch stammte aus dem Jahr 1975. Warhol war eine übersinnliche Erscheinung. Nehmen Sie seinen Zwang, jeden und alles zu fotografieren: Ist das nicht die Vorwegnahme von Instagram? Nehmen Sie die Flut völlig belangloser Alltagsdetails in seinen Tagebüchern: Ist das nicht die Vorwegnahme von Facebook? Als Warhol 1987 starb, hat er das Technische des Internets nicht vorhergesehen, aber er kannte bereits den Inhalt.

Haben Ihre Eltern in Ihnen ein Wunderkind gesehen, das Anlass zu den schönsten Hoffnungen gab?

Nein. Sie hatten keine Erwartungen an mich. Ich wurde wie ein Haustier aufgezogen.

Welcher Typ Teenager waren Sie?

Ich versuchte zu überleben. Weil ich am 30. Dezember geboren wurde, war ich bei der Einschulung der Jüngste. Als ich auf die Highschool kam, war ich unter 2000 Schülern abermals der Jüngste. Dass ich beängstigend dünn war und Akne hatte, machte mein Leben nicht leichter. Meine Überlebenstechnik war, so smart wie möglich zu sein. Dass ich ausgezeichnete Noten bekam, gab mir ein bisschen Halt. Mit zwölf entdeckte ich Zigaretten und nahm die Pose des arroganten Außenseiters an, der nicht dazugehören will. Die Langeweile im Unterricht empfand ich wie einen körperlichen Schmerz, aber ich blieb ein sehr guter Schüler. Als ich angefangen hatte, Naturwissenschaften zu studieren, machte es eines Tages Whaam! in meinem Kopf. Auf einmal waren mir drei Dinge klar: Du musst nicht mehr smart sein, um zu überleben, und du willst nie mehr von Leuten benotet werden, die du nicht schätzt – also nichts wie raus hier!

Sie haben dann in Ihrer Heimatstadt Vancouver Kunst und Design studiert.

Als ich fertig war, machte ich eine Erfahrung, die jeder ehemalige Kunststudent kennt: Die zwei, drei Jahre nach dem Abschluss sind die düstersten und schmerzhaftesten deines Lebens. Von den 120 Absolventen meines Jahrgangs haben fast alle kapituliert, weil sich niemand für ihre Kunst interessierte. Gott, habe ich diesen Filterprozess gehasst! Aber wer ihn nicht durchsteht, braucht mit der Kunst gar nicht erst anzufangen.

Was war für Sie am schlimmsten?

Du bist nicht länger Teil einer Gemeinschaft, und alles, was du für deine Kunst bräuchtest, kostet mindestens 500 Dollar. Also suchst du einen Job, aber jedes Mal hörst du den gleichen Satz: »Sie waren auf einer Kunstakademie? Mein herzliches Beileid. Der Nächste bitte.« Zu diesem Spießrutenlaufen kommt die Lebensregel, dass es kein katastrophaleres Alter gibt als 26, 27. Du schämst dich, weil du noch nicht begriffen hast, dass deine Altersgenossen genauso krank im Kopf sind wie du. Mit dreißig stehen dir dann sechs, sieben sehr schöne Jahre bevor. Danach geht es abwärts, bis mit fünfzig wieder ein paar gute Jahre kommen.

Eines Ihrer Werke heißt *Wigs in the Style of Andy Warhol*. Was brachte Sie auf die Idee, Perücken im Stil von Andy Warhol zu machen?

In seinen Tagebüchern schreibt Warhol, dass es großartig aussehen müsse, Perücken hinter Glas zu pressen. Das war mein Zündmoment. Ich ließ mir von einer Dragqueen erklären, wie man Perücken fertigt, und besorgte synthetisches Haar in unterschiedlichen Farben sowie Felle von Eisbären und Moschusochsen. Aus diesen Materialien machte ich 20 Perücken, jeweils eine für die letzten 20 Jahre seines Lebens. Den Perücken, die die Sechzigerjahre repräsentieren, gab ich einen Gelbton. Die aus den Achtzigern haben die Anmutung von weißem Plastik. Hinter Glas gepresst und mit einem Goldrahmen versehen, wirken die Perücken wie Objekte in einem naturhistorischen Museum.

Ahnen Sie, was Sie als Künstler antreibt?

Unser Leben wird regiert von den Traumata unserer Kindheit. Was einen zwischen zehn und 15 zu Tode beschämt oder vor Angst in die Hose scheißen lässt, ist für gewöhnlich das, was einen Künstler bis zum Tod beschäftigt. Man macht zu Kunst, was man nicht sagen kann. Kann man alles sagen, gibt es keinen Grund, Künstler zu werden.

Wo liegt der Zusammenhang zwischen Perücken und Ihrer Kindheit?

Ich bin in einem seltsamen Haus aufgewachsen. Mein Vater war Kampfpilot bei der Royal Canadian Air Force und hatte alle Wände mit Waffen und Kriegsfotos dekoriert. Weil mein älterer Bruder Tierpräparator war, lagen bei uns Felle und ausgestopfte Tiere herum. Es sah aus, als hätte jemand Dutzende Perücken verstreut. Als ich von zu Hause auszog, schwor ich mir, nie mehr in Räumen zu leben, die Krieg und Tod ausstrahlen. Und jetzt schauen Sie sich bei mir um: An den Wänden hängen Fotos von Kampfjets, und alle dreidimensionalen Gegenstände sehen aus, als seien sie von einem Präparator ausgestopft worden. Ich habe die Welt aus Zerstörung und Tod wiedererschaffen, in der ich aufgewachsen bin. Menschen verändern sich nicht.

Ihr von Pflanzen zugewucherter Bungalow auf einem Hügel mit Blick auf Vancouver und den Pazifik birgt eine Art Asservatenkammer Ihrer Fantasie. Man sieht Bojen, Globen, Spielzeugfiguren, Fundstücke vom Strand, Zigarettenpackungen aus Asien, Highschool-Jahrbücher …

… Hören Sie auf! Ich weiß selber, dass mein Haus für Außenstehende nach Messie-Syndrom aussieht. Aber jeder Gegenstand hat seine Berechtigung, und die Art und Weise, wie er arrangiert ist, ist Teil eines Projekts. Deshalb lade ich nur Menschen zu mir ein, die etwas von Kunst verstehen. Ich habe es zu oft erlebt, dass Leute reinkamen und dann eine halbe Stunde lang bloß »Fuck!« und »Holy shit!« riefen. Ja, ich habe eine Zwangsstörung, aber ich versuche Kunst aus ihr zu machen. Ich sammle Alltagsobjekte, ohne gleich nach einem Warum zu fragen. Früher oder später fangen die Sachen von selber an zu sprechen, und ich lerne etwas über mich. Manchmal sind es nur Lektionen über meine Dusseligkeit. Bei einem Besuch in Tokio habe ich Dutzende Flüssigwaschmittel gekauft, weil mir die grafische Anmutung und die Farben der Etiketten gefielen. Um die Behälter mit nach Kanada nehmen zu können, habe ich den Inhalt ins Klo geschüttet. Das Ergebnis war, dass stundenlang Schaumberge aus dem Waschbecken quollen.

2005 haben Sie *Generation X* und Ihren 1998 erschienenen Roman *Girlfriend in a Coma* zu Kunstobjekten gemacht, die Sie *Hornets Nest* nannten, Hornissennest. Kurz gesagt: Sie haben Ihre Bücher gegessen.

Als Bibliophage wollte ich meinen Büchern eine neue Bedeutung geben. Ich tauchte die Seiten einzeln in warmes Wasser, nahm sie in den Mund und zerkaute sie langsam zu Brei. Weil das ziemlich langweilig war, schaute ich dabei die Krimiserie *Law & Order*. Beim Trocknen gingen die Papierklumpen auf wie eine Blüte und offenbarten neue Zusammenhänge. Aus dem Satz »God is now here« wurde zum Beispiel »God is nowhere«.

Wie schmeckten Ihre Bücher?

Generation X schmeckte wie jedes x-beliebige Buch. Als *Girlfriend in a Coma* erschien, war Papier knapp und teuer. Deshalb wurde das Buch auf Billigpapier mit hohem Säureanteil gedruckt. Die Säure griff meine Zunge an, und beim Kauen bekam das Papier sofort einen giftigen Gelbton. Die Hornissennester, die ich aus diesen Seiten geformt habe, haben eindeutig die schönere Aura.

***Girlfriend in a Coma* hat rund 350 Seiten. Wie lange haben Sie auf denen herumgekaut?**

Eine Woche lang drei, vier Stunden am Tag. Hinterher hatte ich graue Zähne und musste zum Arzt, weil mein Mund keinen Speichel mehr produzierte. Der Arzt meinte, das läge an den Zyaniden in der Druckerschwärze. Er verbot mir, je wieder ein Buch zu kauen.

2014 haben Sie in Vancouver eine mehr als zwei Meter hohe Replik Ihres Kopfes auf den Bürgersteig stellen lassen.

Der Skulptur aus schwarzem Kunstharz gaben Sie den Namen *Gumhead*, Kaugummikopf.

Nach ein paar Wochen hatten Passanten 250 000 Kaugummis auf meine Skulptur geklebt. Auf den Augen und den Nasenlöchern war die Kaugummischicht am dicksten. Der Zucker in den Kaugummis lockte Tausende Bienen und Wespen an, die mein Abbild wie eine summende Gloriole umgaben. *Gumhead* war auf einmal nicht mehr mein Werk, sondern das eines Kollektivs, eine interaktive soziale Skulptur. Jedes Kaugummi enthielt ein Statement desjenigen, der es aufgeklebt hatte: Ich war hier!

Was ist aus Gumhead geworden?

Die Skulptur wurde in São Paulo, Brasilia und New York auf den Bürgersteig gestellt. Vorher habe ich *Gumhead* in meiner Garagenauffahrt einer zweitägigen Power-Reinigung unterzogen. Die 250 000 Kaugummis abzukriegen war eine elende Plackerei.

2015 waren Sie Stipendiat im Zukunftslabor des Google Cultural Institute in Paris. Wie geht es dort zu?

Das Gebäude ist so klein und unauffällig, als würde es einen Verlag mit einem Dutzend Angestellten beherbergen. Nur an den blau, rot, gelb und grün gestrichenen Stäben des Eingangstors erkennt man, dass hier der Außenposten einer Supermacht untergebracht ist. An meinem ersten Tag wollte ich Unterlagen kopieren. Ich ging ins Büro und fragte: »Hey, Leute, wo steht denn euer Fotokopierer?« Ich wurde angestarrt, als sei ich ein Fabelwesen aus prähistorischer Zeit. Nach langem Suchen wurde unter Kartons mit 3-D-Datenbrillen ein Fotokopierer gefunden, der von einer dicken Staubschicht bedeckt war. Ein Typ Anfang zwanzig sagte: »Aha, so sehen diese Dinger also aus.« Als wir den Kopierer ans Stromnetz angeschlossen hatten, stellte sich heraus, dass er kaputt war. Als ich vom Copyshop zurückkam und um Papier bat, wurde ich schon wieder entgeistert angeguckt. Papier gilt bei Google als unglaublich uncool.

An was haben Sie gearbeitet?

Ich habe mir eine App ausgedacht, die ich »Yoo« nenne.

Wenn du Feierabend hast, erzählt dir Yoo, wie du den Tag oder die vergangene Woche verbracht hast: Welche Websites hast du besucht? Wie viele Schritte bist du gegangen? Welche Songs hast du gehört? An wen hast du eine verliebt klingende E-Mail geschickt? Das nächste Yoo-Level beruht auf algorithmischer Assoziation: Hast du deiner Ex-Freundin Pamela geschrieben, zeigt dir Yoo Fotos von eurem letzten Urlaub und schlägt dir einen Pornofilm vor mit einer Hauptdarstellerin, die Pamela täuschend ähnlich sieht. Läuft der Film, werden Fotos von dir eingeblendet, auf denen du männlich und heldenhaft aussiehst. Man kann sagen, dass Yoo dir dein Unterbewusstsein vorspielt. Auf Yoo-Level 3 kannst du jeden Tag der Vergangenheit neu mixen oder ganz neu erfinden. Du kannst Stimmungen programmieren und Menschen eliminieren, die dich runterziehen. Poetisch ausgedrückt: Yoo ermöglicht deine Reinkarnation zu Lebzeiten. Natürlich kann man sein Zweit-Ich auch teilen, mit einem geliebten Menschen oder mit Millionen. Da es eine süchtig machende Erfahrung ist, sich die eigenen Träume und Fantasien als Multimedia-Show vorzuspielen, wird sich Yoo wie ein Bazillus verbreiten und so zu einem globalen Heiratsvermittler werden. Yoo sagt dir: »Meine Algorithmen haben drei Menschen auf der Welt ausfindig gemacht, die so sind wie du. Willst du wissen, ob du sie lieben oder hassen wirst?« Oder Yoo sagt: »Zwei Menschen, die so sind wie du, haben vergangene Woche das Problem gelöst, das du jetzt hast. Soll ich euch zusammenbringen?« Um das Jahr 2040 herum wird Yoo so weit sein, dass man sich mit sich selbst so unterhalten kann, wie wir beide es gerade tun. Wird mich das verrückt machen? Oder werde ich zu meinem Parallel-Ich sagen: »Ich habe ein Problem. Lass uns darüber reden, denn niemand versteht mich besser als du.« Auf dem letzten Level erweitert Yoo dein Bewusstsein bis zur Erleuchtung: Du kannst für einen Tag eine rechtsradikale Kampflesbe sein oder dein Gegenteil kennenlernen. Ich könnte die Wände hochgehen, dass ich das nicht mehr erleben werde.

Wie hat Google auf Ihre Idee reagiert?

Mit Ablehnung. Es hieß, Menschen werden niemals freiwillig

so viele Informationen über sich hergeben, dass Yoo funktioniert. Das ist ein großer Irrtum. Um eine Milliarde Nutzer anzulocken, würde es reichen zu sagen: »Wenn ihr uns eure persönlichen Datenströme zugänglich macht, schenken wir euch Frequent-Flyer-Meilen.«

Fühlen sich Google-Mitarbeiter als die Herren des Universums?

Wenn es so ist, sind die Herren des Universums Getriebene. Die Menschen bei Google oder Apple ahnen, dass es demnächst eine neue Technologie geben wird, die das Internet verschlingt und zu seinem Inhalt macht, so wie das Internet sich Film und Fernsehen einverleibt hat. Diese neue Technologie will man auf Teufel komm raus erfinden. Mein Instinkt sagt mir aber, dass diese Erfindung in irgendeiner Garage gelingen wird.

Ist Ihnen die Weltmacht Google unheimlich?

Natürlich ist Google viel zu mächtig und muss zerschlagen werden. Der Telefonriese AT & T wurde 1982 von den amerikanischen Kartellbehörden in sieben Teile aufgespalten – aber wie soll man eine Suchmaschine in Einzelteile zerlegen? Und wer würde die Einzelteile bekommen? Der Staat? Nur ein Verrückter kann wollen, dass die Regierung seine Suchmaschine betreibt.

Viele Ihrer Skulpturen und Installationen bestehen aus Legosteinen. Warum?

Es ist kein Zufall, dass die Generation der PC-Erfinder mit Lego aufgewachsen ist. Lego hat Abermillionen Hirne mit einer binären Ja-Nein-Logik geprägt. 1993 habe ich für meinen Roman *Microsklaven* bei Technologiefirmen in Palo Alto recherchiert. An jedem dritten Arbeitsplatz gab es einen Legoschrein. Lego macht den Fußboden deines Kinderzimmers zu einem Experimentierfeld für Utopien. Egal, was du mit Lego baust, es ist sauber und perfekt. Mein Initiationserlebnis war der Legobausatz Nummer 345. Er kam 1969 raus und hatte 132 Teile, die einen Vorstadtbungalow in Kopenhagen ergaben. Vor zwei Jahren habe ich für eine Installation hundert dieser Häuser gebaut und zu einer Reißbrett-Vorstadt aufgereiht. *345 Modern House* zeigt eine Art Warhol-Porträt unserer architektonischen Moderne in 3-D.

Zu den Klischees der Kunstkritik gehört es, von Künstlern Rebellion und Subversion zu erwarten und sie zu Seismographen mit Antennen für die Zukunft zu stilisieren. Sehen Sie sich so?

Nein. Der Künstler als prophetischer Diagnostiker, der das Geschwür lokalisiert, bevor der Patient weiß, dass er an einer Krankheit leidet, ist ein Mythos. Seit wann ist Kunst säkulare Wahrsagerei? Künstler haben kein privilegiertes Verhältnis zur Wahrheit. 99 Prozent von ihnen haben nicht mehr Weitsicht als ein Football-Profi oder eine Supermarktverkäuferin. Warhol war einer der wenigen, die in die Zukunft schauen können. Das Auffälligste an der Kunst der letzten Jahre ist, dass es weder Schulen noch Bewegungen gibt. Stattdessen herrscht ein Hyperindividualismus. Aber das wird sich ändern, und diese Veränderung wird so überraschend kommen wie die Enthüllung, dass der eigene Vater seit vielen Jahren in fünfzig Meilen Entfernung eine zweite Familie hat.

Sie gehen auf die 60 zu. Wie hat sich Ihr Kunstgeschmack verändert?

Picasso hat mich erst mit dreißig gepackt, Cy Twombly erst mit fünfzig. Rückblickend kann ich die Regel aufstellen: Die Kunst, die mich anfangs anpisst, liebe ich am Ende am meisten. Ich vermute, das gehört zur menschlichen Natur. In der Liebe funktioniert es ja genauso. Die einzige Ausnahme bei mir ist Warhol. Wenn seine Präsenz in meinem Leben mal wieder übermächtig wird, versuche ich seinen Geist aus mir zu exorzieren, aber ich werde diesen Typen einfach nicht los.

Wie sind Sie von der Kunst zum Schreiben gekommen?

1987 schickte ich einem Freund eine Postkarte aus Japan. Er klebte sie an die Tür seines Kühlschranks und feierte wenig später eine Party. Der Redakteur eines Magazins las die Postkarte, rief mich an und sagte, ich solle für ihn einen Text über einen windigen Stargaleristen in Los Angeles schreiben. Zwei Tage später saß ich im Flugzeug. Für die zweitausend Wörter, die ich zu Papier brachte, bekam ich obszön viel Geld. Endlich hatte ich einen Weg gefunden, meine Kunst zu finanzieren.

1989 zogen Sie mit 28 Jahren von Vancouver in die Mojave-Wüste in Kalifornien, um ein Sachbuch für den New Yorker Verlag St. Martin 's Press zu schreiben. Obwohl Ihr Vorschuss stattliche 22500 US-Dollar betrug, wurden Sie vertragsbrüchig und lieferten Belletristik ab.

Ich dachte, Isolation täte dem Projekt gut, aber das war ein Irrtum. Ich fuhr in meinem alten Volkswagen in der Wüste umher, hörte Kassetten von den Stone Roses und wurde immer einsamer und verzweifelter. Um überhaupt etwas zu schreiben, probierte ich, die ersten Seiten eines Romans zu Papier zu bringen. Das lief. Plötzlich war die Isolation produktiv. Als ich nach einem halben Jahr den fertigen Roman an St. Martin's Press schickte, herrschte neun Monate lang Grabesstille. Später erfuhr ich, dass ein Riss durch den Verlag ging. Die Älteren sagten: »Nur über meine Leiche!« Die Jüngeren meinten: »Nur verschnarchte Penner würden diesen Roman nicht groß rausbringen!« 1991 erschien *Generation X* in einer Auflage von 3000 Exemplaren. Anfangs waren die Verkäufe miserabel. Erst nach knapp einem Jahr wurde das Buch, in 22 Sprachen übersetzt, ein internationaler Bestseller.

Hatten Sie beim Schreiben das Gefühl, etwas Großes, Bedeutendes zu schaffen?

Nein. Wer Literatur schreiben will, schreibt keine Literatur. Ich wollte mir selber erklären, wie ich die Welt sah und mich in ihr fühlte. Beim Schreiben fragte ich mich manchmal, wer das eigentlich lesen soll. Mir fielen sieben Mitschüler aus der High School ein, die das Buch vielleicht kaufen und verstehen würden. Das spielte aber keine Rolle. Es war eine Jetzt-oder-nie-Situation: Die Achtziger hatten sich lange überlebt, und ich spürte, dass etwas Neues kurz vor der Explosion stand: Grunge. Die Neunziger wurden dann das letzte gute Jahrzehnt, das wir je erleben werden. Mit 9/11 hörte die Gemütlichkeit endgültig auf.

In *Generation X* haben Sie das Wort McJob verwendet. Ihre Definition lautete: »Ein niedrig dotierter Job mit wenig

Prestige, wenig Würde, wenig Nutzen und ohne Zukunft im Dienstleistungsbereich. Oftmals als befriedigende Karriere bezeichnet von Leuten, die niemals eine gemacht haben.« »McDonald's« lief Sturm.

Der Ausdruck McJob wurde in das *Oxford English Dictionary* aufgenommen. Das machte die Bosse von »McDonald's« rasend. Sie schickten einen Beschwerdebrief an den Verlag, der das Lexikon herausgibt, und prüften eine Klage vor Gericht. Man beließ es dann aber bei einer Plakat-Aktion, in der »McDonald's« als vorbildlicher Arbeitgeber gefeiert wurde.

Kennen Sie das Buch *Generation Golf* von Florian Illies?

Nein. Geht es um Golfen oder das Auto von Volkswagen?

Das Buch porträtiert die um 1970 geborenen Deutschen und wurde in den Nullerjahren zu einem spektakulären Bestseller.

Ernsthaft? Ich werde das auf Wikipedia nachlesen.

Könnte man über die heute Zwanzigjährigen ein Buch wie *Generation X* schreiben?

Nein. Wegen des Internets ist die Zersplitterung in Mikrokulturen so weit vorangeschritten, dass Generationenporträts Unsinn geworden sind. Jeder ist heute sein einzigartiges Universum. Das einzige gemeinsame Merkmal der Millennium-Generation ist eine weinerliche Ich-Bezogenheit. Neulich habe ich mit jungen Leuten an einem Projekt gearbeitet. Es war Freitag, und bis Montag mussten wir fertig werden. Also sagte ich, dass wir wohl oder übel das Wochenende durcharbeiten müssten. Einer erwiderte: »Das geht nicht. Ich habe mir fest versprochen, einen Me-Day zu nehmen.« Ich dachte: Was für ein selbstsüchtiges Würstchen!

Der Untertitel von *Generation X* lautet: »Geschichten für eine immer schneller werdende Kultur«. Das klingt heute prophetisch.

Zu Unrecht, denn ich habe kaum eine der Revolutionen kommen sehen, die heute unser Leben regieren. Denken Sie vierzehn Jahre zurück: Es gab kein Twitter, kein Facebook, kein Google Maps, keine Drohnen und keine 3-D-Drucker. Das irrwitzige Tempo der technologischen Entwicklung frittiert unser Gehirn, dennoch gibt es kein Zurück in die Low-tech-Ära. Der Übergang vom Wählscheiben- zum Tastentelefon mutete Zeitgenossen wie Science-Fiction an und bot jahrelang Gesprächsstoff. Wenn heute ein Dreißigjähriger mit einem Vierzigjährigen über Technik redet, ist das so, als würde er mit seinen Eltern reden. Neulich lief in meinem Fitnessstudio *Back in the U. S. S. R.* von den Beatles. Ein junger Typ fragte mich, ob ich eine Idee hätte, was U. S. S. R. bedeuten würde. Ich hatte keine Lust, ein alter Sack zu sein, der Vorträge hält, und sagte Nein.

Empfinden Sie Kulturpessimismus?

Nein. Nostalgie war noch nie so sinnlos wie heute. Bedenken und kluge Argumente halten den technologischen Fortschritt nicht auf. Ich bin kein Geschichtsdeterminist, aber bei diesem Prozess haben wir nichts zu sagen. Der Grund liegt in unserer Natur: Niemand will wieder in ein Reisebüro gehen müssen, um ein Flugticket zu kaufen. Gegenwart und Zukunft sind eins geworden, und das wird so bleiben. Von nun an leben wir für immer in einer Zukunft, die sich nicht mehr futuristisch anfühlt.

In Ihren Essays sagen Sie voraus, dass uns die ökonomischen Folgen der Technologierevolutionen um den Schlaf bringen werden.

Sind Ihnen auf der Fahrt hierher die vielen Schilder aufgefallen, auf denen »Haus zu verkaufen« steht? Das Internet beschert uns das Verschwinden des Mittelstands. Doug's Law lautet: Eine App ist nur dann erfolgreich, wenn sie möglichst viele Menschen arbeitslos macht. Mit dem Verschwinden der Mittelschicht geht auch deren ethisches Koordinatensystem unter, zum Beispiel der Sinn für Kontinuität. Für unsere Eltern war es noch selbstverständlich, zwanzig Jahre lang eine Hypothek für ein Haus abzubezahlen. Wer geht heute noch eine solch langfristige Wette auf die Zukunft ein? Wir steuern auf eine Monoklassengesellschaft zu, in der wir bis achtzig bei »McDonald's« arbeiten müssen, um einigermaßen über die Runden zu kommen.

Wo ist die Einsamkeit der Menschen größer: in der Online- oder Offlinewelt?

Nach dem Zusammenhang von Vernetzung und Vereinsamung zu fragen ist veraltet. Unser Gehirn und die Cloud sind längst eins geworden. Das Internet mit seinen Phantomwelten hat die Einsamkeit abgeschafft, so wie das iPhone unser Heimweh gekillt hat. Bei jeder Hochzeit, zu der ich in den vergangenen zehn Jahren eingeladen war, hatte sich das Brautpaar online kennengelernt. Immer mehr Freunde von mir machen Tinder-Ferien. Man fährt nach Paris oder Rom und hat so viele Sexpartner am Tag wie irgend möglich. Flirten hieß früher, dem anderen schöne Blicke zuzuwerfen. Heute geht es um die Frage: Wie lange brauchst du, um meine SMS zu beantworten?

Sie gehören zu einer Generation, die mit Fernsehern ohne Fernbedienung aufgewachsen ist. Vermissen Sie Ihr Prä-Internet-Gehirn?

Ich kann diese Frage nicht beantworten, weil ich kaum Erinnerungen an dieses Gehirn habe. Ich weiß noch, dass es früher mal Telefonzellen auf diesem Planeten gab und Menschen mit der Hand schrieben, aber meine Erinnerungen an die analoge Ära werden immer schwächer. Ich habe meinen Anrufbeantworter seit zwei Jahren nicht abgehört und versuche meiner Mutter beizubringen, dass heute niemand mehr telefoniert. Es ist erstaunlich, wie schnell wir Neues für selbstverständlich nehmen. Welches Gesicht hätten Sie gemacht, wenn Ihnen vor zwanzig Jahren jemand gesagt hätte, dass es bald etwas geben wird, was auf fast jede Frage eine Antwort hat – und das gratis und im Bruchteil einer Sekunde. Ich weiß noch, wie indiskret es sich anfühlte, Leute zu googeln, mit denen man verabredet war. Heute fühlen sich Menschen beleidigt, wenn man sie nicht vorher bei Google gescannt hat.

Wie oft sind Sie auf Facebook?

Nur alle zwei Wochen. Nach ein paar Minuten kriege ich jedes Mal schlechte Laune. Facebook ist das wirksamste Instrument zur Förderung von Narzissmus, das je erfunden wurde. Ich verstehe das Bedürfnis nach Sichtbarkeit und Resonanz, aber die geschönte Selbstdarstellung ist zum Existenzbeweis geworden. Die Menschen sind krank vor Angst, etwas zu versäumen oder zu wenig Glanz im Leben zu haben. Das führt zu absurden Glamoursimulationsverrenkungen. Man ahnt, dass die geposteten Fotos besser sind als die Erinnerungen. Soziale Netzwerke zu studieren kann einen zum Misanthropen machen.

Ihr letzter Roman, *Worst.Person.Ever.*, erschien 2013. Werden Sie weiterhin Belletristik schreiben?

Das weiß ich nicht. Wenn ich vor dem Regal mit meinen Romanen stehe, fühle ich mich in eine ferne Vergangenheit zurückversetzt, in der mein heutiges Leben nicht vorkommt. Ich lese inzwischen lieber Kurzgeschichten als Romane, und noch lieber schaue ich Fernsehserien auf Netflix oder HBO. Seit ich *Die Sopranos* gesehen habe, fühlt sich Romane lesen mehr und mehr an wie Schularbeiten machen. Und wenn ich etwas im Leben begriffen habe, dann das: Hör sofort und für immer mit allem auf, was sich wie Schularbeiten machen anfühlt. Bei meinen Freunden beobachte ich das gleiche Phänomen: Das Gespräch über *The Wire* hat das Gespräch über Jonathan Franzen und Haruki Murakami ersetzt. Ich halte das für die bedeutendste kulturelle Verschiebung der letzten Jahrzehnte.

Welche Gründe hat diese Verschiebung?

Wir haben mit dem Internet an unserer inneren Uhr gedreht. Die Zeit vergeht heute schneller als noch vor zwanzig, dreißig Jahren, und dadurch schrumpft sie. Wegen dieser Zeitschmelze verstreichen Wochen in Stunden. Unsere Aufmerksamkeitsspanne ist so lang wie ein Song der Beatles, und Warten ist keine Option mehr. Kämpfen Sie sich mal durch das mühsame Prozedere einer öffentlichen Leihbibliothek oder denken Sie an die Implosion in Ihrem Kopf, wenn Sie Ihren Computer neu starten müssen: 17 Sekunden lähmende Leere! Dann merken Sie, wie ungeduldig das Netz uns gemacht hat. Mir ist noch nicht klar, wie ich als Schriftsteller auf diese Veränderungen reagieren soll. Zurzeit drücke ich mich lieber mit visuellen Mitteln aus.

Sie gehören zu den Schriftstellern, die für einen Buchtitel

bekannter sind als für ihre Bücher. Nervt es Sie, der Mann zu sein, der *Generation X* geschrieben hat?

Das ist eine typische Journalistenfrage, und mit denen beschäftige ich mich nicht. Ich habe bis heute keine einzige Zeile gelesen, die über mich geschrieben wurde. Es ist für meine geistige Gesundheit nicht gut, wenn von mir in der dritten Person die Rede ist. Eine Kritik zu lesen ist wie in eine leere Schüssel zu spucken, den Inhalt anzustarren und ihn dann runterzuschlucken.

Es heißt, Sie seien auf geradezu pathologische Weise geräuschempfindlich. Wie äußert sich das?

Ich kann Geräusche weder orten noch unterscheiden, welche von ihnen wichtig sind. Wenn ich zur selben Zeit eine tickende Uhr, Vogelgezwitscher und die Fragen eines Interviewers höre, sagt mir mein Gehirn nicht, auf was ich meine Konzentration richten soll. Hinzukommt, dass mich Lautstärke fertigmacht. Laubbläser und Hammer lassen mich vor Schmerz erstarren. Bei schreienden Kindern drehe ich durch. Mein Horrorort sind große Aquarien, weil das Glas die Geräusche zu einem akustischen Inferno steigert. Es gibt Tage, an denen ich aus fünf Hotelzimmern wieder ausziehe, weil sie zu laut für mich sind. Ich vermute, in Hunderten Gästekarteien steht hinter meinem Namen die Charakteristik: Arschloch!

Waren Sie schon immer geräuschempfindlich?

Nein. Ende 1988 musste ich niesen wie nie zuvor in meinem Leben. Danach hatte ich ein grünes Gewebeklümpchen in der Hand, das von blutigen Äderchen durchzogen war. In dieser Minute begannen meine Probleme. Seither habe ich keine Nacht ohne Ohrenstöpsel durchgeschlafen. In den schlimmsten Phasen kann ich nur in den Stunden arbeiten, in denen Menschen keine Geräusche machen, also mitten in der Nacht.

Sie leiden zudem an Depressionen.

Oh Gott, ja. Depressionen gehören zu den machtvollsten Demütigungsstrategien der Natur. Die ersten klinischen Depressionen hatte ich 1984. Wenn ich meine Schübe zusammenrechne, habe ich vier Jahre meines Lebens verloren – vier Jahre mit leeren Tagen ohne Farbe und Freude, an die man sich schon am nächsten Tag nicht mehr erinnern kann. Nur eins spürst du von morgens bis abends: Dein Leben rauscht das Klo runter.

Nehmen Sie Antidepressiva?

Möglichst nicht, denn Medikamente sind mir unheimlich. Vor sieben Jahren habe ich nach einer Zahnbehandlung ein Antibiotikum geschluckt. Als die Wirkung einsetzte, wollte ich mich töten. Dieser Impuls war so mächtig wie Hunger oder Durst. Dabei hatte ich weder Schmerzen noch Depressionen. Ich bestand 24 Stunden lang nur aus dem nüchternen Wunsch, nicht mehr am Leben zu sein.

Was hilft gegen Ihre Depressionen?

Statt noch mehr Pillen zu schlucken und dadurch immer autistischer zu werden, habe ich mir vor sechs Jahren in einer Drogerie für 199 Dollar eine Lichttherapielampe gekauft. Man schaut in 150 blaue LED-Module, die 10 000 Lux produzieren. Diese Lichtdusche lässt den Körper Serotonin produzieren, und das knipst meine Depressionen aus – oft jedenfalls.

Vor ein paar Jahren ist einer Ihrer Brüder in einem Anfall paranoider Schizophrenie auf und davon gelaufen und galt als verschollen.

Er ist wiederaufgetaucht, und wir wissen, wo er ist – aber können wir bitte nicht über ihn sprechen?

Im Juli 2016 schrieben Sie auf Twitter einen Hilferuf: »Liebe Menschen in meinem Leben: Ich kann gerade nicht allein sein. Bitte kommt in mein Haus, wenn ihr könnt.« Was war passiert?

Ich möchte dazu nur eins sagen: Seit diesem Tag kann ich in meinen Knochen nachempfinden, warum sich mein deutscher Freund Marc Fischer 2011 das Leben genommen hat. Der Juli 2016 war der schlimmste Monat meines Lebens. Ich bestand nur noch aus Trauer, Schmerz und Dunkelheit. Mein dummer Tweet hat mir das Leben gerettet. Die Menschen haben ein besseres Herz, als ich dachte. Ich weiß wirklich nicht, wie man ohne gute Freunde am Leben bleiben sollte.

Was ist besser für Ihr Seelenheil: Bildende Kunst oder Schreiben?

Bildende Kunst. Dinge mit der Hand zu gestalten schaltet die Untertitel aus, die ich ständig sehe.

Wie meinen Sie das?

Wenn jemand spricht, sehe ich die Wörter gleichzeitig als Untertitel durchs Bild laufen. Mein ganzes Leben ist untertitelt. *(Coupland nimmt eine Orange aus dem Obstkorb.)* Wenn ich diese Orange jetzt schäle, verschwinden die Untertitel für eine Minute. Die wirksamste Methode gegen meine Untertitel ist, einen Strand entlangzulaufen und den Spülsaum nach angeschwemmten Gegenständen abzusuchen. Weil der Blick nach unten gerichtet ist, muss mein Gehirn höchstens ein Drittel der sonst üblichen Informationen verarbeiten. Meine Konzentration ist allein auf ein, zwei Objektarten gerichtet, zum Beispiel Muscheln und Vogelfedern. Leider hapert die Methode, weil bei uns seit 2014 Tsunami-Trümmer aus Japan angeschwemmt werden. Jetzt heißt es nicht mehr: Oh, eine Muschel! Sondern: Oh, ein Kühlschrank!

Mit 14 führt ein leptosomer Junge Selbstgespräche im Jargon von Immanuel Kant, nur der Blick in den Spiegel mindert seinen Hochmut; nach sechs Jahren in Psychogruppen zwischen Schwabing und Poona verfasst er in weniger als zwölf Monaten sein fast tausendseitiges Debütwerk, mit dem er Philosophiegeschichte schreibt: Peter Sloterdijk über den Eros als Unglücksquelle und die klug machende Wirkung von Haferflocken, über die Ekstase tantrischer Liebesverfahren und das moussierende Gefühl, der Juniorpartner des lieben Gottes zu sein

»Im Licht von Experimenten neige ich zu der Behauptung, dass 90 Prozent der Sexualität eine öde Rammelei bedeutet«

PETER SLOTERDIJK

Vor 25 Jahren sagten Sie: »Mir ist zumute, als wäre ich als Neugeborener gestorben. Seither führe ich ein zweites Leben, postmortal. Der Tiefenpsychologe Stanislav Grof hat mit Hilfe von LSD die subjektiven Geburtserfahrungen des Kindes aufgearbeitet: Da kommen Höllenstürze und apokalyptische Verzweiflungen vor, und dies nur auf den zwanzig Zentimetern, die das Kind zurücklegt, wenn es den Mutterschoß verlässt. Ich weiß, dass er in allem recht hat. Man kann zur Welt kommen, wie man in einem brennenden Flugzeug abstürzt. Mein Trauma war eine brennende Welt, in die ich langsam hineinfalle.« Gilt das noch?

Letztlich ja, nur dass die Fallgeschwindigkeit sich verschärft hat – und die Hoffnung auf ein letztes Aufgefangenwerden hinzugekommen ist. Ich gehöre zu den wenig beneidenswerten Menschen, bei denen das Geburtsdrama im Körpergedächtnis nicht unauffindbar versiegelt ist. Es kommt gelegentlich herauf. In bösen Träumen oder in Augenblicken nervöser Überlastung sehe ich erdbebenartige Eruptionen, Tsunamis, die wehrlose Küsten überrollen, jäh explodierende, aus der Erde kilometerhoch emporschießende Atomfontänen oder Flugobjekte mit beängstigender Anmutung. Ihre Manöver am Himmel würde man eher mit fliegenden Untertassen und Angriffen von Außerirdischen in Verbindung bringen. In den Träumen erlebe ich diese Schrecken als unbezweifelbare Realität.

Franz Kafka kam bei der Abiturprüfung im Fach Deutsch über ein »befriedigend« nicht hinaus. Wie sah Ihre Schulkarriere aus?

Das Wort »Karriere« passt bei mir allenfalls zu dem Jahr vor der Abschlussprüfung. Damals bekam ich das Gefühl, Ernst machen zu sollen. Mit der erwachenden Ambition verstand ich in letzter Minute, dass ich ein viel einfacheres Leben gehabt hätte, wäre ich ein guter Schüler gewesen. Sobald ich per Autohypnose den Habitus des guten Schülers angenommen hatte, wurde ich im Modus sich selbst wahrmachender Prophezeiung wirklich einer und machte das bestmögliche Abitur. In den Jahren zuvor war ich schulisch mäßig, weil meine Haltung hochmütig und nachlässig war.

Wie waren Ihre Noten im Fach Deutsch?

Darin war ich gut. Ich konnte in relativ jungen Jahren skrupellos effektvolle Aufsätze schreiben, die schon so etwas wie einen eigenen Ton hatten. Besonders gern mochte ich den dialektischen Besinnungsaufsatz, wo man zwei widerstreitende Meinungen verteidigen durfte, um dann eine Schülersynthese zu produzieren. Da fühlte man sich schon wie der Juniorpartner des lieben Gottes: erst einmal die Aspekte objektiv darstellen und sie dann von einem höheren Standpunkt aus vereinen.

Bereits als 14-Jähriger benutzten Sie in Ihren Selbstgesprä-

chen das Vokabular der Kantischen Philosophie, lasen Nietzsches *Zarathustra* und schrieben eine zusammenfassende Darstellung der philosophischen Gottesbeweise. Waren Sie Ihrer alleinerziehenden Mutter unheimlich?

Nein, die Mutter hat davon nicht viel mitbekommen und sich damit begnügt, Sohnemann jeden Morgen einen Teller Haferflocken mit Rosinen hinzustellen. Sie glaubte blind an die klug machende Wirkung von Haferflocken. Und da Natur durch Chemie ergänzt noch kräftiger wirkt, hat sie mir jeden Morgen Glutamin-Tabletten verabreicht, aus der festen Überzeugung, man werde davon superintelligent. Diese Art Apothekengläubigkeit habe ich von ihr übernommen. Man sollte unter seinen besten Freunden einen Apotheker haben.

Wie hat Ihre Mutter auf Ihre Selbstgespräche im Jargon von Kant reagiert?

Die waren stumm und innerlich. Das philosophische Selbstgespräch hat den Vorteil, dass man für die jugendübliche innere Zerrissenheit eine Form findet. Man gewöhnt sich daran, dass die Seele mehrstimmig ist, wie ein Parlament, in dem dauernd Misstrauensanträge verhandelt werden, gegen Wörter, Floskeln und Personen. Seit jungen Jahren produziere ich intern ein fortgehendes Konversationsstück. Wenn man früh entdeckt, dass es selbstreflexives Denken gibt, baut man Naivität ab – das hat für junge Menschen etwas Berauschendes. Du bekommst das Gefühl, da, wo andere Leute nur einen Gedanken haben, hast du zwei, drei und mehr. Das führt zu einer herablassenden Distanz vom Gerede der Mitwelt und zu dem Stolz, nicht mehr zu den Naiven zu rechnen. Diesen Stolz habe ich bei meinen späteren philosophischen Lehrern wiederentdeckt. Drückt nicht jede Seite von Adorno genau diese Schwingung von Selbstzufriedenheit aus, die entsteht, wenn man innerlich einen Mehrwert an hochfliegender Reflexion erzeugen kann, während das Bodenpersonal sich mit Gedanken erster Ordnung beschäftigt?

Was waren Sie in den Augen Ihrer Mitschüler: ein verschrobener Eierkopf und verhänselter Eckensteher oder ein

bestauntes Wunderkind, das man bei den Hausaufgaben um Rat bat?

Mein Eindruck ist, dass ich als ganz normaler Schulkamerad wahrgenommen wurde. In der Klasse wurde jedem ein gewisses Maß an Kauzigkeit zugestanden. Ich war aufgrund der Ängstlichkeit meiner Frau Mama früh vom Schulsport befreit. Mit zwölf waren bei mir Herzrhythmusstörungen beobachtet worden. Von da an meinte sie, der Junge sei für so etwas Grobes wie Leibesübungen viel zu empfindsam. Schon damals gehörte das ärztliche Attest zur Waffe der Sensiblen. Einige Jahre lang war ich einer der überbehüteten Jungen, die von den Müttern nicht ohne Schal aus dem Haus gelassen werden. Ich entwickelte mich dennoch nebenbei im Selbststudium zu einem Weltklasse-Torwart, indem ich bei uns zu Hause stundenlang einen großen weißen Radiergummi gegen die Wand warf und hinter ihm her sprang. Ich hielt auch schwierige und scharf geschossene Bälle. Manchmal habe ich zu Hause Hochspringen geübt. Ich nahm eine Latte und versuchte, drüber weg zu kommen und auf meinem Bett zu landen. An Bewegung hat es also nicht gefehlt.

Ihren Nachnamen verdanken Sie Ihrem holländischen Vater, einem Matrosen und Fernfahrer, der sich ein paar Jahre nach Ihrer Geburt davonmachte. Haben Sie Namensspott erlebt?

Einige nannten mich Sloti, was ähnlich klang wie die Währung in Polen. Das hat mich nicht aus den Pantinen gehoben. Wenn ich Schlotter genannt wurde, war das schon eher korrosiv, weil man damit etwas Amorphes, Ehrenrühriges assoziieren konnte.

Warum sind Sie mit zehn Jahren aus dem Internat abgehauen?

Die kleine Flucht ging auf eine Gruppeninitiative zurück. Wir waren nicht gerade ein Club der toten Dichter, aber eine eingeschworene Truppe von drei Zehnjährigen. Als im Herbst die Kartoffelfeuer auf den Feldern brannten, haben wir gesagt: »Jetzt einfach los!« Nachdem wir von der Polizei aufgegriffen und wieder zurückgebracht worden waren, galten wir als die Helden des Heims, für zwei Tage.

Begabungsforscher meinen, es gebe einen Humus der Kläglichkeit, der allen großen Köpfen am Beginn ihres Lebens gemein sei. Was war mit 15, 16 Ihr Minderwertigkeitskomplex?

Früher, als man so etwas gern auf Griechisch ausdrückte, hätte man gesagt, ich sei leptosom gewesen, schwachleibig. Bei mir war der Blick in den Spiegel von jüngeren Tagen an eine hochmutsmindernde Maßnahme. Nie war ich sicher, ob ich mochte, was ich sah. Ich habe übrigens lang über Spiegel und ihre ego-technischen Wirkungen nachgedacht. Früher wussten die meisten Menschen nur vage, wie sie aussehen. Für sie galt die Regel, wie ich behandelt werde, so schaue ich aus. Erst in den letzten 200 Jahren sind wir in Europa zu Spiegelwesen abgerichtet worden. Auch deswegen haben sich bei modernen Menschen die moralischen Verhältnisse so von Grund auf verändert. Die Moral diente früher ja vor allem dazu, Menschen bescheiden zu machen, oder, wie es katholisch heißt, demütig. Primär wurde diese Aufgabe von den Religionen wahrgenommen, die der Selbstliebe einen Riegel vorschieben. Seit überall Spiegel angebracht sind, übernehmen sie diese Funktion und machen neun Zehntel der Population per se ziemlich kleinlaut. Die übrigen zehn Prozent sind die Problemgruppe. In der großen Mehrheit brauchen wir keine Moralpriester mehr, um unseren Hochmut zu dämpfen, sondern Kosmetiker, die uns in Sachen verpasster Schönheit Nachbesserung versprechen.

Hatten Sie Schülerlieben?

Die Frage habe ich befürchtet. Nun ja, die Sache mit den Mädchen versprach schon früh eine größere Komplikation zu werden. Als ich 16 war, hob mein Großvater, damals schon in seinen Achtzigern, zu einer vertraulichen Erzählung an: Nachdem ich ja in reifere Jahre gekommen sei, könne er mir unter Männern mitteilen, dass er eine physische Anomalie darstelle, weil er immer noch potent sei. Der Satz fiel mir wie ein nasser Sandsack auf den Kopf. Mit 16 hat man ja ständig erotischen

Überdruck. Ich dachte in Panik: Oh, mein Gott, das hört also nie mehr auf! Der Eros war damals eher eine Unglücksquelle. Wir waren Lichtjahre entfernt von den Verhältnissen, wie man sie heute etwa in Singapur antrifft, wo es an jeder Ecke Health Centers gibt, die nützliche Dienstleistungen anpreisen, unter anderem die, Passanten in überschaubarer Zeit von unpassenden Erektionen zu befreien.

Peter Handke schrieb als Internatsschüler an seine Mutter: »Mach dir keine Sorgen um mich. Ich werde sicher weltberühmt.« Hatten Sie ähnliche Gefühle?

Vermutlich hatte ich Vorgefühle einer nicht ganz alltäglichen Lebenskurve. Zwischen dem 19. und 21. Lebensjahr habe ich meiner Freundin täglich lange Briefe geschrieben, in dieser Korrespondenz müsste die Antwort auf Ihre Frage zu finden sein. Das Dumme ist, dass die Schöne eines Tages beschlossen hatte, unsere Beziehung sei für sie nicht mehr förderlich. Danach ist der Briefschatz im Badezimmerofen einer Kleinbürgerwohnung in der Nähe des Münchner Viktualienmarktes verheizt worden. Als ich mich später mit der großteils verlorenen Bibliothek von Nag Hammadi beschäftigt habe – die Mutter des Finders hatte die Bündel zum Teekochen benutzt –, dachte ich manchmal: Verdammt, dieses Papyri- und Briefeverbrennen ist doch wirklich eine typische Frauenunart!

Sie haben sich als Sohn eines Sitzenlassers bezeichnet und hinzugefügt: »Ich gehöre nicht zu der Generation, die ihren Vater gern umgebracht hätte, sondern zu der, die froh gewesen wäre, wenn sie vom Vater ein bisschen mehr gesehen hätte.«

In der Beziehung meiner Eltern lag ein starker Zug von Mesalliance. Meine Großeltern hatten zu ihrer Tochter gesagt: »Du hast den Kerl nach Hause gebracht, jetzt nimmst du ihn auch!« Was soll ein gescheites altes Mädchen von dreißig Jahren darauf schon Vernünftiges antworten, wenn man das Jahr 1945 schreibt? Mein Vater blieb in der Familie stets der Underdog. In seiner Abwesenheit wurde nicht respektvoll über ihn geredet, das tat mir nicht gut und machte mich illoyal ihm gegenüber. Er sprach ein raues proletarisches Holländerdeutsch mit vielen Kraftausdrücken und Godverdomme. Andererseits war es ein Glück, von der Vaterseite her fast ungeprägt aufzuwachsen. Ich habe keine Zeit mit antiautoritärer Dialektik verloren. Niemandssöhne genießen das Privileg der Selbstbevaterung. Mir blieb es erspart, wie Sartre es ausdrückte, gleich den unzähligen europäischen Aeneas-Imitaten mit einem Alten auf den Schultern durch das Leben zu humpeln.

Nachdem Sie 1974 Ihr Studium abgeschlossen hatten, haben Sie sechs Jahre lang mit Selbsterfahrungsangeboten experimentiert.

Die Luft in München war angefüllt mit Encounter-Kultur, Esoterik-Diskotheken, Meditationszentren und Psychogruppen, das Ganze mit kalifornischen Akzenten à la Urschrei and Company. An dem Karneval nahm die wohngemeinschaftsartige Gruppe, in der ich mich bewegte, sehr neugierig Anteil. In unsere Kreise war die Idee eingesickert, man müsse seinen perinatalen Schatten aufhellen, um als Mensch vollständig zu werden. Heute halte ich das, gebranntes Kind, das ich bin, für ein Spiel mit dem Feuer, und würde auf der ganzen Linie abraten. Man darf nicht ohne Not an das archaische innere Material rühren, denn psychotische Eruptionen kommen früher, als man glaubt. Wir aber hielten die Psychose für unsere beste Freundin, weil in ihr die größere Wahrheit wäre. Wir waren eine vom Wahrheitswahn getriebene Kohorte, die versuchte, ihre psychischen Schrauben zu verstellen.

Mit welchen Methoden?

Man schluckte LSD und schrieb Protokoll. Man machte etwas absolut Verrücktes, das sich *Enlightenment Intensive* nannte: Drei Tage lang hält man je eine halbe Stunde Kontakt mit einem von über einhundert Gruppenteilnehmern und sagt ihm fünf Minuten lang alles, was einem durch den Kopf geht. Dann wird gewechselt, reihum, und so quält man sich 16 Stunden lang voran, endlose Tage hindurch. Am Ende war man innen so blank wie eine neue Glattrohrkanone. Eine andere Technik bestand darin zu hyperventilieren, bis man in diese Art von

Kampf-Atem gerät, der die Extremitäten steif werden lässt. Die Hoffnung war immer, dass das wahre Selbst dann doch gefälligst an die Oberfläche kommen müsse.

Im Dezember 1979 reisten Sie nach Poona in Indien, weil sie gehört hatten, dass dort ein Super-Guru aufgetaucht sei, »der von den Upanishaden bis zum deutschen Idealismus und Wittgenstein alles auf der Festplatte« habe. Nach vier Monaten im Ashram von Bhagwan Shree Rajneesh kehrten Sie als Sannyasin zurück.

Ich habe mir von diesem Guru die Mala mit seinem Porträt geben lassen. Das ist die Meditationskette mit den 108 Perlen, die angeblich die 108 bekannten Meditationstechniken reflektieren. Nach Poona war ich psychisch nicht mehr unter meiner deutschen Adresse erreichbar. Es begann etwas, was ich einmal die Osterweiterung der Vernunft genannt habe. Mit diesem Impuls kam eine tiefe Aufheiterung in mein Dasein. Ich war plötzlich befreit von dem psychosozialen Tiefdruckgebiet, das über meinem Leben und dem meiner Generation gehangen hatte.

Im Ashram wurde die freie Liebe praktiziert, da Sex als Erkenntniswerkzeug galt. Was haben Sie herausgefunden?

Was dort betrieben wurde, war naturgemäß das pure Ausagieren. Wäre Erkenntnis dabei gewesen, man hätte es ja früher oder später bemerkt. Im alten Indien hingegen gab es effektiv eine spirituelle Sexualpraxis, für die man sich auch im Westen interessierte, obwohl sie in unsere Welt kaum übersetzbar war – diese berüchtigten tantrischen Verfahren, die auf extremer Verlangsamung, hoher Zurückhaltung und respektvoller Ritualisierung beruhen. Davon halte ich übrigens nach wie vor sehr viel. Im Licht von Experimenten neige ich zu der Behauptung, dass neunzig Prozent der Sexualität, die hier als solche aufgefasst wird, nichts anderes als eine öde Rammelei bedeutet. Dass bei uns die meisten Männer, sogar die klügeren wie Henry Miller, Philip Roth und andere Bett-Matadore, aus dem Stadium des grenzdebilen Rammlers nie herauskommen, ist die reale Tragödie unserer Kultur.

Warum war in Poona der Sex unsexy?

Ein Mensch, der sich von einem Bedürfnis überwältigen lässt, gerät stets an den Rand der Albernheit. Deswegen sollte man Menschen auch nicht beim Essen zusehen. Schon das Kauen lässt an die Kanalisation denken. Deswegen sind Tischgespräche so wichtig. Sie bezeugen den Sieg der Zivilisation über die Verdauung. Ein Thema für Buñuel.

Wie oft haben Sie Bhagwan gesehen?

Wenn er nicht *in silence* war, wie man das damals ehrfürchtig nannte, konnte man ihn täglich von neun bis elf in der Großen Halle sehen und hören. Er stieg aus seinem lautlosen Auto, setzte sich auf seinen weißen Sessel, schloss eine Minute die Augen, dann kommentierte er mit infernalischem und seraphischem Humor die spirituelle Weltliteratur durch, von den heiligen Schriften der Inder bis zu Nietzsche, ohne Pause, ohne den geringsten Versprecher und ohne irgendwas abzulesen. Uns konnte das gar nie lang genug dauern, weil sein Indo-Englisch so kurios, so melodisch, so tiefsinnig war, und zugleich so narkotisch einfach.

Welche Sorte Humor hatte Bhagwan?

Der lag auf der Skala zwischen verheerend und liebevoll. Da gab es beispielsweise die inzwischen berühmte »Fuck Lecture«. Eine Schülerin, vermutlich aus England, hatte ihm geschrieben: »Dear Bhagwan, I feel shocked when I hear you use words like ›fucking‹. It hurts my religious feelings.« Das war sein Stichwort. Er erklärte ihr, dass religiöse Gefühle dazu da seien, verletzt zu werden, und dass die Engländer stolz darauf sein sollten, ein so vielseitiges Wort wie »fuck« zu haben. »And now listen« – dann führte er ihr fünfzig verschiedene idiomatische Wendungen von »fuck« vor mitsamt linguistischen Anmerkungen. Die Halle hat gebrüllt – und es war umwerfend, wie er ohne die Miene zu verziehen ein Beispiel nach dem anderen vom Stapel ließ. An seiner Genialität war kein Zweifel möglich. Und doch, wenn ich jetzt über ihn rede, ist mir zumute, als referierte ich eine Episode am Hof von Karl dem Kühnen aus dem Herbst des Mittelalters.

Hans-Jürgen Heinrichs, Autor einer fast 400-seitigen Biografie über Sie, hält Poona für die einschneidendste Zäsur Ihres Lebens.

Da ist etwas Wahres dran, aber noch folgenreicher für meine Entwicklung war eine 1983 begonnene halbglückliche Liebesaffäre. Als sie nach einem Dreivierteljahr plötzlich zu Ende ging, weil die Dame auf andere Gedanken gekommen war, trat bei mir eine einigermaßen dramatische Metamorphose ein. Monatelang konnte ich nicht aufhören zu trauern. Am Ende eines halben Jahres war ich ein anderer Mensch. Meine Erscheinung veränderte sich völlig. Bis dahin konnte ich essen, was ich wollte, ohne mehr als 75 Kilo zu wiegen, wie ein Sträfling aus einem Lager. Mit einem Mal war ein innerer Zaun zur Welt abgerissen. Ich wurde kräftiger, eines Tages wog ich 95 Kilo und später leider noch mehr.

Wie lange liefen Sie nach Ihrer Rückkehr aus Indien in orangefarbener Sannyasin-Tracht durch München?

Ungefähr zwei Jahre. 1984 hielt ich an der Münchner Akademie der Künste einen rhetorisch anspruchsvollen Vortrag. Er bestand in einer Serie von Hinweisen auf den Vortrag, den ich gehalten haben würde, wenn ich ihn ernsthaft hätte halten wollen. Das Ganze nannte sich »Taugenichts kehrt heim – Auch eine Theorie vom Ende der Kunst« – eine grammatische Übung auf dem Hochseil, frühromantisch überzogen und ziemlich frech. Ich trug einen orangenen Maßanzug und die Mala. Es war offen suizidal, doch der Auftritt funktionierte. Ich wollte einfach mal sehen, wie die Münchner Bildungsbürger rücklings auf den Hintern fallen.

Haben Sie je daran gedacht, über Ihre Erlebnisse in Poona zu schreiben?

Natürlich. Ich habe damals Tagebuch geführt. Es liegt ganz unten in einer der verpönten Schubladen. Es zu publizieren würde mir nie in den Sinn kommen. Ich müsste ständig erröten, weil es grauenhaft naiv ist. Mein Stolz als Autor würde rundheraus abstreiten, dass jemand wie ich diese Sachen je geschrieben haben kann. Der Trick wäre vielleicht, alles neu zu verfassen, fiktiv authentisch oder als die Geschichte eines anderen. Eventuell würde das die Wiederannäherung erlauben. Ich denke sowieso darüber nach, die Gattung zu wechseln und nur noch erotische Romane zu produzieren. Das wäre endlich mal was Konkretes!

Welche Romane taugen als Inspiration für ein solches Vorhaben?

Das Einhorn von Martin Walser finde ich immer noch anregend. Einen anderen Bezugspunkt könnte Harold Brodkey liefern, der in der Erzählung *Unschuld* Musil-artige Qualitäten erreicht. Hinreißend finde ich *Die Fermate* von Nicholson Baker. Die Grundidee des Buchs ist wahrhaft genial, wonach der Erzähler die Fähigkeit besitzt, die Zeit anzuhalten, um dann mit den stillgestellten Frauen zu machen, was ihm so einfällt.

Nach Ihrer Rückkehr aus Indien explodierte Ihr Ausdruckstrieb. In Ihrem Apartment in der Münchner Dollmannstraße schrieben Sie in weniger als zwölf Monaten Ihr fast tausendseitiges Debütwerk mit dem leicht größenwahnsinnigen Titel *Kritik der zynischen Vernunft*.

Bis dahin hatte ich ein Leben im Aufschub geführt, ich habe prokrastiniert, wie die jungen Leute heute so schön sagen. Ein Krebsverdacht im Jahr 1980 ließ mich ernst machen. Ich wurde entsichert, und die Produktion fing an. Ich erinnere mich noch sehr gut, wie ich mich eines Morgens murmeln hörte, was ich gerade geschrieben hatte: »Seit einem Jahrhundert liegt die Philosophie im Sterben und kann es nicht, weil ihre Aufgabe nicht erfüllt ist.« Das war mein erster philosophischer Satz in der Sprache des Autors, der ich wurde. Da hörte ich meinen eigenen Ton zum ersten Mal. Die Schnelligkeit der Produktion hat mich selber überrascht. Das Buch kam fast fertig hervor. Als ich das Manuskript an Suhrkamp schickte, dachte ich, wer kann so ein Volumen absorbieren? Aber die Leser haben es aufgegriffen.

Ihr Buch wurde mit 150 000 verkauften Exemplaren zum bestverkauften deutschen philosophischen Werk nach dem Krieg. Wie wirklich oder unwirklich war dieser Senkrecht-

start für einen damals 36 Jahre alten Niemand, der noch ein Jahr zuvor das Sannyasin-Gewand getragen hatte?

»Als Schriftsteller ist Sloterdijk Schopenhauer ebenbürtig«, hat ein Kritiker damals geschrieben. An dem Abend danach schläft man etwas tiefer als sonst. Je erfolgreicher das Buch wurde, desto mehr nahm zugleich die Feindseligkeit der Kollegen zu. So begann für mich die eigentliche Arbeit des öffentlichen Intellektuellen: sich durch Gegner nicht verzerren zu lassen.

Für Ihre linken Widersacher, so haben Sie es formuliert, sind Sie »ein Hybrid aus Dieter Bohlen, Muammar al-Gaddafi und Carl Schmitt«, der »kaltherzige Champagnerfeste mit den Bösmenschen« feiert. In der *taz* hieß es, an Ihnen könne man die »Verfallsgeschichte eines Ultrakonservativen« studieren.

Ich würde mit einer Frage antworten: Was haben diese Leute in den letzten vierzig Jahren getrieben? Haben sie von ihrer Lebenszeit klugen Gebrauch gemacht? Ich bezweifle das, da sie offensichtlich sitzen und stehen geblieben sind. Kann das in turbulenten Zeiten die richtige Bewegungsart sein? Auf den Gymnasien möchte man ja das Sitzenbleiben abschaffen. Die schlechten Schüler des Zeitgeists haben es längst getan, ohne zu merken, dass sie auf den Bänken der Sechziger- und Siebzigerjahre kleben, wobei sie sich immer noch für die Vorhut halten.

Einer Ihrer erbittertsten Gegner ist Jürgen Habermas, der neben Ihnen bekannteste deutsche Gegenwartsphilosoph.

Er konnte es schon beim Erscheinen meines ersten Buchs nicht wirklich gut leiden, dass es auf dem Feld der Philosophie im Land eine nicht leicht einzuordnende neue Stimme gibt. Er machte aber anfangs noch gute Miene zum ungewohnten Spiel. Ihm wäre es lieber gewesen, Hans Magnus Enzensberger hätte die *Kritik der zynischen Vernunft* unter dem Pseudonym P. Sl. geschrieben, wie einen literarischen Scherz im Überformat. Dann hätte er keinen noch undefinierten Anwärter für das Amt eines öffentlichen Intellektuellen auf seinem Radarschirm positionieren müssen. Dass seine Haltung sich mit den Jahren vom Unbehagen zur Feindseligkeit entwickelte, ist eine Anekdote, die zur jüngeren Ideengeschichte der BRD rechnet.

Habermas geht auf die 90 zu. Wird er noch seine Hand zur Versöhnung ausstrecken?

Vermutlich nein.

Und Sie?

Wenn Putins Truppen den Rhein erreichen, und es kommt ein Telegramm aus Starnberg, ob wir nicht gemeinsam eine Erklärung der Intellektuellen über die Rückkehr zu nicht-militärischen Lösungen signieren sollten, würde ich meinen Namen neben den seinen setzen.

Sie schreiben seit 46 Jahren jeden Tag Notizen in DIN-A4-Hefte mit jeweils 192 Seiten Umfang. Bei welchem Heft sind Sie angelangt?

Das aktuelle hat die Nummer 125.

In Heft 100 heißt es: »Hätte der Neoliberalismus Titten aus Zement, er sähe aus wie Heidi Klum.« Prosten Sie sich bei solchen Bonmots innerlich zu?

Solche Sachen notiere ich völlig nebenbei. Meine innere Redaktionsstube ist immer besetzt. Einer hat Journalwache. Der schreibt auf, was reinkommt.

Bei Ihnen lernt man, dass Politiker auf Suaheli »wabenzi« heißen, »Leute im Mercedes-Benz«, und dass der junge Freud als Physiologe über die Hoden des Aals gearbeitet hat. Können Sie Licht in Ihre mirakulöse Belesenheit bringen?

Der Eindruck von Belesenheit ist eine Nebenwirkung der kontinuierlich besetzten inneren Redaktion. Da gibt es immer einen freien Mitarbeiter, der für ankommende Kuriosa zuständig ist und sie abheftet. Vielleicht bin ich auch ein bisschen der Lexikon-Mann. Materialreichtum ist eines meiner Markenzeichen. Ich schreibe immer im Zwiegespräch mit einer Bibliothek. Hierin bin ich mit Hans Blumenberg verwandt. Meine Frau hasst das, sie meint, es sei ein Ausweichen ins Historische. Ich sehe das aber ganz anders. Zu meiner Autorenethik gehört, dass ich Zitate nicht kleiner drucken lasse als den eigenen Text.

Die Germanisten-Halunken und die Soziologen-Canaille erkennt man daran, dass sie Sätze von Goethe und Max Weber zwei Punkte kleiner setzen lassen.

Was können Sie sich leichter merken: Menschen oder Zitate?

Böse Frage. Ehrlicherweise Zitate, vorausgesetzt, sie haben Prägnanz-Qualität. Ich behalte dann auch manchmal die Situation, in der ich das erste Mal von einer Formulierung frappiert werde. Vor gut einem Jahr fuhr ich mit dem Zug nach Weimar und blätterte in einem Buch mit englischen Geistesblitzen – ich mag Zitatenbücher gern. Der Titel des Buches ist *If Ignorance Is Bliss, Why Aren't There More Happy People? Smart Quotes for Dumb Times*. Ich stieß auf ein Zitat, bei dem ich eine Viertelstunde lang von einem Lachkrampf geschüttelt wurde. Die Leute im Zug guckten mich befremdet an. Das betreffende Bonmot hatte ein Sprecher Ronald Reagans zum Besten gegeben: Der Präsident lege Wert auf die Feststellung, »er färbt sich nicht die Haare. Er ist nur vorzeitig orange geworden« – he's just prematurely orange.

Haben Sie jemals einem Menschen so viel Liebe, Zuneigung, Geduld und Leidenschaft entgegengebracht wie Ihren Büchern?

Das habe ich noch vor mir. Und ich lerne schnell! Auf meine älteren Tage merke ich, wie viele Aufmerksamkeitssünden man im Leben anhäuft. Aber die trage ich noch ab, versprochen! Vor dem Purgatorium graust es mir.

Wie viele Stunden lesen Sie am Tag?

Vielleicht vier, fünf, eher weniger, denn ich lese langsam und absorbiere.

Lesen Sie gedruckte Zeitungen und Magazine?

Als Papierpresse-Leser bin ich nur noch in Zeiten gut, in denen ich viel reisen muss. Da wird mir am Frankfurter Flughafen das Material aufgedrängt, wonach Sie fragen. Ansonsten ist der Computer das Universalgerät geworden.

Muss ein deutscher Professor das Feuilleton der *Zeit* lesen?

Früher ja. Heute ist es wegen der Anbiederung an die Massenkultur fast unbrauchbar geworden. Ich profitiere mehr vom Reizklima der Kunst-Universität, die ich leite. Fast jeden Tag kommen zwei, drei Kollegen zu mir nach Hause und werden, wenn sie nett sind, von mir bekocht. Ihre Gastgeschenke bestehen in dem, was sie gerade im Kopf haben. Neben den Karlsruher Tischgesprächen klingt das *Zeit*-Feuilleton wie eine Schülerzeitung.

Klicken Sie regelmäßig bestimmte Websites an?

Ich fahre hin und wieder auf »Die Achse des Guten«, wenn ich Lust habe, den Kopf zu schütteln, oder zu »Telepolis«, wenn ich Sympathisches haben will. Das mit Abstand Brauchbarste im Netz ist »Arts & Letters Daily«, ein anglophoner Super-»Perlentaucher«. Damit entgeht mir kein intelligenter Satz, der irgendwo in der Welt auf Englisch geschrieben wird.

Facebook? Twitter?

Es genügt mir, wenn meine Tochter das benutzt.

Ist Schreiben für Sie wie das Gleiten in eine warme Badewanne, oder erleben Sie Blockaden und Verzweiflung?

Ich arbeite nur, wenn es leicht geht. Ich würde es als Belastung empfinden, wenn im fertigen Stück ein Krampf spürbar ist. Ich bin ja mein erster Leser, der will was für sein Geld.

Sie veröffentlichen jedes Jahr ein neues Buch, waren bis 2015 Rektor der Hochschule für Gestaltung in Karlsruhe, lehren als Professor und sind als Vortragsreisender zwischen Abu Dhabi, Stanford und dem niederländischen Königshof unterwegs. Trotz dieses permanenten Produktionsrausches gibt es, schrieben Sie, eine dämonische Stimme in Ihnen, die sagt, in Wahrheit seien Sie eine faule Socke.

Dieses Paradox würde ich mir gern mal von jemandem erklären lassen. Wahrscheinlich hat es mit der unklar besetzten Vaterposition in meinem Inneren zu tun. Gemäß Neuem Testament muss doch irgendwann mal über mir eine Taube erscheinen und eine Stimme vom Himmel ertönen: »Dies ist mein Sohn, an dem ich ein Wohlgefallen habe.« Hätte ich je so eine Stimme gehört, wäre ich wahrscheinlich ruhiger geworden. So aber lebe ich unter dem Auge eines großen Anderen, den ich mit nichts von allem, was ich tue, überzeugen kann. Meine Zweifel am Genügen der eigenen Leistung sind vermutlich die dunkle Seite der Vater-Absenz. Wenn einer, der da sein sollte, so hartnäckig abwesend ist, kommt man nicht darum herum, in sein Fehlen eine schreckliche Missbilligung hineinzulesen.

Zu Ihrem Fernsehverhalten sagten Sie: »Ich benutze das Fernsehen als Gleichgültigkeitsmaschine. Ich schaue so lange auf den Bildschirm, bis der gefühlte Unterschied zwischen einem Papst-Segen, einer pornografischen Dauerwerbesendung und einem Bericht über die Fauna von Madagaskar gegen null geht. Dann ist der Zustand erreicht, in dem das Gehirn bereit ist, sich für ein paar Stunden von der Welt zurückzuziehen.« Geht es Ihnen immer noch so?

Es ist vorbei. Ich sehe fast überhaupt nicht mehr fern. Ich habe mir zwar erst vor einem Jahr einen richtig guten High-Definition-Flachbildfernseher gekauft, aber nur um festzustellen, dass ich ihn nicht brauche. Ich schreibe jetzt nachts lieber Briefe oder lese im Netz. Das Verschwinden des Fernsehens aus meinem mentalen Ökosystem hat unter anderem den Grund, dass ich nichts mehr erleben will. Ich möchte auch keine unerbetenen Erlebnisvorschläge rezipieren. Das TV-Bild soll ja in Wahrheit nie informieren, sondern invasiv gegen den Betrachter vorgehen. Ich verstehe immer besser, warum Marshall McLuhan das Fernsehen als ein taktiles Medium bezeichnete. Früher kam mir diese These mysteriös vor, jetzt weiß ich eher, wovon die Rede ist. Das Fernsehen rührt den Zuschauer an, als würde eine Hand aus dem Bildschirm hervorkommen, um an den Einstellknöpfen unseres Gemüts zu drehen. Das lasse ich nicht mehr zu.

Warum wollen Sie nichts mehr erleben?

Wenn ich auf Erlebnisse aus bin, versäume ich die Verabredung mit dem Realen.

Meditieren Sie heute noch?

Indirekt, als Radfahrer.

Sie fahren mit Ihrem Tourenrad bis zu 130 Kilometer am Tag und nennen sich einen »Velomanen«.

Ich fahre mir davon in der Hoffnung, als jemand zurückzukehren, der nicht identisch ist mit dem, der weggefahren war. Die Utopie beim Radfahren ist, dass man irgendwann schneller wird als die schädlichen Gedanken, die die freie Kapazität der Großhirnrinde in Beschlag nehmen. Meine Erfahrung sagt mir, dass man nach reichlich einer Stunde an die Grenze kommt, wo der parameditative Zustand eintritt. Man fährt dann seinem alten Adam ein paar Meter davon. Ich behaupte, der heimkehrende Radfahrer ist ein besserer Mensch. Jedenfalls ähnelt er weniger dem Neurotiker, der sich auf den Sattel geschwungen hatte.

Mit Blick auf Ihr Haar haben Sie sich mal »den unfrisierbaren Oger« genannt und eine schöne Anekdote erzählt. Bei einer Podiumsdiskussion in Paris fragte Sie ein Zuhörer: »Seit wann ist Ihr Frisör im Gefängnis?« Die treffende Antwort fiel Ihnen erst beim Zubettgehen ein: »Seit 1968. Sieht man das nicht?«

Der zweite Teil der Geschichte ist keine Fiktion. Ich war tatsächlich seit Langem nicht mehr wirklich beim Frisör. Ich schneide mir die Haare selbst, wie man sieht mit bedenklichen Ergebnissen, manchmal macht es eine Freundin – ganz selten ein Prominenten-Figaro in Wien, der Strähnen sammelt wie Reliquien. Vor Fernsehsendungen hat auch mal die eine oder andere Visagistin wegstehende Haare nachbehandelt. Diese Damen haben den nötigen Charme, um einem sagen zu dürfen, ein professioneller Handgriff hier und da wäre vielleicht sinnvoll.

Ist Ihre Frisur eine Schrulle oder Image-Design?

Meine Gleichgültigkeit gegen Frisur ist wohl ein Achtundsechziger-Erbstück, das ich über die Jahrtausendgrenze mitgeschleppt habe. Ich glaube auch nicht, dass ich noch einmal zu einem akzeptablen Haarschnitt bekehrt werden kann. Dass man dann öfter aussieht wie ein ungarischer Hirtenhund, stört mich nicht.

Als Sie Ihrer dritten Ehefrau einen Heiratsantrag machten, mussten Sie feststellen, dass sie bereits eingeschlafen war. Hatte Nietzsche recht, als er schrieb: »Ein verheirateter Philosoph gehört in die Komödie«?

Regina Haslinger und ich haben keine Affäre aus unserer Hochzeit gemacht, weil wir schon seit sieben Jahren liiert waren. Dazu kommt, dass unsere Tochter seit drei Jahren auf der Welt war. Uns kam die Ehe mehr wie ein Nachvollzug der Tatsachen durch die Schriftsachen vor. Übrigens gehören alle Geisteswissenschaftler in die Komödie, ob verheiratet oder ledig.

Sind Sie in Liebesangelegenheiten ein nutty professor?

Sie meinen den Intellektuellen, der am Morgen aus Versehen das Frühstücksei küsst? Manchmal. Das gehört zu dem Thema der Aufmerksamkeitsschulden, die man im Laufe seines Lebens gegenüber den lieben Menschen akkumuliert.

Sie haben eine erwachsene Tochter. Als sie 15 war, sagten Sie: »Meine Tochter ist der Hochkultur gegenüber sehr tolerant.« Hat sie eine Affinität zur Philosophie?

In meinen Augen hat sie eine kluge Entscheidung getroffen, als sie beschloss, Psychologie zu studieren, die jüngere Schwester der Philosophie, in Berlin obendrein. Das reicht, um die Affinität zur Welt des Vaters aufrechtzuerhalten. Neuerdings schreibt sie mir fast jeden Tag E-Mails über das, was sie erlebt und denkt. Ein besonders schönes Stadium unserer Beziehung hat begonnen.

Liest sie Ihre Bücher?

Vielleicht schaut sie hin und wieder in eines vorsichtig hinein. Manches findet sie interessant, das meiste etwas schwierig. Interviews hat sie lieber. Die liest man in fünf Minuten, dann kann man den Herrn Papa zusammenfalten und in die Handtasche stecken.

Wolf Biermann hat von vier Frauen neun Kinder, dazu kommt ein angenommenes Kind. Günter Grass hatte sechs leibliche Kinder von drei Frauen und zwei Ziehkinder. Martin Walser bringt es immerhin auf fünf Kinder. Ist der Typus

des vitalen, sich an seiner Kinderschar erfreuenden Intellektuellen am Aussterben?

Intellektuelle, die größere Fortpflanzungsergebnisse an den Tag legen, sind selten geworden. Es ist zu befürchten, dass mit Martin Walser die gelebte Erotomanie in der deutschen Nachkriegsliteratur ausstirbt. Nachfolger sind nicht bekannt. Es überwiegt der Typus, der null Kinder von sieben Frauen hat. Die Könige gehen ins Exil.

»Die natürliche Anarchie des Kindes«, schreiben Sie, »ruft den natürlichen Konservatismus der Eltern hervor.«

Ich denke über das Wort »konservativ« in letzter Zeit anders als früher und beklage die Situationen, in denen dieser Begriff als Schimpfwort gebraucht wird. Andauernd nicht-konservativ sein: Das würde ja heißen, alle Menschen der progressiven Tendenz müssen sich zu der Stümperei der ständigen Neuanfänge bekennen. Wer ständig fortschreitet, geht über zu viel hinweg. Die Welt ist so reich an Vollendungen, dass ich nur durch den Verrat am Vollkommenen fortschrittlich bleiben könnte. Früher dachte ich, Konservatismus sei nur in zwei Fällen plausibel: Wenn du eine Bibliothek hast mit allem Wesentlichen in Leder, oder einen Weinkeller mit denkwürdigen Tropfen aus Jahrzehnten. Ansonsten wäre ausnahmslos immer Progressivität verpflichtend. Ich überzeuge mich mit jedem Lebensjahr mehr davon, wie verfehlt diese Ansicht war. Man muss täglich konservativer werden, damit man rezeptiver wird für die Werke, die auf uns warten. Die meisten Menschen von heute, darunter erschreckend viele Künstler, lassen freiwillig das Beste links liegen, weil sie selber etwas Schlechteres, aber Eigenes, vorhaben.

Martin Walser meint, es gebe Weine, gegen die jede menschliche Gesellschaft Barbarei sei. Falls Sie das unterschreiben, nennen Sie bitte einen.

Was Sie von Walser zitieren, sagen die Alleintrinker. Was gemeint ist, könnte ich verstehen, doch empfinde ich anders. Wenn ich einen großen Wein vor mir habe, möchte ich jemanden haben, mit dem ich andächtig werden kann. Gelegentlich passiert das. Ich habe mit meinem Freund Wolfgang Rihm vor Jahren eine Flasche Romanée-Conti La Tâche Grand Cru 1991 getrunken, ein märchenhaftes Höchstgewächs aus Burgund, Geschenk eines seiner Bewunderer. Ich weiß es noch ganz genau: Wir saßen in seiner Küche am Tisch. Er schenkte ein, wir hoben die Gläser. Danach haben wir uns gegenseitig angeguckt – bis einer von uns sagte, ich weiß nicht mehr wer: »So was dürfte man eigentlich nur im Stehen trinken.«

In Ihrem Journal schreiben Sie: »Gäbe es das Auge Gottes, was würde es heute beobachten? 7 Milliarden homines sapientes meist ohne besondere kognitive Vorkommnisse, 700 000 Kreative, deren Output die Evolution treibt, 700 Pulsare auf genialer Frequenz, deren Namen man später in Kulturgeschichten findet, 7 seraphische Intensitäten, deren innere Prozesse auch für Gott informativ sind.« Zu welcher Gruppe zählen Sie sich?

Das Auge Gottes dürfte sich wundern, was ich über seine Sicht alles weiß. Vielleicht würde es für mich ein Feld extra aufmachen, um mich schärfer zu überwachen.

Sie spekulierten, dass Sie, wären Sie noch mal 18, Pfarrer würden.

Habe ich das gesagt? Mir stehen die Haare zu Berge! Mein Lieblingsautor zu diesem Thema ist Sören Kierkegaard. Er wäre vielleicht fähig zu erklären, was ich gemeint haben könnte. Im Jahr 1848 veröffentlichte Kierkegaard einen Aufsatz, kaum sechs oder sieben Seiten lang, von einer Luzidität, die alle Bibliotheken Roms und Wittenbergs überstrahlt. Den lese ich fast jedes Jahr unter fast zeremoniellen Umständen wieder: *Über den Unterschied zwischen einem Genie und einem Apostel.* Danach weiß man erst, was Autor-Sein in heutiger Zeit bedeutet. Nach Kierkegaard genügt der genialische Künstler allein den selbstgesetzten Maßstäben und den immanenten Gesetzen seiner Disziplin. Sein Lohn ist humoristische Selbstzufriedenheit oder die Bewunderung anderer. Wer hingegen Apostel ist, agiert unter einem absoluten Mandat. Der apostolische Beruf belohnt sich anders als der ästhetische, notfalls auch mit der Art von erlesenem Misserfolg, die man Martyrium nennt. Ein solches Mandat kann man nicht vorweisen, wenn man seine Botschaften selber in die Maschine tippt, ohne einen göttlichen Absender hinter sich zu wissen. Ich kann ja nicht an der Tür der Leute klingeln: »Ich hätte da ein Evangelium günstig, das sollte Sie interessieren. Der Verfasser bin übrigens ich persönlich.« Hier beginnt das moderne Autorenproblem: Ein bisschen Genie, das stellt man zur Not selbst auf die Beine. Ein paar Creative-writing-Seminare, und fertig ist der Jungautor. Aber ein Apostolat, ein echtes Mehr an Zu-sagen-Haben, wie kann das außerhalb der Kirchentradition entstehen? Sartre hatte gemeint, er könne die Frage mit seiner Lehre vom freien Engagement beantworten. In Wahrheit war er dem Problem ausgewichen.

Philosophen sind in der Regel unglückliche Naturen und haben obendrein die trotzige Neigung zu behaupten, das sei auch gut so. Wie erfolgreich betreiben Sie für sich selbst das Projekt Aufheiterung?

Über Jahrzehnte mit beachtlichen Ergebnissen, bis ich 2013 durch den Tod einer engen Freundin an den Abgrund geführt wurde. Ich habe das Drama vom Tag der fatalen Diagnose an über zwei Jahre hinweg bis zum Ende miterlebt. Lange befand ich mich in einem Trauertunnel, ohne Horizont, morbiden Gedanken ausgeliefert. Damals hat mich die Arbeit gerettet, und die Tatsache, dass Freunde und andere gute Geister täglich da waren.

Kennen Sie nach 40 Jahren Reflexion am Schreibtisch so etwas wie Denk-Akne oder Erkenntnisekel?

Nein, aber den typologischen Bruder von Erkenntnisekel, den schwarzen Kitsch, den kenne ich, und gegen den empfinde ich Misstrauen. Ich hab ihn selber zeitweilig probiert. Man kann seine Erkenntnisse mühelos so dunkel einfärben, dass man zu einem philosophischen Gothic-Autor wird, so wie die Geheimtipps der Theorie-Jugendszene heute zwischen Paris, London und Berlin sich gern präsentieren. Auf diese Entwicklung habe ich verzichtet. Besser schien mir, der Sentimentalität den Vortritt zu lassen. Ich habe mich auf dem zweiten Bildungsweg von einem natürlichen Pessimisten zu einem künstlichen Optimisten entwickelt.

Sie leiden an etwas, was Sie »Hochsommernervenkrisen« nennen. Was sind das für Zustände?

Seit dreißig Jahren gerate ich 14 Tage vor meinem Geburtstag Ende Juni endogen in Verdüsterungen, die dazu führen, dass ich mit Migränen kämpfe und kotzen möchte. Dieser Zusammenhang von Sommer und Stress von innen ist die anscheinend am wenigsten auslöschbare Komponente in meiner Privatmythologie.

Wenige Tage vor seinem Tod im Juni 2014 schrieb Frank Schirrmacher in einer SMS an Mathias Döpfner, er wolle sich künftig mehr um »die adriatische Stimmung des Lebens« bemühen. Ihnen schwebt seit vielen Jahren ein Buch vor, das zeigen soll, »dass Wahrheit nicht eine Eigenschaft von Sätzen ist, sondern von Sommertagen«.

Die Entwicklung einer mediterranen Stimmung auf deutschem Boden wäre Schirrmachers bester Plan geworden. Von dem Moment an wären wir offene Komplizen gewesen. Er hatte aber gleichzeitig diese napoleonische Komponente im Leib. Die drückte sich darin aus, dass er es auch mit dem Wenig-Schlafen übertreiben musste. Er hatte den Mythos verinnerlicht, dass ein großer Chef fast nie schläft. Auf dem Gebiet der Überanstrengung ist Schirrmacher weit gegangen. Außerdem wählt man, wenn man Symptome hat wie die seinen, die 112. Sein verfrühter Tod hat mir enorm leidgetan, nachdem ich ihn in den letzten zwei, drei Jahren besser kennengelernt hatte. Mit einem Mal erschien er mir von einer Ernsthaftigkeit und menschlichen Zugewandtheit, die ich zuvor bei ihm nicht wahrgenommen hatte. Bis dahin fand ich sein Auftreten etwas zynisch, und auf seinen früheren babyfacehaften Ausdruck konnte ich mir keinen Reim machen. Unser gemeinsamer Freund Hans Ulrich Gumbrecht hat mir aber erklärt, das sei seit jeher eine optische Täuschung gewesen. Er selbst habe Schirrmacher über Jahrzehnte hin immer im Vollbesitz seines echten Elans erlebt. Gumbrecht hat die Formulierung geprägt, Schirrmacher habe vor Begeisterung über seinen Beruf vergessen, die Kindheit abzulegen.

Zu den Aufgaben großer Philosophen gehört es, Schüler zu haben. Gehen aus Ihrem Umkreis Originale hervor oder nur 600-seitige Dissertationen?

Doktorarbeiten habe ich auf das Format von 300 Seiten und weniger zurückgedrängt. Studenten verstehen nach und nach, dass es indezent wäre, darüber hinauszugehen. Es war auch nie mein Interesse, eine Schule zu bilden. Schwache Abschreiber gibt es genug in der Welt – und was ist Schule anderes als ein Synonym für blasses Abschreiben? Ich unterrichte in dem Bewusstsein, etwas nicht Unterrichtbares zu lehren. Ich glaube aber an den Modus der indirekten Schülerschaft. Mein Temperament ist nicht das eines Lehrers, sondern eines Menschen, der manchmal beim lauten Denken in Fahrt kommt und andere mitnimmt. Ich habe zwanzig Jahre lang eine Philosophieklasse an der Wiener Akademie am Schillerplatz geleitet, die ausschließlich auf freien Assoziationen vor Publikum beruhte, ausgehend von klassischen und modernen Texten. Wenn das Lehre war, nehme ich sie für mich in Anspruch.

Über Ihr Ende mutmaßen Sie: »Wahrscheinlich werde ich irgendwann einmal vom Fahrrad fallen. Oder ich werde bei einer mürrischen Suche nach einer vergessenen Fußnote sterben, unter den Büchern natürlich.« Welcher Philosoph hatte Ihrer Kenntnis nach einen Tod, der es mit seinem Werk aufnehmen kann?

Vielleicht Roland Barthes, der ein Liebhaber des Universums der Zeichen war und ein Leben lang auf ihre Bedeutungen horchte. Er wurde in Paris von einem Kleinlastwagen überfahren, dessen Fahrer ein Zeichen missachtet hatte. Barthes ließ sich im Grab seiner Mutter beisetzen.

Philosophen überleben im öffentlichen Bewusstsein dank schmissiger Plakat-Losungen wie »Das Sein bestimmt das Bewusstsein«. Welcher Satz soll von Ihnen bleiben?

Letztlich geht es mir darum, den Abgrund zwischen Leben und Philosophie zu überbrücken. Vielleicht genügt dazu ein einziger Satz, bei welchem dem Kollegen Descartes die Ohren klingen: Man denkt an mich, also bin ich. Mit etwas Glück wird daraus: Ich bin, seit sie an mich denkt.

Der Vater ist Major in der britischen Armee und singt zu Hause Soldatenlieder aus dem Zweiten Weltkrieg; der schwule Sohn arbeitet in jungen Jahren als Callboy und wird durch Hollywoodfilme weltweit zum Frauenschwarm: Rupert Everett über Geschlechtsverkehr im Al-fresco-Stil und den Orgasmus von Madonna, über seinen Seelenbruder Oscar Wilde und die Zumutungen, heutzutage ein Filmstar zu sein

»Ich glaube nicht mehr an horizontalen Sex – er geht zu sehr auf die Ellbogen«

RUPERT EVERETT

Gratulation, nach künstlerisch mageren Jahren haben Sie am Londoner Hampstead Theatre als Oscar Wilde in *The Judas Kiss* die Rolle Ihres Lebens gespielt.

Mein altes Ich rief bei schmeichelhaften Kritiken immer: »Grandios gemacht, Rupert! Und als Nächstes spielst du Hamlet!« Wenn ich heute höre, ich sei für diese Rolle geboren, sagt mein neues Ich: »Vorsicht! In Wahrheit will man dir zu verstehen geben: Du bist eine blöde Fotze und wirst garantiert an deiner nächsten Rolle scheitern – also versuch's gar nicht erst.«

Sie haben mal auf den Tadel einer Theaterbesucherin reagiert, indem Sie der Dame ein paar Ihrer Schamhaare nach Hause schickten. Wie sehr verletzt Sie Kritik?

Selbst bösartigste Verrisse berühren mich nicht mehr. Aber das liegt lediglich daran, dass ich wie eine Vagina bin, die so oft gefickt wurde, dass sie völlig unempfindlich geworden ist. Ich denke dann: Okay, was soll's, bück dich halt, und lass es mal wieder über dich ergehen.

Was fasziniert Sie an Oscar Wilde?

Nachdem er wegen Unzucht mit männlichen Prostituierten zwei Jahre Zuchthaus mit schwerer Zwangsarbeit hinter sich hatte, lebte er als verwahrloster Vagabund in Paris. Er stank nach Pisse und schnorrte in den Cafés Gäste an, weil er seine Rechnung nicht bezahlen konnte. Einer seiner Sprüche war: »Ich bin Oscar Wilde, und ich werde nun etwas Furchtbares tun. Ich werde Sie um Geld bitten.« Um die Dramatik dieses Niedergangs zu verstehen, muss man sich klarmachen, dass er fünf Jahre zuvor noch ein umschwärmter Superstar war. Als der Staatsanwalt die Jagd auf ihn eröffnete, liefen in London drei seiner Stücke gleichzeitig – das ist wie dreimal *Zurück in die Zukunft* von Steven Spielberg. Aber wie alle Stars ließ er sich von seinem Erfolg blenden und lebte mit dem Kopf in den Wolken. Als der Prozess gegen ihn begann, brüstete er sich gegenüber einem Freund: »Mir wird nichts passieren, denn die arbeitenden Klassen stehen geschlossen hinter mir.« Deutlicher kann Hybris sich nicht offenbaren.

Wildes Verhängnis war seine an Hörigkeit grenzende Liebe zu Lord Alfred Douglas, genannt Bosie. Wie erklären Sie diese Amour fou?

In England blickt man auf Iren herab, und Oscar hatte das Pech, in Dublin geboren zu sein. Deshalb war es für ihn ein Triumph, Sex mit einem englischen Aristokraten zu haben. Hinzu kam, dass Bosie Stil und Witz hatte und blendend aussah. Dass ein Mensch mit Anfang zwanzig schon so snobistisch und dekadent sein konnte, faszinierte Oscar. Bosie wurde sein Gott. So hochmütig und aasig wie dieser prächtig parlierende Dorian Gray wollte er auch werden. Die Kunstfigur, die Oscar aus sich machte, war indirekt Bosies Schöpfung. Als Oscar im Laufe der Jahre dahinterkam, dass Bosie ein infamer Opportunist war, schwankten seine Gefühle zwischen Jähzorn, Liebe und vollständigem Abscheu.

Als Wilde 1895 in seine Zelle gesperrt wurde, lernte der blasierte Snob Speisen kennen wie braune Mehlgrütze mit Nierenfett.

Er empfand das Gefängnis als Grab für Noch-nicht-Tote und litt unter Unterernährung, Schlaflosigkeit, Gicht und Diarrhö. Nur alle drei Monate durfte er einen Brief empfangen, die Besuchszeit betrug zwanzig Minuten. Weil er immer wieder gegen die Anstaltsordnung verstieß, sperrte man ihn in eine Dunkelzelle und gab ihm nur Brot und Wasser. Seine größte Furcht war, dem Wahnsinn zu verfallen.

Nach seiner Entlassung wollte Wilde sechs Monate als Büßer in ein Kloster gehen. Seine Begründung: »Es muss köstlich sein, Gott durch bunte Glasfenster zu erblicken.«

Plötzlich behauptete er, im Gefängnis glücklich gewesen zu sein, weil er dort seine Seele gefunden habe. Er trat als wiedergeborener Christ auf, hielt sich für einen geopferten Gott und schwärmte für Franz von Assisi. Homosexualität war auf einmal eine Ursünde für ihn. Als kein Kloster ihn aufnehmen wollte, war diese Phase schnell zu Ende.

Nach ein paar Wochen in Freiheit schlief Wilde mit einer Prostituierten. Warum?

Er schwankte zwischen Bosie und der Rückkehr zu seiner Frau und den beiden Söhnen. Deshalb wollte er ausloten, ob es für ihn möglich wäre, *straight* zu werden. Als er von der Prostituierten zurückkehrte, war sein Kommentar: »Die erste seit zehn Jahren, und es wird auch die letzte sein. Es war, als kaue man kaltes Hammelfleisch.«

Von einer mittelmäßigen Ballade abgesehen, hat Wilde nach dem Gefängnis nichts mehr geschrieben. Wurde er gefragt, weshalb er literarisch verstummt sei, war seine Antwort, er leide an »cacoethes tacendi«, unheilbarer Schweigesucht.

Wer seine Selbstachtung verliert, wird bitter. Oscar leugnete vor Gericht, homosexuell zu sein, und machte sich damit zum Idioten, denn jeder in London wusste, dass er eine hoffnungslos hedonistische Tunte war. Statt juristische Argumente vorzubringen, wollte er die Zuschauer im Saal mit geistreichen Aperçus beeindrucken. Mit anderen Worten: Er gab den großen Star. Russell Crowe hätte es nicht schlechter machen können. Zu dieser Selbsterniedrigung kamen die Demütigungen im Gefängnis. Mit seinem Stolz zerbrach auch sein Esprit und die Lust am Fabulieren. Im Exil in Frankreich und Italien lebte er in Schmach und Verachtung wie ein Paria. Täglich musste er Affronts von Leuten erdulden, die er früher von oben herab verlacht hätte. Wie seine Mutter kam er erst nachmittags aus dem Bett und griff dann zügig zu Absinth und Brandy. Bei einem Dinner zwei Jahre vor seinem Tod sagte er, die Grausamkeit einer Gefängnisstrafe beginne erst mit der Freilassung.

In den dreieinhalb Jahren, die Wilde nach dem Gefängnis noch blieben, hätte er dank seiner Gönner ein halbwegs komfortables Leben führen können. Stattdessen ruinierte er sich, indem er Villen mit Personal anmietete.

Er war ein selbstzerstörerischer Charakter. Etwas in ihm hatte das unbezwingbare Verlangen, durch extravagante Exzesse in der Gosse zu enden. Kaum hatte sich das Gefängnistor geöffnet, steckte er eine Blume ins Knopfloch und erstand zwei Dutzend weiße und ein Dutzend farbig geränderte Taschentücher. Leben hieß für ihn, über die eigenen Verhältnisse zu leben. Je begrenzter seine Mittel, desto mehr warf er mit Geld um sich. Eigentlich sehr sympathisch. Andererseits wundert es einen nicht, dass er mit dieser Attitüde nur 46 Jahre alt geworden ist.

Sie kennen Wildes einzigen Enkel. Wie ist er?

Merlin ist so, wie man sich Oscar heute vorstellen würde. Er hat sinnliche Lippen und eine süßlich-sanfte Stimme, die die Haare auf meinen Unterarmen senkrecht stehen lässt. Ich möchte nicht esoterisch klingen, aber man fühlt Oscar und seine Sünden, wenn man mit seinem Enkel spricht.

Nach Shakespeare ist Wilde der meistzitierte Autor englischer Sprache. Seine Bücher dagegen liest kaum noch jemand.

Was ein großer Fehler ist. Seine Süffisanz und seine sarkastische Noblesse sind Haltungen, die einem helfen, den Gemeinheiten des Lebens zu trotzen. Noch kurz vor seinem Tod formulierte er den unsterblichen Satz: »Meine Tapete und ich fechten gerade ein Duell auf Leben und Tod aus. Einer von uns muss verschwinden.« Mein Lieblingssatz stammt aus dem dritten Akt von *Lady Windermeres Fächer:* »Wir liegen alle in der Gosse, aber einige von uns betrachten die Sterne.«

Erkennen Sie sich in Wilde wieder?

Ja und nein. Oscar war großzügig und konnte verzeihen. Ich bin eine gehässige Tunte, die bei anderen zwanghaft nach Fehlern Ausschau hält. Andererseits wird uns beiden ein fataler Hang zur Selbstsabotage nachgesagt.

Sie gelten bei Regisseuren als, zurückhaltend formuliert, schwieriger Schauspieler.

Ich habe mich geändert. Dass ich früher ein hysterischer Hypochonder war, lag daran, dass gleich zu Beginn meiner Karriere die große Aids-Epidemie ausbrach. Mein Sexleben war so ausschweifend, dass ich mir überhaupt nicht vorstellen konnte, nicht infiziert zu sein. Fast jeder, mit dem ich geschlafen hatte, lag im Sterben. Ich rechnete täglich damit, die ersten Symptome der Seuche an mir zu entdecken. Einmal wurde ich bei Dreharbeiten von einer Mücke gestochen. Ich dachte: Das ist es jetzt, ein Karposi-Sarkom, der Anfang vom Ende! Meine Todesangst machte mich unberechenbar. Eine missverständliche Bemerkung von einem Beleuchter am Set, und ich bin sofort explodiert und habe eine Fatwa erlassen. Man hielt das für die Launen einer verzickten Diva, in Wahrheit war es Ausdruck totaler Verunsicherung. Fünf Jahre lang habe ich dann überhaupt keinen Sex mehr gehabt.

Sie wollen mit der Schauspielerei aufhören. Was dann?

Ich werde den dritten Band meiner Memoiren schreiben und mich dann zur Ruhe setzen, vielleicht als Hotelbesitzer im Norden von Brasilien. Von dort stammt mein Freund, mit dem ich seit vielen Jahren zusammen bin. Ich spüre mit jeder Minute deutlicher, dass ich den Anschluss an die heutige Kultur verloren habe. Es gibt nicht viel Zukunft für jemanden wie mich.

Ist Ihre Melancholie eine Pose?

Immer wenn ich in Selbstmitleid versinke, weil mir Freunde von ihren Dreharbeiten mit Stars wie Nicole Kidman erzählen, schalte ich den amerikanischen Entertainment-Kanal E! ein. Da sieht man, was man tun muss, um in den USA Erfolg zu haben:

Fernsehteams in die eigene Küche einladen und mit einem Dauergrinsen das Lieblingsgericht kochen. Bei so etwas siegt meine Selbstachtung über meinen Ehrgeiz.

Wir führen dieses Gespräch in Rom. Wo leben Sie zurzeit?

Nirgends richtig. Ich muss in Bewegung sein, weil ich es nicht aushalte, längere Zeit an einem Ort zu bleiben. Für den Fall, dass ich mal meine Koffer auspacken möchte, habe ich ein Apartment in London, eine Wohnung in Santos in Brasilien und ein Haus in New York.

In Brooklyn?

Nein, Darling, im West Village. Dank meines Vaters bin ich ein bisschen wie Claudia Schiffer. Ich habe mein Geld konservativ angelegt.

Wie hat sich die Schwulenkultur in den letzten Jahrzehnten verändert?

Heterosexuelle sind die neuen Schwulen. Sie suchen ständig Sex und sind dabei ziemlich wahllos. Die Schwulen dagegen heiraten, adoptieren Kinder und leben monogam. Wenn ich das mit den Siebzigern und Achtzigern vergleiche, steht die Welt Kopf. Aus der Gay Community ist ein Klassensystem geworden. Es gibt eine große Mittelschicht, die Babys adoptiert oder für 75 000 Dollar eine Gebärmutter mietet. Und dann gibt es die Clubgänger und Partysüchtigen, denen ihr Hedonismus wichtiger ist, als Söhne oder Tochter zu haben. Das Langweilige ist, dass sich die beiden Milieus nicht mehr mischen – außer in Berlin. Im »Berghain« stehen Grafen mit Einstecktuch neben Fahrradkurieren mit nacktem Oberkörper.

Sie sind Jahrgang 1959. Gehen Sie immer noch ins »Berghain«?

Nein. Ich kann keine Drogen mehr nehmen, weil ich die Kater-Depressionen am nächsten Tag nicht mehr aushalte.

Vermissen Sie den Rausch?

Natürlich. Andererseits möchte ich retten, was von meinem Hirn noch übrig ist. Es ist keine gute Idee, morgens um neun mit einem schmerzenden Crystal-Meth-Schädel in ein Meeting zu gehen.

Sie sprechen Französisch und Italienisch. Wie steht es um Ihre Deutschkenntnisse?

Da ich viel Zeit in Berlin verbringe, habe ich versucht, Deutsch zu lernen, aber mein Gehirn hat seine Pforten für Neues geschlossen. Selbst wenn ich mich vom einem Taxifahrer ins »Diener« oder »Adnan« fahren lasse, sage ich statt Dankeschön lieber Grazie.

Mit *Vanished Years* haben Sie 2012 den zweiten Band Ihrer Memoiren veröffentlicht. Nach der Lektüre hat man den Eindruck, Sie seien sexmüde.

Bin ich auch. Ich habe seit meinem zehnten Lebensjahr hauptsächlich an Sex gedacht. Er war der Dynamo für fast alles in meinem Leben – und ich habe meist den Al-fresco-Stil bevorzugt.

Den was?

Ich spreche von Sex im Freien. Und Gruppensex. Entweder bin ich jetzt in den Wechseljahren, oder ich hatte so viel Sex, dass er fade für mich geworden ist. Sex kommt mir heute vor wie Windows 2. Das Beunruhigende ist, dass ich genau weiß, dass mein Appetit auf Sex in zehn Jahren mit aller Macht wiedererblühen wird. Und dann wird es zu spät sein, weil mein Aussehen im Eimer ist.

In *Vanished Years* schildern Sie, wie das amerikanische Revolverblatt *National Enquirer* Ihnen mit der Veröffentlichung von Fotos droht, die Sie beim Sex in der Toilette eines Schwulenclubs in Miami zeigen.

Wenn Sie Krieg mit einem Magazin haben, wollen Sie nicht verlieren. Denken Sie an die arme Britney. Kaum ließ sie sich den Kopf kahl scheren, war ihre Karriere für immer dahin. Um ihrem Schicksal zu entgehen, bin ich mit einem Freund zum Haus des betreffenden Journalisten gefahren. Es war zufällig derselbe, der Britney beim Koksen in der Toilette des »Delano« erwischt hatte. Der Mann reagierte höchst verdutzt, als wir vor seiner Tür standen. Ich riet ihm nachdrücklich, die Geschichte über mich nicht zu veröffentlichen, und mein Freund wollte ihm zum Abschied eine mitgebrachte Torte ins Gesicht schmeißen. Die Torte verfehlte Gott sei Dank ihr Ziel, denn auf der Rückfahrt mussten wir feststellen, dass wir uns in der Hausnummer geirrt hatten.

Sie haben sich früh geoutet. Hätten die Toiletten-Fotos Ihre Karriere wirklich ruiniert?

In den USA gibt es eine akzeptierte Art, schwul zu sein, aber Toilettensex gehört nicht zu den Dingen, die Ihnen als Schwuler erlaubt sind. Die Einzigen, die mit allem davonkommen, sind schwarze Rapper. Jeder weiß, dass sie alles von hinten und von vorne vögeln, was ihnen in die Quere kommt, aber die einzige Reaktion ist: Na ja, was soll's, es sind halt Rapper.

In *Vanished Years* nennen Sie Ihre Kollegin Helen Hunt »Helen Cunt«, spekulieren über die Penisgröße des schwarzen Modepapstes André Leon Talley und behaupten, Madonna würde für alles in ihrem Leben ein Zeitlimit haben, »ihren Orgasmus eingeschlossen«. Wie haben Sie das an den Rechtsanwälten Ihres Verlages vorbeigebracht?

Ich musste gar nicht so viel streichen. Wenn man irgendwo im Satz das Wort »wahrscheinlich« einfügt, stellt man nur eine Vermutung an, und für Spekulationen kann einen niemand belangen.

Sie kommen aus einer strikt konservativen Familie. Wie haben Ihre Eltern reagiert, als sie erfuhren, dass Sie schwul sind?

Mein Vater war Major und sang zu Hause Soldatenlieder aus dem Zweiten Weltkrieg. Ich gebe Ihnen eine Kostprobe: »Hitler has only got one ball. The other is in the Albert Hall. Himmler has something similar and Göring has no balls at all.« Meine Mutter ist eine sehr, sehr strenge Katholikin. Nachdem sie die Pille genommen hatte, ging sie nie wieder in die Kirche. Sie empfand Verhütung als Todsünde. Inzwischen habe ich Waffenstillstand mit meiner Familie. Mein Freund darf sogar zu Weihnachten nach Hause kommen. Nur wenn meine Mutter uns dabei erwischt, wie wir Händchen haltend vor dem Fernseher sitzen, wird sie richtig böse.

Stimmt es, dass Sie in jungen Jahren als Callboy gearbeitet haben?

Ja. Die Theaterszene in den Siebzigern war linksradikal. Ich hasste es, aus einer gutbürgerlichen Familie zu kommen. Ich wollte mein altes Leben zerstören und werden wie Arthur Rimbaud. Außerdem war ich eine Schlampe. Als ich eines Tages vor einer U-Bahn-Station im Regen stand, hielt neben mir ein Rolls-Royce. Der Mann am Steuer lud mich ein, mich mitzunehmen. Im Wagen bot er mir 25 Pfund, wenn er mich zweimal ficken dürfe. 25 Pfund waren Mitte der Siebziger eine Menge Geld, also sagte ich sofort Ja. Er tat, als sei er eine wichtige Persönlichkeit. Erst beim Aussteigen entdeckte ich seine Dienstmütze – er war der Chauffeur und führte mich direkt in die Dachstube. Es ging alles ganz einfach.

Hatten Sie das Gefühl, eine Grenze überschritten zu haben?

Nein, ich hatte nie ein schlechtes Gewissen. Jeder Mann betrügt seine Frau, kauft ihr anschließend Blumen und tut so, als sei nichts geschehen. Was Sex angeht, habe ich eine Aufmerksamkeitsdefizitstörung. Früher nannte man das Promiskuität. Sex ist für mich der Weg, Leute kennenzulernen. Ich verstehe Paare nicht, die nach dreißig Jahren immer noch Sex haben und behaupten, dass es ihnen Spaß macht. Eine grauenerregende Vorstellung. Einfach ekelhaft. So etwas finde ich wirklich unnatürlich. Sex ist nur dann interessant, wenn man jemanden noch nicht kennt. Ich sehe jemanden und will ihn besitzen oder von ihm besessen werden. Wenn ich ihn erst entdeckt habe, was hat Sex dann noch für einen Sinn?

Sagen Sie es uns.

Keine Ahnung. Überhaupt glaube ich nicht mehr an horizontalen Sex. Er geht zu sehr auf die Ellbogen.

Unter ihrem Mädchennamen Inge Schönthal macht sie mit Anfang 20 weltbekannte Fotos von Greta Garbo und Ernest Hemingway; mit 29 heiratet sie einen milliardenschweren Verleger, der linke Guerilla-Organisationen finanziert und bei einem Anschlag von Dynamit zerfetzt wird: Inge Feltrinelli über frivole Impertinenz und den bis heute ungeklärten Tod ihres Ex-Manns, die schönen Hände von Fidel Castro und den Tag, an dem sie in einem leer stehenden Haus auf Sylt mit Ulrike Meinhof immer wieder »A Whiter Shade of Pale« von Procol Harum hört

»Hemingway warf in Kuba mit Geldmünzen um sich wie diese alten Imperialisten in Afrika, die den Schwarzen Glasperlen vor die Füße schmeißen«

INGE FELTRINELLI

Wie wurden Sie mit Anfang 20 Fotoreporterin?

Ich war eines dieser deutschen Nachkriegsmädchen, die hungrig waren, endlich etwas von der Welt zu sehen. Deshalb zog ich 1950 von Göttingen nach Hamburg. Ich kam im Keller der Fotografin Rosemarie Pierer unter. Meine Matratze stand im Vorraum zu ihrer Dunkelkammer. Mittags aß ich für 50 Pfennige in der dpa-Kantine am Mittelweg. Ich lernte das Abc des Fotografierens, und da ich ein flottes Mädchen war, das ein wenig wie Leslie Caron aussah, konnte ich als Fotomodell etwas Geld verdienen. Als ich mit dem Fahrrad durch Pöseldorf fuhr, stoppte neben mir ein schickes weißes Auto. Der Mann am Steuer deutete auf meinen Fotoapparat und fragte, ob ich Fotografin sei. Es war Hans Huffzky, der Gründer der Frauenzeitschrift *Constanze*. Als er meine Fotos sah, sagte er: »Entsetzlich! Eine Katastrophe! Hören Sie auf, Schiffe im Hafen zu knipsen. Sie müssen Menschen fotografieren.« Ein paar Monate später schickte er mich nach Spanien, um junge, moderne Frauen zu fotografieren. Huffzky wurde mein Professor Higgins und stellte mir die Verleger Rudolf Augstein und Axel Springer vor. Beide waren noch auf ihrem Weg nach oben und sehr *easy going*. Es war damals leicht, nach den Sternen zu greifen und die Welt zu erobern.

Wie waren Springer und Augstein Anfang der Fünfzigerjahre?

Springer war total unpolitisch, dafür sehr elegant und sehr *charming*. Er war ein Dandy, der Veilchensträuße an junge Mädchen wie mich schickte und sagte: »Männer wie ich sind an der Grenze, wir haben viele feminine Seiten. Deshalb mögen uns die Frauen.« Ein Lieblingsspruch von ihm lautete: »Wenn ich gefragt werde, ob ich im Dritten Reich verfolgt wurde, sage ich immer: Nur von Frauen.« Augstein fuhr oft in großen amerikanischen Cabriolets um die Alster herum. Weil er so klein war, sah er in seinen Straßenkreuzern noch kleiner aus. Aber für ihn waren sie ein Schutz, um seine Schüchternheit zu verbergen. Tanzen konnte er überhaupt nicht. Er hüpfte herum wie ein Osterhase.

Mit 22 kamen Sie an Bord eines Luxusliners erstmals in die USA. Wie haben Sie die Überfahrt finanziert?

Ein Freund aus meinem Hamburger Netzwerk hatte dafür gesorgt, dass die Reederei mich umsonst mitfahren ließ. Mit auf dem Schiff war der *Zeit*-Chefredakteur Richard Tüngel. Er brachte mir bei, wie man Austern und Eier im Glas mit Stil isst. In New York wohnte ich durch Vermittlung von Freunden bei der Großenkelin von J. P. Morgan in einem luxuriösen Penthouse an der Fifth Avenue. Für eine junge Frau ohne Geld, die Karriere machen wollte, war alles viel einfacher als heute.

In New York gelang es Ihnen, ein Phantom zu fotografieren: Greta Garbo.

Sie stand gedankenverloren an einer Ampel an der Madison Avenue und putzte sich mit einem Kleenex die Nase. Sie schien erkältet zu sein. Niemand erkannte sie, obwohl sie mit ihrem pflaumenblauen Hut auffallend elegant aussah. Dass ich einen Schnappschuss von ihr machte, bekam sie nicht mit. Das Magazin *Life* zahlte mir 50 Dollar für das Bild. Das Honorar verdankte ich einem Satz von Henri Cartier-Bresson, den mir Huffzky eingebläut hatte: »A good photograph captures the decisive moment.« Ob dein Bild gestochen scharf ist, ist nicht so wichtig. Was zählt, ist, dass du beim Auslösen den entscheidenden Moment erwischst.

1953 bat Sie der Rowohlt-Chef Heinrich Maria Ledig-Rowohlt, seinen Autor Ernest Hemingway auf Kuba zu besuchen. Was war Ihre Mission?

Hemingway hatte seit den Dreißigerjahren dieselbe deutsche Übersetzerin. Ledig-Rowohlt fand ihre Sprache altbacken und wollte die Bücher neu übersetzen lassen. Da Hemingways Agent die Deutschen hasste, bekam er nie eine Antwort auf seine Depeschen. Als ich mit 100 Dollar in der Tasche auf Kuba ankam, rief ich 14 Tage lang immer wieder bei Hemingway an, aber jedes Mal radebrechten irgendwelche Hausangestellten, dass niemand zu Hause sei. Am 15. Tag war Hemingway selber am Telefon. Er sagte: »Kommen Sie zum Lunch. Ich schicke Ihnen meinen Fahrer.« Die Finca Vigía, in der er lebte, lag 20 Kilometer außerhalb von Havanna in einem Dorf namens San Francisco de Paula. Als ich sagte, dass ich lieber mit dem Bus kommen würde, merkte er, dass ich keine alte Schachtel war, und forderte mich auf, meinen Badeanzug mitzubringen. Ich bin dann zweieinhalb Wochen bei ihm geblieben.

Hemingway war damals 54. Hat er sich in Sie verliebt?

Vielleicht! Ich kam ja jung und frisch da an. Aber natürlich war ich ein gut erzogenes Göttinger Mädchen.

Hemingway war in vierter Ehe mit der ehemaligen Kriegsreporterin Mary Welsh verheiratet. Wie reagierte sie, als Hemingway Sie in seinem Schlafzimmer übernachten ließ?

Mary fand mich auch flott und war sehr nett zu mir. Es herrschte amerikanische Gastfreundschaft, und so schlief ich

im kühlsten Zimmer. Beide waren begierig, ein deutsches Nachkriegsmädchen zu erleben, das nicht zur Nazigeneration gehörte. Hemingway wurde mein zweiter Professor Higgins. Er
wollte mich informieren und mir Kuba zeigen.

Wie ging es in Hemingways Finca zu?

Es gab fünf Diener, einen Chauffeur, einen schwarzen Butler
und 30 Katzen. Hemingway stand um sechs Uhr morgens auf
und arbeitete bis elf. Dann hatte er schon drei Martini on the
rocks getrunken. Um elf Uhr vormittags sind wir oft in die Bar
»El Floridita« gefahren, um Papa Dobles zu trinken. Das ist ein
wundervoll erfrischender Cocktail aus Rum, Limettensaft und
sehr viel Zuckersirup. Wenn wir aus der »El Floridita« ins Sonnenlicht hinaustraten, hatte ich allerdings das Gefühl, einen
Hammer an den Kopf zu kriegen. Zum Mittagessen gab es wun-
dervollen Amarone aus Verona. Er liebte diesen Wein. Nach
dem Essen nahm er ein Sitzkissen vom Sofa, legte es auf den
Fußboden und schlief darauf ein. Als ich diesen großen Bären
auf der Erde liegen sah, habe ich ein Foto gemacht. Nachdem
ich es ihm gebeichtet hatte, musste ich versprechen, das Bild
nicht zu seinen Lebzeiten zu veröffentlichen. Daran habe ich
mich gehalten.

**Hemingway war von mimosenhafter Empfindlichkeit. Ih-
nen gegenüber auch?**

Einmal gab es einen Eklat. Er war schlechter Laune, weil ihn
ein zweitägiger Bootstrip mit New Yorker Kaufhaus-Milliardä-
ren deprimiert hatte. In einer Bar fing er an, mit Geldmünzen
um sich zu werfen. Er schien es zu genießen, wie die kleinen
Jungen sich um die Münzen prügelten. Für mich benahm er
sich wie diese alten Imperialisten in Afrika, die den Schwarzen
Glasperlen vor die Füße schmeißen. Ich war als junge Frau keck
und aggressiv und sagte: »Papa, das finde ich wirklich entsetzlich, was Sie da machen!«

Papa?

Alle nannten ihn Papa. Und dann hat er mich ganz scharf
attackiert: Von einer Deutschen lasse er sich so etwas schon gar
nicht sagen. Er hatte etwas Sadistisches, wenn er betrunken

war – und das war er fast jeden Tag. Ich packte mein Gepäck und wollte am nächsten Morgen abreisen. Als ich um sechs Uhr morgens aus dem Haus schlich, sah er mich und sagte: »Stalin is dead!« Es war der 5. März 1953. Er hatte die ganze Nacht lang Radio Moskau gehört und war tief bewegt. Er wusste, dass jetzt eine weltgeschichtliche Umwälzung bevorstand und hielt mir kleinem blödem deutschem Mädchen einen langen pädagogischen Vortrag. »Dieser Mann hat euer Berlin gerettet«, sagte er immer wieder. Mit seinen Exkursen über Stalin fing er mich wieder ein, und ich blieb.

Ihr berühmtestes Foto ist auch ein Selbstbildnis. Es zeigt Sie, strahlend lachend, im trägerlosen Badeanzug mit einem sichtlich angetrunkenen Hemingway und dessen Bootsmann.

Um dieses Foto zu inszenieren, habe ich sehr lange antichambrieren müssen. Wir sind fast jeden Tag mit seinem Bootsmann Gregorio Fuentes auf der *Pilar* rausgefahren. Gregorio war sein Vorbild für *Der alte Mann und das Meer*. Er ist mit 104 Jahren gestorben. Als eines Tages die Stimmung an Bord nett war, bat ich Gregorio, den 30 Kilo schweren Marlin rauszuholen, der steif gefroren in der Eisbox lag. Ich baute mein Stativ auf, stellte mich zu Hemingway und Gregorio und machte mit Selbstauslöser fünf, sechs Fotos. Das war mein Scoop. Eins der Fotos ging um die Welt. Gregorio wurde darauf abgeschnitten, aber das konnte ich als Newcomerin nicht ändern. Mit dem Bild war meine Karriere gemacht, und ich bekam Berühmtheiten wie Picasso, Simone de Beauvoir und Marc Chagall vor meine Kamera.

Dass Sie oft mit auf den Bildern waren, führte gelegentlich zu Unmut. In der *Constanze* monierte eine Leserbriefschreiberin: »Liebe Constanze, ich bin eigentlich immer mit Dir zufrieden. Nur regen mich die Berichte Deiner Reporterin Inge Schönthal auf, wie jetzt in Heft 14: Constanze war zu Gast bei Hemingway. Der Bericht an sich ist ja schon recht, aber muss es sein, dass auf jedem Bild Inge Schönthal mit drauf ist? Nimmt sie immer einen Fotoreporter mit, oder

macht sie alles nur mit Selbstauslöser? In diesem Fall kann ich ihr nur gratulieren, wie gut sie sich immer trifft.«

Ich war fotogen, und meine Storys verkauften sich besser, wenn ich als roter Faden mit auf den Bildern war. Oriana Fallaci hat sich auch immer fotografieren lassen, damit sie ihre Artikel besser verkaufen konnte.

Zu den Männern, die Sie fotografierten, gehörten Gary Cooper, Allen Ginsberg und John F. Kennedy. Hatten Sie Affären?

Ich war ein unabhängiges Mädchen und habe natürlich sehr geflirtet. Mit einem Mann zusammen zu sein war aber immer ganz allein meine Entscheidung. Wenn mir die Männer nicht mehr gefielen, habe ich sie verlassen. Ich habe mich durch irgendwelche Männerstorys auch nie von meiner Karriere abbringen lassen. Es waren aber auch alles leichte Geschichten. Die große Liebe war nicht dabei.

Das änderte sich, als Sie 1958 Gast eines Rowohlt-Festes in Reinbek waren.

Am 14. Juli lud mich Ledig-Rowohlt zu einer Party ein, die er zu Ehren seines italienischen Kollegen Giangiacomo Feltrinelli gab. Giangiacomo war damals 32 und galt als *miracle man*: ein kommunistischer Milliardär, dem es in seinem zweiten Jahr als Verleger gelungen war, von Boris Pasternak die Weltrechte für *Doktor Schiwago* zu bekommen. In Russland durfte der Roman nicht erscheinen, und die Kommunistische Partei Italiens übte Druck aus, dass Giangiacomo die Finger von diesem Buch lässt. Er widerstand den Pressionen, und so wurde Pasternak der erste Dissident, von dem man etwas zu lesen bekam. *Doktor Schiwago* ist bis heute der größte Weltbestseller unseres Verlags.

Feltrinelli war früh eine sagenumrankte Figur. Mit 17 kämpfte er als Partisan gegen die deutsche Wehrmacht, mit 21 erbte er ein Milliardenvermögen. Wurden Sie ihm auf der Rowohlt-Party vorgestellt?

Nein. Ich kam verspätet, weil ich gerade von einer Fotoreportage aus Ghana zurückgekommen war, und sah den Ehrengast schüchtern und verloren in einer Ecke stehen. Er war schlecht angezogen, rauchte eine Zigarette nach der anderen oder kaute an seinen Nägeln. Ich ging zu ihm und erzählte, dass ich seine Mutter in New York auf einem Ball des Herzogs von Windsor fotografiert hatte. Sie war eine der schönsten und exzentrischsten Frauen Europas, herrschsüchtig, arrogant und sehr verwöhnt. Da sie wegen eines Jagdunfalls ein Glasauge hatte, trug sie zur Camouflage ein Monokel. Der Ball war natürlich sehr hip. Da ich nicht eingeladen war, habe ich mich reingeschmuggelt. Im Tüll meines Ballkleides hatte ich meine Rolleiflex und vier Kilo Fotoausrüstung versteckt. Es gab noch keine Kameras mit eingebautem Blitz, deshalb musste man einen Akkumulator mitschleppen. Über diese Geschichte sind wir ins Reden gekommen.

Nach der Party fuhren Sie Feltrinelli nach Hamburg.

Wir waren die letzten Gäste, und ich bot an, ihn in sein Hotel zu fahren. Vor dem »Vier Jahreszeiten« setzten wir uns auf eine Bank und redeten bis zum Morgengrauen. Diese Bank gibt es heute noch. Wenn ich in Hamburg bin, setze ich mich jedes Mal auf sie.

Wie wirkte Feltrinelli auf Sie?

Introvertiert, scheu, schwermütig, hoch kompliziert und voller Selbstzweifel – ein echter italienischer Intellektueller eben. Was uns einte, war unsere flammende Neugier für Ideen und Menschen.

War es Liebe auf den ersten Blick?

Na ja, das sind solche Klischees. Es war schon eine ungeheure Faszination und Anziehungskraft da, aber er war gerade von seiner zweiten Ehefrau getrennt und fuhr am nächsten Tag allein zum Zelten ans Nordkap. Eine Woche später schrieb er mir eine Postkarte und lud mich nach Kopenhagen ein. Da hat es dann gefunkt. Am Ende des Jahres bin ich zu ihm nach Mailand gezogen. Ein paar Monate später haben wir in Mexiko geheiratet. Da er schon zweimal verheiratet war und Scheidungen in Italien illegal waren, mussten wir die Ehe im Ausland schließen.

Der Verleger Klaus Wagenbach hat Sie mal als »ewigen

Kindergeburtstag« beschrieben: fröhlich, übermütig, unverschämt vital, anstrengend, laut. Passte das mit Feltrinellis kontemplativem Wesen zusammen?

Ich war mit meiner frivolen Impertinenz ganz und gar komplementär zu ihm – und damit genau die richtige Frau für ihn. Unser gemeinsamer Nenner war, dass wir das Leben im fünften, sechsten Gang fuhren. Wir brauchten keine fünf Minuten, um unseren Koffer zu packen und Schriftsteller wie Henry Miller oder Karen Blixen zu besuchen. Das Leben mit ihm war so intensiv und im besten Sinne anstrengend, dass ich die Fotografie aufgab. Sie kam mir auf einmal unwichtig vor. Meine flotte Zeit war abgeschlossen. Fortan interessierten mich Autoren und ihre Bücher.

1964 verbrachten Sie mit Ihrem Mann einen Monat bei Fidel Castro in Kuba. Aus welchem Grund?

Castro hatte uns eingeladen, weil er seine Autobiografie schreiben wollte und einen Verleger suchte, der mit seinen Ideen sympathisierte. Wir wohnten in der Villa eines geflohenen Zuckerbarons, die als Gästehaus der Regierung benutzt wurde. Im Park patrouillierten schwer bewaffnete Revolutionsgarden. Ein Butler brachte uns die besten französischen Bordeauxweine aus dem Keller, aber Giangiacomo winkte ab: »Heben Sie diese Flaschen für andere Gäste auf. Wir trinken lieber Rum.« In den ersten zwei Wochen ließ Castro sich nur ein einziges Mal blicken. Man vertröstete uns mit immer neuen Ausreden. Später lud er uns öfter zu sich nach Hause ein. Er lebte in einem schlichten, modernen Bungalow. Auf dem Dach gab es einen kleinen Hühnerstall und einen Basketballkorb. In den Pausen spielten die beiden Männer eins gegen eins. Auch dabei legte Castro seine olivgrüne Militäruniform nie ab.

Castro war damals 38. Wie wirkte er auf Sie?

Er redete wie ein Wasserfall und war kein guter Zuhörer. Er lebte in seiner eigenen Gedankenwelt und schien laut Giangiacomo wenig Marx gelesen zu haben. Zu mir war er sehr charmant und *entertaining*. Am meisten beeindruckten mich seine unglaublich schönen Hände. Es gab jedoch auch schwere Auseinandersetzungen. Giangiacomo hatte überhaupt keine Hemmungen, Castro scharf zu attackieren, weil er die Homosexuellen in Kuba verfolgen ließ. Er sagte: »Es ist absurd, dass ihr eine Revolution machen wollt, ohne eure konservativen katholischen Konventionen zu revolutionieren.« Für Castro war das eine ungeheuerliche Majestätsbeleidigung. Man spürte, dass es in seiner Umgebung niemanden gab, der ihm widersprach. Giangiacomo imponierte ihm, weil er sich nicht servil verhielt. Ein schwerreicher, unabhängiger Intellektueller, der die Welt verändern will: So jemanden kannte er nicht. Wir luden all die Schriftsteller zu uns ein, die von Castro drangsaliert wurden. Jeden Tag war *open house*. Wir waren Gäste des kubanischen Staates, aber wir haben uns benommen wie in Mailand.

In Ihrem Verlagshaus in Mailand hatten Sie einen literarischen Salon gegründet, der Furore machte. Die Gästeliste reichte von Max Frisch bis James Baldwin.

Ich war sehr eng mit Gottfried und Brigitte Bermann Fischer befreundet, den Erben des S. Fischer Verlags. Die beiden hatten vor dem Krieg in der Erdener Straße in Berlin ein offenes Haus für Künstler und Wissenschaftler aller Art geführt. An einem Abend war Thomas Mann zu Besuch, am nächsten erschien Albert Einstein in Turnschuhen. Diese Idee habe ich mit einigem Erfolg kopiert.

Als Peter Handke mit langen, fettigen Haaren bei Ihnen erschien, zeigten Sie ihm, wo das Shampoo steht.

Das war deutsche Besserwisserei. Wie kann man nur so etwas Impertinentes sagen? Für diese Unverschämtheit geniere ich mich noch heute.

Mitte der Sechziger lernten Sie auf Sylt Ulrike Meinhof und deren Mann Klaus Rainer Röhl kennen. Welchen Eindruck hatten Sie von den beiden?

Das Haus, in dem ich die beiden kennenlernte, stand zum Verkauf. Außer ein paar Betten und einem Grammofon war es leer. Es lief die ganze Zeit *A Whiter Shade of Pale* von Procol Harum. Röhl war maliziös und brutal und quälte seine Frau. Sie war eine große Utopistin und hatte einen glänzenden analytischen Verstand. Selbst der superkluge Augstein fand sie toll. Wenn die beiden miteinander diskutierten, war sie ihm absolut ebenbürtig. Hätte Augstein ihr damals eine Kolumne im *Spiegel* gegeben, dann wäre sie statt Terroristin vielleicht die deutsche Simone de Beauvoir geworden. Aber er hatte wohl Angst vor ihrer Unbedingtheit.

Als Ihnen 2011 die Karlsmedaille verliehen wurde, erzählte der ehemalige *Spiegel*-Chefredakteur Stefan Aust in seiner Laudatio, wie er Ende der Sechziger in Berlin Ihren Mann kennenlernte: »Einmal schleppte Feltrinelli Dynamitstangen an und übergab sie Rudi Dutschke. Dieser schmuggelte die brisante Ware dann angsterfüllt aus dem Haus – versteckt unter der Matratze des Kinderwagens, in dem Gretchen Dutschkes Baby mit dem biblisch-revolutionären Namen Hosea Che schlief.«

Ich war nicht dabei, deshalb kann ich diese Geschichte nicht bestätigen.

Als Dutschke im April 1968 am Berliner Kurfürstendamm von drei Kugeln an Kopf und Schulter getroffen wurde, fand er in Ihrem Mailänder Haus Unterschlupf.

Der Komponist Hans Werner Henze rief uns an und sagte: »Dutschke hat sein halbes Gedächtnis verloren. In Deutschland ist es zu gefährlich für ihn. Könnt ihr ihn aufnehmen und beschützen lassen?« Giangiacomo hatte sich 1943 als Partisan dem Kampfkorps Legnano angeschlossen, das der 5. US-Armee zugeordnet war. Ein paar dieser Partisanen hatten nach dem Krieg eine Bodyguard-Firma gegründet. Die haben dann sehr gut auf Dutschke aufgepasst. Er war zum Teil ganz weggetreten und dann wieder sehr fröhlich. Ein gebrochener Mann, der furchtbar unter Schock stand. Er klagte über rasende Kopfschmerzen. Ansonsten war er der bescheidenste und dankbarste Gast, den man sich vorstellen kann.

Wann gab es die ersten Risse in Ihrer Ehe?

1967.

1968 hörte Ihr damals sechsjähriger Sohn, wie Ihr Mann zu Ihnen sagte: »Was ich geworden bin, habe ich dir zu ver-

danken, aber in der Politik muss ich meinen eigenen Weg gehen.«

Wir hatten uns trotz unserer perfekten Allianz auseinandergelebt. Auf die Gründe möchte ich nicht eingehen.

Der Zeitschrift *Emma* sagten Sie 1984: »Dass wir uns trennten, ist eine Fifty-fifty-Schuld.«

Ich weiß, dass ich eine Menge falsch gemacht habe. Ein Grund der Entfremdung war, dass ich seine politische Radikalisierung nicht verstehen konnte. Er hat sich mehr und mehr vom Verlag entfernt. Er wollte gewaltsam die Welt verändern, ich wollte den Verlag bewahren, der meine Passion geworden war.

1969 übertrug Ihr Mann Ihnen die Verlagsgeschäfte und ging mit gefälschten Papieren in den Untergrund. Die westlichen Geheimdienste verfolgten seine Spuren fortan in Prag, Paris, Kuba und Bolivien. Er gründete eine »Widerstandszelle« namens Gruppo d'Azione Partigiana und soll einen Teil seines Vermögens der Guerilla in Bolivien und Venezuela gespendet haben. Zur Begründung schrieb er: »Als einziger Ausweg, um Faschismus und Imperialismus zu schlagen, bleibt die frontale Auseinandersetzung.«

Er hat die Türen hinter sich zugeschlagen. Ihm reichte das Wort nicht mehr, er wollte die Tat. Deshalb driftete er immer weiter ab.

Nach einem Treffen in Nizza notierten Sie 1970 in Ihr Tagebuch: »Niemand kann ihn mehr verstehen, he's lost.«

Er war hundertprozentig überzeugt, dass in Italien ein neofaschistischer Staatsstreich mit Unterstützung der NATO bevorstand. Er lebte in einer anderen Welt und war durch meine Argumente nicht mehr zu erreichen. Da war nichts mehr zu machen. Wir haben uns dann nur noch über unseren Sohn unterhalten und den Verlag.

Wann haben Sie Ihren Mann zuletzt gesehen?

Zwei Monate vor seinem Tod, am Lago Maggiore. Er war abgemagert und wirkte wie ein gehetztes Tier. Er sagte, es gebe Mordpläne gegen ihn. Er werde enden wie der marokkanische

Oppositionspolitiker Ben Barka, der 1965 vom französischen Auslandsgeheimdienst SDECE entführt und ermordet worden war. Am Tag von Giangiacomos Tod waren wir in Lugano verabredet, um eine notarielle Angelegenheit zu besprechen. Als er nicht erschien, fuhr ich mit einem unguten Gefühl nach Mailand zurück.

An diesem Tag, dem 14. März 1972, wurde die verstümmelte Leiche Ihres Mannes auf einem Feld außerhalb Mailands gefunden. Laut Polizeibericht soll er beim Versuch, einen Hochspannungsmast mit 15 Dynamitstangen zu sprengen, durch eine Ungeschicklichkeit sich selbst in die Luft gejagt haben.

Ich habe diese Version nie glauben können. Für mich ist es wahrscheinlicher, dass er Opfer eines verschleierten Mordes wurde. Er wäre niemals so ungeschickt gewesen. Er war kein parfümierter Dandy, sondern ein Mann der Berge. Diesen Strommast hochzuklettern wäre für ihn als Bergsteiger so wie Kaffeetrinken gewesen.

Am Sarg Ihres Mannes gab es eine seltsame Szene. Während die Menge nach Vergeltung rief, sagte Ihre Schwiegermutter: »Endlich hat mein Leiden ein Ende!«

Giannalisa fühlte sich als leidendes Opfer ihres abtrünnigen Sohnes, der ihre Familie, ihren Stand, ihre Kaste verraten hatte. Endlich hatte ihr Trauma ein Ende. Dass ihr Sohn nur 45 Jahre alt geworden war, schien für sie zweitrangig zu sein.

Mit am Sarg stand Sibilla Melega, eine blutjunge Boutiquenverkäuferin, die Feltrinelli 1969 in vierter Ehe geheiratet hatte. Was ist aus ihr geworden?

Sie lebt in Österreich und hat einen Sohn. Mehr weiß ich nicht.

Die Ermittlungsakten der Staatsanwaltschaft waren bis Anfang 2012 unter Verschluss. Als italienische Journalisten die Akten auswerteten, kamen sie zu einem spektakulären Resultat. Demnach hatte die Staatsanwaltschaft aufgrund medizinischer Gutachten erhebliche Zweifel an der Unfalltheorie. Der Grund: An den Händen des Toten waren Male

von Fesseln, und der Kopf wies an mindestens zwei Stellen Merkmale von Schlägen mit einem stumpfen Gegenstand auf.

Ich kenne ein Dutzend Theorien, wer Giangiacomo ermordet haben könnte. Einige sagen, es war der Mossad, weil Giangiacomo Arafat mit Geld unterstützt habe. Andere behaupten, der italienische Staat wollte einen Geldgeber des Terrorismus loswerden.

Nach dem Tod Ihres Mannes wurden Sie Präsidentin des Verlages und bis zur Volljährigkeit Ihres Sohnes auch Universalerbin des Vermögens.

Es begannen bleierne Jahre. Der Kopf des Verlages war nicht mehr da, und die Welt hatte sich verändert. Giangiacomo hatte immer gesagt, er wolle notwendige Bücher verlegen, statt in diesem lärmenden Universum zu denen zu gehören, die die Welt nur bunt lackieren. Aber die Verkaufszahlen unserer Bücher waren seit Jahren rückläufig, weil die Themen immer weniger Menschen interessierten. Unsere Bücher passten einfach nicht mehr in die Zeit. In den Jahren nach Giangiacomos Tod mussten wir ein Drittel der Belegschaft entlassen – für einen linken Verlag eine doppelte Katastrophe.

Sie sind seit 46 Jahren Witwe. Warum haben Sie nie wieder geheiratet?

Ich bin seit 46 Jahren mit Tomás Maldonado liiert. Tomás war Rektor der Hochschule für Gestaltung in Ulm und ist ein weltbekannter Design-Theoretiker. Er ist der innigste Freund meines Sohnes und der beste Stiefvater, den ich mir wünschen könnte. Wenn ich auf Reisen bin, sind die beiden richtig glücklich. Dann heißt es: »Die Nervensäge ist weg! Endlich können wir mal ruhig reden!«

Ihr Sohn Carlo hat 1999 ein 500-Seiten-Buch über seinen Vater veröffentlicht. Darin zitiert er aus einem Tagebuch, das er als Sechsjähriger geschrieben hat. Ein Eintrag über Rudi Dutschke lautet: »Rudi macht mit mir Quatsch und zieht sich das Hemd aus, um die Narben der Schüsse von Josef Bachmann zu zeigen. Ich soll zu ihm gesagt haben: Jetzt

gehst du nach Deutschland zurück, nimmst eine Maschinenpistole und legst ihn um. Ta-ta-ta-ta. Dieser Satz erobert sich
einen Platz im *Stern* in der Rubrik Zitat der Woche.« Das
wirkt für einen Sechsjährigen gespenstisch frühreif.

Carlo hat natürlich ein schweres Leben gehabt mit dieser
schwierigen Familie. Er ist nicht frivol wie ich, sondern ein
ernster Mann. Er hat den gleichen Charakter wie sein Vater.
Politisch ist er nicht so ideologisch und wild engagiert, sondern
kühler, rationaler – wie die Leute heute so sind. Er fährt genauso
gefährlich schnell Auto wie sein Vater, ist genauso schlecht
angezogen und hat die gleichen minimalen materiellen Bedürf-
nisse.

**Ihr Sohn ist Besitzer des Verlages, Sie Präsidentin. Funk-
tioniert das?**

Wenn Vater und Sohn gemeinsam einen Verlag führen wollen, ist das schon prekär genug. Bei Suhrkamp ist das mit Siegfried und Joachim Unseld ja dann auch spektakulär schiefgegangen. Die Konstellation Mutter und Sohn ist noch schlimmer.
Heute Vormittag haben Carlo und ich uns stundenlang gekracht,
dass die Fetzen flogen. Aber wir raufen uns aus Notwendigkeit
immer wieder zusammen. Ich hatte das große Glück, dass er
sich schon als Schüler für den Verlag interessiert hat. Er hätte ja
auch Drogen nehmen oder Playboy auf einer Luxusyacht werden können.

Wer von Ihnen beiden hat das letzte Wort?

Ich werde hoffentlich noch im Rollstuhl Präsidentin sein,
aber mein Sohn ist *the big boss*. Wir streiten aber nur um tausend kleine Banalitäten. Bei den wirklich großen Entscheidungen sind wir immer d'accord. Ich kümmere mich um die
Präsentation von Autoren, um internationale Kongresse und
Buchhandlungseröffnungen. Diese Außenarbeit langweilt meinen Sohn oft. Deshalb kommen wir uns nicht in die Quere.

**Sie verlegen seit einem halben Jahrhundert Bücher. Haben
Sie Lieblinge?**

Bei dieser Frage habe ich immer totalen Gedächtnisschwund,
aber zwei Bücher will ich Ihnen trotzdem nennen: *Unter dem*

Vulkan von Malcolm Lowry und *Der Leopard* von Lampedusa. Aus dem *Leopard* stammt einer meiner Lieblingssätze: »Es muss sich alles ändern, damit sich nichts ändert.«

Sie führen seit den Fünfzigerjahren Tagebuch. Warum verlegt eine Verlegerin nicht ihr eigenes Tagebuch?

Ich hätte etwas zu erzählen, das stimmt, aber ich habe zu viel Respekt vor wirklich guten Autoren. In diesem Punkt bin ich sehr selbstkritisch. Ich finde mich nicht begabt genug. Mein Freund Ledig-Rowohlt sagte immer: »Schätzchen, wir sind Anekdotenerzähler. Das Schreiben sollten wir Autoren mit großen Ideen überlassen.« Hinzu kommt, dass ich die Hälfte meiner mehr als 50 Tagebuchbände nicht veröffentlichen könnte, ohne indiskret oder beleidigend zu sein. Ich schreibe ja auch auf, wer furchtbaren Blödsinn erzählt oder eine hässliche Krawatte trägt. Da stehen schon lustige Sachen drin.

Was geschieht nach Ihrem Tod mit Ihren Tagebüchern?

Per Testament zu bestimmen, dass sie verbrannt werden sollen, wäre dann doch zu pathetisch. Ich bin ja nicht Kafka. Vielleicht ist es für meine beiden Enkel ganz lustig, in 30 Jahren zu lesen, was für eine verrückte Großmutter sie hatten.

Sie gehen auf die 90 zu. Was halten Sie für Ihre größte Leistung als Verlegerin?

Giangiacomo hat mit Anfang 30 in zwei Jahren zwei Weltbestseller verlegt, die heute noch Evergreens sind: *Doktor Schiwago* und *Der Leopard*. So ein Glücksfall passiert einem Verlag nur einmal. Die größte Leistung ist, dass der Verlag 46 Jahre nach Giangiacomos Tod weiter besteht und einer der wichtigsten Europas ist – und dass wir in Italien das größte Distributionssystem für Bücher geschaffen haben. Als Giangiacomo starb, hatten wir sieben Buchhandlungen. Heute gehören uns mehr als hundert – und das, obwohl die Italiener Lesemuffel sind. Dass die Hälfte der Bevölkerung überhaupt keine Bücher liest, ist, so simpel es klingt, auch eine Wetterfrage. Island hat prozentual die meisten Leser, weil es dort immer so dunkel ist.

**Nichtleser assoziieren mit Ihrem Namen die »Villa Feltrinelli« am Gardasee, heute eins der teuersten Luxushotels der Welt. Warum haben Sie Ihr Familienhaus verkauft?

Ich habe wunderbare Zeiten in dieser Villa erlebt. Zu unseren Verlagsjubiläumsfesten kamen Hunderte Gäste, von Ingeborg Bachmann bis Umberto Eco. Ich war aber nach Giangiacomos Tod nicht flüssig genug, um die Verwandtschaft auszubezahlen. Die Villa ist riesengroß, es gibt 50 Zimmer. Ohne Personal kann man da gar nicht drin wohnen.

Wie viele Buchmessen in Frankfurt haben Sie hinter sich?

57. Ich habe noch keine einzige versäumt. Ich bin immer schon einen Tag vorher da, weil abends das berühmte Dinner von Peter Mayer stattfindet, dem früheren CEO von Penguin Books. Da treffen sich die 30, 40 tollsten Verleger der Welt in einer sehr deutschen Kneipe namens »Zur schönen Müllerin«. Man sitzt an langen Tischen und isst Kartoffeln mit grüner Soße – und alle finden das herrlich. Jeder hält eine kleine Rede und sagt, wie wundervoll wir alle sind und wie schlecht das Buchgeschäft läuft.

Sein Verleger nennt ihn wohlwollend einen
»zärtlichen Terroristen«, er selbst sagt dagegen,
es gebe keinen, den er nicht in zehn Minuten
bis an sein Lebensende
demütige: Peter Handke
über die Angst vorm Alters-
heim und die verjüngende
Lakonie von SMS, über
Schnürschuhe von John
Lobb und sein Motiv, einem
Journalisten der »FAZ«
eine Ohrfeige zu verpassen

»Meine Eitelkeit ist so verborgen, dass sie nur zu unheiligen Zeiten herauskommt«

PETER HANDKE

Sie waren 22, als Sie den Suhrkamp-Verleger Siegfried Unseld kennenlernten. 35 Jahre lang führten Sie einen Briefwechsel mit ihm. Welche Erinnerungen haben Sie an Ihr erstes Treffen im September 1965?

Ich bin ein Mensch, der furchtbar auf Einzelheiten abfährt. Ich weiß ganz genau, dass er einen Furunkel auf der Nase hatte.

Unseld fuhr eine Jaguar-Limousine mit dem Nummernschild F-SU 1 und trank Weißwein aus silbernen Bechern.

Entsetzlich. Das schmeckt überhaupt nicht. Ich habe es nicht erreicht, dass das nach seinem Tod geändert wurde. Das war dann Pietät oder was auch immer. Diese Becher stehen für Gäste immer noch bedrohlich bereit.

Unseld entstammte dem Kleinbürgermilieu. Kam Ihnen sein Nummernschild neureich vor?

Ungeschickt eher. Siegfried, inzwischen darf ich ihn beim Vornamen nennen, war ein innerlich sehr scheuer Mensch, der eine eiserne Energie zeigen musste. Es war ein großer Zwiespalt in ihm, den ich würdigen konnte, als ich ihm näherkam.

233

In der Villa Ihres Verlegers in der Frankfurter Klettenbergstraße hing ein Porträt Unselds von Andy Warhol. Besuchern las er gern vor, was Warhol im November 1980 in sein
Tagebuch notiert hatte: »Traf Dr. Siegfried Unseld. Er ist der
Verleger von Hermann Hesse und Goethe. Er sieht wirklich
gut aus.«

Er hat zeigen wollen, dass er angekommen ist, von einem
Fluchtpunkt, der ganz weit weg war. Und jetzt steht er als Riese
da. Alles um ihn musste das Format des Riesigen haben. Das
Warhol-Porträt finde ich unerträglich. Ich sage immer zu seiner
Witwe Ulla, ich gehe nicht in die Klettenbergstraße, wenn ich
diesen Warhol anschauen muss. Da braucht man ein Stillleben.
Das wäre gut für einen Verlag.

**Wird der Warhol abgehängt, wenn Sie zu Besuch kom-
men?**

Nein. Ich schau da nicht hin und sage, wir gehen in einen
anderen Raum.

**1981 kam es zum ersten großen Krach mit Unseld, weil Sie
ihm vorwarfen, mit Marcel Reich-Ranicki zu fraternisieren.
Als Sie bei Ihrem Verleger einen Band mit Aufsätzen des Kritikers entdeckten, schrieben Sie: »Die Zeit der Lügen muss
ein Ende haben. Schon an jenem Tag, als ich am Frühstücks-
tisch in Frankfurt in dem Sammelwerk des übelsten Monst-
rums, das die deutsche Literaturbetriebsgeschichte je durchkrochen hat, die Widmung an Dich, meinen Verleger, gelesen
habe: In alter Verbundenheit, da hätte ich die Pflicht vor mir
und dem, was mir noch vorschwebt, gehabt, für immer meine
Arbeiten aus Deiner sogenannten Obhut zu nehmen. Unsere
Wege trennen sich hiermit, unwiderruflich.«**

Das war ein völlig sinnloser Amoklauf, aber er hat mich, so
blöd dialektisch das klingt, auch befreit. Was Reich-Ranicki zu
Langsame Heimkehr geschrieben hat, war nackter Vernich-
tungswille. Er wollte mich weghaben. Und am nächsten Tag hat
Siegfried Unseld ihn empfangen, ihn bewirtet. Ich fühlte mich
verraten und musste einen Auslauf suchen aus mir. Da habe ich
eben losgelegt. Ich bedaure das nicht.

Warum haben Sie Ihre Ankündigung, Suhrkamp zu verlassen, nie wahrgemacht?

Ich habe ein paarmal im Leben so Ewigkeitserklärungen gemacht, aber ich bin schändlich versöhnlich. Ich wäre liebend gern ein Böser, aber es ist nicht der Fall.

Nach einem Krisengespräch mit Ihnen notierte Unseld: »Er hasste meine verbrüdernde, zersetzende, krebserregende Umarmung mit den Medienpäpsten.« War das so?

Ich habe damals nicht begriffen, dass er auch ein Händler und Kaufmann ist, eine Art Drehmännchen. Wie eine Karussellfigur musste er zu allem, was im Umkreis passierte, ein gutes Gesicht machen, oder zumindest ein kommunikatives.

Sie sollen Unseld gezwungen haben, das von Reich-Ranicki signierte Buch vor Ihren Augen in den Papierkorb zu werfen.

Jetzt wollen Sie auf dem Thema Reich-Ranicki drei Stunden herumgaloppieren, oder?

1994 sagten Sie: »Nie werde ich Reich-Ranicki auch nur das Kleinste verzeihen können.«

15 Jahre meines Lebens hat mich das wirklich beschäftigt. Auch Martin Walser war ja fast krank, besessen. Da bin ich noch ein harmloser Fall.

Reich-Ranicki hat vor seinem Tod versucht, sich mit einigen Autoren zu versöhnen.

Sogar mit Ulla Berkéwicz. Die hat mir erzählt, er kam eines Tages in ihr Vorzimmer angekeucht, mit letzter Kraft, unangemeldet. Und dann saßen die einander gegenüber. Der eine hat gekeucht, die andere wahrscheinlich milde gelächelt. Ich habe keine Lust, mir das vorzustellen. Es ist nichts zu versöhnen. Ich bin der, der dies gemacht hat, und er ist der, der das zusammengeschustert hat. Ich glaube, das ist unsterblich, wie ich es in der *Lehre der Sainte-Victoire* geschrieben habe: »Ein paar getrocknete Haufen liegen herum von dem Hund.« Das wurde mir übelgenommen als Antisemitismus, aber da konnte ich auch nur staunen drüber.

Nach einem Ihrer Wutbriefe schrieb Ihnen Unseld 1993:

»Lieber Peter, ab und an hätte ich nicht übel Lust, dem einen oder anderen Autor einen Brief zu schreiben, derart, wie Du ihn mir geschrieben hast. Aber im Autor/Verleger-Stück braucht es ja wohl unbedingt das umgekehrte Rollenspiel, in dem es fettgedrucktes Gesetz ist, ausschließlich nach Verletzung und Wahrheit des einen Protagonisten zu fragen.«

Dieses lateinische Periodensystem klingt so, als ob ein Ghostwriter ihm das geschrieben hätte, vielleicht ein Lektor. Wenn er wusste, dass das nicht publiziert wird, konnte er auch unendlich verletzend sein. Das Manuskript von *Mein Jahr in der Niemandsbucht* habe ich mit äußerster Sorgfalt mit Bleistift geschrieben. Da hat er mir eines Abends im Schlosshotel in Kronberg wirklich gesagt, das ist kein ablieferungsfähiges Manuskript, wenn es mit der Hand geschrieben ist. Da bin ich durchgedreht. Gehen Sie nach Kronberg ins Schlosshotel. Vielleicht ist das noch in der Luft, wie ich da gebrüllt habe. Viele meiner Wutausbrüche, es waren 63 im Laufe meiner Jahre, wenn nicht mehr, bedaure ich, aber dass ich da losraketisiert habe, bedaure ich nicht.

Als Unseld auf Ihre 530 handgeschriebenen Seiten nach drei Wochen immer noch nicht reagiert hatte, packte Sie abermals die Wut.

Ich war verwöhnt. Er hatte immer sehr rasch reagiert. Deshalb war ich verängstigt, dass ich einen Scheiß getrieben habe mit *Mein Jahr in der Niemandsbucht*. Ich hatte noch nie so eine lange Geschichte geschrieben. Er hätte mir doch irgendein Zeichen geben können – Bin auf Seite 143 – aber es kam überhaupt nichts.

In seiner ...

Sagen Sie mal was Nettes zu mir. Sie blättern da wie ein Untersuchungsrichter in Ihren Aufzeichnungen.

In seiner Verlags-Chronik bezeichnet Unseld Sie einmal als »zärtlichen Terroristen«.

Das ist ein Oxymoron, ein seltsames. Ich bin auf keinen Fall ein Terrorist, und zärtlich bin ich höchstens zu Kindern. Zart ist was Schönes, aber mit diesem zärtlich können Sie mich jagen.

Einmal machten Unseld, Martin Walser, Rudolf Augstein und der Kritiker Reinhard Baumgart gemeinsam Urlaub auf Sylt. Der Walser-Biograf Jörg Magenau schreibt über diese Zusammenkunft: »Als Unseld, auf Wasserskiern hinter Augsteins Boot geseilt, versuchte, sich auf die Wasseroberfläche hochzuarbeiten, das nicht schaffte, aber auch nicht aufgeben wollte und angestrengt weiterkämpfte, sagte Walser, der diesen Kampf vom Strand aus beobachtete, zu Baumgart: Da schau, deswegen ist er mein Verleger.«

Das ist auf Fabel getrimmt. Ich bin auf Siegfried Unseld angesprungen, als ich mit meiner kleinen Tochter in Kronberg gelebt habe. Er kam am Abend oft vorbei und hat mich nur schweigend angeschaut. Da habe ich gesehen, was er für warme, leuchtend schöne Augen hat. Da habe ich Vertrauen gehabt. Ich bin ja kein kommunikativer Mensch. Das ist ja absurd für einen Schreiber, dass er offen sein muss.

Unseld schrieb Ihnen, Sie seien »der wichtigste Autor« seines Verlags. Glaubten Sie ihm das?

Nein. Mir selber hätte ich es schon geglaubt, aber ihm nicht. Ich wusste, das ist Programmmusik. Ich bin schon eitel, aber meine Eitelkeit ist so verborgen, dass die nur zu unheiligen Zeiten herauskommt. Das ist die schlimmste Eitelkeit. Die wirklich eitlen Menschen wissen nicht, dass sie eitel sind. Deswegen sind sie so angenehm, so harmlos.

Leiden Sie unter Ihrer Eitelkeit?

Ja. Ich bin natürlich dagegen.

Wie äußert sich das?

Dass ich zu mir selber sage, mit Recht, ich bin ein Arschloch. Ich habe kein Recht, das und das von mir zu denken, also mich selber zu erhöhen.

Sie sagten mal: »In mir ist von Kind an eine seltsame Bereitschaft zur Entzweiung. Es gibt keinen, den ich nicht in zehn Minuten bis an sein Lebensende gedemütigt hätte.«

Das wird mir jetzt dauernd um die Ohren gehauen, aber ja, das war schon so. Dass ich manchmal so schroff werde, kommt aus einem inneren Stolz, den ich normal im Leben nicht zeige.

Aber wenn ich aufs Spiel gesetzt werde, dann werde ich etwas anderes, als ich alltäglich bin. Dann verkörpere ich die Rolle, die ich bin: der Schriftsteller. Und ihr Journalisten habt euch gefälligst daran zu halten. Da kriege ich fast biblische Zustände.

Dem *FAZ*-Journalisten Jochen Hieber sollen Sie einen Faustschlag versetzt haben.

Eine Ohrfeige war das. Ich wollte ihn mir vom Leibe halten. Es war ein Festabend, und er hat sich extra hinter mich gesetzt und mir dauernd Sticheleien ins Ohr gezischelt. Irgendwann habe ich mich umgedreht und ihm eine runtergehauen. Und dann hat er geweint und gesagt, er würde mich doch so lieben. Der Richter würde sagen, das war höhere Gewalt. Ich wäre freigesprochen worden.

Ist Hieber der einzige Journalist, den Sie geohrfeigt haben?

Ja. Das genügt doch. Pars pro totis.

Nach einem Treffen mit Thomas Bernhard und Ihnen notierte Unseld: »Das Überraschendste: Thomas Bernhard und Peter Handke, die ja nicht nur von der österreichischen Umwelt immer mehr polarisiert werden, fanden Gefallen aneinander.« Richtig?

Als ich jung war, habe ich Thomas Bernhard wirklich verehrt. Als ich *Frost* gelesen habe, dachte ich: Wenn ein Österreicher so wüst und kräftig und zugleich mit genauen Umrissen schreiben kann, kann man sich einfach freuen, in dem Land zu sein. Ich wollte ihn aber nicht besuchen. Unseld hat mich mitgeschleppt, und aus meiner schwächlichen Höflichkeit bin ich mitgegangen. Ich bin nicht einmal neugierig, und ich besuche auch gar nicht gern Schriftsteller, außer es geht um Fußball oder man schaut in die Landschaft. Bernhard war ein reizbarer Mensch. Man hat unter dieser doch fast umgänglichen Oberfläche gespürt, er könnte denken: Was tue ich mit denen? Mir geht es genauso.

Wann begann die Entfremdung zwischen Ihnen?

Es geht nicht, wenn das, was der andere macht, nicht mehr dem eigenen Fernziel entspricht. Irgendwann haben wir gespürt, dass wir nichts mehr miteinander zu schaffen haben, im

Wortsinn. Ich habe mir gewünscht, so etwas lesen zu können wie die *Auslöschung*. Ich bin sogar mit diesem dicken Buch fast demonstrativ durch Salzburg gegangen und habe das im Gehen gelesen, damit die Leute sehen, dass ich Thomas Bernhard lese. Aber dann kam ich an eine Stelle, wo Ingeborg Bachmann verwandelt vorkam in einem Traum, fast 30 Seiten lang. Das war ein derartiger Kitsch. Da war mein Demonstrationswille nicht mehr vorhanden. Es tut mir leid, nicht für mich, sondern für das Werk von Thomas Bernhard.

Unseld starb nach langer Krankheit im Oktober 2002. Wie verlief Ihre letzte Begegnung?

Als er krank war, kam ich in die Klettenbergstraße zu Besuch. Er hat sehr langsam gesprochen, aber die Wörter wurden schon noch Worte. Er machte sich auf eine sanfte Weise über sich und alles lustig. Ich fand das vorbildlich. Es gab Pflegerinnen, die ihn betreut haben. Eine war aus Bosnien. Er hat mich ihr vorgestellt: Das ist der Peter Handke. Sie müssen wissen, der hat viel Erfolg bei Frauen. Dabei hat er mir zugezwinkert. Das war das Letzte, was ich in Erinnerung habe.

Denken Sie oft an ihn?

Siegfried Unseld, meine Mutter und Nicolas Born sind die drei Menschen, die mir nach ihrem Tod erschienen sind. Das ist etwas mystisch, aber das waren keine Träume. Ich habe gedacht, die sind jetzt da und schauen mich an, ein Durch- und Durchgehen, wie wenn einer mit einem Schneidbrenner einem durch die Seele fährt. Alle drei hatten was Ermahnendes an sich, als ob man sich in einer gewaltigen Kathedrale befände, und ich würde von ihnen stumm mit den Augen zurechtgewiesen.

Wenn Sie bei Veranstaltungen auftreten, fühlen sich die Menschen von Ihnen eingeschüchtert.

Hoffentlich!

Und werden linkisch.

Dabei bin ich der Linkischste von allen. Wenn ich genug Selbstironie habe, kann ich öffentlich sein, aber das passt dann nicht zur Öffentlichkeit. Es ist ein Widerspruch, wenn die öffentliche Person sich selber über ihre Öffentlichkeit lustig macht. Morgen zum Beispiel bin ich eingeladen beim österreichischen Bundespräsidenten. Da werden Kameras sein, und ein Schauspieler und ein Kind werden was von mir vorlesen. Ich bin jetzt schon bedrückt, weil ich nicht weiß, wie ich das spielen soll. Ich bin ein ganz guter Spieler, wenn ich mit mir allein bin, sonst kommt man ja nicht durch den Tag. Aber mit anderen in der Öffentlichkeit bin ich ein Falschspieler.

Was werden Sie Ihrem Bundespräsidenten sagen, wenn er Sie fragt, wann Sie endlich nach Österreich heimkommen?

Das hat er schon öfter gefragt. Wenn er mir das Jagdschloss schenkt, das ihm als Sommerresidenz zusteht, würde ich schon hingehen.

Geht's auch drunter?

Das Jagdschloss liegt ziemlich hoch in den Bergen. Da ginge auch noch was drunter.

Sie leben seit 28 Jahren in Chaville bei Paris ...

... seit 28 Jahren, sechs Monaten und 13 Tagen.

Kriegt Sie noch jemand hier weg?

Ich möchte nicht, dass irgend so ein Steuerberater oder Journalist in meinem Haus wohnt. Sonst würde ich vielleicht weggehen.

Sie haben zwei erwachsene Töchter, die Ihnen vermutlich nahelegen, endlich das Schreiben von E-Mails zu erlernen. Wann knicken Sie ein?

Wenn Sie das Wort einknicken noch mal verwenden, stelle ich Sie hinaus in den Regen. Einknicken, sich hinauslehnen, verschnarcht: Die scheußlichsten Wörter der Bundesrepublik kommen von Journalisten.

Sie sind seit vielen Jahren mit dem Verleger Hubert Burda befreundet. Will er Ihnen E-Mails schreiben?

Hubert Burda kann selber keine E-Mails schreiben. Der kann nicht einmal SMS schreiben. Das darf man ihm nicht übel nehmen. Das machen ja die anderen für ihn.

Hubert Burda ist Leiter einer alljährlichen Konferenz über digitales Leben.

Diesen Widerspruch können Sie ruhig durchgehen lassen.

Das gibt Vertrauen, für mich jedenfalls. Ich habe SMS erst dadurch gelernt, dass meine Tochter Leocadie ein Jahr in Berlin war. Das ist eine ganz andere Art sich auszudrücken. Ich meine nicht die Floskeln und die Kürzel. Man muss anders denken. Es tut mir gut, diese SMS zu schreiben und mich zur Lakonie zu verjüngen. Ich fange sachlich an, aber ohne dass ich es will, kommt ein Bild dazu und ein Gefühl, was man halt Poesie nennt.

Haben Sie ein iPhone?

Was ist denn das? Ich weiß nicht, was ich habe, so ein ganz zerkratztes. 264 Nachrichten habe ich geschickt im letzten Jahr, gut, nicht? Ich bin nicht sehr geübt und kann nur staunen, wie die Leute in der Metro tupfen können mit den Buchstaben. Wie die Derwische sind die mit den Fingern. Ich haue nach drei Buchstaben immer daneben.

Was macht ein Peter Handke aus 160 Zeichen?

(holt ein altes Nokia-Handy) Das habe ich zuletzt – wie sagt man da?

Gesimst.

Also gesimst: »Seit Langem kein Wort von Dir. Sogar im Hause nehme ich jetzt zwei Stufen auf einmal und denke an Dich.«

Liest Leocadie Ihre Bücher?

Das weiß ich nicht. Ich würde es schon wissen wollen, aber nur, wenn sie es erzählt. Ich scheue mich, sie zu fragen, und sie scheut sich auch. Das ist doch das Schönste, die menschliche Scheu.

Nach einem Treffen mit Samuel Beckett sagten Sie: »Da waren so richtige Bücklingsmenschen um ihn herum, und ich dachte: Um Gottes willen, nur nicht so enden, dass mit 70 jeden Tag drei Universitätsassistenten mich umlungern!« Geht es Ihnen heute ähnlich?

Dieses Problem habe ich mir größer vorgestellt. Leider umlungert mich niemand mehr. Manchmal kriege ich Abschlussarbeiten zugeschickt von Studenten. So was lese ich auch immer gerne. Das sind schöne Lebensrufzeichen.

Sie sind Jahrgang 1942. Wird man sich selber im Alter mehr und mehr zur Farce?

Manchmal habe ich eine Zuversicht, es könnten mir noch die Augen und Ohren nicht nur im Katastrophensinn aufgehen. Aber heute sind alle Filme, alle Zeitungen, alle dritten Seiten, alle siebten Seiten voll mit Geschichten über das Siechtum des Alters. Das Wort dement kann ich schon nicht mehr hören. Das sollte man einfach streichen. Oder inkontinent. Statt Kontinent liest man viel öfter inkontinent. Statt Grenzen liest man nur von grenzenlosem Scheißen. Der Sog ist schon stark. Sie entkommen dem Grauenmachen nicht.

Beckett ist am Ende seines Lebens ins Altersheim gegangen.

Ich weiß. Ich denke oft an ihn. Es kommt aufs Heim an.

Sie haben Österreich mal als großes Altersheim bezeichnet.

Nein, nein, nein. Das war ein anderer Dichter. Ich bin Patriot.

Gibt es, außer Seniorenermäßigungen, Vorteile des Altseins?

Ich hoffe, nein, ich bestehe drauf! Ich habe beschlossen, dass es mit mir nicht so wird wie auf Seite drei. Max Beckmann, der ja sehr herzkrank war und wusste, dass er relativ früh sterben wird, hat mal gesagt: Ich beschließe, mit höchster Energie mein Leben zu Ende zu leben. Energie heißt ja nicht, dass man das mit Geschrei oder mit Muskeln macht. Das kann auch eine sehr sanfte, sehr weitherzige Arbeitsenergie sein. Was man nicht schafft: dass das Herz immer weiter wird.

Wie alt sind Sie auf Ihrem inneren Passfoto?

Ist das ein neuer Ausdruck im Feuilleton? Früher habe ich noch Automatenfotos gemacht, aber schon lange bin ich nicht mehr im Stand der Gnade, dass ich ein Automatenfoto von mir anschauen will. Ich wäre gern schwerer, nicht körperlich. Ich wünsche mir, die Schwere meiner Jahre zu verkörpern. Irgendwie bewege ich mich noch zu jung, finde ich.

Max Frisch sagte mit 70: »Man ist im Alter ungeheuer bedroht von Langeweile, Langeweile vor sich selbst.«

Es langweilt mich schon, dass man sich immer dieselben

Sprüche macht. Langeweile ist etwas Furchtbares, eine Krankheit. Man trifft einen Menschen, den man nicht kennt, und nach zwei Sätzen denkt man: Das kenne ich doch schon, diese Figur habe ich schon tausendmal erlebt.

Helfen Frauen gegen Langeweile?

Auch kein entscheidender Unterschied. Sie sind in der Regel ein bisschen weniger langweilig als Männer, weil sie gefährlicher sind.

Und einen auf Trab halten?

Trab ist nicht das Wort. Wir sind nicht auf der Trabrennbahn.

Ihre Frau Sophie Semin lebt in Paris, Sie in Chaville. Wie ist Ihr Verhältnis?

Worum geht es denn jetzt plötzlich? Jetzt ist es aber genug!

Sie haben sich ein Fahrrad gekauft.

Yes, Sir. Nach dem Tun habe ich ein Bedürfnis, aus der Beengung herauszukommen und an Theken herumzustehen. Fernsehen mag ich dann nicht, aber an der Bar zu stehen ist wirklich im Wortsinn eine Lösung.

Einen Führerschein haben Sie immer noch nicht?

Haben Sie keine anderen Probleme mir nahezubringen? Mit Gottes Gnaden gehe ich immer noch mit Freuden zu Fuß. Vor zwei Tagen bin ich 30 Kilometer quer durchs Land gegangen. Das ist manchmal ein bisschen langweilig, aber es ist eine Existenzform, mit Betonung auf Form.

Wie lange hält bei Ihnen ein Paar Stiefel?

Das sind keine Stiefel. Es sind hohe Schnürschuhe. Die habe ich schon über 25 Jahre. John Lobb. Sie kennen die Marke, oder?

Können Sie sich vorstellen, dass Menschen in hundert Jahren Peter Handke lesen?

An dieser Stelle müssen Sie im Interview in Klammern einfügen: zieht belämmert die Augenbrauen hoch.

Ist das Leben eines Schriftstellers wie ein umgekehrter faustischer Pakt: Man will Unsterblichkeit erlangen und zahlt dafür den Preis eines miesen Lebens?

Nachwelt gibt mir nichts. Manchmal denke ich, das und das von mir kann nicht vergehen, aber das ist Vanitas vanitatum.

Dieses Barockgefühl habe ich zunehmend im Alter. Das ist alles nicht sinnlos, aber alles ist eitel Tand. Und trotzdem, in dem Moment, wo man ein Gefühl episch schweben lässt, denkt man, jetzt bin ich ein bisschen geschützt vor der Vergänglichkeit. Das ist dann nicht gerade wie beim Film fünf Minuten danach wieder vorbei, aber tags darauf ist es wieder flöten gegangen. Kinder führen weiter, immer noch.

Was soll auf Ihrem Grabstein stehen?

Mein Grabspruch ist: Bin hinten.

Muss es nicht heißen: Bin unten?

Nein. So wie man bei jemandem an die Haustür kommt, der im Garten arbeitet und ein Schild an die Tür gehängt hat: Bin hinten. Sie sind Materialist, und ich bin ein Träumer. Die Träumer sind hinten, die Materialisten unten.

*Mit 16 vertauscht er Fußball mit James Joyce und
liest acht Bücher in der Woche; mit 27 legt er bei
Suhrkamp einen Blitzstart hin und bekommt es
als Cheflektor mit heiligen
Monstern wie Uwe John-
son, Thomas Bernhard und
Peter Handke zu tun:
Raimund Fellinger über
Erpressungen von Autoren
und sein Image als tumber
Trottel mit Elefantenhaut, über das lange Sterben von Siegfried Unseld und Sprachmarotten,
die ihn in den Blutrausch treiben*

»Welcher Schriftsteller ist kein Kotzbrocken?«

RAIMUND FELLINGER

**Stephen King schreibt über seine Kindheit: »Mit 13 verlangte
es mich nach Monstern, die ganze Städte fraßen, nach radio-
aktiven Leichen, die aus dem Meer kamen und Surfer ver-
schlangen, und nach Mädchen in schwarzen BHs, die wie
Flittchen aussahen.« Waren Sie auch so?**

Nein. Vielleicht sollte ich sagen: Leider nein. Die größte
Zäsur war, dass ich mit 16 von einem Tag auf den anderen mit
Fußball und intensivster Leichtathletik aufgehört habe. Fortan
gab das Lesen den Ausschlag, von *Ulysses* bis Karl May, und
zwar in dieser Reihenfolge.

Was machte Sie über Nacht zum Leser?

Wenn ich das wüsste. Plötzlich ging nichts anderes mehr als
Lesen. Das führte so weit, dass mich ein Lehrer nach vorne rief
und mich der Klasse als Abschreckung hinstellte für jemand,
der in der Woche acht Bücher ausleiht und nur liest. Das Ab-
schreckende bestand offenbar in meinem Sozialverhalten. Ich
saß in der hintersten Bankreihe und meinte natürlich alles besser zu wissen. Deshalb wurde ich von diesem Lehrer in der

Regel gleich die ganze Stunde vor die Tür gestellt. Die Sommerferien waren selbstverständlich eine Katastrophe für mich: Da hatte die städtische Leihbücherei geschlossen.

Kommen Sie aus einem Lesehaushalt?

Überhaupt nicht. Bei uns zu Hause standen drei Bücher: irgendein biblisches Lexikon, ein fürs Kreuzworträtsellösen behilflicher Band und *Die schönsten Sagen des klassischen Altertums*. Vater Postbeamter, Mutter Hausfrau, Bauernfamilie. Ich verdanke einem meiner Deutschlehrer sehr viel. Er hat uns Leselisten diktiert, von Brockes über Tieck bis Mann. Tieck habe ich verkehrt geschrieben. Ich kannte den nicht und habe Teak geschrieben, wie Teakholz. Ganz schlimm.

Als Sie mit 27 an Ihrer Promotion über Heinrich Heine schrieben, bat der Suhrkamp-Chef Siegfried Unseld um ein Treffen. Warum interessierte sich der Leiter des bedeutendsten deutschen Verlags für ein unbeschriebenes Blatt wie Sie?

Das lief wie heute auch über Mundpropaganda von Professoren. Als ich im Frühjahr 1979 in Unselds Zimmer saß, hieß es: »Ich will Sie nicht vom Promovieren abhalten, aber schreiben Sie doch mal ein Gutachten über Bourdieu, *Un art moyen*.« Mehr an Eignungstest war nicht.

Sie hatten damals schulterlanges Haar, trugen einen Vollbart und waren Kettenraucher. Fiel Ihr Name, folgte die Warnung: »Der redet kein Wort!« Was machte Sie zum Schweiger?

Es war nicht vorgesehen, dass ich in dieser Art Welt landete. Ich war bis zum siebten Schuljahr auf der Volksschule und wäre auch lieber dort geblieben. Es wurden dann aber im Saarland für Unterschichtkinder sogenannte Aufbaugymnasien geschaffen, für die man kein Schulgeld bezahlen musste. Von den 250, die mit mir anfingen, sind nur 50 bis zum Abitur gekommen. Ich will mich damit nicht aufspielen, es erklärt aber vielleicht, warum ich nicht der eloquent-lässige Typ war.

Sie haben bei Suhrkamp einen Blitzstart hingelegt und es mit heiligen Monstern zu tun bekommen wie Wolfgang

Koeppen, Uwe Johnson, Thomas Bernhard, Martin Walser, Peter Handke und Peter Sloterdijk.

Als ich sechs Monate im Verlag war, fragte Unseld: »Wollen Sie nicht der Lektor von Peter Handke werden?« Erst zwei Jahre später erfuhr ich, dass es nicht an meinen Leistungen gelegen hatte, dass mir diese Ehre zuteil wurde. Handke hatte sich geweigert, weiter mit seiner damaligen Lektorin zu arbeiten. Bei Bernhard verlief es ähnlich. Er war nicht mehr mit seinem Lektor Unseld zufrieden.

Nach einem Treffen mit Unseld notierte Martin Walser in sein Tagebuch: »Einmal aß Siegfried bei seiner Tante ein weichgekochtes Ei. Die Tante: ob er noch mal eines wolle. Er wusste sofort, dass er jetzt sagen sollte, nein danke, ich will keines mehr. Er musste aber einfach sagen, dass er schon noch eins mögen würde. Ihm wurde heiß wegen seiner Kühnheit. Und sie schob ihm im Eierbecher das Ei hin. Er nahm es, glücklich und beschämt, und klopfte es auf. Da hatte er die leere Schale des ausgegessenen Eis in der Hand, und alle lachten. Das wird er nie vergessen. Das ist für ihn der Unterschied von Arm und Reich. Der Arme will ein 2. Ei, kriegt ein leeres und macht sich lächerlich.«

Unseld hat vor allem darunter gelitten, dass er in seinen ersten Suhrkamp-Jahren geringgeschätzt bis verachtet wurde. Der damalige Cheflektor Walter Boehlich hielt ihn für einen Vollidioten, um es überspitzt zu sagen. Ein Journalist schrieb noch 1974, da war Unseld auf dem Zenit angekommen, er sei ein Rugby-Spieler, der unter die Literaten gefallen sei.

Unseld fuhr eine Jaguar-Limousine mit dem Kennzeichen F-SU 1, trank Weißwein aus silbernen Bechern, ließ sich von Andy Warhol malen und heiratete an Goethes Geburtstag. Heute findet man diesen Repräsentationsehrgeiz bei den Geissens.

Natürlich wollte Unseld demonstrieren, dass er es nach oben geschafft hatte, aber das mit dem Jaguar ist eine andere Geschichte. Als sein Autor Max Frisch sich einen Jaguar kaufte, wollte Unseld auch einen. Es gibt ein tolles Foto, das die beiden in Zürich vor ihren Jaguars zeigt. Frisch hatte natürlich den noch mächtigeren. Unseld hatte im Laufe der Jahre drei Jaguars. Der letzte steht noch immer in der Garage seiner Villa in der Klettenbergstraße im Frankfurter Nordend. Auf dem Nummernschild steht F-SU 3.

War Unseld eitler als im Literaturbetrieb üblich?

Nein, zumindest nicht physisch, im äußeren Auftreten. Etwas anderes ist, dass er die Beobachtungen seiner Autoren gerne als Eigenbeobachtungen ausgab, um Damen zu charmieren oder in der Öffentlichkeit aufzufallen.

Unseld starb 2002. Wie war Ihre letzte Begegnung?

Er ist gestorben am 26. Oktober morgens um vier, und ich war am 25. Oktober um 23 Uhr bei ihm. Da konnte er schon nicht mehr reden.

Unseld hatte nach einem Schlaganfall sechs Monate lang mit dem Tod gekämpft. Waren Sie am Krankenbett gewesen?

Ja. Irgendwann fragte er, wo ist der Fellinger? Als ihm gesagt wurde, der ist im Verlag, sagte er, der soll herkommen! Bis auf eine Woche Urlaub und ein paar Wochenenden war ich dann jeden Tag bei ihm.

Wie nah waren Sie sich?

Sehr nah, glaube ich. So nah, dass ich am Anfang überrascht war, denn er konnte Männern keine Zuneigung zeigen. Zumindest konnte er nicht zeigen, dass er ohne eine gewisse Zuneigung zu Autoren nicht kann. Darin sah er eine Gefahr: von seinen Gefühlen ihnen gegenüber abhängig zu werden.

Waren Sie per Du?

Nein, nein, per Sie natürlich. Ich bin heute noch jemand, der da sehr konservativ ist. Von den 105 Suhrkamp-Mitarbeitern war ich mit zweien per Du. Der eine hat mir gerade das Du aufgekündigt, die andere, Ulla Berkéwicz, gottlob nicht.

Hat Unseld in Ihnen seinen Nachfolger gesehen und Sie entsprechend trainiert?

Nein. Er wollte nicht, dass ich aus dem Schatten trete. Er wollte mich für sich.

Die Kritik des Lektors erinnert den Schriftsteller daran,

dass ein Teil von ihm immer Anfänger bleibt. Kann man deshalb die Gleichung aufstellen: Je berühmter der Autor, desto diffiziler der Umgang mit ihm?

Nein. Die Gleichung lautet: Je berühmter der Schriftsteller, umso mehr verlangt er, dass der Lektor en détail mit ihm arbeitet. Wenn ich an einem Manuskript wenig mache, höre ich: »Das ist alles? Haben Sie wirklich genau gearbeitet?« Bei jungen Autoren nimmt es immer mehr zu, dass sie sich meine Änderungsvorschläge ansehen und dann sagen: »Ich stehe zu meinen Fehlern. Es soll alles so bleiben.«

Helmut Frielinghaus, der Größen wie Günter Grass lektorierte, schrieb an den Rand von Manuskripten gern Gemeinheiten wie: »Gnade! Warum hassen Sie Ihre Leser? Wer soll das lesen?? Und was hätte er dann davon???«

Die Zeit der Oberlehrer, die ein rotes Fragezeichen an den Rand malen oder »Ausdruck!« hinschreiben, ist vorbei. Ich notiere meine Änderungsvorschläge mit Bleistift an den Rand oder schicke einen Brief oder korrigiere direkt in der Datei, ohne die Funktion »Änderung nachverfolgen«. Die Arbeitsgrundlage lautet: Das sind meine Vorschläge. Macht damit, was ihr wollt.

Autoren, die ein Manuskript abgeben, schwanken zwischen Scham, Furcht und Größenwahn.

Während oder kurz nach dem Ende der Arbeit am Buch sind Autoren am verwundbarsten. Die Identifikation mit dem gerade Geschriebenen ist selbst bei denen nicht abgestumpft, die bereits viele Bücher publiziert haben. Der Lektor ist häufig der erste Leser und die erste Instanz der Öffentlichkeit. Mir kann kein Autor weismachen, er wisse bei der Abgabe des Manuskripts, ob er ein Meisterwerk geschrieben hat oder eher das Gegenteil. Deshalb muss man schnell reagieren. Allerdings kann kein Lektor sich nach Erhalt eines Manuskriptes so schnell melden, wie der Autor meint, dass er sich melden müsste. Handke hat Unseld und mir wahnsinnige Vorwürfe gemacht, dass wir *Mein Jahr in der Niemandsbucht* nicht schnell genug gelesen hätten. Das Manuskript hatte tausend Buchseiten, und ich konnte wegen eines Bandscheibenvorfalls nicht sitzen. Handkes Reaktion war: Diese blöden Typen in Frankfurt reagieren nach drei Wochen immer noch nicht! Wo sind wir denn?

Handke rächte sich an Unseld, indem er ihn in ein Straßenrestaurant bestellte und neben das öffentliche Pissoir platzierte.

Ich habe von Autoren alle möglichen Demütigungen erlebt: Ein halbstündiges Donnerwetter am Telefon, dass ich unfähig sei zu lesen und zu denken, Stehen lassen auf der Straße, stundenlanges Schweigen im Restaurant, Erpressungsversuche durch Winken mit einem anderen Verlag.

Treffen Sie sich mit Autoren, um Änderungen zu besprechen?

Sehr selten. Handke ist eine Ausnahme. Er empfindet ein falsches Komma als Anschlag auf seine gesamte Existenz. Deshalb reise ich mit der druckfertigen Version zu ihm nach Paris. Dann bereinigt er letzte Fehler.

Handke sagt über sich: »In mir ist von Kind an eine seltsame Bereitschaft zur Entzweiung. Es gibt keinen, den ich nicht in zehn Minuten bis an sein Lebensende gedemütigt hätte.«

Zehn Minuten? Seit wann braucht er so lange?

Keilen Sie zurück?

Nein. Dass sich sein Gegenüber ebenfalls gehen lässt, ist von Handke programmiert. Da würde man den Kürzeren ziehen.

Muss man als Handke-Lektor Masochist sein?

Man muss über das reden, was ansteht, und wenn man Pech hat, bekommt man halt einen Anschiss. Aber da darf man sich nichts draus machen. Man erträgt solche Sachen im Glauben an die Bedeutung des Autors für die Welt.

Seinen Erzfeind Marcel Reich-Ranicki schmähte Handke als »das übelste Monstrum, das die deutsche Literaturbetriebsgeschichte je durchkrochen hat«. Versuchen Sie, mäßigend auf ihn einzuwirken?

Nein. Wer das macht, will Autoren, die im Sinne Herbert Wehners gern lau baden und auch so reden und schreiben. Das wären dann Figuren wie dieser widerliche Gauck, der Pfarrer und Pfaffe, der alles mit seiner Sahnesoße übergießt. Hören Sie mir auf!

Wann intervenieren Sie?

Im Manuskript von *Heldenplatz* hatte Thomas Bernhard den Ausdruck »Salzburger Untermenschen« verwendet. Da habe ich gesagt:»Herr Bernhard, es geht nicht, dass Sie Menschen, die Sie für Nazis halten, im Nazi-Jargon kritisieren.« Das hat er gleich eingesehen. Genau wie Handke, nachdem er in einem live gesendeten Fernsehinterview die Serben als das Volk bezeichnet hatte, das im 20. Jahrhundert am meisten gelitten habe. Unter diesem Fehler leidet er bis heute.

Sie haben viele Jahre sowohl Bernhard als auch Handke lektoriert, obwohl beide einander spinnefeind waren.

Das war ein Konkurrenzkampf: Wer ist der Schönste im Land? Wer ist der Beste in der Österreich-Literatur? Es wird erzählt, dass Bernhard mehr als einmal in Wien ins Flugzeug gestiegen ist mit dem Satz:»Ich muss zu dem blöden Handke-Lektor nach Frankfurt.« Wenn das stimmt, ist es trotzdem nur die halbe Wahrheit. Bernhard war wie Handke: Machte man ihm gute Korrekturvorschläge, war alles gut. Kurz vor seinem Tod habe ich mir ein Buch von ihm signieren lassen. Obwohl er in unserem direkten Umgang in der höchsten Art und Weise höflich war, hat er mir reingeschrieben:»Mein geliebter Fehlersucher«. Das war ein bisschen wenig, fand ich.

Wie war die Arbeit mit Bernhard?

Obwohl er die Druckfahnen nicht Korrektur gelesen hat, hat er Unseld immer zusammengeschissen, wenn Fehler im Buch waren. Das war das Unverschämte an Bernhard.

Warum hat er nicht Korrektur gelesen?

Weil er es gar nicht konnte. Kommata konnte der gar nicht, Rechtschreibung auch nicht. Bernhard schlug Unseld mal vor, seine Schulden beim Verlag durch Lektoratsarbeiten zu begleichen. Der Verleger reagierte mit erschrockener Abwehr. Statt diplomatisch formulierte Absagen zu tippen, hätte Bernhard in die Tasten gehauen:»Wie können Sie Vollidiot so einen Mist schreiben und denken, dass der Verlag das auch noch veröffentlicht?«

1994 beschimpfte Handke Sie als »Verbrecher«. Ein Jahr später notierte Unseld in sein Arbeitsjournal: »Mit Fellinger kann Handke nicht mehr arbeiten.« Was war passiert?

Das wissen die Götter, ich nicht. Verbrecher? Mir fällt dazu nichts ein.

Sie haben Handke nie gefragt?

Nein.

Nach ein paar Jahren mit einem anderen Lektor kehrte Handke zu Ihnen zurück. Später feuerte er Sie zwei weitere Male, um am Ende doch wieder bei Ihnen zu landen. Warum diese seltsame Treue?

Soll ich jetzt arrogant sein?

Weil Sie der Beste sind?

Nein, nein, nein, weil ich, im übertragenen Sinn gemeint, der Anschmiegsamste bin. Oder, wie Ihr Kollege Willi Winkler geschrieben hat, der große Dulder.

Sie waren Zeuge, als Martin Walser und Uwe Johnson sich 1980 in einem Restaurant in der Frankfurter Fressgass endgültig zerstritten: Johnson mokierte sich über Walsers neue Armbanduhr, die ihm zu protzig erschien. Walser nahm sie ab, reichte sie Johnson, und der schleuderte sie mit großer Geste durchs Lokal.

Nachdem Walser zu Tode beleidigt abgerauscht war, drehte sich Johnson zu mir um und sagte: »Ich hoffe, Sie schreiben kein Tagebuch.« Er fürchtete, dass die Szene für die Nachwelt festgehalten wird. Wurde sie auch. Sie ist relativ unbearbeitet in Walsers Roman *Brief an Lord Liszt* eingegangen.

Ist Walser Ihnen gegenüber auf den Eklat zurückgekommen?

Nein. Die Leute reden mit mir über solche Szenen nicht, auch dann nicht, wenn es ein Zerwürfnis zwischen ihnen und mir gibt. Vielleicht bin ich in deren Wahrnehmung ein tumber Trottel mit Elefantenhaut. Hat Handke nicht mal über mich geschrieben, ich sei ein Tölpel?

Der Verleger Michael Klett erzählte über den Schriftsteller Ernst Jünger: »Wenn etwas Schlimmes geschah – als seine Frau starb, als sich sein Sohn erschoss –, war sein Hemd am linken Arm immer völlig blutig. Er trug stets eine Nadel unter dem Revers. Und wenn eine Schmerzwallung in ihm hochkam, hat er sich diese Nadel in den Unterarm gestochen, durch das Jackett hindurch, um sich vom psychischen Schmerz durch einen physischen abzulenken.« Gibt es solche Schriftsteller noch?

Nein. Dieses Soldatentum gegenüber seelischem Schmerz ist trotz allem Pose. Um ausnahmsweise wieder mal auf Bernhard zu sprechen zu kommen: Ohne seine fast ununterbrochen lebensbedrohenden Krankheiten gäbe es sein Werk nicht.

Was fällt Ihnen als Lektor leichter: loben oder kritisieren?

Wenn das Manuskript schlecht ist, weiß jeder erfahrene Lektor, was er sagen soll: Hier hängt der Spannungsbogen durch, und die Person A müsste mehr Konturen bekommen. Das kriegt man zur Not nachts um vier nach einem Kasten Bier hin. Schwierig wird es, wenn das Manuskript gut ist. Wenn Sie etwas von einem Meisterwerk stammen, fühlt sich der Autor für dumm verkauft. Er will genau wissen, was so gut ist.

Sie sagen, Lektoren seien »Arschkriecher«. Warum?

Weil ich so weit wie möglich in den Autor hineinschlüpfen muss. Ich darf in einem Manuskript von Andreas Maier nicht mit einem Thomas-Mann-Komplex herumfuhrwerken. Bei Maier soll man Maier kriegen.

Lektorieren Sie auch Schriftsteller, die Sie aufgrund persönlicher Bekanntschaft für Kotzbrocken halten?

Natürlich. Welcher Schriftsteller ist kein Kotzbrocken?

Sind Sie mit Autoren befreundet?

Bei jüngeren Autoren wie Ralf Rothmann, Albert Ostermaier oder Andreas Maier ist privater Umgang und Lektorat benachbart. Identisch darf das nicht sein, dann würden Biss und Widerstand fehlen. Wenn einem Autor keine Vorwürfe mehr zu seinem Lektor einfallen, sollte er sich einen neuen suchen.

Schriftsteller von Rang sind hypochondrische Totalego-

zentriker. **Suchen solche Charaktere nicht eher Trabanten als Freunde?**

Da gibt es viele Politiken. Handke stellt mich heute als seinen Lektor und Freund vor, aber das kann sich jederzeit ins Gegenteil verkehren. Dann bin ich wieder der Verbrecher. Bei Unseld konnte man beobachten, dass er eine Strategie der Freundschaft betrieb, um Konflikte mit seinen Autoren einzudämmen. Deshalb lag ihm daran, möglichst früh per Du zu sein. Selbst mit Max Frisch, der im Innersten nur Peter Suhrkamp vertraute, war er per Du. Nur mit einem hat er es nicht geschafft. Das war Thomas Bernhard.

Der Beruf des Lektors entstand um 1900. Was wäre aus Goethe noch alles geworden, hätte er einen professionellen Lektor gehabt?

Wäre man richtig streng, müsste man aus heutiger Sicht sagen: *Wilhelm Meister?* Oh Gott, so bitte nicht! Da muss die Hälfte raus.

Neue Mitarbeiter bei Suhrkamp hören von Kollegen die Warnung: »Gehen Sie bloß nicht zum Fellinger! Wenn Sie eine Zugfahrkarte als Reisespesen einreichen, schreibt er Ihnen den Text auf der Fahrkarte um.«

Der kleinformatige, pingelige Blick ist eine typische Berufskrankheit. Muss so sein. Die beiden Grundgesetze des Lektors lauten: Es geht besser! Und: Immer das Schlimmste annehmen, nämlich dass alles falsch ist.

Können Sie morgens am Küchentisch Ihrer Frau zuhören, ohne sie im Stillen zu redigieren?

Mit der Frage habe ich gerechnet. Ich muss sie wohl mit Nein beantworten.

Weiß Ihre Frau das?

Ja. Wenn Sie pingelig sind, neigen Sie zur Überreaktion. Man ist stachelbewehrt wie der Igel.

Gibt es Sprachmarotten, die Sie in den Blutrausch treiben?

Ja. Wenn im Privaten jemand zum wiederholten Mal »naturgemäß«, »sozusagen« oder »ein Stück weit« sagt, schreite ich ein. Bei der Einleitung »Darf ich Sie mal was fragen?«, antworte ich: »Bitte nicht!« Wenn jemand zwei Sätze hintereinander mit »Ich« beginnt, ist es vorbei. Dann zitiere ich Adorno: »Ich kann jeder sagen.«

Schwärmt Ihre Frau für schnelle Autos und Großwildjagd, oder schauen sich bei Ihnen zu Hause zwei Menschen ab und zu über Buchdeckel an?

Auch über Zeitungsseiten. Meine Frau ist gelernte Antiquariatsbuchhändlerin und arbeitet seit 1973 am Institut für deutsche Literatur und ihre Didaktik an der Universität Frankfurt.

Über welches Buch hat sich das Ehepaar Fellinger mal heillos in die Haare gekriegt?

Nur der jüngste Fall: Vea Kaiser, *Blasmusikpop*.

Sie sagen, man erkenne einen guten Lektor daran, dass es für ihn einen gravierenden Unterschied bedeuten muss, ob der zweite Satz eines Buches lauten soll: »Der Mann, von dem ich hier erzählen will, wurde geweckt von einem gewaltigen Donnerschlag.« Oder: »Den Mann, von dem ich hier erzählen will, weckte ein gewaltiger Donnerschlag.« Oder: »Der Mann, von dem hier erzählt werden soll, wurde geweckt von einem gewaltigen Donnerschlag.« Können Sie dieses Sensorium abschalten, wenn Sie im Urlaub unter Palmen mit einem Gin Tonic in der Hand einen Krimi lesen?

Natürlich nicht. Wenn ich auf Seite neun einen falschen Genitiv entdecke, habe ich keine Lust weiterzulesen.

Ahmt bei Ihnen das Leben die Literatur nach?

Dieses Gefühl habe ich sehr oft. Im Verlag sage ich das auch. Dann bekomme ich von Kollegen zu hören: »Was Sie da sagen, hat Arno Schmidt schon behauptet.« Damit wird doch mein Gefühl bestätigt, oder irre ich mich?

Robert Schneiders Roman *Schlafes Bruder* wurde von 24 Verlagen abgelehnt. Ihr ehemaliger Suhrkamp-Kollege Thorsten Ahrend hat daraus 1992 bei Reclam in Leipzig den deutschen Bestseller des Jahrzehnts gemacht. Wer gehört zu Ihrer Trophäensammlung?

Da fallen mir Ulrich Beck und Peter Sloterdijk ein.

Daniel Kehlmann erzählt, dass ein fertiger Roman von

ihm nie veröffentlicht wurde, weil sein Lektor ihm nach der Lektüre des Manuskripts einen Brief geschrieben hatte, der mit den Worten »Ich bin entsetzt« begann. Gibt es Bücher berühmter Autoren, die wegen Ihrer Einwände nie erschienen sind?

Ganz viele. Das beginnt, alphabetisch gedacht, bei Beck und geht bis Walser. Wenn ich es richtig erinnere, war es bei Walser eine erste Auseinandersetzung mit Marcel Reich-Ranicki, also ein erster Versuch, der im wievielten Versuch auch immer zu *Tod eines Kritikers* mutierte.

Zu den Mythen der Verlagswelt gehört der Stapel mit den unverlangt eingesandten Manuskripten. Welcher Suhrkamp-Autor ist so entdeckt worden?

Ulrich Beck und der Ex-Suhrkamp-Autor Norbert Gstrein.

Der 1980 gestorbene Medientheoretiker Marshall McLuhan war ein ungeduldiger Leser. Jedes neue Buch, das er in die Hand nahm, schlug er auf Seite 69 auf, und wenn die ihn nicht beeindruckte, las er es nicht. Mit welcher Technik prüfen Sie Manuskripte?

Nach zehn Manuskriptseiten weiß ich Bescheid. Wenn ich doch mal Zweifel habe, blättere ich auf Seite vierzig vor und lese noch mal zehn Seiten.

Der Verlagsgründer Peter Suhrkamp hat *Die Blechtrommel* von Grass abgelehnt. Was sind Ihre Irrtümer?

Unter ökonomischer Perspektive war es falsch, *Empört Euch!* von Stéphane Hessel abzulehnen. Ich konnte den Text nicht ausstehen. Hätte ich geahnt, dass das Buch so ein Bestseller wird, hätten wir es natürlich trotzdem ins Programm genommen.

Suhrkamp hat *Der Name der Rose* von Umberto Eco abgelehnt. Ihre Entscheidung?

Nein. Wir hätten das Manuskript für 15 000 Mark haben können, aber Unseld wollte nur 12 000 bezahlen. Der Hintergrund war, dass wir zwei Bücher von Eco in unserem Wissenschaftsprogramm hatten. Von denen hatten wir nur achthundert Stück verkauft. Da stellte sich die Frage: Wie kommt ein Semiotik-

Professor dazu, einen Roman zu schreiben und so viel Geld zu verlangen? Das war Pech.

Hat jemand bei Suhrkamp den Roman gelesen, bevor die Absage verschickt wurde?

Eher nicht.

Als Max Frisch 1963 ein Manuskript bei Suhrkamp einreichte, wünschte er sich den Titel Lila oder Ich bin blind. **Unseld sagte »Max, also bitte« und machte daraus** Mein Name sei Gantenbein. **Ist Ihnen mal ein ähnlicher Treffer gelungen?**

Sicher, zum Beispiel Becks Risikogesellschaft.

Sloterdijks zweibändiges Debütwerk hieß Kritik der zynischen Vernunft. **Ist Ihnen dieser wenig bescheidene Titel eingefallen?**

Nein, Sloterdijk. Unter Kant geht bei ihm ja nichts.

Der englische Schriftsteller Julian Barnes schreibt, er habe jahrelang die Finger von J. D. Salingers Der Fänger im Roggen **gelassen, weil er dachte, »das sei ein Baseball-Roman, der in der Prärie spielt«. Bei welchen Titeln fangen Sie gar nicht erst zu lesen an?**

Mich schrecken vor allem unerotische Kopulationstitel ab, die mit »und« oder mittels Genitivkonstruktion arbeiten, also Der Regen des Schmerzes. Titel sollten, das hören die in unserer Marketingabteilung nicht gern, in die Irre führen, einen befremdlichen Charakter besitzen und zugleich das Zeug haben, in die Umgangssprache einzugehen. So viel zu den paradoxen Aufgaben bei der Titelfindung.

Welcher Roman geht mit einem perfekten ersten Satz los?

Aus einer endlichen Zahl herausgegriffen: »Aber Jakob ist immer quer über die Gleise gegangen.« Das ist aus Uwe Johnsons Mutmaßungen über Jakob. Perfekt in seiner Lakonie, die gleichzeitig den Roman in nuce enthält.

In Ken Folletts Weltbestseller Die Nadel **verliert ein Mann bei einem Autounfall beide Beine. Ein paar Szenen später heißt es, er wärme seine Füße am Kaminfeuer. Haben Sie beim Lektorieren vergleichbare Klopfer übersehen?**

Mehrere. In einem zweibändigen Werk über den RAF-Terrorismus habe ich nach der Veröffentlichung einen Tippfehler entdeckt. Statt Autobombe hieß es Atombombe. Dem Autor ist das leider aufgefallen. Bei Amos Oz ist mir im Klappentext zu *Judas* ein wahnsinniger Lapsus unterlaufen. Im Roman schreibt eine der Hauptpersonen eine Arbeit über Jesus, im Klappentext der ersten Auflage schreibt der Mann über Judas, was angesichts des Romanthemas nicht unheikel war. Das hat aber bis heute kein Schwein gemerkt. Ich will nicht kulturkritisch werden, aber Ihren Journalistenkollegen fällt nichts mehr auf, gar nichts. Ich übertreibe, aber nur wenig.

Heinz Ludwig Arnold, der Lektor von Friedrich Dürrenmatt, erzählte: »Bei Dürrenmatt musste man immer gewärtig sein, dass nachts um drei das Telefon klingelte und er ohne irgendeine Einleitung fragte: Sag mal, wie hieß eigentlich der Flugzeugträger, der damals in der Bucht von Tonking die ersten Schüsse auf Vietnam abgegeben und damit den Vietnam-Krieg angezettelt hat?« Erleben Sie das auch?

Wenn man gut ist als Lektor, ist man auch ein außerordentlicher Privatsekretär, aber solche Anrufe sind weniger geworden. Ich sage nur: Wikipedia. Früher gab es den Mythos des angeblich enzyklopädisch gebildeten Lektors. Walter Boehlich glaubte noch, so auftreten zu müssen, dass gesagt wurde: »Schlag nach bei Boehlich!« Wolf Jobst Siedler war ein ähnlich gelagerter Fall. Schlag nach bei Fellinger? Hören Sie auf!

Man hört von Schriftstellern so gut wie nie Sätze wie: »Ursprünglich hatte mein Roman eine achtzig Seiten lange Exposition, aber die hat mir mein Lektor ausgeredet.«

Lektoren sind Schattenexistenzen, ihr Tun wird beschwiegen. Diese Diskretion ist richtig. Wer darunter leidet, dass nur ein paar Kollegen seinen Namen kennen, sieht sich nach etwas anderem um.

Immer mehr Lektoren lassen ihren Namen in die bibliografischen Angaben vorn im Buch schreiben.

Na ja, jeder soll seine Eitelkeit so blamieren, wie er will. Es gibt ja auch den Typ Lektor, der nach der zweiten Flasche Rotwein über ein hochgelobtes Buch posaunt, er müsse eigentlich als Ko-Autor genannt werden, weil fünfzig Prozent des Geschriebenen von ihm seien.

Bei angelsächsischen Autoren ist es gängige Praxis, am Ende des Buches dem Lektor für sein segensreiches Wirken emphatisch zu danken.

In den USA danken Autoren momentan jedem, der mal ein Komma gesetzt hat. Bei unseren jüngeren Autoren kommt das leider auch in Mode. Dahinter steckt die Angst, dass ein x-beliebiger Bekannter sagen könnte: »Warum hast du mich nicht erwähnt?« Dankkultur bringt es nicht. Wenn mich einer in seine Danksagung reinschreiben will, sage ich: »Wie kommen Sie dazu, mich erwähnen zu wollen? Ich erlaube das nicht.«

Ein Kalauer Ihrer Zunft lautet: »Das einzige Vermögen, mit dem Lektoren punkten können, ist das Durchhaltevermögen.« Stimmt das Klischee, dass Lektoren Hungerlöhne gezahlt werden?

Die Gehälter sind mal raufgegangen und gehen jetzt wieder runter. Wenn man weiß, dass Übersetzer aus dem Englischen und Französischen für 1800 Anschläge zwölf Euro bekommen, begreift man, wohin die Reise noch gehen kann. Wie es ist, wenn man das Lektorat ganz abschafft, können Sie an Krimis aus den Großverlagen sehen.

Berührt Sie Literatur nach fast vierzig Berufsjahren noch wie am ersten Tag, oder haben Sie Anfälle von Fiktionsekel?

Wenn Sie mir jetzt damit kommen, ein Buch müsse die Axt sein für das gefrorene Meer in uns, kann ich nur sagen: Wer so liest als Lektor, sollte auf der Stelle den Beruf wechseln. Ich muss doch Distanz haben zu einem Text. Es geht um Analytik und nicht um Betroffenheit, wie man heute sagen würde.

Stärkt Lektüre durch Einsichten, oder schwächt sie, indem sie Selbstzweifel sät?

Selbstzweifel sind immer gut. Man nutzt doch Literatur, um sich als Leser in Frage zu stellen. Wer im Umgang mit der Literatur keine Ironie gelernt hat, dem ist im Leben nicht mehr zu helfen.

Was wird sich in Ihrem Leben ändern, wenn Sie die Pensionsgrenze überschritten haben?

Vermutlich gar nichts. Aber auf keinen Fall möchte ich Helene Ritzerfeld nacheifern, der ersten Angestellten des Verlags. Die ist mit 86 in den Suhrkamp-Sielen gestorben.

Der Vater ist ein exzentrischer Sadist, der die Krampfadern an seinen Beinen mit Deckweiß übermalt; die Mutter will sich mit einem Dirndl bekleidet im Wolfgangsee ertränken, wird aber über hundert: André Heller über vorsortierte Groupies und diamantbesetzte Slip-Einlagen, über das Nackt-Interview mit Yoko Ono und John Lennon im Hotel Sacher und seine Abhängigkeit von der Schlafdroge Mozambin

»Das Ego ist ein Schuft, der einen in Geiselhaft nimmt«

ANDRÉ HELLER

Mit sieben Jahren wurden Sie Ministrant. Was begeisterte Sie an diesem Amt?

Als Altardiener und Lektor war ich Teil eines bizarren Theaterstücks, das in einer Fantasiesprache aufgeführt wurde – ich habe ja nicht Lateinisch gekonnt. Katholische Magier in merkwürdigen Prachtgewändern vollzogen Rätselrituale und schwenkten eine Art Handtasche, die Weihrauch verströmte. Es gab die Verwandlung einer gewöhnlichen Oblate in das Fleisch Jesu Christi, und Wein wurde zu Blut. Stellen Sie sich vor, was das für ein fantasiebegabtes Kind bedeutet. Und ich war es, der das Werk mit am Laufen hielt. Ich war sozusagen der Steward, der gewährleistete, dass der Priester in seiner Anmaßung stattfinden konnte, die ja immerhin auch das Vergeben von Sünden inkludierte. Ich habe die Sonntagsmesse als Bühne empfunden, auf der ich agieren durfte. Das Gebotene war zwar ziemlich abseitig, aber es war eine gute Gelegenheit, mich vor Publikum auszuprobieren.

Mit sechs Jahren schickte man Sie in ein Internat in die

Schweiz, mit zehn kamen Sie in das altehrwürdige Jesuiten-kollegium Kalksburg nahe Wien. Gefiel es Ihnen dort?

Diese Glaubenskaserne war eine Art Kinderausgabe der heiligen Inquisition. Bei den Jesuiten lernte ich zwei Dinge gleichzeitig kennen: ununterbrochenes Geschwätz über Liebe und die Anwendung radikalster Grausamkeit. Da war eine Kälte, Menschenverachtung und Gnadenlosigkeit zu spüren, die mir bis ins Tiefste widerlich war. Alles in mir war Auflehnung und ein Gefühl völliger Fremdheit.

In einem Ihrer zahllosen Verzweiflungsbriefe schrieben Sie: »Meine geliebte Mami, ich weine Tag und Nacht.«

Ein Besuch zu Hause war nur einmal im Monat gestattet, für eine Nacht von Samstag auf Sonntag, aber meinen Eltern imponierte meine Verzweiflung leider nicht im Geringsten. Ich flüchtete mich in ein Fantasieuniversum und erfand Länder, für die ich Nationalhymnen komponierte und surreale Briefmarken und Flaggen entwarf. Solche Traumexile waren mein seelischer Luftschutzkeller in einer Welt, in der Eigensinn und Sinnlichkeit als Verbrechen geahndet wurden. Die Bestrafungen reichten von Essensentzug und Ohrfeigen bis Karzer. Meine dauernden Unbotmäßigkeiten führten zu einer Verschärfung dessen, wogegen ich rebellierte. Wenn ein Präfekt sagte: »Hände auf den Rücken!«, weil er mich schlagen wollte, habe ich mich auf den Boden fallen lassen. Daraufhin trat er mich zornig mit dem Schuh.

Sie waren bei Ihren Mitschülern unbeliebt und bezogen häufig Prügel. Warum?

Ich war ein unsportlicher, schlechter Schüler, dem es vor den anderen gegraust hat. Da waren lauter ungewaschene, pubertierende Buben in einem riesigen Schlafsaal zusammengepfercht. Zweimal im Monat durfte man warm duschen. Ich habe auch nicht, wie das in den meisten Internatserzählungen vorkommt, diesen gewissen Freund gefunden, mit dem man eine homoerotische Nähe entwickelt. Ich, mit der Zöglingsnummer 42, war inmitten aller ganz für mich allein, und nur in der Musik und im Lesen und im Berühren der alten Bäume im Park war ein

Schimmer von Geborgenheit. Dass wir morgens um sechs Uhr nach dem Weckpfiff der Trillerpfeife als Disziplinübung täglich drei Stunden Sprechverbot hatten, traf mich nicht, denn ich wusste ohnedies nicht, mit wem ich reden sollte. Von mir aus hätten die Erzieher auch zehn Stunden Sprechverbot verhängen können.

Sie haben fünf Jahre in drei Internaten verbracht. Wie hat das Ihre Sexualität geprägt?

Ich bin in einer unglaublichen Körpertabuisierung aufgewachsen. Unserem Frühstückskakao wurde gelegentlich Brom beigegeben, um unsere Geschlechtslust herabzusenken. Trotzdem haben viele Buben sich ein Vergnügen daraus gemacht, im Winter nachts auf den glühenden Kanonenofen im Schlafsaal zu onanieren. Das hat gezischt und gestunken. Ich fand die Internatswelt maßlos grob und primitiv, weil ich aus einer wohlriechenden, luxuriösen Welt kam mit Blumenbouquets, edlen Möbeln, geschliffenen Gläsern und Brahmsliedern.

Ihr Vater war ein Jude, der zum Katholizismus konvertierte und dann sein Sendungsbewusstsein auch zu Hause auslebte.

Nach der Niederringung der Nazis hat er seinen katholischen Besessenheiten mit neuer Wollust gefrönt. Er trat dem Laienorden der Rechtgläubigen Ritter vom Heiligen Grab bei und gehörte damit zum inner circle der Hardcore-Legionäre des Vatikans. Unter meiner Mutter und mir konnte er sich nichts anderes vorstellen, als dass wir Plastilin für seine Vorstellungen von Herrschaftsausübung sind. Meine Mutter hatte die Rolle des hübschen Dummerchens, der kleine Sohn war auserwählt, dereinst bis zum Kardinal aufzusteigen. Papst hat er sich für sein halbjüdisches Kind dann doch nicht vorstellen wollen. Wenn Gäste kamen, musste ich Messen zelebrieren, wie andere Kinder mit Klavierspiel auftrumpfen. Am Ende hieß es: »Mein Sohn wird uns jetzt den Segen erteilen.« Das Positive war, dass ich anschließend Geld für arme Heidenkinder einsammeln durfte. Davon kaufte ich mir heimlich Tarzan-Hefte.

Sie attestieren Ihrem Vater »exzentrischen Sadismus«.

Ein Beispiel von vielen: Als mein Bruder eine Briefmarke in

seiner Sammlung vermisste, sperrte mein Vater mich eine
Nacht lang ins eiskalte Badezimmer. Am nächsten Morgen ließ
er mich schwören, dass ich die Briefmarke nicht gestohlen habe,
und befahl, über meinem Kinderbett ein Schild anzubringen:
»Wer falsch schwört, dem wächst die Hand aus dem Grab«.

**Ihr Vater war Mitinhaber eines weltumspannenden Süß-
warenimperiums. Stimmt es, dass Sie sich bis heute vor
Süßigkeiten ekeln?**

Ja. Inzwischen schaffe ich es aber immerhin, zweimal im Jahr
eine Mousse au Chocolat zu essen.

**Ihr Vater flüchtete vor den Nazis nach London und wurde
in der von Charles de Gaulle angeführten französischen Exil-
regierung Verbindungsoffizier zum Weißen Haus. Seit dieser
Zeit soll er drogenkrank gewesen sein.**

Vielleicht konnte er sich nicht verzeihen, im Unterschied zu
vielen seiner Freunde und Verwandten den Holocaust überlebt
zu haben. Wenn er sich bei düsteren Stimmungen aus einem
grünen Fläschchen opiumhaltige Tropfen auf die Zunge träu-
felte, hatte er Visionen, in denen er Botschaften für mich empfing. Dann hörte ich Sätze von ihm wie: »Erzengel Michael lässt
dir etwas ausrichten …«

**Bevor Ihr Vater das Haus verließ, überschminkte er die
Krampfadern an seinen Beinen jedes Mal mit Deckweiß.**

Das war seine kosmetische Marotte. Heute ist die stärkste
Präsenz meines Vaters in meinem Leben, wenn ich beim Malen
Deckweiß verwende.

**Ihr Vater starb an einem Herzinfarkt, als Sie elf waren.
Haben Sie ihm den Tod gewünscht?**

Als mir Mutter die Todesnachricht ins Internat brachte, war
es eine Erlösung. Meine Gebete um Selbstbestimmung und die
Möglichkeit auf ein Leben in Würde waren in Erfüllung gegangen. Sein Tod schenkte mir die Befreiung von den Jesuiten.

**Die rettende Figur Ihrer Kindheit war Ihre Großmutter.
Mit ihr errichteten Sie Dörfer und Kathedralen aus Moos
und erfanden Feiertage und Naturkatastrophen.**

Sie war eine Qualitätsoffensive: mondän, weltoffen, zärtlich, humorvoll, Freundin von Peter Altenberg, Adolf Loos und Alma Mahler. Sie infizierte mich mit ihrer Opern- und Theaterleidenschaft und las mir Komödien und Tragödien von Raimund bis Shakespeare vor. Als sie mich mit acht Jahren ins Burgtheater mitnahm, konnte ich manche Stücke auswendig mitsprechen. Es war schön, meinen Kopf an sie zu lehnen, weil sie stets eine Wolke von Lavendel und Kampfer um sich trug. Hätte sie nach Knoblauch oder Zigaretten gerochen, wäre es mir wohl schwergefallen, in inniger Umarmung mit ihr die Verklärte Nacht von Schönberg als Siebenjähriger bis zum Ende anzuhören.

Mit 14 legten Sie ein Halstuch Ihrer Mutter um und betraten das Wiener Künstlercafé »Hawelka«, in der Hand einen Gehstock mit Silberknauf, den Sie kreisen ließen wie ein Revuekünstler. Nachdem Sie Platz genommen hatten, ließen Sie sich Le Monde und die Times bringen. Ein ziemlich steiler Auftritt.

Statt des erhofften Vermögens hat mein Vater hauptsächlich Schulden hinterlassen. Mutters Dior-Halstuch war deshalb das Eleganteste, was mir zur Verfügung stand. Ich sehnte mich nach einer anregenden Gesellschaft, und das Anregendste in Wien waren damals die Einwohner des »Hawelka«. Mir war klar, dass ich in diese Kirche des Geisteslebens nicht zögerlich und zaudernd wie ein Autogrammjäger eintreten durfte. Ich musste wenigstens so tun, als ob ich in diesem Biotop eine Lebensberechtigung habe. Und auf einmal saß ich zwischen lebenden Figuren, die aus dem Stoff waren, der mich interessierte: Friedrich Torberg, Hilde Spiel, Hans Weigel, Fritz Hundertwasser, Helmut Qualtinger, H. C. Artmann und Heimito von Doderer.

Sie saßen fortan fast jeden Abend bis Mitternacht im »Hawelka«. Wie kam es, dass Sie trotz Ihrer 14 Jahre so schnell akzeptiert waren?

Ich war ein fantasiedurchfluteter, hübscher Junge, viel hübscher, als ich damals dachte, und viele im »Hawelka« waren schwul. Die klügste Verhaltensweise schien mir das engagierte Zuhören zu sein. Alle Menschen, die spannend erzählen können, lieben begabte Zuhörer. Ich habe bedeutende Leute, die von ihrer Entourage schon abgefragt waren, noch einmal aus der Reserve gelockt, indem ich leidenschaftlich neugierig wissen wollte: »Haben Sie den Gustav Mahler noch persönlich gekannt?« oder »Hat der Joseph Roth eigentlich schöne Hände gehabt?« Und dann bin ich natürlich an manische Geschichtenerzähler geraten wie den Friedrich Torberg, der eine Art höchst amüsante kulturgeschichtliche Dauersprechplatte war. Ich erlebte einmal, wie die Geschichtengötter Torberg, Qualtinger und Peter Ustinov sich verbal in Grund und Boden duelliert haben. Das ging von Mitternacht bis um acht Uhr in der Früh. Ich dachte: Burli, Derartiges wirst du wahrscheinlich bis zu deinem Tod nie mehr erleben!

Ohne irgendeine Ausbildung gemacht zu haben, bekamen Sie am 1. Oktober 1967 eine tägliche Radiosendung auf Ö3 namens Musicbox. »Fünf Tage später«, schrieben Sie mal, »war ich berühmt.«

Das war wirklich das Leichteste. 1967 war Österreich versiegelt von einer muffigen, jugendfeindlichen, kleinbürgerlichbäuerlichen Generalatmosphäre. Die einzige Jugendsendung im Radio spielte Roy Black und Rex Gildo und ab und zu Udo Jürgens. Ich war 20 Jahre alt, und bei mir saßen live vorm Mikrofon die Rolling Stones und Herrschaften wie Jimi Hendrix, Frank Zappa und John Lee Hooker. Mein Lebensgefühl war: Was die Besten können, kann ich demnächst auch. Die waren ja etwa gleich alt wie ich, und den Starwahnsinn von heute gab es noch nicht. Die sind alle Economy geflogen und kamen ohne Leibwächter und PR-Parasiten ins Studio.

Vor offenem Mikrofon zerbrachen Sie missliebige Schallplatten und warfen sie aus dem Fenster.

Mit megalomanem, intolerantem Ton Missliebiges zu verreißen war ein Teil von dem, was wir im »Hawelka« ohnedies jeden Abend machten. Mit dieser Attitüde verkündete ich: »Der deutsche Schlager ist flächendeckend Müll. Die Bee Gees sind auch konkursreif. Es lebe der Rimbaud unserer Zeit, Herr Robert Zimmerman alias Bob Dylan.« Wie stark ich polarisierte, merkte man an der Post. Die einen schickten Heiratsanträge, die anderen mit Fäkalien gefüllte Päckchen. Für die absolute Mehrheit war ich ein Arschloch, ein größenwahnsinniges Bürgerschreck-Monster.

Wie sahen Sie damals aus?

Ich hatte mich in einen dezidierten Dandy verwandelt, der in der damals hippen Londoner Carnaby Street in den Geschäften einkaufte, die ihm Brian Jones empfohlen hatte. Ich trug die Hosenträger überm Sakko, band mir Krawatten um so breit wie Biberschwänze und bin im roten Kaschmirpullover mit hüftlangem Haarzopf und hohen Plateauschuhen zur Verleihung der Goldenen Kamera geschwebt.

Im März 1969 hatten Sie im »Hotel Sacher« Yoko Ono und John Lennon vor Ihrem Mikrofon – beide nackt.

Im Roten Salon hatte man vorher die wertvollen Defregger-Gemälde abgehängt. Jetzt hingen da Kartontafeln mit handgeschriebenen Parolen wie »Peace now!« oder »Grow your hair!«. Lennon und Yoko Ono hatten sich ausgezogen und ein riesiges Sacher-Leintuch übergeworfen. Ich stand im Ledermantel daneben und stellte Fragen. Dazu rauchte ich blasiert Zigarillo. Hinterher sagte Lennons Manager, dass die beiden mich am folgenden Vormittag zu einem ausführlichen Interview empfangen würden. Um 9.30 Uhr klopften der Tonmann und ich an die Tür von Suite 101. Man hatte wundersamerweise nicht zugesperrt, und wir traten »Good morning!« rufend ein. Die beiden lagen schlafend in einem goldgrünen Rokokobett. Lennon trug einen blau-weiß gestreiften Pyjama, auf dem Nachtkästchen lagen ein Buch von Allen Ginsberg und die runde Nickelbrille. Um die beiden zu wecken, intonierten wir die Bundeshymne Land der Berge, Land am Strome. Sie schrie erschrocken etwas Japanisches, er sagte mit belegter Morgenstimme nichts als »Oh my God!«. Beim Frühstück wollte Yoko wissen, wie es um die Avantgardekunst in Österreich stehe, John Lennon fragte, ob es in Wien eine ähnliche Rotlichtmeile gebe wie in Hamburg. Beim anschließenden Interview ereiferte er sich über den Krieg in Vietnam und die Ausbeutung der Dritten Welt. Yoko schrie im Abstand von zwei Minuten »Peeeeeaaaace!« dazwischen. Am Nachmittag begleitete ich Lennon zum Flughafen. Als wir uns dem Zentralfriedhof näherten, sagte ich, dass sein Kollege Franz Schubert hier liege. Er ließ die Limousine stoppen, und wir liefen zu den Ehrengräbern. An Schuberts Grab stehend, fiel ihm auf, wer da im Umkreis von 20 Metern noch seine end-gültige Unruhe gefunden hatte: Mozart, Beethoven, Brahms, Johann Strauß. Er sagte: »Was für eine aberwitzige Versamm-lung!«, zog den Schnürsenkel aus seinem rechten Schuh und legte ihn mit den Worten »statt Blumen« auf Schuberts Grab.

Ihr früher Erfolg machte Sie nicht sympathischer. Einen kleinwüchsigen Hörfunkkollegen blafften Sie an: »Wachsen Sie erst einmal, bevor Sie mit mir reden!«

Das war der verletzende Hochmut eines verwöhnten Fratzens, der merkt, er muss sich nur etwas wünschen, und schon wird es wahr. Ich hatte 20, 30 Fanclubs, erstmals viel Geld und wurde von den Medien hofiert. »Anything goes« war die Devise. Diese manischen Phasen wechselten sich allerdings mit Verdüsterun-gen durch bleierne Selbstzweifel ab. Dann dachte ich: Du bist gar nichts, du kannst gar nichts. Statt ein dauerprovokanter Radiorabauke zu sein, wollte ich ein anerkannter, international wahrgenommener Dichter sein. Mein Status als Jugendidol ba-sierte auf Fähigkeiten, die ich nicht schätzte. Deshalb zerfiel mein Selbstwertgefühl.

Ihr größter privater Scoop dieser Zeit war die Eroberung der Burgtheater-Schauspielerin Erika Pluhar.

Die Pluhar war damals der größte und begehrenswerteste weibliche Superstar des Landes. Den Zutritt zu dieser acht Jahre älteren Bühnengöttin habe ich mir als Achtzehnjähriger im wahrsten Sinne des Wortes erkauft. Ich legte mir das unsägliche Pseudonym André Miriflor zu und steckte mein gesamtes Erbe aus der Süßwarenfabrik Heller – 800 000 Schilling – in die Ko-produktion eines Kinofilms, in dem sie die Hauptrolle spielte.

Wie haben Sie sie erobert?

Die Erika war verzweifelt nach einer schrecklichen Ehe mit dem ebenso fantasievoll-verrückten wie sadistischen Udo

Proksch. Sie dachte – von mir in die Irre geführt –, ich sei nun endlich eine Männerversion, die fundiert liebevoll ist und ein Garant für gute Zeiten. Das war natürlich bei meinem damaligen Generalzustand ein aberwitziger Nonsens. Sie kam mit mir vom Regen in die Jauche. Ich wollte sie trophäenhaft als meine Privatmuse präsentieren, weil ich dachte, zu einer gelungenen Biografie gehört eine glamouröse Frau, und dann habe ich mir gleich die glamouröseste ausgesucht.

Über die Hochzeit im Herbst 1968 sagten Sie: »Ich habe bereits auf dem Standesamt gewusst, dass unsere Ehe nicht funktionieren würde.«

Wir waren verstörte Kinder, die sich ineinander verkrochen und souveräne, exzentrische Erwachsene spielten. Wir haben jeder an der Not des anderen gefröstelt. Es hat mich immer wieder tollwütig gemacht, wie weit ich von meiner Idealvorstellung entfernt war. Das ging vom Gesicht bis zu meinen Taten. Wer mir am nächsten stand, bekam natürlich am meisten Galle ab, und das war die Erika. Bei ihren umjubelten Premieren war ich angezogen wie aus einem futuristischen Albtraum, und am Rücken meines Sakkos stand »Fuck you all« gestickt. Alle haben immer bange darauf gewartet, was der Narr jetzt wieder anstellt: Macht er Zwischenrufe? Oder stellt er wieder das Kofferradio an, während auf der Bühne Othello gespielt wird?

Als Sie mit Ihren Liedern 1974 erstmals auf Tournee gingen, etablierten Sie eine neuartige Konzertform. Sie lieferten sich mit Besuchern Schreiduelle, rissen sich das Hemd vom Leib, küssten fremde Menschen auf den Mund. Einmal baten Sie um Handzeichen bei der Frage: »Wer will nachher mit mir schlafen?« Als 20 Hände in die Höhe gingen, war Ihr Kommentar: »Das scheint mir wenig.«

Ich habe einfach nichts professionell geübt gehabt, und bei dieser Art Geschichten war ich wieder in der »Hawelka«-Tradition. Den Alkohol hatte ich Gott sei Dank hinter mir, aber nach ein paar Konzerten fing ich an, jeden Abend um kurz vor acht viel Gefährlicheres zu nehmen. Meine Droge war ein Schlafmittel namens Mozambin plus. Durch Zufall hatte ich herausgefunden, dass dieses Medikament nach dem Übertauchen der beruhigenden Phase für schamloseste Euphorien sorgt. Meine Hemmungen und Ängste verwandelten sich in das Gefühl: Niemand auf der Welt ist besser als ich! Ich bin unbesiegbar! Bei meinen Ekstasen verausgabte ich mich so total, dass ich nach dem Konzert regelmäßig ins Krankenhaus musste, wo ich durch Infusionen wieder restauriert wurde. Anschließend besah ich mir dann im Hotel meine Groupies und nahm um sechs oder sieben Uhr in der Früh ein weiteres Mozambin, um schlafen zu können. Die traurige Wahrheit ist: Ohne Drogen wäre mir wahrscheinlich niemals eine derartige Konzertkarriere geglückt, denn ab der dritten Stadt hätte ich die totale Ödnis des allabendlichen Reproduzierens nicht länger ertragen.

Ihre Allüren lebten Sie immer hemmungsloser aus. Ein Voraustrupp musste Ihre Hotelsuiten mit Ihren eigenen Möbeln ausstatten. Sogar die Groupies ließen Sie vorsortieren.

Ich habe eine Privatsekretärin gehabt, und der habe ich dann im Vorbeigehen gesagt: »Dies Mädchen dort, die ist ja bezaubernd.« Und dann hat die Sekretärin das Mädchen gefragt: »Wollen Sie den Herrn Heller noch treffen?« Aber ich bitte zu Gnaden zu halten, dass ich schon mit 34 Jahren meine Abschiedstournee absolviert habe. In meinem Wiener Haus gab es damals einen Gang mit den Goldenen Schallplatten und sonstigen Preisen. Wenn ich ihn durchquerte, empfand ich heftige Trostlosigkeit. All die Insignien meines Erfolgs funktionierten nicht einmal als kurzes Ablenkungsmanöver von meinen Dämonen. Ich habe jahrzehntelang ein riesiges Ego gehabt, und das Ego ist ein Schuft, der einen in Geiselhaft nimmt. Eines Tages begriff ich dann, dass man sein Ego nicht ist, sondern dass man es hat – so wie man kein Auto ist, sondern eines hat.

Sie hatten damals stets drei, vier Affären gleichzeitig. Eine davon, Monika Krenner, nahm sich 1977 durch einen Sprung aus dem fünfzehnten Stock das Leben. In ihrem Abschiedsbrief hieß es: »Verzeih mir das viele Böse, das du mir angetan hast. Ich gehe jetzt zu Gott, um bei ihm für dich zu bitten.«

Ja, Monika, das schöne Roma-Mädchen, auf das im Circus

Roncalli allabendlich mit Messern geworfen wurde, war noch bis zuletzt gütig. Nachdem ihr die Kraft ganz verloren ging, wollte sie noch die Schuld auf sich nehmen. Ihr Brief sagt: Ich opfere mich, damit es dir bessergeht, denn wenn es dir nicht so schlecht ginge, würdest du nicht so grausam zu mir sein. Sie hat es intensiv erfahren, wie es mir ging, wenn ich auf Mozambin und die damit verbundenen Selbstaufpeitschungen verzichtete, für die mein Publikum so gerne Eintritt zahlte. Nach Monikas Selbstmord war nie mehr irgendetwas wie vorher. Es hat fast zwei Jahre gedauert, bis ich wieder halbwegs aufrecht gehen konnte.

Sie flüchteten sich in eine Anbetung der Toten und bestraften sich, indem Sie die wertvollsten Bilder Ihrer Kunstsammlung mit einem Messer zerschlitzten.

Ich bin mit einer unglaublich masochistischen Energie in eine Selbstbestrafungsmanie gekommen und wollte mich auch umbringen. Es wird so oft als Mut-Leistung hingestellt, sich umzubringen. Ich weiß aber, dass es in bestimmten Situationen ganz, ganz leicht ist. In fünf Minuten wärest du ja das Unerträgliche los, das du an Selbsthass und Schande mit dir herumschleppst. Deswegen habe ich mir Selbstmord verboten. Ich wollte mir keine Erleichterung zugestehen.

Was war Ihr Problem mit Frauen?

Da ich mich selbst nicht liebte, konnte ich die Liebe anderer nicht annehmen. Eigentlich bin ich jeden Morgen in einem bitteren Feind aufgewacht und am Abend in einem bitteren Feind eingeschlafen. Und das Kind in mir, das Harmonie und Ermutigung wollte, war hilflos diesem André Heller ausgeliefert. So ein Unglück führt zwangsweise in noch ernsthaftere Turbulenzen.

Ihre größte Lebenskrise begann 1997 und dauerte fast sieben Jahre.

Ich hatte plötzlich Hardcore-Symptome, wie man sie von Verrückten kennt. Meine Wahrnehmung war entgleist. Ich sah alles verzerrt, Gesichter zerbrachen vor meinen Augen oder wurden kubistisch. Wenn ich redete, hatte ich das Gefühl, es redet jemand, der neben mir steht. Ich fühlte mich wie zwei Personen, die nicht synchronisiert sind. Diese Bewusstseinsstörungen traten über Jahre in vielen Variationen auf. Es war ein Sterben und gleichzeitig eine Neugeburt mit äußerster Angst – »äußerste Angst« 300-mal unterstrichen und mit 6000 Ausrufezeichen.

Zu den Menschen, die Sie um Rat fragten, gehörte auch ein Schamane aus Kolumbien.

Durch weise Freunde wie ihn begriff ich, dass ich so etwas Ähnliches tun musste, wie meine alte Person niederzureißen und eine entgiftete neu aufzubauen. Und das habe ich dann getan. Diese Menschwerdung hat Jahre gedauert. Daneben habe ich tapfer den André Heller gespielt – mit erfolgreichen Premieren in aller Welt, Buchveröffentlichungen, Museumsbauten und Filmen. Die Leute haben nichts gemerkt, aber es war maßlos anstrengend. Ich konnte etwa fünf Stunden am Tag Heller sein, dann musste ich wieder konzentriert an dem Entzug von der Sucht nach Leid arbeiten. Für die Menschen an meiner Seite war das sehr belastend. Wenn ich schrie, konnten sie mir nur den Kopf halten, einen Tee hinstellen oder stumm mit mir spazieren gehen.

»Spätestens 1977«, sagten Sie einmal, »habe ich verstanden, dass ich nach Marokko gehöre.«

In den Jahren, bis ich wieder halbwegs Tritt fasste, gab es immer ein Sehnsuchts- und Trostgebiet in meinem Kopf, das ich 1972 das erste Mal bereist hatte: Marokko. Mein Grundton und der Ton der Außergewöhnlichkeiten dieses Landes sind verwandt. Ich fühle mich hier tiefer zugehörig als in Europa. Die Sucht nach Leid, die zwischen London, Paris, Berlin und Wien eine Hauptdaseinsform kluger Leute ist, ist hier weitaus weniger populär. Man begegnet kaum Menschen, die ihre Verbitterung wie eine ramponierte Monstranz vor sich hertragen.

Sie leben eine halbe Autostunde von Marrakesch entfernt in einer Landschaft namens Ourika. Warum gerade diese Gegend?

Es ist mein Glücksort, weil ich von beflügelnden Qualitäten umgeben bin. Von meinem Bett aus sehe ich den Jbel Toubkal, mit 4167 Metern einer der höchsten Berge Afrikas, sowie das gewaltige schneegekrönte Panorama des Atlas-Gebirges. Wenn man etwa in Innsbruck spazieren geht, glaubt man eingeschüchtert, die Alpen fallen einem auf den Kopf. Dieses Gefühl der Bedrückung habe ich bei der hiesigen Weitläufigkeit überhaupt nicht. Ich lebe im auftrumpfendsten Süddschungel und schaue trotzdem aus dieser Oase auf Schneewelten. Es ist eine surreale Situation und eine Gnade. Ich male viele Aquarelle, die ich nie herzeige, schreibe Erzählungen und habe nach 36 Jahren sogar wieder begonnen, Lieder zu erarbeiten.

Nach fünf Jahren Vorbereitung eröffneten Sie 2016 unter dem Namen Anima einen gut zehn Millionen Euro teuren Park, der an Ihr Privatgrundstück grenzt. Zur Anlage gehören ein Museum, in dem afrikanische Gegenwartskunst gezeigt wird, und ein Café, das nach dem Schriftsteller Paul Bowles benannt ist, dem Autor von Himmel über der Wüste.

Anima ist ein acht Hektar großes Selbstporträt von mir, in dass alles eingeflossen ist, was ich an mir wesentlichem Wissen erworben habe: meine Erfahrungen mit Menschen und Inszenierungen, mit Botanik, Licht und Schatten, Skulpturen, Düften, Kunstinstallationen, den Geräuschen des Windes und Wassers. Und über allem der Jubelgesang der prachtvollsten afrikanischen Vögel.

Woher haben Sie zehn Millionen Euro genommen?

Ich habe den Hauptteil meiner Reserven aufgelöst und riskiere sie hier freudig. Ich habe von jemandem gehört, der sich diamantenbesetzte Slip-Einlagen für seine Geliebten leistet. Meine Prioritäten sind andere.

Anima ist lateinisch und bedeutet Seele, Atem. Soll Ihr Park eine Art Lourdes für Seelenkranke sein?

Anima ist ein Paradiesversuch, ein Ort der Harmonie, der Freude, der Sinnlichkeit, der Heilung, des Staunens und der Kontemplation. Der Park ist auch eine Art botanisches Lazarett, in dem sich Menschen einfinden können, die verstört und entmutigt sind, um am Ende vielleicht zu begreifen, dass sie inmitten von Wundern selbst ein Wunder sind. Am Anfang stand ein

Stück Lehmwüste und der schönste Blick der Welt. Ich ließ dann zwei Jahre lang das leere Grundstück auf mich wirken und begann einen inneren Film zu entwickeln: Wenn etwa dort ein Rosenlabyrinth steht, wo wird der Westwind den Duft hinwehen, und welche Art von Gebäude soll ihn empfangen?

Großraumdiskotheken, hässliche Apartmentsiedlungen: Marrakesch ist dabei, das Ibiza Nordafrikas zu werden. Muss das einem schönheitssüchtigen Menschen wie Ihnen nicht Tränen in die Augen treiben?

Das Demokratische am Geschmacklosen und am Schrecken des Zeitgeistes ist, dass davon keine größere Siedlung unbehelligt bleibt. In absehbarer Zeit wird die Mehrheit der bebauten Welt wohl ähnlich abstoßend aussehen: zynische Architekturmetastasen und Plastikhöllen. Marrakesch ist aber, gottlob!, bei zwei wesentlichen Punkten nicht in die Knie gegangen. Man darf keine Hochhäuser bauen und muss für die Fassaden zwingend alles abmildernde Rot- oder Erdtöne verwenden. Das bewahrt die Stadt davor, wie etwa Dubai, ein Gräuel aus sinnlosester Hybris von Bauherren und Architekten mit zu viel Geld und zu wenig Klasse zu werden.

Im Emirat Sharjah haben Sie 2015 eine Müllinsel für Kreuzfahrtschiffe in eine Gartenidylle verwandelt. Welche Gründe hat Ihre Leidenschaft für Parks?

Beim Besuch eines Parks oder Gartens ist man immer in bester, faszinierendster Gesellschaft. Derlei Positives könnte ich über allzu viele Begegnungen mit Menschen leider nicht sagen. Die Natur hat keine abkanzelnde Meinung von uns und handelt nicht grob und niederträchtig. Ein Schmetterling würde nie über eine Spinne denken, sie sei hässlich. Das Bewerten ist ganz unsere Spezialität. Ich bin jahrelang als Narziss beschimpft worden, wenn ich erklärte, endlich daraufhin zu steuern, mich selbst lieben zu können, und dass es ein großer Vorteil wäre, mit sich selbst befreundet zu sein. Der Selbsthass vieler Intellektueller und Künstler ist mir bestens bekannt – ich habe dieses grausame Monster schließlich jahrzehntelang selber in mir gefüttert. Es ist ein zehn Meter großer Orang-Utan, der sich gegen die

Brust trommelt und dich einschüchternd anschreit: »Ich allein bin hier der Herr im Haus!«

Ohne innere Abgründe keine Kunst, heißt es.

Angstrasereien, Verzweiflung und Schmerz als Stimulanz für Erkenntnis und schöpferische Qualität? Danke, das habe ich hoffentlich weitgehend hinter mir. Es hat sich noch nicht genügend herumgesprochen, dass es dem inneren Frieden und der Gesundheit auf Dauer nicht wirklich förderlich ist, in einem giftigen Brennnesselwald seinen Hauptwohnsitz zu errichten. Ein ähnlicher Unsinn ist die Behauptung, dass notleidende Künstler fähiger werden und Wohlstand schöpferisch impotent macht.

Sie waren viele Jahre für etwas berühmt, was Sie »Hass-Erektionen« nennen. Sind Sie in Ihrer marokkanischen Solitüde zum buddhistischen Dauerlächler mutiert?

Ich bemühe mich, durch Freude zu lernen, auch wenn das nur bei jedem dritten Versuch klappt. Eine der großen Errungenschaften meiner Lernprozesse ist, dass es in meinem Leben keine Schuldigen mehr gibt, auf die ich mich ausrede. Jede schwierige Situation ist von mir selbst geschaffen und von mir zu lösen. Für mich bin ganz und gar ich verantwortlich. Die Hölle, das sind nicht, wie früher, die anderen.

Glücksforscher behaupten, es sei zu neunzig Prozent Veranlagung, ob man glücklich ist oder nicht. Demnach sind Versuche, glücklicher zu werden, genauso zum Scheitern verurteilt wie der Versuch, größer zu werden.

Ich glaube aus Erfahrung zweifelsfrei, dass mein Bewusstsein das Sein bestimmt. Also ist es möglich, sich nachhaltig zu verwandeln. Man kann den Verliesen der selbst geschaffenen Pein und Notoffensiven entwischen, wenn man begreift, dass die größte irdische Macht unsere Gedanken sind. Sie schaffen, je nach ihrer Ausprägung, Realitäten wie Souveränität und Leichtigkeit oder Krankheiten und andere Katastrophen. Verändern Sie Ihr Bewusstsein ins Höhere, und es ist nicht ausgeschlossen, dass Sie zumindest gelegentlich Bekanntschaft mit einer funkelnden Seligkeit machen.

Leben Sie hier wie ein Wüsteneremit, der sich vor den Zumutungen der Wirklichkeit abschottet?

Nein. Ich will durchaus wissen in welcher Welt ich lebe. Deshalb habe ich mich zum Beispiel jüngst viele Stunden vor den Fernseher gesetzt, um auf CNN Donald Trump zu studieren. Er ist einzigartig in seiner unkaschierten Selbstüberhebung, Menschenverachtung, brachialen Primitivität und einer allumfassenden Unappetitlichkeit, und doch ist er das Sinnbild für den Bewusstseinszustand einer gewaltigen Wählermasse. Wenn ich diesem Phänomen begegne, weiß ich: Dieser Haltung müssen wir, wenn irgend möglich, beharrlich Genauigkeit, Verfeinerung, Mitgefühl, Dankbarkeit, Gelassenheit und Eleganz der Gedanken und Taten entgegensetzen.

Sie haben viele Jahre lang Menschen in einer Weise brüskiert, die an Sadismus grenzte. Wie nah ist Ihnen der André Heller, der über die Memoiren des Schauspielers Curd Jürgens schrieb: »Jürgens sieht und empfindet Frauen als öffentliche Bedürfnisanstalt für seine erotische und seelische Notdurft. Eine seiner Hauptlieben hat mir gesagt: ›Alles an diesem Mann ist banal, selbst im Bett ist er noch ein Gemeinplatz‹«?

Das war uferlos verletzend, eine unverzeihliche Infamie. Ich schäme mich, seit Jahrzehnten, dass ich mich bei Curd Jürgens nicht zu seinen Lebzeiten entschuldigt habe. Ich kann diese Karl-Kraus-Bosheit, die ich mit der Muttermilch aufgesogen habe, schon lange nicht mehr ertragen. Ich will Ermutigung erhalten und Ermutigung geben.

Rainer Maria Rilke, einer Ihrer Hausgötter, meinte, wer seine Dämonen verliere, verliere auch seine Engel.

In unserer Wirklichkeit bannen wir die Dämonen niemals ganz, aber wir können sie mit bestimmten Bewusstseinstechniken so im Zaum halten, dass uns nicht jeder Tag zur Qual wird. Als Rilke mit Lou Andreas-Salomé in Russland spazierend unterwegs war, zeigte er auf einen Baum und sagte, er könne da nicht vorbeigehen, weil er sonst sterben würde. Dann hat er bitterlich zu weinen begonnen. Das kenne ich ähnlich auch von mir, aber ich brauche meine karg bemessene Zeit für Wichtigeres, als ununterbrochen Verzweiflungen zu managen, die in mir ihre Nahrungsquelle suchen.

Sie kämpfen von Jugend an mit Verdüsterungen und Traurigkeiten, die sich, wie Sie sagen, »in alles verbeißen, was ihnen in die Quere kommt«.

Während meiner katholischen Gefangenschaft bei den Jesuiten musste ich jeden Tag zu den Heiligen beten, aber wer diese seltsamen Herrschaften eigentlich wirklich waren, wusste ich nicht. Inzwischen habe ich mir meine Privatheiligen und eigene Gebete geschaffen, mit denen ich Schutz und Hilfe herbeibitte, wenn mein Gemüt in Fallgruben stürzt: »Hilf mir, mich von Grund auf zu heilen, lass mich Freude von deiner Freude sein, durchdringe mich mit deiner Liebe.«

In Ihrem 2016 erschienenen Roman *Das Buch vom Süden* erzählen Sie, dass es auf dem Wiener Zentralfriedhof ein Massengrab für durch Unfälle oder Amputationen verlorene Beine, Arme, Zehen, Finger und Ohren gibt. Fiktion?

Nein. 1978 habe ich die Filmdokumentation *Menschen am Zentral* gedreht. Seither weiß ich, dass es dieses Massengrab wirklich gibt. Wir lernten einen schwer zuckerkranken Rentner kennen, der gelegentlich seinen abgetrennten Unterschenkel und Fuß besuchte. Fragte man, wie es ihm gehe, gab er zur Antwort: »Mit einem Fuß steh ich schon im Grab.«

Im Buch vom Süden beschreiben Sie ein Bordell, in dem »eherne Atheisten mit Messer und Gabel auf stiefmütterchengeschmückten Tischen den Kot von falschen Nonnen speisen«. Haben Sie bei so etwas zugeschaut?

Ab 20 habe ich begonnen, mit Helmut Qualtinger die legendäre Loos-Bar in Wien aufzusuchen. Die charmanten Huren, die dort verkehrten, haben mir über Jahre hinweg solche Vorfälle geschildert. Als wir 1982 mit *Flic Flac* wochenlang am Hamburger Schauspielhaus gastierten, war ich mit einer Domina von der Reeperbahn befreundet. In ihrem Etablissement gab es eine kleine Wandöffnung für Voyeure. Da konnte ich Szenen sehen wie aus der bizarren Fantasie Salvador Dalís.

Ihr Romanheld ist ein melancholischer Schöngeist, der sein Leben mit Pokerspiel finanziert. An seinen Mitspielern fällt ihm auf, dass sie kurios abergläubisch sind.

Als ich 1972 nach Marrakesch kam, war die Stadt eine aus der Zeit gefallene Enklave für sehr exzentrische und sehr betagte homosexuelle Herren aus wohlhabendsten europäischen Familien oder Adelshäusern. Mit ihren Liebhabern führten sie, mitunter seit 1914, in maurischen Palästen ein Tausend-und-eine-Nacht-Leben. Eine dieser Figuren war der Kostümbildner von Billy Wilders *Sunset Boulevard*. Er hatte Kleider für Marlene Dietrich und Greta Garbo entworfen und war der letzte Liebhaber von Rudolfo Valentino. Er hat sich gefreut, dass endlich jemand Junger kam, der sich für seine wundersame Biografie interessierte. Unter vielen anderen Geschichten erzählte er mir, dass es während der Zwanzigerjahre im Vorraum zu den Herrentoiletten des Casinos in Monte Carlo Burschen gab, die gegen Bezahlung die Hose fallen ließen und gestatteten, dass ihnen der Kunde mit einem Finger in den Anus fährt, weil das Berühren von frischem Menschenkot Spielern Glück bringen soll.

Ihr Wiener Stadtpalais und Ihr Haus in Marokko wirken wie Heller-Museen. Die Exponate reichen vom Judenstern Ihres Vaters bis zu einem großen Bühnenvorhang, den Jean-Michel Basquiat für Sie gemalt hat.

Ich bin nicht erinnerungssüchtig, aber diese vielfältigen Splitter aus meinem Leben helfen mir, das in meinen diversen Entwicklungs- und Irrtumsstadien Wahrgenommene nicht ganz zu vergessen. Oft sind es Winzigkeiten wie jenes Butterbrot, das mir Henry Miller bei unserer Begegnung 1970 in Pacific Palisades, Ocampo Street Nummer 444 geschmiert hat: Miller zog mit dem Messer abschließend drei Rillen in die Butter, die nicht tiefer als ein Millimeter waren. Ich dachte, wie kommt ein Genie zu gerade dieser Marotte? (Holt ein Foto.) Wenn ich dieses Bild von Jessye Norman anschaue, fällt mir ein, dass ich 2002 in Paris Arnold Schönbergs *Erwartung* mit ihr inszeniert habe. Wenn sie am Ende des Auftritts in ihre Garderobe kam, hat sie gedampft wie ein Rennpferd – so viel Energie hatte sie in ihre magischen Arien gelegt. Ohne das Foto würde ich an dieses Erlebnis vielleicht nach einiger Zeit nicht mehr denken.

Brauchen Sie Abgeschiedenheit zum Schreiben?

Im Gegenteil. Die Hälfte des Buches entstand im Getöse vom Café Florian auf dem Markusplatz in Venedig. Im Innern einer Blase aus großem Lärm zu sitzen gibt mir Konzentration. In der Stille meiner Wiener Wohnung habe ich nie gut schreiben können.

Hatten Sie im Café Florian einen Laptop vor sich stehen?

Nein. Ich schreibe mit der Hand in kleine Notizbücher. Ich besitze einen Computer, aber benutze ihn fast nie. Meine E-Mails lasse ich mir ausdrucken. Würde ich nicht wollen, dass mein über alles geliebter Sohn mich 24 Stunden am Tag erreichen kann, hätte ich auch kein Mobiltelefon.

Martin Walser schreibt über das Alter: »Man ist alt, das stimmt. Aber man hat keine anderen Wünsche oder Absichten als jemand, der zwanzig Jahre jünger ist. Der Unterschied: Man muss jetzt so tun, als hätte man ganz andere Wünsche und ganz andere Absichten als ein Fünfundvierzigjähriger. Das Altsein ist eine Heuchelei vor Jüngeren. Das Alter, das ist die Lüge schlechthin.«

Ich war nie besonders jung und bin heute nicht besonders alt. Meine Fähigkeit, herausfordernde Projekte zu verwirklichen, ist mit Sicherheit besser geworden, weil es weniger Reibungsverluste gibt. Ich weiß über meine Kräfte Bescheid und gehe nicht mehr beharrlich Kilometer um Kilometer in die falsche Richtung. Ich weiß, dass ich das Gelingen anziehe, wenn ich mein Ego auf die unverzichtbare Mindestgröße reduziere und die Wichtigkeit von Dankbarkeit begreife.

Kennen Sie Subjektivitätsekel, das Gefühl, im Großen und Ganzen jeden Tag die gleichen Gedanken im Hirn zu wälzen?

Ich fordere Sie zum Duell, wenn Sie mich solchen Leuten gleichstellen. Ich bin ein neugieriges Aufbruchs- und Expeditionswesen und war mein Leben lang etwa alle fünf Jahre ein ziemlich Anderer. Ich kann ohne schmerzhafte Reue Abschied nehmen und überflüssigen Ballast abwerfen, ohne mich noch einmal umzudrehen. So unglaubwürdig es auch klingen mag: Es gibt ganz wenig Alltägliches in meinem Leben.

Sie sind seit mehr als 20 Jahren mit der österreichischen Malerin Albina Bauer zusammen. Ist sie Teil Ihres Alltags geworden?

Nein. Albina ist meine zauberische Frau und eine zentrale Verbündete, mit der ich intensivst zusammenarbeite. Sie hat in Wien eine Wohnung, die 25 Minuten mit dem Taxi von meiner entfernt ist, und auch in Anima gibt es ihr eigenes Haus mit einem duftenden Kräutergarten. Wir begegnen einander gerne auf Einladung. Keiner ist beleidigt, wenn der andere sagt: »Nein, heute nicht und morgen auch nicht.«

Als Sie mit 14 Stammgast im Café Hawelka wurden, litten Sie darunter, nicht aus dem Stoff zu sein wie die Platzhirschen Friedrich Torberg, Heimito von Doderer oder H. C. Artmann. Haben Sie Wunsch und Wirklichkeit einigermaßen zur Deckung bringen können?

Aus sich einen gelungenen Menschen zu machen ist eine Arbeit, die erst mit dem letzten Atemzug aufhört. Es ist ein Verbrechen an sich selbst, sich mit siebzig, achtzig Jahren keine großen Veränderungen mehr zuzutrauen. Wieder mein Mantra: Das Bewusstsein bestimmt unsere Wirklichkeit. Ich gebe Ihnen dafür ein Beispiel. Im Internet habe ich jüngst das Video einer Frau angeschaut, die sich zu ihrem hundertsten Geburtstag einen Tandem-Fallschirmsprung gewünscht hat und dabei gefilmt wurde. Nach ein paar Hundert Meter freiem Fall fliegt ihr das Gebiss aus dem Mund – und sie lacht und lacht und lacht. Kein schlechtes Vorbild.

Über Ihre bildschöne Mutter sagten Sie einmal: »Sie versuchte mit der spannungslosen Regelmäßigkeit von Monatsblutungen sich das Leben zu nehmen. Einmal wollte sie sich mit einem Dirndl bekleidet im Wolfgangsee ertränken. Mein Vater war durchaus dafür, aber mein Bruder hat sie dann doch gerettet.« Wie geht es ihr?

Das Zitat beschreibt die Situation vor dem Tod meines tyrannischen, von Opium gesteuerten Vaters 1958. Danach wurde sie eine selbstbestimmte, emanzipierte Dame. 2014 hat sie ihren hundertsten Geburtstag gefeiert. Sie entgleitet sich und mir. Manchmal sagt sie: »Ab 95 wurde alles Disziplin. Bis 99 war es irgendwie machbar. Seitdem empfinde ich das Leben als reine Zumutung.« Oder: »Ich übersiedle in die eigentliche Heimat, aus der ich vor bald einer Ewigkeit in diese Welt gekommen bin.«

Als Kind zerschneidet er sich die Hände mit Rasierklingen, durch Donald Duck entdeckt er die Kunst, mit einem Rauchbombenattentat verwandelt er die Kunstakademie in ein qualmendes Inferno: Gottfried Helnwein über LSD-Psychosen und das Leben auf Schlössern, über das von Schwertern durchbohrte Herz Marias von den sieben Schmerzen und die Entscheidung, sein Hitler-Porträt gegen einen Ford Mustang einzutauschen

»Der nicht enden wollende Horror schlug in Verblüffung um, weil ich nicht gewusst hatte, dass ein derartiges Ausmaß an Schmerz und Wahnsinn überhaupt erlebbar ist«

GOTTFRIED HELNWEIN

Was wollten Sie werden, als Sie 14, 15 Jahre alt waren?

Kinderarzt oder Revolutionär. Mein Hass auf die graue, enge Welt der Erwachsenen war gigantisch. Ich sehnte mich nach Umsturz, Ekstase und Rundumschlag. In meinen Tagträumen habe ich die Schule in die Luft gesprengt und die korrupte Gesellschaft niedergerissen. Wir biederen, eingeschüchterten Nachkriegskinder hätten gern Haare gehabt wie die Rolling Stones, aber mit unserem Hitlerjugend-Haarschnitt und den roten Ohren standen wir da wie Ministranten. Als wir uns die Haare auch etwas länger wachsen ließen, wurden auf der Straße Steine nach uns geworfen, und man schrie: »Ihr Gsindel ghört weggeräumt und vergast. Der Hitler g'hört wieder her!« Wenn im Stadtpark einer mit einem Afro saß, ließen manche gern ein brennendes Zündholz hineinfallen.

In einer Biografie über Sie wird behauptet, Sie hätten lange an Alexithymie gelitten, der Unfähigkeit, Gefühle zu haben.

Solche Pathologisierungen sind schwachsinnig. Ich fand, dass ich in ein Straflager hineingeboren war, und wollte da raus. In der Schule habe ich angefangen, mir mit Rasierklingen die Hände aufzuschneiden, als Protest gegen das System, das ich ablehnte. Wenn ich blutüberströmt war, musste ich nur die Hand heben, und alles stand still. Es war plötzlich ein freier Raum um mich herum. Ich empfand das als Befreiungsschlag und eine Demonstration der Selbstbestimmung, auch über meinen Körper. Es war ein sinnliches Erlebnis, denn Blut hat ja eine magische, mystische Dimension, besonders im Christentum.

Wurde der kleine Gottfried angehalten, an Gott zu glauben?

Mein Vater war wirklicher Amtsrat in der Wiener Postdirektion und streng katholisch. Ich habe den Großteil meiner Kindheit in kalten Kirchenschiffen verbracht. Meine Bilder waren bluttriefende, verzückt gen Himmel blickende Märtyrer, heilige Wundmale, das Blut Christi im Kelch und das blutende, von Schwertern durchbohrte Herz Marias von den sieben Schmerzen. Wir sangen: »Jesu, drücke Deine Schmerzen tief in aller Christen Herzen.« Es war eine Erlösung, wenn mich die schöne Sekretärin des Direktors liebevoll verbunden hat, und ich meinen Knabenkopf auf ihren wohlgeformten Busen legen konnte.

Ihr Erlöser war der Disney-Zeichner Carl Barks. Die Begegnung mit seinen Figuren beschreiben Sie als »Epiphanie« und »Eintritt in ein neues Universum«.

Wien war nach dem Zweiten Weltkrieg ein dunkler Ort ohne Farben und Töne. Der Geruch des Todes hing immer noch in der Luft. Ich erinnere mich an leere Straßen, die Ruinen ausgebombter Häuser, Schutt und Asche. Die Erwachsenen erschienen mir grantig und gebrochen. Gott sei Dank hatten einige PR-Offiziere der amerikanischen Besatzungstruppen die Idee, uns Nazi-Kindern die amerikanische Kultur durch Micky-Maus-Comics zu vermitteln. Bei der Suche nach einer Übersetzerin sind sie zu unserem großen Glück auf Erika Fuchs gestoßen, eine äußerst gebildete Kunsthistorikerin, die gerade einen Job brauchte. In ihrer Unvertrautheit mit Comics übersetzte sie den Text in ihr wunderbares Bildungsdeutsch und wuchs mit ihren Wortschöpfungen über sich hinaus. Sie wurde zu einem weiblichen Goethe. Als ich Entenhausener Boden betrat, war ich der Vorhölle der Wiener Nachkriegszeit entronnen. Ich nahm zum ersten Mal Farben wahr, und das Leben bekam einen Sinn. Ich traf jenen Mann, der mein Leben verändern sollte: Donald Duck. Von ihm habe ich mehr gelernt als in allen Schulen, in denen ich war. Der Umgang mit Leuten wie Schmu Schubiak, Kasimir Keiler, dem Haarigen Harry oder Sebastian Sandig, genannt der Wüstenwastel, schärfte mein Auge für die Einschätzung meiner Mitmenschen. Seit ein paar Jahren habe ich im Park meines Schlosses mein eigenes Entenhausen: 35 Enten aller Schattierungen und zwei Gänse, Franz Gans und Gustav Gans.

Der Futurist Filippo Tommaso Marinetti meinte, ein Rennwagen sei schöner als die Nike von Samothrake. Sie meinen, Donald Duck sei bedeutsamer als die Mona Lisa.

Obwohl er eher wie eine Ente als wie ein Mensch aussieht, verkörpert Donald Duck das Menschliche mehr als alle Werke der bildenden Kunst vor ihm. Die Mona Lisa hat bei aller malerischen Qualität wenig mit einem wirklichen Menschen zu tun. Es ist erstaunlich, dass dieser kleine, künstliche Erpel ein so viel besserer Spiegel der menschlichen Seele ist. An ihm erkennen wir unsere Ängste, Unsicherheiten, Schwächen, Dummheiten und Eitelkeiten, aber auch jene Starrköpfigkeit, mit der wir nach jedem Scheitern wieder aufstehen und neu beginnen.

Mit 16 brachen Sie das Gymnasium ab und besuchten die Höhere Graphische Bundes-Lehr- und Versuchsanstalt, eine 1888 gegründete Schule für Grafik und Zeichnen mit internationaler Reputation. Nach ein paar Wochen waren Sie der bekannteste Schüler.

Unser Lehrer war ein altakademischer Maler. Beim Aktzeichnen pirschte er sich von hinten an und raunte einem ins Ohr: »Sei kühl wie ein Fechter.« Oder er schrie plötzlich: »Wage den Panthersprung!« Irgendwann hatte ich genug von den fetten Aktmodellen und malte mit roter Farbe Hitler auf mein Blatt. Als mir der Professor über die Schulter blickte, erstarrte er. Dann drehte er sich auf dem Absatz um und rannte in Panik hinaus. Ich höre noch das quietschende Geräusch seiner Gummischuhe. Der weiße Arbeitsmantel flatterte ihm hinterher, und weg war er. Kurz drauf quoll die gesamte Professorenschaft durch die Tür, wie eine Schar aufgeschreckter Vögel. Der Direktor hielt mit bebender Stimme eine Ansprache über die Zeiten, wo alle aufstehen und das Vaterland verteidigen mussten, und dass wegen meiner Zeichnung der achtzigjährige Weltruhm der Anstalt auf dem Spiel stünde. Dann wurde das Blatt beschlagnahmt. Das war der Moment, wo ich zum ersten Mal eine Ahnung von der Macht eines Bildes bekam.

Mit 18 wechselten Sie für vier Jahre an die Akademie der bildenden Künste. Sie besuchten nie eine Vorlesung und machten keinen Abschluss.

Da ich mich in kein System einfügen konnte und jede Art von Autorität ablehnte, blieb als letzter Freiraum nur die Kunst. Um zur Aufnahmeprüfung zugelassen zu werden, musste man Arbeiten vorweisen. Da ich bis dahin noch nie gemalt hatte, dachte ich, gut, dann male ich halt ein Bild. Mehr wollte ich nicht investieren, denn Maler waren für mich Rauschebärte mit Baskenmützen, die besoffen abstrakte Bilder malten, die niemand sehen wollte. Da ich keinen Vergleich hatte, wusste ich nicht, ob mein Bild etwas taugte oder scheiße war. Zu meinem Erstaunen war der Professor so beeindruckt von meiner Arbeit, dass er mich ohne die übliche Aufnahmeprüfung sofort in seine Meisterklasse aufnahm. Er ersparte mir damit, stundenlang in einer langen Schlange verlorener Seelen stehen zu müssen, die in ihre Firmungsanzüge gepresst mit großen Mappen unterm Arm darauf warteten, zu den Professoren vorgelassen zu werden, die dann mit ihren gichtigen Fingern in den Arbeiten wühlten und sagten: »Die Malerei ist nichts für Sie. Lernen

Sie lieber was Gescheites.« So ist es einem jungen Mann in dieser Akademie sechzig Jahre zuvor ergangen. Er wurde gleich zweimal abgewiesen. Sein Name war Adolf Hitler. Es war der schwerste Fehler, den eine Universität je begangen hat.

Ihr Professor war Rudolf Hausner, ein Vertreter des Phantastischen Realismus, der wegen Hehlerei zu zwei Jahren Gefängnis verurteilt worden war.

Hausner hatte eine Professur in Hamburg gehabt. Dort war er von rebellierenden Studenten mit den Worten empfangen worden: »Halt's Maul, reaktionärer Sack! Malen ist ein Privileg der Bourgeoisie auf dem Rücken der Arbeiterklasse.« Nach diesem Schock beschloss er, sich in Wien von Anfang an an die Spitze der Revolution zu setzen, und predigte Marx und Freud. Da er aber auf kein großes Interesse stieß, zog er sich in sein stattliches Atelier in der Akademie zurück, fuhr mit seinem Mercedes 600 herum und genoss die Zeit mit seiner appetitlichen Sekretärin, die ihm der österreichische Staat bezahlte. Wir haben ihn nicht mehr gesehen. Ich bin ihm unendlich dankbar dafür, denn für mich war das ein Glücksfall. Niemand kümmerte sich um mich, und ich konnte vor mich hinmalen wie ein autistisches Kind. Es war der ultimative Freiheitsrausch.

Nach ein paar Wochen porträtierten Sie abermals Hitler.

Diesmal in Öl. Der Titel war *Der Führer sah in die Abenddämmerung*. In einem Altwarengeschäft fand ich einen schweren, schwarzen Rahmen aus den Dreißigerjahren. Als das Bild später in einer Ausstellung hing, reagierten einige mit Begeisterung. Einer kam mit hohler Hand auf mich zu und zeigte mir verstohlen, aber stolz sein silbernes SS-Totenkopfabzeichen.

Wer besitzt Ihr Hitler-Porträt heute?

Ich habe es gegen einen Ford Mustang eingetauscht, den ich gleich bei meiner ersten Ausfahrt bei einem Frontalzusammenstoß zu Schrott fuhr. Wo das Bild heute ist, weiß ich nicht.

In die Annalen der Akademie gingen Sie mit einem Anschlag ein, der die Feuerwehr und eine Hundertschaft Polizei auf den Plan rief.

Die Zeit war reif für den Umsturz. An der Akademie beschimpften sich Neomarxisten, Maoisten, Trotzkisten und Spartakisten gegenseitig und schwafelten darüber, wie man Proletarier befreit, die nicht wissen, dass sie befreit werden wollen. Darunter waren adlige Fräuleins mit Parka, die im Schloss ihrer durchlauchten Frau Mama lebten. Damit wollte ich nichts zu tun haben. Das gehörte auch weggesprengt. Ich beschloss, die Revolution selbst in die Hand zu nehmen. Mit ein paar völlig unpolitischen Freunden verwandelte ich die Akademie in ein qualmendes Inferno. Selbst gebastelte Farb-, Stink- und Rauchbomben flogen herum, und die riesigen Fenster wurden in den Hof geworfen. Die Professoren hatten wir mit Nachschlüsseln in ihren Zimmern eingesperrt.

Wie sahen Sie damals aus?

Lange Haare, enge, rote Samthose, darüber eine alte Uniformjacke. Ein Hippie im Sergeant-Pepper-Stil.

Als Sie mit Anfang 20 zum zweiten Mal LSD nahmen, bekamen Sie eine Psychose, die Sie um den Verstand brachte: Dämonen zerhackten Sie in tausend Stücke und verstreuten Ihre Überreste im Universum. Manchmal waren Sie blind, oder Sie verloren Ihren Gleichgewichtssinn und konnten nur noch auf allen vieren kriechen.

Es war ein Sturz durch alle neun Kreise der Hölle, der mich fünf Jahre meines Lebens kostete. Eines Tages gab es einen Augenblick, wo der nicht enden wollende Horror in Verblüffung umschlug, weil ich bis dahin nicht gewusst hatte, dass ein derartiges Ausmaß an Panik, Schmerz und Wahnsinn überhaupt erlebbar ist. Größere Mengen Valium waren das Einzige, das kurzfristig half.

Haben Sie in den fünf Jahren Ihrer Valiumsucht gemalt?

Nein. Als ich wieder anfing, kamen Leute, die meine Bilder ausstellen oder kaufen wollten, aber ich lehnte das ab und sagte, ich hätte die Bilder doch nicht gemalt, um damit Geschäfte zu machen.

Wovon haben Sie gelebt?

Geld war peinlich. Man hat es nicht erwähnt. Damals konnte man in Wien wunderbar leben, ohne mit Geld jemals in Berührung zu kommen. Wir verbrachten den Tag in Kaffeehäusern und ließen anschreiben. Irgendwann haben wir eine Zeichnung dagelassen. Nirgendwo konnte man mittellos auf so hohem Niveau leben wie in Wien.

Trotz Ihrer Antihaltung wurden Sie fast über Nacht zum bekanntesten Maler Ihres Landes.

Ich habe überlegt, welche Todsünde ich begehen müsste, um in der Kunstszene für ewig stigmatisiert zu sein. Die Antwort war eindeutig: Peter Alexander für das Titelblatt der *Kronen-Zeitung* malen. Nach dieser Selbstverbrennung hätte ich meinen Frieden. Ich habe dann auch noch Hans Krankl gemalt, den österreichischen Helden, der Deutschland in Córdoba aus der Weltmeisterschaft geschossen hat. Die Kunstszene ist ausgerastet. Es war wunderbar befreiend, alle Brücken hinter sich verbrannt zu wissen und vogelfrei zu sein. Ich konnte endlich wieder durchatmen.

Die Leser der *Kronen-Zeitung* waren begeistert von Ihnen.

Wenn ich durch Wien ging, hörte ich die Leute sagen: »Schau, da geht der Krankl-Maler.« Ich war berühmt als Krankl-Maler. Ich fand die Vorstellung aufregend, dass irgendjemand morgens verschlafen in die Trafik schlurft, um sich Zigaretten und die *Kronen-Zeitung* zu kaufen, und dann unvorbereitet auf meine Bilder trifft. Diese kleinen engen Galerien, in denen bei der Vernissage irgendwelche Verlierer mit Sektflöten herumstehen, das war es einfach nicht.

1988 haben Sie ein Jahrhundertfoto gemacht: Der Bildhauer Arno Breker, Hitlers Lieblingskünstler, hält sich in seinem Düsseldorfer Atelier ein Gemälde von Ihnen vor die Brust, das Joseph Beuys zeigt.

Als ich Breker bat, für die Aufnahme das Bild von Beuys hochzuhalten, murmelte er: »Das hätte sich der Beuys aber nicht träumen lassen.« Anschließend erzählte er mir, wie er Anfang der Dreißiger vom russischen Ministerpräsidenten Molotow kontaktiert wurde, der ihn im Auftrag Stalins nach Moskau einlud, um dort den neuen sozialistischen Realismus zu begründen. Als Breker schon seine Koffer gepackt hatte, war

Goebbels am Telefon: »Breker, der Führer möchte, dass Sie bleiben. Das Deutsche Reich braucht Sie!« Dann hat er wieder ausgepackt. Er hätte genauso gut Held der Sowjetunion werden können.

Wie sah es in Brekers Atelier aus?

Mir fiel die heroisierende Büste eines beleibten Schwarzen auf, auf dessen Militäruniform Fantasieorden prangten. Breker sagte, das sei der frühere Präsident der Elfenbeinküste. In den Sechzigern sei der Mann in seinem Atelier aufgetaucht und habe ihm den Arm um die Schulter gelegt: »Kommen Sie in mein Land, Breker, ich werde Ihr zweiter Hitler sein! Gestalten Sie mir die neue Hauptstadt. In der Mitte entwerfen Sie mir ein Monument, Thema: befreites Afrika.« Breker zeigte mir sein Gipsmodell der Hauptstadt. Im Zentrum war ein gigantischer Versammlungsplatz vorgesehen, in der Mitte eine kolossale Statue: ein Schwarzer mit gesprengten Ketten und zerrissenem Hemd, der mit geballter Faust aufgewühlt gen Himmel blickt. Als ich Breker fragte, was aus seinem Utopia geworden sei, sagte er resigniert: »Der Präsident ist leider kurz darauf gestürzt worden.«

Haben Sie Breker gefragt, wie er zur sogenannten entarteten Kunst stand?

Ich habe es mehrfach versucht, aber jedes Mal hieß es: »Warten Sie einen Moment, ich verstehe Sie gerade nicht. Ich habe Probleme mit meinem Hörgerät.«

Auch wer noch nie von Ihnen gehört hat, kennt ein mit fotografischem Realismus gemaltes Gemälde von Ihnen. *Boulevard of Broken Dreams* zeigt James Dean mit Zigarette im Mund auf dem regennassen Times Square. Das Bild wurde zu einem der meistverkauften Poster der Welt.

Es ist ein eher untypisches Bild in meinem Werk. Es entstand 1981 zum fünfzigsten Geburtstag von James Dean. Ich habe mir nicht viel dabei gedacht. Plötzlich war es überall.

Die Poster-Tantiemen müssen Sie zum Multimillionär gemacht haben.

Das war nicht so wild, weil es weltweit so viele Raubdrucke

gab. Ich habe dann alle Poster aufgekauft und die weitere Herstellung untersagt. Durch das Internet kann man sofort sehen, wenn sich jemand nicht daran hält.

Das Leitmotiv Ihrer Malerei ist der Schmerz von Kindern, die mit Rohren und chirurgischen Werkzeugen misshandelt werden. Wie sind Gewalt und Folter Ihre Lebensthemen geworden?

Ich war besessen von der Idee, alles über den Holocaust herauszufinden und die Ursachen zu verstehen. Bei meinen Recherchen bin ich auf gerichtsmedizinische Fotos von Kindern gestoßen, die zu Tode gefoltert worden waren, häufig von ihren Verwandten. Wie kann ein Mensch ein dreijähriges Mädchen vergewaltigen? Warum presst jemand ein Kleinkind auf eine glühende Herdplatte? Es waren Bilder, die ich nicht vergessen konnte. Der einzige Weg für mich, mit diesem Wissen fertigzuwerden, war, es zu malen.

Die Kunstkritik feiert Sie heute als Seher. Dreißig Jahre bevor der zig-tausendfache Missbrauch von Kindern in Heimen und Kircheneinrichtungen publik wurde, hätten Sie ihn bereits gemalt.

Ich wusste von den konkreten Ereignissen nichts, aber ich spürte die Misshandlungen genau zu der Zeit, als sie stattfanden, und stellte wie besessen immer wieder das verwundete und missbrauchte Kind dar. Die Leute haben meine Bilder als Schock empfunden. Es gab Tumulte, und Ausstellungen wurden abgebrochen. Ich war selber nicht sicher, ob ich normal bin. Heute kann man sehen, dass ich nicht so falsch lag.

Ihre Bilder wurden von der Polizei beschlagnahmt, von Unbekannten mit Messern zerschlitzt oder mit Stickern beklebt, auf denen »Entartete Kunst« stand.

Bei Ausstellungen schrien die Leute: »Das muss ein Geisteskranker gemalt haben!« Wenn mich Leute erkennen, kommt immer die Frage: »Herr Helnwein, sind Sie als Kind missbraucht worden?« Ich spüre die Hoffnung, dass ich Ja sage, weil die Leute dann eine rettende Erklärung hätten, die meine Bilder neutralisieren und erledigen würde. Das eigentliche Problem ist nicht das, was auf meinen Leinwänden zu sehen ist. Was den Skandal hervorruft sind vielmehr die Bilder, die die Menschen in ihren eigenen Köpfen mit sich herumtragen.

In Wien wurden Sie 2013 mit einer großen Retrospektive geehrt. Am Eingang der Albertina hieß es auf einer Warntafel: » Wir empfehlen den Besuch auf Grund von expliziten Gewaltdarstellungen im Werk des Künstlers erst ab einem Alter von 16 Jahren.«

Es spricht für die Kunst, wenn man sie für gefährlich hält. Wenn man aber bedenkt, mit wie viel Gewalt und Horror Kinder und Jugendliche täglich durch die Massenmedien konfrontiert werden, ist es seltsam, dass man denkt, sie ausgerechnet vor der Kunst im Museum schützen zu müssen. Ich war gerade im Prado und habe mir die Besucher vor den Gemälden von Hieronymus Bosch angeschaut. Auf den Bildern sieht man Menschen, die von Monstern zerstückelt, aufgespießt und gefressen werden. Aber keiner der Betrachter reagiert darauf bedrückt. Im Gegenteil, die Menschen fühlen sich inspiriert und emporgehoben. Viele haben ein Lächeln im Gesicht. Kunst transzendiert den Schrecken. Durch sie verliert der Tod seine Macht.

1970 malten Sie ein Mädchen mit Maschinenpistole. Was dachten Sie, als Jahrzehnte später jugendliche Amokläufer an Schulen Massaker verübten?

Dass Kinder Massenmorde an Kindern begehen und anschließend selbst sterben wollen, hat es in der Geschichte der Menschheit noch nie gegeben. Das ist ein sicheres Anzeichen für das Sterben einer Zivilisation. Von Amerika geht eine Kultur des Todes und des Tötens aus. In den Kriegen, die dieses Land seit 1945 geführt hat, starben dreißig Millionen Menschen. Barack Obama, der Friedensnobelpreisträger im Weißen Haus, führte eine Todesliste. Weit weg von Amerika werden Leben durch Drohnen ausgelöscht, tagtäglich, wie am Fließband. Tausende sind auf diese Weise getötet worden, darunter viele Kinder. Keiner kennt ihre Namen, und niemand weiß, was ihnen überhaupt vorgeworfen wird.

Wenn man Ihnen gegenübersitzt, wirken Sie mit Ihrer lei-

sen, freundlichen Art wie ein Denkmal der Friedfertigkeit. Gibt es die Gewalt, die Sie malen, in Ihrem Kopf?

Nein. Vielleicht ist es ein Defekt, aber ich habe schon immer einen fast pathologischen Gerechtigkeitswahn in mir gehabt. All meine *evil intentions* richten sich gegen Leute, die anderen Schmerz zufügen.

Sie haben vier Kinder. Viele Eltern geben zu, dass sie bei eskalierenden Konflikten mit ihrem Nachwuchs für Bruchteile von Sekunden von Totschlagimpulsen durchzuckt werden.

Ich habe nie andere Gefühle als Bewunderung, Liebe und Respekt für meine Kinder empfunden. Ich bestaune Kinder als großes Wunder. Sie tragen mit ihrer Reinheit und Entrücktheit die Möglichkeit zu einem besseren Menschsein in sich. Es ist nur wichtig, sie vor den Indoktrinierungsmethoden der korrupten Erwachsenenwelt zu schützen.

Wie waren Sie als Erzieher?

Erziehung ist schon der falsche Ausdruck. Ich wollte niemanden irgendwo hinziehen. Zwang gab es bei mir nicht, weil ich mit den schwachsinnigen Regeln und Verboten der Erwachsenenwelt im Kriegszustand bin. Meine Kinder sind im Atelier aufgewachsen. Sie konnten abends aufbleiben, so lange sie wollten, und es war ihnen freigestellt, ob sie zur Schule gehen oder nicht. Sie durften auch in meine Bilder hineinmalen. Ich habe den Kindern einen Freiraum gegeben und gesagt: »Schaut euch um, findet heraus, wer ihr seid und was ihr wollt. Ich bin auf eurer Seite und gebe euch jede Unterstützung, aber vertraut nur eurer eigenen Wahrnehmung.« Die Kinder waren meine Rache an den repressiven Regeln der Gesellschaft.

Sie leben seit 1997 in einem traumschönen Fünfzig-Zimmer-Schloss aus dem 19. Jahrhundert in der irischen Grafschaft Tipperary. Zuvor wohnten Sie zwölf Jahre lang in einem zweitausend Quadratmeter großen Barockschloss in Burgbrohl in der Eifel. Wie erklären Sie Ihren Immobiliengeschmack?

Wenn man viele Kinder und Freunde hat und auch noch ein

Atelier unterbringen muss, sind Schlösser äußerst praktisch. Es war immer meine Vision, in einer süditalienischen Großfamilie zu leben. Es ist wunderbar, wenn man einen Haufen Kinder um sich hat, noch dazu, wenn sie alle Künstler sind.

Ihr Sohn Ali Elvis Donald Dagobert Lancelot ist Musiker und hat als Komponist einen Emmy gewonnen. Ihre Tochter Mercedes ist Schriftstellerin, Filmemacherin und erfolgreiche Malerin. Was machen Ihre anderen Kinder?

Cyril ist Fotograf und mein Assistent. Amadeus ist Schriftsteller. Meine vier Enkelkinder sind auch alle Künstler.

Cyril hat eine Irokesenfrisur und ist am ganzen Körper tätowiert. Hat es Aufstände gegen Sie gegeben?

Es gab niemals irgendeinen Streit oder Konflikt mit meinen Kindern. Rebellion ist ein notwendiger Akt gegen Repression. Aber wenn Eltern Verbündete sind und Förderer für alles, was man vorhat und wovon man träumt, gibt es keinen Grund zum Aufstand.

Der Preis für Ihre Bilder geht in die Millionen. Wie viele Helnweins gehören Ihnen?

Nicht viele. Ich habe immer versucht, meine eigene Sammlung zu haben, aber wenn irgendein Sammler insistiert, verkaufe ich doch. Der einzig sichere Weg, ein Bild zu behalten, ist, es meiner Frau zu schenken.

Wie viele Helnweins besitzt Ihre Frau?

Ich weiß es nicht genau, aber viele Sammler haben mehr.

Bilder von Ihnen gekauft haben Arnold Schwarzenegger, Sean Penn, Nicolas Cage, Ben Kingsley, Andrew Lloyd Webber, Lisa Marie Presley, Elton John und Michael Jackson.

Gut für sie. Ich finde das nicht relevant.

Stimmt es, dass viele Käufer Sie in Ihrem Schloss besuchen wollen?

Ja. Ich empfehle aber, Künstler nicht kennenlernen zu wollen. H. C. Artmann wurde in Österreich als Dichterfürst verehrt. Die Leute erwarteten daher ständig poetische Bonmots zum Mitschreiben und waren dann enttäuscht, wenn er darüber sprach, wo es die besten Schnitzel gibt.

Der Schriftsteller Arthur Koestler meinte: »Künstler zu mögen und ihnen dann zu begegnen ist wie Gänseleberpastete zu mögen und dann die Gans zu treffen.«

Das kann ich nicht nachvollziehen. Meine Gänse und meine Enten sind mir heilig. Ich würde lieber die Gänseleberpastete nicht kennenlernen wollen.

Mit neun malt er alte Meister nach und ver-
kauft sie für ein kleines Vermögen, mit 21 wirbt
er für das Museum of Modern Art mit verblüf-
fendem Erfolg zahlende Mitglieder an, als
Rohstoffhändler an der
Börse verdient er bis zu
10 000 Dollar am Tag: Jeff
Koons über das Klischee
der gequälten Künstlerseele
und seine Ehehölle mit der
Pornodarstellerin Cicciolina, über die
bewusstseinserweiternde Wirkung von Weiß-
bier und das schöne Gefühl, beim Aufwachen
auf zwei Akte von Manet zu schauen

»Sex ist ein Narrativ, das nicht lügen kann«

JEFF KOONS

**Sie sind in York aufgewachsen, einer Stadt mit 40 000 Ein-
wohnern im US-Bundesstaat Pennsylvania. Mit sieben bekamen Sie privaten Zeichenunterricht, mit neun begannen Sie,
alte Meister nachzumalen und zum Verkauf anzubieten. Was
kosteten Ihre Kopien?**

Mein Vater war ein angesehener Inneneinrichter und han-
delte mit Möbeln. Um Passanten anzulocken, stellte er meine
Bilder als Blickfang in sein Schaufenster. Als ich 15 war, riet
er mir zu größeren Formaten in Öl. Sie wurden für 700 bis
900 Dollar verkauft. Das Geld trug ich auf die Bank, um mir
später ein Auto leisten zu können.

Welche Musik haben Sie mit 15 gehört?

Led Zeppelin. Diese Band hat mich Fühlen gelehrt. Dass
ich mit 21 nach New York zog, lag an Patti Smith. Ihre Stimme
und die Botschaft ihrer Songs gaben mir den Mut, an ein Leben
in der Welt der Kunst zu glauben. Um diesem Ziel näher zu
kommen, bewarb ich mich Woche für Woche um einen Job im

Museum of Modern Art. Irgendwann hieß es, ich könne am Empfangstresen arbeiten und neue Fördermitglieder anwerben. In meiner freien Zeit malte ich und arbeitete an Skulpturen aus Alltagsgegenständen wie Staubsaugern.

Ingrid Sischy, 19 Jahre lang Chefredakteurin von Andy Warhols Magazin *Interview*, schrieb über Ihr Auftreten am Arbeitsplatz: »Ich sah Koons oft in der Lobby des Museums. Mit seiner Art, sich zu kleiden, zog er alle Blicke auf sich. Er trug Lätzchen aus Papier, zwei Krawatten auf einmal und hatte aufblasbare Blumen um seinen Hals geschlungen.« Was sollte dieser Aufzug?

Mir war aufgefallen, wie stiefmütterlich die Anwerbung neuer Mitglieder behandelt wurde. Meine theatralischen Accessoires sollten Aufmerksamkeit erregen und die Besucher denken lassen, sie wären Zeugen einer Performance. Wenn die Menschen näher kamen, verwickelte ich sie in Gespräche über die großartigen Kunstwerke, die im Museum gezeigt wurden. Schien der passende Moment gekommen, fragte ich, ob sie nicht zahlendes Mitglied werden wollten.

Waren Sie erfolgreich?

Ja, in meinen zwei Jahren habe ich die Zahl der Mitgliedschaften verdoppelt. Mein Rekord waren 13 neue Fördermitglieder an einem Tag.

1983 begannen Sie als Rohstoff- und Aktienhändler an der New Yorker Börse zu arbeiten und verdienten in Spitzenzeiten bis zu 10 000 Dollar am Tag. Ihre Wall-Street-Vergangenheit nährt bei Ihren Kritikern den Verdacht, Sie seien ein opportunistischer Marketingkünstler, der Ego-Fetische und Statuskrücken für Plutokraten und zwielichtige Oligarchen produziert.

Ein Künstler, der etwas Geld auf der Bank hat, muss nicht den Geschmacksmoden des Kunstmarktes hinterherlaufen. Was ich an der Wall Street verdiente, gab mir die Freiheit, genau die Kunst zu machen, die mir vorschwebte. Geld war Mittel zum Zweck, es ermöglichte meine künstlerische Autonomie.

Über Édouard Manet, einen Ihrer Lieblingsmaler, sagten

Sie: »Was ich am meisten an seinen Bildern bewundere, ist die vollständige Abwesenheit von Zorn.« Auch Ihr Werk wirkt so frei von Wut und Depression, als stünden Sie unter Glücksdrogen.

Wer etwas Relevantes über die Wirklichkeit aussagen will, muss entgegengesetzte Pole in sich tragen. Ohne Dunkelheit können Sie kein Licht darstellen, ohne Licht keine Dunkelheit. Ich habe mich allerdings sehr früh dafür entschieden, in meiner Kunst so positiv wie möglich zu sein, denn Glücksgefühle sind eine wunderbar warme Waffe. Meine Arbeiten sollen Lebensenergie und Zuversicht wecken und die Menschen anspornen, das Beste aus sich herauszuholen und ihr Leben so intensiv wie möglich zu genießen. Kunst, die archetypische Glücksbilder schafft, kann zum Überleben künftiger Generationen beitragen.

Europäische Kunstkritiker neigen zu der Meinung, Künstler seien gequälte Seelen, die ihre Dämonen mit Hilfe der Kunst bannen wollen. Sie dagegen klingen oft wie ein amerikanischer Radio-Evangelist, der mit pathologischem Optimismus verkündet, Kunst sei der seligmachende Königsweg für Selbstoptimierung und seelische Gesundheit.

Es ist ein Klischee, dass nur gequälte Seelen große Kunst hervorbringen können. Ich hatte eine gute Kindheit und bin meinen Eltern unendlich dankbar für ihre Ermutigung und Unterstützung. Andererseits war ich wie jedes Individuum nicht frei von Ängsten und Selbstzweifeln und las Philosophen wie Kierkegaard und Sartre, um Rat zu finden. Der Schlüssel zu meiner Befreiung war aber nicht die Philosophie, sondern die Kunst. Sie nahm mich bei der Hand und lehrte mich, auf mein Augenmerk zu vertrauen, statt Autoritäten oder Moden zu folgen. Je weniger Ängste ich hatte, desto größer wurde meine Freiheit als Mensch und Künstler. Diese Reise zu einem höheren Selbst ist die Essenz meiner Kunst. Ich möchte zu Transzendenz und Erleuchtung anstiften.

Kennen Sie es, deprimiert zu sein, vor Verzweiflung nicht weiterzuwissen?

Für mich ist ein Glas weder halb voll noch halb leer. Das

Leben ist ein gut gefülltes Glas, in das ich einen Löffel tau-
che.

**In ihrem Buch *Die Kunst der Postproduktion* untersucht
die Kunstwissenschaftlerin Anne Breucha auf 244 Seiten Ihre
rhetorischen Strategien in Interviews. Lesen Sie die …**

Ich würde dieses Buch gern sehen. Haben Sie es dabei?

Ja. *(Koons nimmt das Buch und betrachtet den Umschlag, auf
dem er mit erhobenen Händen wie ein Messias abgebildet ist.)*
Ein starkes Cover. Darf ich es fotografieren? *(Er holt ein Smartphone aus der Innentasche seines Jacketts und macht Bilder.)*
Welche Aussage hat das Buch?

**Ihren Wesenskern zu ergründen sei so aussichtsreich, wie
Quecksilber an die Wand nageln zu wollen. In Interviews
würden Sie auf Autopilot schalten und wie ein manischer
Guru Ihre Botschaft verkünden, Kunst sei die rettende Religion für das 21. Jahrhundert.**

Interessant, jeder spiegelt sich anders in mir. In die Alchemie
eines Kritikerurteils fließen eine Menge Selbstprojektionen ein.
Zehn Kritiker, zehn Deutungen.

**Von der einen Hälfte der Kunstwelt werden Sie als Genie
verehrt, von der anderen als Scharlatan verachtet. Lesen Sie
die Flut der Sekundärliteratur über sich?**

Nein, das wäre nicht gut für meine geistige Gesundheit. Ich
schaue mir nur an, welche Tatsachenbehauptungen über mich
veröffentlicht werden. Interviews gebe ich, weil ich es widersin-
nig fände, den Kontext und die Deutung meiner Arbeiten Kritikern oder Kuratoren zu überlassen.

**Ihre Interpreten nennen Sie fast zwanghaft »den Andy
Warhol unserer Zeit«. Was halten Sie von diesem Etikett?**

Mit 16, 17 Jahren wurde es mein Lebensziel, mit bestimmten
Figuren der Kunstgeschichte in einen Dialog zu kommen. Das
ist so geblieben. Meine Ahnenreihe reicht von Warhol und
Lichtenstein über Dalí, Picabia und Duchamp bis zu Tizian,
Masaccio und dem Steinzeitmenschen, der vor 30 000 Jahren
die Venus von Willendorf geformt hat. Das Studium dieser
Künstler und das fiktive Gespräch mit ihnen hat meine kultu-

relle DNA geformt. Andy ist Teil meiner Gene. Er war für mich die Pop-Art-Version einer Vaterfigur. Mein großer Wegweiser aber heißt Duchamp. Aus ihm sind Andy und ich hervorgegangen. Er ist unser gemeinsamer Großvater.

Als Sie 1977 nach New York zogen, hatte Warhol noch zehn Jahre vor sich. Warum haben Sie ihn und seine Factory nie besucht?

Es gab zwei zufällige Begegnungen mit Andy, aber die fanden nicht in der Factory statt und blieben an der Oberfläche. Es hieß, er umgebe sich in der Factory mit jungen Künstlern, die bis zur Selbstaufgabe in seine Welt eintauchten. Zu einem Zirkel höriger Schüler zu gehören hat mich nicht interessiert. Ich wollte in meinen eigenen Schuhen gehen und einen Weg finden, den niemand vor mir gegangen war. Wenn ich ehrlich bin, habe ich Warhols Kunst erst später im Leben schätzen gelernt. Mein Favorit ist seine 1962 begonnene Serie *Death and Disaster*.

Teilen Sie die Forderung, Kunst müsse zu kritischem Denken erziehen und Rebellion und Subversion befördern?

Nein. Jeder Künstler sollte die Freiheit haben, selbst zu entscheiden, welche seiner Gefühle oder Einsichten nutzbringend für die Gemeinschaft sind.

Überlegen Sie, Donald Trump in Ihren Arbeiten auftauchen zu lassen?

Nein. In meinem Werk sollen Werte aufscheinen, an die ich glaube und denen ich eine Zukunft wünsche. Diese Werte sind meine Gegenbilder zur politischen Realität. Sie haben die Kraft, die Welt zu verändern.

Welche Werte meinen Sie?

Nichts wirkt stärker, als mit Aufrichtigkeit konfrontiert zu werden. Deshalb hat die Kunst am meisten Kraft, die am wahrhaftigsten ist. Ein Künstler, der lediglich auf Provokation aus ist, wird mit seinem Werk früher oder später scheitern. Ein Bild, das im Dienst einer politischen Sache entsteht, kann keine Kraft haben. Ich möchte das geistige Wachstum der Menschen anregen und ihnen helfen, die eigene Geschichte zu umarmen. Selbstakzeptanz ist die Voraussetzung für höhere Bewusstseinszustände und die Liebe zu anderen. Diese Transformation habe ich am eigenen Leib erlebt.

Sie vergleichen Ihre Kunst mit den Songs der Beatles. Wo sollen da Parallelen sein?

Meine Werke sind anti-elitär, massenkompatibel und demokratisch. Jeder Betrachter begegnet einem Werk wie ein Fremder, der zum Bleiben überredet werden will. Benutzt der Künstler ein Vokabular, das nur wenige Eingeweihte verstehen, gehen die meisten achtlos an seinen Werken vorüber. Da ich so viele Menschen wie möglich ansprechen will, gibt es in meiner Kunst keine Bildungshürden. Das Gegenteil von mir wäre ein Künstler, dessen Werke so hermetisch sind, dass sie die Menschen einschüchtern und sich klein fühlen lassen. Man kann mit Kunst auch Ohnmacht und Diskriminierung erzeugen. Deshalb finde ich es richtig, die Kunst vom Podest zu holen. Ich habe nichts gegen Leute, die sich mir überlegen fühlen und meine Kunst von oben herab betrachten. Jeder soll mitreden. Das ist besser, als die Menschheit in Kluge und Dumme aufzuteilen, in Leute mit gutem Geschmack und schlechtem Geschmack. Es gibt keine richtige oder falsche Ästhetik. Wer so etwas behauptet, maßt sich eine Autorität an, die es in der Kunst nicht gibt. Jeder Weg ist gültig, jeder Geschmack ist okay.

Ihre Skulptur *Balloon Dog (Orange)*, ein aus blitzendem Stahl gefertigter Riesenpudel, wurde 2013 bei Christie's in New York für 58,4 Millionen Dollar versteigert. Bestimmt für Sie der Preis eines Werks dessen Bedeutung?

Ich kenne aus meinen Anfängen das Gefühl, zahlungsunfähig zu sein. Deshalb habe ich mir nie in den Fuß geschossen, wenn es darum ging, meine Kunst so teuer wie möglich zu verkaufen. Rekordpreise sagen nichts über den Wert eines Kunstwerks aus, aber sie sorgen für Aufmerksamkeit und vergrößern damit die Plattform eines Künstlers. Meine Werke sollen keine einsamen Gesten sein, die niemand wahrnimmt. Ich möchte, dass meine Ideen und Werte von möglichst vielen diskutiert werden.

Sie haben schon mit Mitte zwanzig aufgehört, beim Entstehen Ihrer Kunst selbst Hand anzulegen. Heute beschäf-

tigen Sie in Ihrem 3300 Quadratmeter großen Studio rund 130 Assistenten, die Ihre Entwürfe ausführen. Wie hoch ist Ihr jährlicher Output?

Etwa sieben bis zehn Bilder und 15 bis zwanzig Skulpturen – weitaus weniger, als man annehmen könnte.

Von Ende der Achtziger bis Anfang der Neunziger pendelten Sie zwischen einem Apartment in New York und einer für 10 000 Mark im Monat gemieteten Biedermeierwohnung in der Münchner Knöbelstraße. In dieser Zeit gestalteten Sie für das *SZ-Magazin* einen 30-seitigen Bilderzyklus mit dem Titel *Baby & Eimer*. Welche Erinnerungen haben Sie an dieses Projekt?

Ich wurde damals zum ersten Mal Vater und überlegte, wie mein Kind aufwachsen sollte und welche Erziehung ich ihm geben wollte. Wenn ich an Postkartenständern vorbeilief, spürte ich meine Empfänglichkeit für Fotos mit Babys, die in Eimern sitzen. Der Eimer war ein Symbol für Gebärmutter, Taufbecken, Rettungsboot. Bei einigen der abgebildeten Babys kann man unmöglich sagen, ob ihr Gesicht ekstatisches Glück oder höllische Angst ausdrückt. Das erschien mir als Gleichnis für meine Vaterschaft: hier die Sehnsucht nach Geborgenheit, Glaube, Glück, da die Furcht vor Krankheiten und Unfällen. Das Glück bekommt einen schwarzen Rahmen aus Sorge, wenn man Vater wird.

Ursprünglich wollten Sie Ihrem Kind den Vornamen Kitsch geben.

Ich habe mich dann für Ludwig Maximilian entschieden, nach dem König von Bayern, der so großartige Schlösser bauen ließ.

Um 1990 herum trennten Sie Kunst und Leben nicht länger und lösten damit ein Beben in der Kunstwelt aus. Ihre Werkgruppe *Made in Heaven* zeigte Sie in realistischer Manier beim Oral- und Analverkehr mit Ihrer damaligen Ehefrau Ilona Staller, genannt Cicciolina, einer italienischen Pornodarstellerin, die in Filmen wie *Sündiges Fleisch* und *Verkommene Schwestern* mitgespielt hatte und kaum Englisch sprach. Wie nah, wie fremd ist Ihnen der Jeff Koons, der

seinen erigierten Penis ausstellte und seinen Werken Titel gab wie *Dirty Ejaculation* und *Ilona's Asshole*?

Das Thema von *Made in Heaven* war die Überwindung von Scham, Peinlichkeit und sexuellen Schuldgefühlen – und an dieses Ziel glaube ich bis heute. Wir sind nur frei, wenn wir unseren Körper und die Ausprägung unserer Sexualität annehmen. Meine Exfrau stand zu ihrer Vorgeschichte als Pornodarstellerin und hatte ein wunderbar schamfreies Verhältnis zu ihrem Körper. Das war der Grund für ihre ungezügelte Energie. Sex ist ein Narrativ, das nicht lügen kann.

Mit der Geburt Ihres Sohnes begann eine Schlammschlacht. Weil Staller weiter im Pornogeschäft arbeiten wollte, reichten Sie die Scheidung ein. Ihre Frau soll daraufhin Ihren Sohn in New York gekidnappt haben.

Als Ludwig eineinhalb Jahre alt war, brachte meine Exfrau ihn illegal nach Rom und schloss mich für viele Jahre aus seinem Leben aus. In dieser Zeit begann ich mit der Serie *Celebration*, die das Glück und die Unschuld der Kindheit feiert. Meine Arbeiten sollten Ludwig später beweisen, wie sehr ich an ihn dachte.

Stimmt es, dass Sie aus Wut über Ilona Staller viele Arbeiten aus der Serie *Made in Heaven* zerstört haben?

Meine Exfrau und ich haben mehr als zehn Jahre lang um das Sorgerecht für unseren Sohn prozessiert, ein zermürbender Albtraum. Sie behauptete, *Made in Heaven* sei keine Kunst, sondern Pornografie, und einem Pornografen dürfe man kein Kind überlassen. Um diese Diskussion nicht vor einem Richter zu führen, habe ich alle Arbeiten aus der Serie zerstört, die noch nicht verkauft waren.

Eine kostspielige Tat.

Würde ich es heute genauso machen? Wenn ich damit meinem Kind helfe: Ja.

Ludwig ist heute Mitte 20. Was ist aus ihm geworden?

Er studiert in Rom und nimmt Kunstunterricht.

2016 haben Sie einer US-Journalistin beschrieben, wie Sie mit Ihren sechs Kindern aus zweiter Ehe eine Ausstellung

Ihrer Arbeiten besuchten: »Meine Kinder sahen meine Plastik *Pink Panther* und riefen: ›Da ist *Pink Panther!*‹ Und dann: ›Da ist *Rabbit!*‹ Und dann: ›Da ist Ilonas Arschloch.‹« Wie erklären Sie Ihren fünf bis 16 Jahre alten Kindern den Anblick von Analsex und Blowjobs?

Ich muss ihnen nichts erklären. Sie sind den Anblick dieser Arbeiten gewohnt und gehen an ihnen vorbei, ohne viel nachzudenken. Sie verstehen, dass ich eine Geschichte über Adam und Eva erzählen wollte. Mehr wollen sie über meine künstlerischen Intentionen nicht wissen.

2014 erschien in *Vanity Fair* ein Foto von Annie Leibovitz, das Sie nackt beim Training im verspiegelten Kraftraum Ihres New Yorker Studios zeigt. War das Exhibitionismus und narzisstische Selbstfeier oder Konzeptkunst?

Das Foto von Annie hat zwei metaphorische Ebenen. Zum einen trainiere ich jeden Werktag gegen zwölf Uhr eine Stunde lang in meinem Gym. Zum anderen erscheint mir die Schwerstarbeit an Gewichten wie ein Sinnbild für mein Leben als Künstler. Es vergeht keine Minute, ohne dass ich an eine leere Leinwand denken muss.

Sie sind Mitte 60. Ihr fettloser, muskelbepackter Körper sieht zwanzig Jahre jünger aus.

Ich will einen kräftigen, widerstandsfähigen Körper haben, um auch im Alter als Künstler noch leistungsfähig zu sein. Picasso und Cy Twombly haben ihre sublimsten Werke mit über achtzig geschaffen. Die späten Arbeiten von Twombly wirken wie im Jenseits entstanden. Er hat einen Funken des Göttlichen gesehen.

Sie arbeiten seit 2003 an der Verwirklichung einer monumentalen Skulptur namens Train. Eine 21 Meter lange Replik einer schwarzen Dampflokomotive von 1943 soll kopfüber an einem 51 Meter hohen Kran hängen, der rot und gelb angestrichen ist. Wo wird *Train* zu sehen sein?

Ursprünglich sollte *Train* in Paris gebaut werden. Dann hieß es, das Los Angeles County Museum of Art wolle *Train* erwerben. Nachdem das Museum einen Rückzieher gemacht hatte, sollte die Skulptur an der High Line in New York stehen. Zurzeit bin ich wieder mit dem Los Angeles County Museum of Art im Gespräch. Dass es dieses Hin und Her gibt, liegt an den Kosten des Projekts. Für das Geld können Sie ein großes Gebäude bauen. Dennoch bin ich sicher, dass *Train* in weniger als zehn Jahren fertig sein wird.

Es heißt, *Train* würde dreißig bis fünfzig Millionen Dollar kosten.

Train ist so teuer, weil wir über eine Dampflok reden, die fast alles kann, was echte Dampfloks können. Wir haben nur die Zeitabläufe geändert. Eine Dampflok braucht rund acht Stunden, um ausreichend Druck fürs Losfahren aufzubauen. Bei uns geschieht das in dreißig Minuten. Dann ertönt eine Glocke, man hört das Tschu-Tschu der Zylinder, Dampfwolken quellen aus dem Schornstein, und die Räder setzen sich in Bewegung. Nach zweieinhalb Minuten kommt es zum Orgasmus: Der Lärm der Zylinder erreicht den Höhepunkt, die Räder drehen sich so schnell, als hätte die Lok ihre Höchstgeschwindigkeit von hundert Meilen pro Stunde erreicht. Nach dem Orgasmus läuft das Schauspiel in gleicher Geschwindigkeit rückwärts. Die Räder drehen sich langsamer und langsamer, bis schließlich aus dem Schornstein eine letzte Dampfwolke kommt.

Stört Sie der Vorwurf, es gebe in Ihrer Kunst nichts zu verstehen?

Nein. Vielleicht ist kindhaftes Staunen eine höhere Form des Verstehens, als versteckte zerebrale Rätsel lösen zu wollen, die sich ein Künstler ausgedacht hat, um Sozialkritik zu üben. *Train* soll ein sozialer Magnet werden und Menschen zu einer Gemeinschaft verbinden wie Kathedralen im Mittelalter. *Train* ist ein Sinnbild der menschlichen Existenz vom ersten bis zum letzten Atemzug. Jeder wird sich darin auf Anhieb wiedererkennen.

Sie wohnen mit Ihrer Familie in zwei zusammengelegten Stadthäusern auf der Upper East Side von Manhattan. Sind Sie zu Hause von Ihrer Kunst umgeben?

Nein. Die einzige Ausnahme ist ein Poster meiner 1988 entstandenen Holzskulptur *Stacked* aus der *Banality*-Serie. Sie zeigt eine Pyramide aus einem großen Hausschwein, einer Ziege, zwei Hunden und einem kleinen Vogel – eine Referenz an die Bremer Stadtmusikanten. Meine Kinder lieben diese Arbeit.

Sie sind seit mehr als vierzig Jahren Künstler. Warum verbannen Sie Ihr Werk aus Ihrem privaten Leben?

In meinem Studio bin ich von morgens bis abends von meinen Arbeiten umgeben. Meine Frau ist ebenfalls Künstlerin, sie malt und entwirft Schmuck. Auch sie hängt ihre Bilder nicht bei uns auf. Wenn unsere Kinder an Kunst denken, sollen ihnen nicht Mutter und Vater einfallen, sondern Künstler wie Dalí, Picabia, Magritte, Courbet, Bernini oder Praxiteles. Ich will ihnen das Gefühl ersparen, auf ihnen laste der Druck berühmter Künstlereltern. Sie sollen die Freiheit haben, ihren eigenen Ort in der Kunst zu finden. Eine der Tragödien im Leben berühmter Menschen ist es, dass sie nicht begreifen, wie sehr ihr Ruhm ihre Kinder belastet.

Auf was schauen Sie, wenn Sie morgens in Ihrem Schlafzimmer aufwachen?

Gegenüber vom Bett hängt Picassos *Der Kuss* von 1969. Rechts und links davon sehe ich zwei Akte von Manet sowie Gemälde von Poussin und Fragonard.

Als das US-Magazin *W* Sie fragte: »What makes you tick?«, antworteten Sie mit einer Zehn-Punkte-Liste. Auf Platz neun: Weißbier. Warum?

Weißbier zu trinken ist für mich ein romantisches und bewusstseinserweiterndes Erlebnis. Das Fortpflanzungsaroma der Hefe, die Sinnlichkeit der aufsteigenden Kohlensäurebläschen, die kompakte Textur des Schaumes, das ästhetische Zusammenspiel von Gelb und Weiß – ich liebe einfach alles an Weißbier. Wenn ich es trinke, fühle ich mich biologisch und spirituell mit dem Leben vereint.

Er prügelt sich mit Hooligans, klaut in Delika-
tessengeschäften teuren Käse und beleidigt die
Superstars der deutschen Malerei: Daniel Rich-
ter über Kunst als Ego-
Fetisch und die Nächte
auf einem Sicherungs-
kasten in St. Pauli, über
die Vorzüge von LSD
und Amphetaminen
gegenüber Kokain und
Heroin und seine Utopie
vom Malen ohne körper-
liche Bewegung

»Als ich Kunst studierte, bin ich sofort Alkoholiker geworden – das war nervlich nicht anders durchzuhalten«

DANIEL RICHTER

Über die ersten zwanzig Jahre Ihres Lebens ist nur bekannt, dass Sie mit drei Geschwistern in der Kleinstadt Lütjenburg nahe der Ostseeküste aufgewachsen sind. Was haben Ihre Eltern gemacht?

Meine Mutter war Hausfrau und Verkäuferin, mein Vater war Lkw-Fahrer und wurde in den Sechzigerjahren im Rahmen der Restrukturierung der Arbeiterklasse zum Versicherungskaufmann umgeschult. Als ich 16 war, hat er die Familie verlassen. Es gab eine Oma, die ich sehr geliebt habe. Ich hatte eine glückliche Kindheit. In meiner Erinnerung ist sie ein halbtraumwandlerischer Zustand zwischen Buch lesen, Wald und sehr vielen Kindern.

In welchem Alter verließen Sie Ihr Elternhaus?

Mit 16. Wenn man nicht aus dem Bürgertum stammte, wurde erwartet, dass man sich dann selber trägt und eine Lehre macht. Für eine alleinerziehende Mutter mit vier Kindern und wenig Geld war jedes Kind Stress.

Wie haben Sie reagiert, als Ihr Vater sich aus dem Staub machte?

Wenn man psychologisieren will, hat die Enttäuschung über den Vater zu einem verlängerten antiautoritären Habitus geführt, der sich mit politischen Betrachtungen paarte. Die Personwerdung hat bei mir mit 16 eingesetzt. Ich lernte Rocko Schamoni und Schorsch Kamerun kennen, trampte nach Kiel oder Hamburg, um die guten Platten zu bekommen, las wahllos Karl May, Karl Marx und Carl Barks.

Welche Lehre haben Sie gemacht?

Lithograf, also Druckvorlagen herstellen und Fotos retuschieren. Nach einem Dreivierteljahr bin ich rausgeflogen. Reguläre Arbeit und ich, wir konnten uns nie anfreunden. Beim Versuch, doch noch das Abitur zu machen, bin ich in der zwölften Klasse rausgeflogen. Ich habe dann den Kriegsdienst verweigert und bin 1980 nach Hamburg gezogen, um Zivildienst in der Altenpflege zu machen. Horn war damals ein proletarisch geprägter Stadtteil. Als Altenpfleger war man mit Leuten konfrontiert, die halb durchgefault mit fünf anderen in einer Eineinhalbzimmerwohnung saßen und schon morgens betrunken ZDF schauten. Diese Form von Elend, Einsamkeit und Resignation kannte ich nicht.

Wo haben Sie gewohnt?

Anfangs in einer Zivildienstwohnung, dann ging es durch diverse Kellerlöcher, Wohngemeinschaften und halblegale Wohnungen in besetzten Häusern. Einmal wurde ich von den Behörden als Obdachloser deklariert, weil ich keine Arbeit und keine Meldeadresse hatte. In der Nähe vom Obdachlosenasyl Pik As war ein Amt, in dem man montags und donnerstags Bargeld abholen konnte, 72 Mark im Monat. Das klingt entweder sozial dramatisch oder romantisch, aber ich hatte überhaupt kein Problem damit. Ich habe mich für Geld nie interessiert. Ich hatte Freunde und eine Freundin, in die ich verliebt war, ich habe Musik gehört, mich mit Politik beschäftigt und gelesen, von Hegel und Adorno bis Stefan George und Hubert Fichte.

Wovon haben Sie in den Jahren nach dem Zivildienst gelebt?

Ich habe das Übliche gemacht, um ohne großen Aufwand gut durch den Tag zu kommen, von selbst bemalte T-Shirts auf Straßenfesten verkaufen bis zu kleinkriminellen Aktivitäten. Besser war dann Schallplatten verkaufen und Kneipier. Dass ich meine spätjuvenile Delinquenz mit Euphorie betrieb, lag an meinem Faible für gutes Essen. Da ich mir kein gutes Essen leisten konnte, bin ich ein ausgesprochen guter Dieb geworden. Man klaute in einem Delikatessengeschäft vernünftiges Fleisch und teuren Käse, um dann in Ruhe beim Lesen in der Wohnung zu speisen.

Haben Sie auch Bücher gestohlen?

Selbstverständlich. Erstausgaben. Taschenbücher klaut man natürlich nicht.

Sie sollen damals ein erstklassiger Kampfsportler gewesen sein.

Sport und Antifa, das bedingte einander. Ich fing mit Karate an, aber das war mir zu eckig und autoritär. Über Thai- und Kickboxen bin ich bei Escrima gelandet. Das ist eine sehr effiziente Selbstverteidigungsmethode von den Philippinen. Der Verein, in dem ich trainierte, war eine lustige Melange aus Hausbesetzern, wirklichen Kriminellen, SEK-Beamten und Sportlern. Auf Demonstrationen erkannte man manchmal auf der anderen Seite der Absperrung einen Sportskollegen mit Helm, Schild und Schlagstock.

Als in Ihrem Viertel Neonazis auftauchten, wurden Sie nach der wirksamsten Selbstverteidigungstechnik gefragt. Sie sollen geantwortet haben: auf den Hals schlagen.

Ganz ehrlich, ich würde diese Legenden gerne loswerden, auch wenn sie wahr sind. Diese Form von Männlichkeitshabitus ist mir vollkommen fremd. Der Grund, Kampfsport zu betreiben, waren die Neonazi-Schläger und HSV-Hooligans, die einen im Umfeld der Hafenstraße und auf Konzerten permanent belästigten. Das waren organisierte, militante Rechtsradikale, die gefährlich waren. Wenn der HSV gegen Dortmund spielte, standen auf einmal 500 Leute vor einem, die »Sieg Heil!« brüllten oder »Wir schlagen euch tot, Zecken!«. Diese Erfahrung der Ohnmacht führte dazu, dass man sich wehren können wollte.

Sind Sie mit der Justiz in Berührung gekommen?

Ein wenig. Es gibt ein historisches Foto, auf dem zwei deutsche Bischöfe mit einem hohen SS-Mann eine Parade abgehen, die Hand zum Hitlergruß erhoben. Als wir das Foto auf T-Shirts druckten und in Schallplattenläden verkauften, klagte die katholische Kirche auf Unterlassung wegen Verleumdung und volksverhetzerischer Absicht. Eine Verdrehung der historischen Wirklichkeit, aber wir hatten kein Geld, um durch die Instanzen zu gehen.

Wie war Ihr Verhältnis zu Alkohol und Drogen?

Mit 22, 23 habe ich aufgehört, Alkohol zu trinken, weil er meinen Verstand nicht klarer machte. Vorher hatte ich exzessiv getrunken und Amphetamine konsumiert. Als ich mit 29 anfing, Kunst zu studieren, bin ich sofort Alkoholiker geworden. Das war nervlich nicht anders durchzuhalten.

Wie kam jemand, der bis dahin nur T-Shirts bemalt und Plattencover gestaltet hatte, auf die Idee, sich an der Hochschule für bildende Künste zu bewerben?

Die Auslöser waren das Ende meiner Beziehung, die Tatsache, dass ich bereits 29 war und die Hochschule kein Abitur verlangte, die Aussicht, Bafög zu kassieren, und der Fall der Mauer. Es war klar, dass sich mit der Vereinigung der Wind drehen wird und die autonomen Projekte verschwinden. Ich habe 1989 keine Euphorie empfunden. Das erste Unappetitliche war diese Begeisterung für die Nation, die mir vollkommen egal war. Mit jemandem aus Leipzig hatte ich weniger zu tun als mit jemandem aus Amsterdam. Ostdeutschland war so weit weg wie Albanien.

Hatten Sie vor Ihrem ersten Tag als Kunststudent auch mal Bücher von Malern geklaut?

Logo. Man wusste, dass es in Hamburg Martin Kippenberger, Werner Büttner und Albert Oehlen gab. Und es gab das

»La Paloma«. Ich bin da nicht reingegangen, weil ich die Leute nicht mochte, aber mir gefiel die Idee, dass es im Rotlichtmilieu eine Kneipe gibt, in der Bürger neben Künstlern, Zuhältern, Transen und Strichern sitzen, und es hängen eine Beuys-Schaufel an der Wand und Bilder von Jörg Immendorff und Blinky Palermo.

Mochten Sie St. Pauli?

Ja. Ich mochte auch fast schon pittoreske Läden wie Harrys Hafenbasar in der Hafenstraße, wo mit Krims und Krams gehandelt wurde, den Matrosen aus aller Welt mitgebracht hatten, vom aufgeblasenen Kugelfisch bis zum Fetisch aus Nigeria. Da es in den Achtzigerjahren noch nicht so viele Containerschiffe gab, hatte man den schönen Anblick eleganter südamerikanischer Offiziere in weißen Ausgeh-Uniformen. Das habe ich immer als total weltstädtisch und wahnsinnig romantisch empfunden, als wäre man in einem Roman von Joseph Conrad. Ich kann mich erinnern, dass am Hein-Köllisch-Platz mal argentinische Offiziere in Prunkuniform von der einen Seite und weiß gekleidete schwarze Matrosen von der anderen Seite kamen. Beide Gruppen waren offensichtlich auf Aufriss aus. Dieses Bild romantischer, fast homosexueller Männlichkeit in einem Viertel mit Kopfsteinpflaster und schmierigen Gassen hatte einen wahnsinnigen Appeal. Sich totsaufen und dumm rumvögeln hat mich selber nie interessiert, aber ich habe gern mittendrin gestanden. Zwischen 1986 und 1994 habe ich wahnsinnig viel Zeit an der Kreuzung Davidstraße und Reeperbahn verbracht. Es gab da einen Sicherungskasten, auf dem ich oft bis fünf Uhr morgens mit einem Freund saß. Man aß Pommes und schaute Theater.

Welche Erinnerungen haben Sie an Ihre Aufnahmeprüfung an der Kunsthochschule?

Die Auswahlkommission lehnte mich ab, aber Werner Büttner legte sein Veto ein. Beworben hatte ich mich mit Bleistiftzeichnungen, die sich mit den Wahrnehmungsklischees von Sexualität bei Rappern beschäftigten. Der zweite Block waren Zeichnungen, die sich kontrapunktisch mit den *Ernsten Gesän-*

gen von Hanns Eisler auseinandersetzten. Auf eine Zeichnung war ich sehr stolz, weil sie eine Attacke gegen etablierte männliche Künstler war. Es gibt ein Foto, das Baselitz, Penck und Immendorff zeigt. Das habe ich durchgepaust und drunter geschrieben: »Die waschen ihre Schwänze nicht.« Auf dem Niveau habe ich mich beworben. Ich war dann ein sehr glücklicher Student, weil ich etwas über mich und die Kunst lernen konnte, for free. Die erste Frage, die mich interessierte, war, warum Bild A Illustration genannt wird und Bild B Kunst.

Später wurden Sie Assistent von Albert Oehlen. Beschäftigen Sie heute einen Assistenten?

Nein, ich weiß nicht, wozu der gut sein soll. Einmal habe ich jemanden für mich Quadrate ausmalen lassen. Nach einer Stunde Zugucken war ich so deprimiert davon, wie der gearbeitet hat, dass ich ihm Geld gab und es lieber selber machte.

Der Bildhauer Thomas Schütte sagt: » Von mir gibt's nur etwas, wenn die Sammler im Atelier auftauchen. Ich will sehen, wer meine Werke kauft. Das ist so eine Art Gesichtskontrolle.«

Ja, Schütte, guter Künstler, intelligenter Typ. Guter Künstler bin ich auch, aber offensichtlich bin ich nicht intelligent. Ich kenne die meisten Käufer nicht.

Als Rolf Breuer Chef der Deutschen Bank war, besuchte er Ihr Atelier. Kommen Sie sich in Situationen dieser Art auf furchtbare Weise arriviert vor?

Nein, ich finde solche Situationen interessant. Der Kunstbetrieb ist hierarchisch organisiert, aber das Entree in die Kunstwelt ist egalitär. Der normale Weg für jemanden ohne Abitur, Status und Geld, in eine großbürgerliche Villa zu kommen, ist einzubrechen oder als Putzfrau zu arbeiten. Als Künstler kannst du jahrelang gedarbt haben, und plötzlich ruft dich Brad Pitt an und will sieben Bilder von dir für seinen Palast in Hollywood haben. Diese Durchdringung sozialer Schichten und Hierarchien macht die Kunstwelt zu einem spannenden Labor.

Welches Kunstwerk würden Sie gern besitzen?

Einen kleinen Vallotton. Mir gefällt aber die Idee nicht, ein

Bild zu kaufen und bei mir zu Hause an die Wand zu hängen. Kunstwerke sollen zugänglich sein und gehören deshalb in die Öffentlichkeit. Zu meiner Idee von Kunst zählt, dass sie einer abstrakten Menschheit gehört und nicht als Ego-Fetisch in den Palästen saudi-arabischer Sklavenhalter verschwindet.

Ihr Kollege Jeff Koons sammelt unter anderem Courbet, Manet, Picasso, Dalí und Magritte.

Das macht er, weil er sich selber für die hält.

In Damien Hirsts Bauernhaus gibt es neben der Küche einen mit Sitzsäcken ausstaffierten Fernsehraum. Neben dem Großbildfernseher hängt ein Selbstporträt von Francis Bacon, das Hirst bei einer Auktion für 33 Millionen Dollar gekauft hat.

Das glaube ich sofort. In meinem Klo hängen auch drei Hirsts.

Insiderhandel, Preismanipulationen, Kartelle: Was einen ins Gefängnis bringt, ist in Ihrem Metier gängige Praxis.

Ja, deswegen sind wir auch ein Kunstbetrieb.

Ist es für Sie ein moralischer Konflikt, Teil einer semikriminellen Sphäre zu sein?

Als jemand, der dem Semikriminellen nicht grundsätzlich negativ gegenübersteht, müsste ich sagen, ich finde diese Praxis gut. Stimmt aber nicht, weil es eine Form von Kriminalität ist, die ich langweilig finde. Leute mit sehr viel Geld wollen durch Anlagen in Kunst noch mehr Geld. Die Schönheit der Kunst, die Suche nach Wahrheit, das Befragen der Bilder, befreiendes Gelächter, Utopisches – all das findet da nicht statt. Statt die Besitzverhältnisse umzukehren, werden sie radikalisiert. Diese hysterische Begeisterung, mit der über Geld als Kunstdefinition geredet wird, deprimiert mich genauso wie die Erregung der Gegenseite, die an jemandem wie Helge Achenbach endlich die Fratze der herrschenden Klasse brandmarken will. Dieses permanente Gerede, der sehr reiche Herr Dussel hat für 400 Milliarden ein Bild vom sehr reichen Herrn Schussel gekauft, ist doch trist. Wer will sich denn mit so was beschäftigen?

Wiktor Pintschuk, ein Milliardär aus Kiew, soll allein bei

den Galerien White Cube und Larry Gagosian 1,5 Milliarden Dollar für Künstler wie Jeff Koons und Damien Hirst ausgegeben haben.

Wie so viele Oligarchen hatte Pintschuk lange ein Reputationsproblem. Heute sitzen Ólafur Elíasson, Ai Weiwei und Andreas Gursky im Beirat des Pintschuk-Preises. Ein Oligarch, der Zugang zur internationalen Hautevolee haben will, geht los und kauft für viel Geld Gegenwartskunst. Dann kommen auch die beautiful people wie Kate Moss und Kanye West in deinen Event Space, und du wirst auf Oscar-Bälle eingeladen. Ist vielleicht lustiger als kegeln zu gehen.

Besuchen Sie Messen wie die Art Basel Miami Beach?

Nein. Diese Veranstaltung riecht schon aus der Ferne nach Kunstrasen. Ich war dieses Jahr das erste Mal auf der Kunst-Biennale in Venedig, weil Freunde von mir den deutschen Pavillon gemacht haben. Ich habe mich sehr gut amüsiert und viele interessante Beobachtungen gemacht. Es war, als würde ich wieder auf dem Sicherungskasten Davidstraße Ecke Reeperbahn sitzen.

Was fiel Ihnen auf?

Die Vielfalt von Schönheit, Schlauheit, Dummheit und Galeristen-Ermüdung. Der Stress der Propaganda neben der Leichtfertigkeit der Unbedarften. Das Nebeneinander einer an Louis XIV. erinnernden neuen Aristokratie und ernsthafter, engagierter Intellektueller. Parallel dazu hast du junge Studenten und Studentinnen, die sich zugekokst bis obenhin wie Bolle amüsieren und durchschnorren. Dieses Theater der Eitelkeiten macht mir Spaß.

Als der Künstler Richard Prince gefragt wurde, wie es sich anfühle, plötzlich nicht mehr angesagt zu sein, antwortete er, er sei glücklich über die nachlassende Nachfrage, so habe er mehr Zeit, um für seine Pilotenlizenz zu trainieren. Die sei ihm wichtig, da er viel Geld spare, wenn er seinen Privatjet selber fliege. Kräuseln Sie da ironisch die Lippen, oder denken Sie: bigottes Arschloch!

Ich kann diese Frage nicht beantworten. Ich habe in den letzten vier Jahren eine einzige Ausstellung gemacht. Seit drei Jahren arbeite ich an neuen Werken, weil sich beim Betrachten der alten Fragen ergeben haben. Kunst ist ja, für bisher unbekannte Fragen eine Lösung zu finden.

Sie gelten als politischer Maler. Vor ein paar Jahren sagten Sie: »Je autoritärer ein System ist, desto bedeutender wird die Kunst als Antagonist. Wir aber leben im Museum Europa, und da ist dieses ganze Herumpolitisieren nur eine Ersatzhandlung, nur eine Geste der Selbstgerechtigkeit. Jemand, der ein Saatgutprojekt in Indien betreibt, tut mehr als jemand, der sich in seiner Kunst mit dem Postkolonialismus beschäftigt.«

Das denke ich immer noch. Die Begründung für meine Kunst ist nicht, dass sie zur Verbesserung der Welt beiträgt, sondern dass ich durch sie zur Verbesserung der Kunst beitragen kann und dass dies in einer interessanten Volte zur Verbesserung der Welt beiträgt. Meine Malerei ist nicht interessant wegen dem, was auf meinen Bildern passiert. Es ist egal, ob ich einen alten Punker male, eine Stahlfaust oder eine abstrakte lyrische Komposition. Meine Malerei ist interessant, weil die Farbe bei mir etwas tut, was sie bei anderen nicht tut.

Der Dramatiker Heiner Müller, ein großer Politisierer, sagte nach dem fünften Whisky gern: »Künstler sind im Politischen Idioten.«

Das unterschreibe ich zu zirka neunzig Prozent. Müllers Satz gilt aber auch für alle Dramatiker.

Kunstkritiker überschlagen sich mit Komplimenten für die politische Relevanz und subversive Kraft Ihrer Bilder.

Ich nehme auch Lob von der falschen Seite. Um die Rollen im Theater der Öffentlichkeit besetzen zu können, braucht man den jungen Migranten, der bei *The Voice of Germany* gewinnt, und man braucht Leute wie Jan Delay, Sibel Kekilli und Fatih Akin. Die Künstlerrolle ist seit dem Tod von Jörg Immendorff vakant. Jonathan Meese will sie nicht mehr spielen, weil er gemerkt hat, dass sie ihn aushöhlt. Die Figur, die er von sich entworfen hat, wird vom Publikum so ernst genommen, dass er aus ihr nicht mehr rauskommt. Neo Rauch wäre für die Künstler-rolle geeignet, aber er hält sich zurück, weil er sehr in seiner Kunst verwurzelt ist. Neo äußert sich präzise und vorsichtig. Ich bin etwas gröber geschnitzt. Die deutsche Öffentlichkeit interessiert sich nicht für mich, weil ich so ein fantastischer Künstler bin, sondern weil ich die Leerstelle großmäuliger Künstler besetzen kann. Es gibt ja viel erfolgreichere Künstler als mich, nehmen Sie die ganzen Fotografen. Ihre Bilder sind widerspruchsfreie Ingenieursarbeit auf einem sehr reflektierten Niveau, als würde man einem intelligenten Seminarleiter zuhö-ren, der die maßgeblichen Leute zitiert. Damit lässt sich das romantische Künstlerbild in der Öffentlichkeit aber nicht aus-füllen. Ein Interview mit Thomas Demand ist stets auf seriöse Weise interessant, und er kommt sehr gut Gerhard-Richter-mä-ßig rüber. Seine Kunst hat einen Lehreffekt, den die Leute lie-ben, weil er ihnen das Gefühl gibt, schlau zu sein – was ja auch der große Sinn von Gerhard Richter ist. Ich betrachte einen Gerhard Richter, und schon bin ich ein bisschen schlauer geworden.

Wissen Sie, wie Richter über Ihre Bilder denkt?

Ein Journalist hat ihn mal nach mir gefragt. Seine Antwort war sinngemäß: Nein, nein, das ist mir zu krikelig, zu grell, zu bunt, zu aufdringlich. Finde ich aus seiner Sicht auch einleuch-tend.

Ihr schönster Satz über Ihren Namensvetter lautet: »Ger-hard Richter ist das Sonderphänomen eines Malers, den alle mögen, die Malerei nicht mögen.«

Bei Richter kriegt man Kitsch und Intelligenz. Was Schöneres kann es gar nicht geben. Für Laien sind seine Bilder wunderbar perfekt gemalter Kitsch, für die Intelligenten sind sie eine Refle-xion über den Kitsch. Das macht ihn so wahnsinnig erfolgreich. Er ist ein guter Maler, aber der Malerei hat er nichts gebracht. Malerei, die mich berührt, handelt vom Fehlermachen.

Sie lesen keine Interviews mit Malern, Begründung: »Sie verderben mir die Kunst eher, als dass sie sie mir erhellen.«

Ich lese in Zeitungen den Politik- und Wirtschaftsteil. Das

Feuilleton überblättere ich, weil sich mein Leben dem Ende zuneigt. Es gibt einen wahnsinnigen Abrieb an Dingen, die für nichts signifikant sind.

Hans Ulrich Obrist, der wohl berühmteste lebende Kurator, erzählt in Interviews, er beschäftige eine Art Nachtwächter, der für ihn online sei, während er schlafe.

Was für ein verplempertes und aufschneiderisches Leben. Er kommt überall so gut an, weil es ein modernes Leben ist. Für mich kommt bei allem, was Obrist gemacht hat, keine interessante Erkenntnis rum. Das ist öde Netzwerkerei von Leuten, die weder Philosophen oder Medientheoretiker sind noch Künstler.

Über Ihren Alltag im Atelier sagen Sie: »Die Wahrheit ist, dass ich da manchmal tagelang rumsitze, Platten höre, Singles sortiere, Bücher lese und sieben Minuten male. Ich mag das Malen selber nicht, es ist klebrig, immer sind die Finger schmutzig.«

Wenn es nach mir ginge, müsste man nur im Atelier rumsitzen, und die Bilder würden sich selber malen. Meine Utopie ist das Malen ohne körperliche Bewegung.

Ihre Frau Angela betreibt als Theaterregisseurin Kollektivkunst. Sie dagegen malen in totaler Stille in einem Hinterhaus im Westen Berlins.

Ich kann hier hervorragend Musik hören, ohne dass ein Auto knattert oder ein Vogel zwitschert. Das brauche ich für mein Seelenheil. Wer sich für Malerei entscheidet, entscheidet sich für die Einsamkeit, alleine zu arbeiten, vielleicht aus einem unbewussten psychologischen Motiv heraus. Insofern sind sich der Maler und der Literat ähnlich. Dieses Alleine-im-Raum-Grübeln ist wie eine ewig verlängerte Pubertät. Wenn die Mutter klopft, schreit man, lass mich in Ruhe! Und wenn es dann heißt, was machst du da, Junge?, schreit man, das geht dich überhaupt nichts an! Weil ich diese Situation wahnsinnig angenehm finde, habe ich keinen Assistenten. Dann wäre ja ein zweiter Mensch im Raum.

An wen denken Sie beim Malen?

An Menschen, an denen ich hänge. Und an Sachen, die ich

gelesen habe. Als Student habe ich beim Malen an Über-Ich-Instanzen gedacht. Das waren natürlich die Lehrerfiguren und meine Vorbilder in der Malerei.

Ein Schriftsteller, der nicht schreibt, wird über kurz oder lang depressiv. Müssen Sie malen?

Wenn ich in Berlin bin, weiß ich, dass es in Berlin ein Atelier gibt, und dann fühle ich mich verpflichtet zu malen. Das Atelier ist das Raum gewordene Hirn. In dem Moment aber, wo ich raus bin aus Berlin, interessiert mich die Malerei überhaupt nicht mehr. Ich kann nicht wie Rainald Goetz rumlaufen und ununterbrochen Skizzen machen. Ich würde mir vorkommen wie jemand, der in der Öffentlichkeit onaniert. Wenn ich weg bin, bin ich sehr gerne weg. Es ist nicht so, dass mir nachts die Finger zucken und ich nach der Palette auf dem Nachttisch greife.

Es gibt zigtausend Bücher von Schriftstellern über Schriftsteller, die beim Schreiben eines Buches verzweifeln. Warum reden Maler so ungern über ihre Selbstzweifel und die sonderbare Mischung aus Selbstverachtung und Größenwahn?

Vielleicht, weil sie lediglich der eigenen Grandiosität nachhängen und der Verbitterung darüber, dass die anderen scheiße sind. Das ist wie bei Berliner Beamten.

Angenommen, neben Ihrer Staffelei hinge eine Kamera: Was würde man über Ihre Arbeitsweise lernen?

Ich bin kein Stilist, eher ein Methodiker mit leichten geistigen Aussetzern und dunklen Löchern. Ich habe mal zwölf Monate damit verbracht, im Atelier Musik zu hören, an die Decke zu schauen und ein paar untote Bilder durch künstliche Beatmung am Leben zu erhalten. Ich dachte, okay, dieser Ansatz ist zum Scheitern verurteilt, trotzdem musst du immer weitermalen, denn vielleicht gibt es irgendwann durch Zufall einen Fehler, der die Möglichkeit für ein künftiges Bild ist. Was mit der Hand entsteht, lässt sich nur beurteilen, wenn man es ausgeführt hat. Das ist wie beim Kochen. Es klingt erst mal gut zu sagen, ich verbinde vegetarische Küche und Fleischküche. Erst die Praxis zeigt die daraus resultierenden Probleme.

Sie malen vom frühen Abend bis Mitternacht.

Das stimmt nicht mehr. Ich fange um zehn Uhr vormittags an und arbeite bis in den späten Abend. Zwischendrin gehe ich mit meinem Sohn spielen.

Ihr Sohn kam 2006 zur Welt. Interessiert er sich für Ihre Arbeit?

Ich hoffe nicht. Er mag Fußball, und ich halte ihn von der Kunstwelt fern. Auf Ausstellungen gibt es ein Phänomen, das mir sehr unangenehm ist. Weil niemand genau weiß, aus welcher Richtung der Wind kommt, gibt es diesen ironischen, leicht hochgepeitschten Tonfall. Sagt jemand was, suchen die anderen Augenkontakt miteinander, um zu entscheiden, ist das jetzt cool oder nicht? Kennt man etwas nicht, tut man so, als würde man es kennen und ein Urteil haben. Dieses von oben herab kommende Urteil hält man aber ironisch in der Schwebe, um es jeden Moment wieder ändern zu können. Dieses uneigentliche Sprechen macht mich hilflos und aggressiv. Da ist mir jemand lieber, der ein tölpelhaftes Idiotenurteil von sich gibt.

Als Jörg Immendorff im Düsseldorfer »Parkhotel« von der Polizei mit neun Prostituierten und 11,6 Gramm Kokain erwischt wurde, meinte er, Maler bräuchten nun mal ein gewisses Maß an Orientalismus.

Ich befürworte Rausch und Ekstase und Hysterie und Übertreibung, aber der Orientalismus im Geiste von Immendorff interessiert mich überhaupt nicht. Ausschweifung ja, aber bitte nicht so.

Nur Drogen nehmen?

Ich lege jedem LSD ans Herz, wenn er erwachsen ist und keine Neurosen hat, die er verdrängen muss. Ich bin ein Gegner von Kokain und Heroin, sowohl wegen ihrer Wirkung als Droge als auch als Politikum. Amphetamine habe ich gern genommen. Die kristalline Härte und dieses Zähnezusammenbeißen und das irre Manisch-Aggressive daran habe ich wirklich sehr gemocht.

Wie erreichen Sie ohne Drogen Rausch und Ekstase?

Das geht niemanden etwas an.

Sie haben Ihre Methode zu malen geändert. Warum?

Vor drei Jahren kam ich nach zwei Monaten Abwesenheit in mein Atelier zurück und schaute mir drei Bilder an, die fast fertig waren. Beim Versuch, sie fertig zu malen, merkte ich, das langweilt mich, das ist Schema F, Gewohnheit richtet sich gegen Erkenntnis. Ich habe dann sehr lange mit sehr wenig Erkenntnis rumexperimentiert, mit trübsinniger Laune, Denkpickeln und ohne Trost im Alkohol zu finden. Es gibt Leute, die heiter etwas Neues entwickeln können. Das ist mir nicht gegeben. Dafür sind meine neuen Bilder umso besser geworden.

Sie haben den Pinsel aus der Hand gelegt und die Farbe gespachtelt.

Das war wie im Nebel sein, und auf einmal kommt scheinbar aus dem Nichts der Blitz. Der Blitz war aber das Ergebnis einer quälenden methodischen Selbstbefragung: Wie viel Reduktion ist möglich, und wie viel Bedeutung kriege ich da gleichzeitig rein? Das Handwerkszeug sollte mich nicht bestimmen. Da ich immer mit dem Pinsel gearbeitet hatte, habe ich ihn weggelegt, denn der Pinsel macht mit mir, was er will. Der Pinsel ist mein Chef.

Warum haben Sie Ihrer letzten Ausstellung den Titel »Hello, I Love You« gegeben?

Weil ich geliebt werden möchte. Liebe ist wahrscheinlich neben Emotion, Feeling und Power das am meisten sinnentleerte Wort, das es gibt. Trotzdem ist zu lieben und geliebt zu sein Sinn und Zweck des Lebens – neben Erkenntnis.

Sie ist Mannequin in Paris, wird die Freundin von Helmut Lang und macht als Fotografin Karriere, doch dann brechen Katastrophen über sie herein – ihr erster Mann stirbt mit 49, der zweite mit 44: Elfie Semotan über sexuelle Freiheit und ihre Jahre mit dem alkoholkranken Maler Martin Kippenberger, über die unverschämte Männlichkeit von Benicio del Toro und die grenzenlose Freiheit beim Ablichten von Stillleben und Landschaften

»Schönheit ohne Intelligenz gibt es nur von 14 bis 19, dann zerbricht Dummheit die Schönheit«

ELFIE SEMOTAN

Sie wuchsen im Zweiten Weltkrieg als Tochter eines Eisenbahners in einem Dorf in Oberösterreich auf. Hatten Sie eine dieser Horrorkindheiten, die man in Büchern von Thomas Bernhard findet?

Im Gegenteil. Ich bin in einer Freiheit aufgewachsen, die es nur auf dem Land gibt. An dieses Ungezähmte erinnert sich nicht nur mein Kopf, sondern auch mein Körper. Es ist ein Gefühl, das mit einem mitwächst und das man nie wieder verliert.

Ihre Mutter fühlte anders. Sie sehnte sich danach, in einer Millionenstadt zu leben.

Meine Mutter war eine schöne und eigensinnige Frau. Sie verließ uns, als ich zwei Jahre alt war, weil sie sich durch das Dorfleben beengt und unfrei fühlte. Mit meinem Vater war sie wohl auch nicht glücklich. In Wien wollte sie endlich so unabhängig leben, wie sie es sich erträumte.

Mit zehn Jahren zogen Sie zu Ihrer Mutter nach Wien. Wie nah waren Sie sich?

Wir hatten eine Nicht-Beziehung, als wären wir von unterschiedlichen Planeten. Ich beschloss, ihr nie mehr etwas zu erzählen, was mich wirklich betrifft, und so ist es bis zu ihrem Tod geblieben. Mein Herz schlug für meine Großmutter und ihre Schwester. Meine Großmutter war eine fesche, wilde Frau, die nach dem Tod ihres Verlobten einen 14 Jahre jüngeren Mann geheiratet hatte. Ihre Schwester legte sich mit sechzig einen Liebhaber zu. Sie führte eine kleine Gemischtwarenhandlung und war sehr beliebt. Wenn der Salat nicht mehr ganz frisch war, sagte sie ihren Kunden: »Den kaufen's besser ned. Der ist schon ein bissl müd.«

Mit 14 wurden Sie an der Wiener Modeschule Hetzendorf angenommen, mit zwanzig zogen Sie nach Paris.

Ich wollte erst einmal als Mannequin Fuß fassen und dann weitersehen. Beim Abtelefonieren der Modehäuser hatte ich Glück. Bei Lanvin hieß es, wir suchen gerade ein Mädchen, kommen Sie gleich vorbei.

Kamen Sie sich schön vor, wenn Sie in den Spiegel schauten?

Ich sah gut aus, aber es gab makellosere Erscheinungen als mich. Ich hätte längere Beine, größere Augen und kleinere Hände haben sollen.

Waren Sie gern Mannequin?

Ich fand es anstrengend, mich darzustellen, aber das Dorfmädchen in mir genoss die Reisen in die USA, an die Côte d'Azur oder nach Ceylon. Die Modedesignerin Madame Grès nahm mich einmal nach Los Angeles mit. Sie war eine wunderbare ältere Dame, die immer einen Turban trug. Wir wohnten im »Beverly Hills Hotel« und führten ihren exklusivsten Kundinnen in einem kleinen Salon Kleider vor. Einmal kam Jacqueline Kennedy mit ihrer Schwester Caroline Lee Radziwill. Ich weiß noch, dass ich sie zehnmal so schön fand wie Jacqueline.

Wie wurden Sie vom Fotomodell zur Fotografin?

Den letzten Anstoß gab der kanadische Fotograf John Cook.

Wir waren sieben Jahr lang ein Paar, beruflich und privat. Seine Art, Mode zu fotografieren, war vom Film geprägt. Er wollte mit einem Bild eine Geschichte erzählen. Das Zurschaustellen schöner Kleider an perfekten Körpern interessierte ihn nicht. Ich habe dann von Anfang an so fotografiert, wie ich es noch heute tue: Nicht die Kleidung steht im Vordergrund, sondern der Mensch, der sie trägt. Auch meine Schwäche für Schönheit, die man erst auf den dritten oder vierten Blick sieht, war schon da.

Gibt es Schönheit ohne Intelligenz?

Ja, aber nur von 14 bis 19. Dann zerbrechen Dummheit und Unverständnis die Schönheit.

Welche Erfahrungen als Fotomodell nützen Ihnen als Fotografin?

Ich weiß, wie alleingelassen man sich fühlt, wenn einem der Fotograf nicht sagt, wohin die Reise gehen soll. Man muss den Menschen vor der Kamera von seinen Ängsten und Eitelkeiten ablenken, denn sonst verkrampft er und versucht, möglichst schön und souverän auszusehen, und das verhindert, dass gute Bilder entstehen. Ich kenne nur wenige Leute, die keine Regie brauchen. Jemand wie Jonathan Meese bringt eine fertige Performance mit.

Nach zehn Jahren Paris kehrten Sie 1970 nach Wien zurück. Warum?

John wollte in Wien Filme drehen, und ich ging widerstrebend mit. Aber unsere Beziehung wurde schwierig, und es kam der Moment, in dem wir uns trennen mussten. Er flog nach Kanada und machte mir drei Wochen später am Telefon einen Heiratsantrag. Doch der kam 24 Stunden zu spät. Am Vortag hatte ich Kurt Kocherscheidt kennengelernt.

Damals noch ziemlich unbekannt, heute ein Säulenheiliger der österreichischen Gegenwartskunst.

Ich suchte für ein Werbefoto einen Mann, dem eine Träne über die Wange laufen sollte. Ein Freund sagte, ich kenne da jemanden, der in Frage kommt. Wir trafen uns morgens um neun im »Café Bräunerhof«. Als ich Kurt sah, wusste ich nach zwei Sekunden: mit diesem Mann möchtest du dein Leben verbringen, sofort und für immer. Wir blieben bis sechs Uhr abends sitzen, dann gingen wir essen und ins Kino. Die nächsten 18 Jahre waren wir unzertrennlich. Wir heirateten und bekamen zwei Kinder.

Mit 34 hatte Kocherscheidt den ersten Herzinfarkt.

Das war ein Familienschicksal. Sein Vater war an einem Herzinfarkt gestorben.

Änderte Ihr Mann sein Leben?

Nein. Kurt war ein Genussmensch, der gern aß und trank und rauchte. Er konnte und wollte nur auf diese Art leben, vielleicht weil er ahnte, dass sie notwendig war für seine Kunst. Nach der ersten Bypass-Operation saß er in einer Rehaklinik vor einem Tablett mit zwei Scheiben Wurst, einem winzigen Stück Käse, zwei Scheiben Knäckebrot und einem Glas Wasser. Das hat er gehasst. So hätte er auf gar keinen Fall leben können. Von da an lebte ich mit der Ahnung, dass wir vielleicht nur wenige gemeinsame Jahre haben werden. Ich lag nachts wach, und dann kamen die Gedanken, die man untertags nicht denken mochte.

In sein Tagebuch schrieb Kocherscheidt: »Wieder in dieser schmerzlich-wässrigen Stimmung ... wieder einmal alle Kunst sinnlos ... Manchmal bin ich zufrieden in meiner Schwermut, wenn die Angst sich wieder zurückgezogen hat in ihre Höhle im Gemüt.«

Es gab diese dunkle, schwermütige Seite bei ihm. Wie sollte es auch anders sein, wenn der Arzt nach jeder Operation sagt: »In fünf Jahren sehen wir uns dann bei der nächsten OP wieder.«

Mitte der Achtzigerjahre lernten Sie beide einen seltsam unnahbaren Menschen kennen, der Peter Scepka hieß, sich aber Helmut Lang nannte. Ursprünglich Kellner im Wiener Szenelokal »Motto«, entwarf er jetzt Hemden und Anzüge für Männer und stand im Ruf, eine Art Peter Handke der Mode zu sein.

Als wir ihn kennenlernten, hatte er ein kleines Geschäft in der Wollzeile im ersten Bezirk und nannte sich Boubou. Der

Name Helmut Lang kam erst später. Er fragte mich, ob ich Anzeigen für ihn fotografieren würde. Er war damals Ende zwanzig und nur in Wiener Insiderkreisen bekannt. Ich spürte sofort eine große Nähe zu ihm, weil wir beide ein wenig scheu und einzelgängerisch sind und Menschen erst einmal auf Abstand halten.

In der Schule galt Lang als schräger Vogel mit autistischen Zügen.

Ich bewerte Eigenheiten nicht, deshalb habe ich oft einen guten Zugang zu Menschen. John Cook hat gestottert, aber für mich war das nicht ausschlaggebend.

Sie haben Kampagnen für Lang fotografiert und sind als Model in seinen Schauen aufgetreten. Ihr heikelster Job soll gewesen sein, Lang selbst zu fotografieren.

Von keinem Modedesigner gibt es weniger Fotos als von Helmut. Es quält ihn, fotografiert zu werden, deshalb leiden wir beide jedes Mal Höllenqualen. In der Mode herrscht ein Vollkommenheitsanspruch, und den überträgt Helmut auf sich selbst. Es ist fast unmöglich, einen von Schönheitssehnsucht getriebenen Perfektionisten wie ihn dazu zu bringen, sich vor der Kamera zu entspannen. Aber manchmal glückt es eben doch. Ich glaube ein paar der besten Fotos gemacht zu haben, die es von ihm gibt.

Werden Sie gern fotografiert?

Nein, ich hasse das. Ich finde auch, dass nur ganz wenige Leute mich gut fotografieren. Manchmal schaut man sich beim Autofahren im Rückspiegel an: Es ist ein schöner Tag, der Wind weht durchs offene Fenster, und plötzlich schaut man großartig aus. Auf einem Foto sieht man fast nie so aus. Stimmung, Licht, Tagesverfassung, irgendetwas stimmt immer nicht.

Helmut Lang hat seine Firma an den Prada-Konzern verkauft und lebt heute als bildender Künstler auf Long Island. In Erscheinung tritt er so gut wie nie.

Ich kenne nur ganz wenige Menschen, die es mit sich selber aushalten. Viele sagen, sie könnten gut allein sein, aber so gut wie Helmut kann es keiner.

Wie nah sind Sie sich?

Helmut ist mein bester Freund. Als Kurt mit 49 Jahren an Herzversagen starb, waren unsere Söhne zehn und 18 Jahre alt. Helmut half mir, ihnen Halt und Sicherheit zu geben. Wir waren eine Familie.

1993, ein Jahr nach dem Tod Ihres Mannes, quartierten Sie sich im New Yorker Apartment von Helmut Lang ein und begannen, als Porträt- und Modefotografin für Magazine wie *Interview, Esquire, Allure, i-D, Harper's Bazaar* und den *New Yorker* zu arbeiten. Warum ließen Sie Wien hinter sich?

Eine Woche nach Kurts Tod sah mein kleiner Sohn mich an und fragte: »Mama, wann lachst du wieder?« Da wusste ich, es ist Zeit, einen Schnitt zu machen und mein Fotografenleben nach New York zu verlegen. Ich konnte nicht verhindern, dass ich trauerte, aber ich wollte es so wenig wie möglich vor den Augen meiner Kinder tun. Deshalb konnte ich meinem kleinen Sohn reinen Herzens antworten: »Jetzt!« In Wien hätte ich den Boden unter den Füßen verloren, denn jeder in der Branche wusste, dass ich meinen Mann verloren hatte, und gerade in der Modewelt ist der Tod ein Tabuthema, dem man panisch aus dem Weg geht.

Wie haben Sie Ihren zweiten Mann kennengelernt, den Künstler Martin Kippenberger?

Als ich mit Helmut Lang und ein paar Moderedakteuren im Pariser Restaurant »Davé« saß, kam er zu uns an den Tisch und wollte Bilder von sich gegen Anzüge von Helmut tauschen. Als Helmut das ablehnte, zog er wieder ab.

Ein Dreivierteljahr nach Kocherscheidts Tod lud Sie Michel Würthle, Künstler und Betreiber der »Paris Bar« in Berlin, zu seinem 50. Geburtstag in sein Haus auf der griechischen Insel Syros ein. Während der dreitägigen Party mit 120 Gästen machten Sie das erste Foto von Kippenberger.

Mein Geschenk für Michel war, das Fest zu fotografieren. Ich machte von allen Gästen Bilder, nur um Martin machte ich einen Bogen. Er war immer von zwanzig, dreißig Leuten umringt, die er pausenlos unterhielt. Zu seiner Show gehörte, auf einen

Tisch zu steigen und Schildkrötenwitze zu erzählen, die kein Ende und keine Pointe hatten. Wagte es jemand, ihn zu unterbrechen, fing er zur Strafe wieder von vorne an. Deshalb dauerten seine Auftritte mitunter zwei, drei Stunden. Mich wegen eines Fotos zu den Leuten zu legen, die ihm andächtig zu Füßen lagen, war mir zu blöd. Am letzten Tag kam er zu mir und fragte, warum fotografierst du mich nicht? Ich tat es und reiste ab.

Eine Ausstellungseröffnung von Michel Würthle im Burgenland brachte Sie 1995 schließlich zusammen.

Spät in der Nacht schob Martin zwei Sessel zusammen und redete zwei Stunden lang, über sich und warum es richtig und wichtig sei, dass wir ein Paar werden: Ich sei jemand, er sei jemand, ich hätte meine Arbeit, er hätte seine Arbeit, keiner sei vom anderen abhängig. Einerseits klang es wie eine arrangierte Hochzeit, andererseits war es das Verführerischste und Poetischste, was ich jemals von einem Mann über das Leben zu zweit gehört habe. Als ich mit meinem todmüden Sohn heimfahren wollte, setzte er sich auf die Kühlerhaube unseres Autos und verlangte einen Kuss. Ohne den würde er uns nicht fahren lassen. Am nächsten Tag rief er an und fragte, ob wir uns sehen könnten. Nachdem wir uns zweimal in Wien zum Essen getroffen hatten, musste ich nach Paris zu einer Modenschau. Er sagte, er komme mit. Auf einem Stempel, den er mit nach Paris nahm, stand: »Hier ist es wunderschön.« So aus dem Blauen heraus hat es mit uns angefangen.

Mit zunehmendem Alter und abnehmender Gesundheit wurden Kippenbergers Freundinnen immer jünger. Mit Ihnen kehrte sich das um. Dass Sie zwölf Jahre älter waren, kommentierte er mit den Worten: »Sie ist 53, ich bin Jahrgang 53.«

Martin war kein Mann, dem man als ältere Frau über den Hinterkopf streichelt und das Leben erklärt. Das habe ich nicht einmal in Gedanken gemacht. Er war so komplex und kompliziert, dass das Alter keine Rolle spielte.

Kippenberger galt vielen als Halbwahnsinniger: tyrannisch, penetrant, hyperaktiv, hemmungslos, wehleidig und maßlos egozentrisch. Wenn er mit wichtigen Museumsleuten

am Tisch saß, furzte er gern oder servierte als Vorspeise After Eight.

Martin war kein netter, ausgeglichener Mensch. Viele hatten Angst vor ihm, weil er Menschen vor Publikum bloßstellte und lächerlich machte. Das war eine schreckliche Angewohnheit von ihm. Um die Finger in offene Wunden zu legen, verriet er die Schwächen und Intimitäten anderer Menschen. Es war ein Spiel: Hältst du mich aus? Liebst du mich wirklich? Andererseits gab es keinen Menschen, der mehr Wärme, Zärtlichkeit, Charme und Großzügigkeit besaß als er.

Kippenbergers Schwester Susanne schreibt in ihrer Biografie über den Bruder: »Nie hätte Martin hinter dem Rücken einer dicken Frau über ihre Figur getuschelt. Aber wenn er mit ihr aus der Disco auf die Straße trat, fragte er, gehen wir runter, oder rollen wir runter? Einen Tag lang hat die Freundin dann geweint. Die Wahrheit tat weh, das sollte sie auch, so wie die Kunst.«

Martin hatte sich irgendwann vorgenommen, nie mehr zu lügen, egal, ob es um Kunst ging, ein Kleid oder einen Haarschnitt. Allen alles ins Gesicht zu sagen ist ein Albtraum und hat ihm sehr viele Feinde eingetragen. Andererseits finde ich es ehrenhaft, dass er sich nicht an dem österreichischen Brauch beteiligt hat, nach einem Fest über die Gäste zu schimpfen.

Wie reagierte Kippenberger, wenn man ihn mit der Wahrheit konfrontierte?

Wir hatten mal eine Reifenpanne, es lag Schnee und es war dunkel. Da Martin kein Rad wechseln konnte, haben mein Sohn August und ich es versucht. Als Martin dauernd rumätzte, dass das so nicht funktionieren kann, hab ich ihn angeschrien: Wer er glaubt zu sein, sich so aufzuführen? Das hat er verstanden und sofort aufgehört. Ich glaube, er wollte nur testen, wie weit er gehen kann.

Kippenberger hatte eine Lese- und Rechtschreibstörung, schaffte nicht einmal die Hauptschule und las am liebsten Comics oder die _Bild_. Andererseits fielen ihm für seine Arbeiten Titel ein, deren dadaistischer Witz schwer zu übertref-

fen ist. In eine Zigarettenschachtel der Marke Lord steckte er einen kleinen Krebs und nannte das Werk *Oh Lord, what have you done to me.* Andere Titel lauteten *Aschenbecher für Alleinstehende, Schachtelhalme am frühen Nachmittag, Sand in der Vaseline, Nix Rugula, In Ibiza kann man essen, aber in Essen nicht ibizen, Selbstjustiz durch Fehleinkäufe, Arafat hat das Rasieren satt, Fiffen, Faufen und Ferfaufen, Jetzt geh ich in den Birkenwald denn meine Pillen wirken bald, Doch Enten brauchen keine Baumwollstrümpfe, ihre Füße sind immer kühl und frisch im Wasser* oder *When you don't know where to go, go to the no.*

Martin war Legastheniker, aber wenn er einen dicken Roman mit aufs Klo nahm, wusste er nachher, was drinsteht. Er war kein Intellektueller, der philosophische Gespräche führte, aber sein Instinkt ließ ihn sofort den Kern einer Sache erfassen. Deshalb sind so viele Sprüche von ihm zu geflügelten Worten geworden, zum Beispiel: »Ich geh kaputt. Gehst du mit?«

Kippenberger war von der Idee getrieben, das eigene Leben zur Kunst zu machen. Dazu gehörte, auf Tische zu steigen, die Hosen runterzulassen und zu züngeln wie Gene Simmons von Kiss.

Natürlich habe ich bei einigen Auftritten von ihm schrecklich gelitten. Ich spürte, wie peinlich und lächerlich viele das fanden, und oft hatten sie recht. Martin konnte wahnsinnig peinlich sein. Aber er fand Peinlichkeit, die fast körperlich schmerzt, produktiv und wahrheitsfördernd. Die einen liebten ihn dafür, die anderen hassten ihn. Diesen Hass konnte man körperlich spüren. Es muss ihn unfassbar viel Energie gekostet haben, das Echo auf seine Auftritte auszuhalten.

Allein zu sein hielt Kippenberger nicht aus. Auch wenn es schon morgens um vier war, klingelte er Menschen aus dem Bett und forderte »Künstlerbetreuung«.

Ich kannte diese Geschichten von seinen Mitarbeitern, aber in den zwei Jahren mit mir war er anders. Als er sein Atelier in meinem Bauernhaus im Burgenland eingerichtet hatte, war er oft tagelang allein und hat konzentriert gearbeitet.

Spürten Sie hinter seinen Auftritten als Clown oder Kotzbrocken etwas Trauriges, Zerbrochenes?

Schon, ja. In unserem Zusammensein gab es Perioden, in denen er nicht ansprechbar war. Man spürte bei ihm das Gefühl abgrundtiefer Verlassenheit. Vielleicht hing das mit seinen Jahren im Internat zusammen. Die Lehrer hielten ihn für einen Schulversager. Seine Mitschüler wurden aus ihm nicht schlau und schlossen ihn aus. Das bedeutete totale Einsamkeit.

Über ihre fünf Kinder notierte Kippenbergers Mutter: »Martin ist eitler als alle vier Mädchen zusammen.« Wie war es, ihn zu fotografieren?

Er hat es geliebt und warf sich ständig in Posen, wie ein Schauspieler seiner selbst. Ich wollte ihn gar nicht so viel fotografieren, wie er fotografiert werden wollte, obwohl er das war, was man als fotogen bezeichnet. Vielleicht hatte er mir die Aufgabe zugedacht, ihn als lebendes Kunstwerk für die Nachwelt zu dokumentieren.

Als Kippenberger sich mit dem kongolesischen Maler Chéri Samba anfreundete, wollte er in Kinshasa ein Modelabel mit dem Namen »Hans Kurz!« gründen.

Der Name war eine Anspielung auf Helmut Lang und Joop! – man wusste bei solchen Projekten aber nie, wie ernst sie ihm waren. Als er in Brasilien eine stillgelegte Tankstelle kaufte, gab er ihr den Namen »Martin Bormann Gas Station«. Ideen reichten ihm oft, die Realisierung musste dann gar nicht mehr sein.

Waren Sie dabei, als Kippenberger bei einer Veranstaltung des zyprischen Großsammlers Dakis Joannou mit Größen wie Jeff Koons auf dem Podium saß und plötzlich ein rotes Holzhandy zückte, mit dem er zehn Minuten mit wichtiger Miene telefonierte?

Ja, das war einer unserer ersten gemeinsamen Ausflüge. Wir hatten das genau abgesprochen. Ein paar Minuten nach Beginn der Podiumsdiskussion sollte ich auf Martins Handy anrufen. Als es klingelte, holte er sein rotes Holzhandy hervor und begann, einen zehn Minuten langen Monolog hineinzusprechen. Unter anderem beschwerte er sich darüber, dass sein

Hotelzimmer nicht groß genug sei. Das Publikum fand das sehr lustig.

Da er keinen Führerschein hatte, kurvte Kippenberger im Burgenland mit einem kleinen dreirädrigen Transporter herum, auf dessen Ladefläche ein riesiges Ei montiert war. Aus den Lautsprechern dröhnte je nach Stimmungslage AC/DC, Wagners *Walkürenritt* oder *Klingelingeling, hier kommt der Eiermann.* Was ist aus dem Gefährt geworden?

Manchmal wird der Eierwagen in Museen ausgestellt. In der übrigen Zeit steht er bei mir im Burgenland in der Scheune. Ein halbes Jahr nach Martins Tod rief mich ein Eierhändler an: Er habe gehört, ich hätte einen Wagen mit einem großen Ei drauf. Den würde er mir gern abkaufen und damit Reklame für sich machen. Der hatte keine Ahnung, wer Martin war.

Seinen Heiratsantrag machte Kippenberger Ihnen 1996 im Auto vom Wiener Flughafen in die Innenstadt mit den Worten: »Wir sollten heiraten. Was sagst du dazu?«

Ich fand, wir könnten einfach so zusammenleben, wir wollten ja keine Kinder. Als er darauf bestand zu heiraten, sagte ich, na ja, wenn du unbedingt willst. Die Hochzeitsreise sollte nach Venedig gehen und alle romantischen Klischees erfüllen. Und so kam es. Wir wohnten im »Cipriani« und tranken Bellinis in »Harry's Bar«.

Das Hochzeitsfest im Burgenland mit 320 Gästen dauerte drei Tage. Ihr Trauzeuge war Helmut Lang, der auch Ihr Brautkleid entwarf.

Am dritten Abend konnte ich nicht mehr und ging gegen Mitternacht schlafen. Ich lag bereits ausgezogen im Bett, als Martin ins Zimmer kam und sagte, komm, du musst weiterfeiern! Als er immer weiter drängelte, sagte ich, okay, dann gehe ich aber so, wie ich bin, nackt. Als ich schon die Stiegen hinunterging, hielt er mich zurück.

Sie wären nackt zurück aufs Fest gegangen?

Ja. Ich hätte mich in ein Fauteuil gesetzt und ein Glas Wein getrunken. Damit hätte ich Martin mit seinen eigenen Waffen geschlagen. Fast schade, dass es nicht so weit gekommen ist.

Kippenberger konnte extrem gut aussehen, dann wieder war er versoffen, fett, erschöpft.

Er hatte Tage, an denen war er wahnsinnig schön wie der frühe Helmut Berger, und andere, da war er vollkommen in pieces. Ich habe mit diesen Sprüngen aber nie ein Problem gehabt, auch bei anderen Männern nicht. Ich habe eher Probleme mit Leuten, die jeden Tag gleich ausschauen.

Kippenberger hatte mit 15 begonnen, seinen Körper mit harten Drogen, Alkohol, Zigaretten und Schlafentzug zu schinden.

Mir war nicht klar, wie exzessiv er gelebt hatte und wie es um seine Gesundheit stand. Er hatte keine offensichtlichen Beschwerden und arbeitete unglaublich diszipliniert. Wie kurz die Nacht auch gewesen war, er stand morgens um neun mit guter Laune im Atelier. Ich wurde mal von einer Frau gefragt, ob ich Martin auch dann geheiratet hätte, wenn ich gewusst hätte, dass er krank ist oder ein Trinker. Was für ein absurdes Statement!

Kippenberger war bekannt dafür, dass er schon zum Frühstück Cuba Libre, Wodka-Apfelsaft oder Bloody Mary trank.

Das gab es nicht mehr. Er hat noch immer genug getrunken, aber er war nie betrunken. Er hat immer gesagt, er möchte 73 Jahre alt werden. Mein Gefühl war aber, dass er tief im Inneren wusste, er wird früh sterben. Das könnte auch seine Ungeduld und die rastlose Produktivität erklären.

Zu einer Freundin sagte Kippenberger: »Ohne zu trinken, halte ich die Leute nicht aus.«

Jede Sucht ist auch eine Suche nach Glück. Nüchtern konnte Martin sein Glück nicht finden.

Im Januar 1997 wurden bei Kippenberger Hepatitis, Zirrhose und Leberkrebs festgestellt. Sechs Wochen nach der Diagnose war er tot, mit 44.

Er war überrascht von der Diagnose, und er war nicht überrascht. Er wusste es, und er wollte es nicht wissen. Anfangs hoffte er, dass er die Krankheit überlisten kann, aber nach zwei, drei Wochen war klar, es ist aussichtlos. Am Tag, als er ins Krankenhaus eingeliefert wurde, hat er sich aufgegeben. Obwohl er an Schläuchen hing, wollte er nur noch nach Hause.

Im Krankenhaus platzte Kippenbergers Speiseröhre. Haben Sie über seinen bevorstehenden Tod gesprochen?

Nein. Darüber kann man nicht reden. Zumindest konnten wir es nicht. Ich hätte es auch gar nicht gewollt.

Seine Beerdigung auf einem Dorffriedhof im Burgenland hatte sich Kippenberger als Tag der Wahrheit vorgestellt: Schwimmt der Sarg in Tränen, oder verlieren sich am Grab nur ein paar versprengte Gestalten?

Es war ein eiskalter, düsterer Freitagnachmittag im März. Weil so unglaublich viele Leute da waren, bildete sich vor dem Grab eine lange Schlange. Den Totengräbern dauerte das alles viel zu lange. Sie sagten, sie hätten jetzt Feierabend, und fingen an, Erde auf den Sarg zu schaufeln, während die steif gefrorenen Leute noch immer Schlange standen. Michel Würthle hat den Totengräbern dann Geld in die Hand gedrückt. Sonst wäre es zur Prügelei gekommen. Martin hätte seine Freude an der Beerdigung gehabt.

Nach Kippenbergers frühem Tod begannen die große Beweihräucherung und der Weltruhm. Ein Selbstbildnis wurde 2014 bei Christie's in New York für 13,6 Millionen Euro versteigert.

Es tut der Kunst nicht gut, dass der Geldmarkt und der Kunstmarkt Zwillinge geworden sind, die man nicht mehr unterscheiden kann. Früher hat Martin oft sein Essen mit Bildern bezahlt.

Kaum etwas fürchtet die Kunstwelt mehr als Künstlerwitwen. Entscheiden Sie, was mit Kippenbergers Arbeiten geschieht?

Nein. Ich will keine Witwe sein und Nachlassverwalterin auch nicht. Um Martins Werk kümmert sich meine Freundin Gisela Capitain. Sie hat viele Jahre eng mit ihm zusammengearbeitet und macht das sehr klug und moralisch integer. Ich habe meinen eigenen Beruf.

Haben Kocherscheidt und Kippenberger Sie für andere

Männer verdorben, oder haben Sie seither wieder mit einem Mann zusammengelebt?

Ich habe zweimal in meinem Leben nach ein paar Sekunden gewusst: Das ist der Mann, mit dem du dein Leben teilen willst. Ein drittes Mal ist mir das nicht passiert. Ich habe nicht den Entschluss gefasst, keine Verbindung mehr einzugehen, aber ich finde einfach niemanden, mit dem ich so gern zusammenleben würde wie mit dem Martin oder mit dem Kurt. Finden Sie jedes Jahr eine Frau, mit der Sie zusammenleben möchten?

Kippenberger ist seit mehr als 20 Jahren tot.

Das ist eine wahnsinnig lange Zeit, aber mit welcher Verbindung, die man kennt, möchte man denn schon tauschen? Ich kenne Paare, die schwimmen sogar nebeneinander im Schwimmbad. Vielleicht ist das ganz schön. Vielleicht ist es aber auch mörderisch langweilig und destruktiv, und man hasst den anderen, weil er Neues verhindert.

Sie fotografieren in jüngster Zeit oft Stillleben und Landschaften. Sind Sie nach fünfzig Jahren als Berufsfotografin menschenmüde geworden?

Nein. Es liegt eine große Freiheit darin, Dinge zu tun, die niemand von einem erwartet. Bei einem Stillleben redet mir keiner rein. Es geht ausschließlich darum, wie ich sehe und was ich zu sehen wichtig finde. Bei einem Werbefoto muss ich Vorgaben erfüllen. Das kann so weit gehen, dass ich das Gefühl habe, mit der linken Hand malen zu müssen.

Sie haben viele amerikanische Filmstars fotografiert. Mögen Sie Hollywood?

Wenn ich einen Menschen fotografiere, will ich ihn nach meinen Überlegungen und in meinem Sinn abbilden. In Hollywood gelten Fotos aber in erster Linie als Marketingwerkzeug. Manager und Agenten legen das Image eines Stars fest und verlangen vom Fotografen, dass er dieses Image so gefällig wie möglich bebildert. Das macht die Arbeit oft wenig ergiebig, aber Gott sei Dank gibt es Ausnahmen wie Benicio Del Toro. Er kam ohne Begleitung ins Studio, ließ sich stundenlang fotografieren und hatte null Ehrgeiz, fotogen auszusehen. Dass er auf

Posen verzichtete, ließ seine unverschämte Männlichkeit und Körperlichkeit noch stärker hervortreten. Er strahlte das Selbstbewusstsein aus, dass letztlich ganz andere Dinge zählen als Schönheit.

Ihr erster Erfolg als Werbefotografin war Ende der Siebzigerjahre eine Kampagne für die Wäschefirma Palmers, die halbnackte Frauen zeigte mit dem Slogan »Trau dich doch«. Feministinnen rückten mit Farbkübeln aus, um die Plakate zu übermalen. Was denken Sie heute beim Betrachten dieser Fotos?

Ich höre immer, dass wir in der sexuell freiesten Gesellschaft leben, die es je gab. Aber wenn ich mich umschaue, haben die Menschen eher wenig Sex. Heute lässt man sich lieber anschauen, als Sex zu haben. Ich glaube, dass sich die Darstellung von Sex in der Werbung grundlegend ändern wird. Viele Immigranten, die jetzt zu uns kommen, haben bei diesem Thema ein völlig anderes Empfinden als wir. Das wird die Werber zu einer neuen Ästhetik zwingen.

Sie sind Jahrgang 1941. Sind Sie gern alt?

Heute hört man mir zu, wenn ich etwas zu sagen habe. Früher hat man mir zugehört, weil man mich gern angeschaut hat. Auf der Straße werde ich nur noch bemerkt, wenn mich jemand kennt. Als älterer Mensch muss man es sich erkämpfen, gesehen zu werden. Wer das nicht tut, wird unsichtbar. Das ist keine Klage, nur eine Feststellung.

Mit 12 versetzt die Abweisung eines Mädchens seinem Kinderherzen eine verheerende Wunde, und er beginnt mit der besessenen Verschriftlichung des Alltags; als junger Mann verfällt er Prostituierten und fiebert einer Katastrophe entgegen, die seine bürgerliche Existenz vernichtet: Der ebenso berühmte wie ungelesene Schriftsteller Paul Nizon über die despotische Erotomanie von Elias Canetti und die krankhafte Eifersucht von Max Frisch, über Sex mit der besten Freundin der eigenen Tochter und den Versuch, seinen Verleger zu erwürgen

»Die Begegnung mit Odile führte zu einer dem Wahnsinn nahen Liebesvergiftung und körperlicher Verhexung bis zur Hörigkeit«

PAUL NIZON

Ihr kurvenreiches Schriftstellerleben lässt sich entlang von vier Femmes fatales erzählen. Die erste versetzte Ihrem Kinderherzen eine verheerende Wunde.

Mit zwölf Jahren lernte ich ein Mädchen aus der Nachbarschaft kennen, eine Halbspanierin, die die Schönheit des Viertels war. Sobald ich sie auftauchen sah, wurde die Welt hell. Als ich meine Kindergeliebte fragte, ob sie mit mir gehen wolle, sagte sie neckisch: »Ich werd es mir überlegen.« Ich war vernichtet und sprach nie mehr mit ihr. Es war die Abweisung der reinsten Form der Liebe, einer Liebe, die sich nicht um das Geliebtwerden drehte, sondern mit unendlicher Reinheit nur dem andern galt. Ich wurde in einen Abgrund von Verstörung und unfassbarer Verzweiflung geworfen. Fortan lebte

335

ich in der Überzeugung, der Gegenliebe wohl nicht wert zu sein, und mein Innerlichkeitsleben nahm seinen Anfang: das Herumphilosophieren, die Empfänglichkeit für seelische Vorgänge, das monologische Marschieren, die besessene Versprachlichung des Alltags und der Zwang, dieses Zweitleben in Heften zu verschriftlichen. Meine Tagebücher umfassen mehr als 20 000 Seiten.

Die zweite Femme fatale lernten Sie 1960 als Literaturstipendiat in Rom kennen. Zuvor hatten Sie als 24-jähriger Student eine Pfarrhaustochter geheiratet und waren Vater von zwei Kindern geworden.

Ich kam mit viel Idealismus nach Rom und ging nach einem Jahr als heidnischer Hurenbock. Meine Familie war außerhalb untergebracht, und von Montag bis Freitag führte ich ein Nichtstuerdasein. Ich hatte nur diese großartige, fürchterliche, mit Lethargie und Altersmüdigkeit angefüllte Stadt – und dann brach die auf Hochtouren gereizte Libido aus und zerfledderte meine ohnehin schon unterhöhlten bürgerlichen Glaubensartikel. Es begann das Ausschlüpfen des Barbaren.

Sie führten ein Doppelleben zwischen Familie und Rotlichtmilieu.

Die römischen Frauen waren vollkommen unzugänglich. Es gab keine sexuelle Freizügigkeit, es gab nur die Huren, und die waren zum Teil unglaublich schön. Ich trat nicht ununterbrochen als Konsument auf, sondern war mit denen als eine Art Hurenhirt verbandelt. Eines Abends lernte ich eine junge Frau namens Maria kennen, die als Animiermädchen in einem Nachtlokal arbeitete. Ich verwandelte dieses arme, deklassierte Mädchen gleich in ein unantastbares Heiligenbildchen. Ich habe sie seelisch missbraucht, indem ich in ein privates Verhältnis mit ihr eintrat. Ich begleitete sie ins Spital, trug ihr Söhnchen auf meinen Schultern und lernte die Mutter kennen. Als ich Maria gestand, dass ich verheiratet und Vater von zwei Kindern war, wurde ihr Traum vom rettenden Prinzen zunichte.

Femme fatale Nummer drei lernten Sie kennen, als Sie als

Zeitungsredakteur nach Barcelona entsandt wurden, um über eine Ausstellung zu berichten.

Ich war nicht irgendein Redakteur, ich war leitender Kunstkritiker der hoch angesehenen *Neuen Zürcher Zeitung*. »Adenauers Morgenblatt« hieß die damals. Am ersten Abend in Barcelona sage ich dem Taxifahrer, er solle mich in irgendein Nachtlokal bringen. Als ich reinkomme, sehe ich im Halblicht diese Antonita. Und nun falle ich in diese Geschichte rein, vergesse den Auftrag und hocke mehrere Wochen lang jede Nacht bis sechs Uhr früh in diesem Lokal wie in einem Kerker und belagere dieses Mädchen. Ich war geknechtet, ich litt, ich wollte nichts wie weg – aber ich konnte nicht. Ich war an diese Frau gefesselt und muss mich benommen haben wie ein Verrückter. Ich hatte alles Geld ausgegeben und meinen Pass hinterlegt, um Schulden machen zu können. Für die Familie war ich verschollen, für die Zeitung war ich untergegangen. Mein Instinkt rebellierte gegen die falsch gewählte bürgerliche Existenz und dürstete nach einer Katastrophe. Und der Weg in die Katastrophe führte bei einer Veranlagung wie meiner über eine Frau. Im Verhör mit einem Psychiater würde ich sagen, dass es eines Katastrophenerlebnisses bedurfte, um freizukommen und mich in die Startposition des Dichters zu hieven.

Die vierte Femme fatale lernten Sie kennen, als Ihnen 1976 eine 21-jährige Studentin vorgestellt wurde. Obwohl Sie gerade zum zweiten Mal geheiratet hatten, brach nach der ersten Nacht eine Amour fou los.

Die Begegnung mit Odile führte zu einem dem Wahnsinn nahen Zustand. Es war eine Liebesvergiftung, eine Mischung aus verrückter körperlicher Verhexung bis zur Hörigkeit und einem Überfließen von Liebe.

Odile war 26 Jahre jünger als Sie – und die beste Freundin Ihrer Tochter.

Meine Tochter sagte: »Papa, hör sofort auf damit!« Aber ich buhlte bei meinen Exzessen um ihr Verständnis. Nach der ersten Nacht mit Odile musste ich auf eine Lesereise, die mehrere Wochen dauerte. Ich dachte, ich werde sie vergessen, aber die

Gier nach ihr wurde immer wahnsinniger. Als ich zurückkam, ging ich zuerst zu meiner Tochter. Sie arbeitete neben ihrem Studium in einem »Pizza Hut«-Lokal. Ich sagte: »Da bin ich wieder.« Sie erwiderte: »Ich weiß, was du denkst. Ja, Odile hat nach dir gefragt.« Und dann geht die Tür auf, und sie kommt rein.

Odile wehrte sich lange gegen eine Beziehung.

Es war eine Zerfleischung ohnegleichen. Ich lief innerlich aus wie ein lecker Behälter. Ich hatte eine schreckliche Schreib- und Lebenskrise und dazu kein Einkommen. Wenn ich wochenlang mit keinem Menschen geredet hatte, hörte ich immer wiederkehrende Geräusche in meinem Kopf. Diese Geräusche waren die Maschinerie des Wahnsinns, und man erwog, mich in ein Irrenhaus zu stecken.

In Ihren Tagebüchern porträtieren Sie sich als »autistischen Grübler mit innerer Kältedistanz«, »selbstverkrochen bis zur Einmottung«.

Ich bin ans Schreiben gekettet wie an ein Beatmungsgerät. Ich hoffe, danach tiefer und freier am Leben zu sein und eine andere Luft zu atmen. Bei mir ist das Glücksjagen ein Sprachsuchen, deshalb bleibt für andere wenig übrig. Meine Ichbezogenheit geht bis zur Egomanie und Liebesunfähigkeit. Diese Selbstverstrickung ist letztlich der Grund für meine Unzulänglichkeit als Lebenspartner. Ich komme nicht über die Mauer meiner Blockaden und bleibe in einer inneren Wirrnis stecken. Der Volksmund hat recht: Ein Künstler sollte nicht heiraten. Das Zerhäckseltwerden durch Anforderungen familiären Alltags verhindert das Wegschreiben des Unglücks.

Ihre Ehe mit Odile wurde 2003 nach 23 Jahren geschieden.

Heute sagt sie: »Der Scheidungstag war der zweitglücklichste Tag meines Lebens. Der glücklichste war der Tag unserer Hochzeit.«

Sind Sie Beziehungen auch deshalb eingegangen, um ein Romankapitel zu erleben?

Ja. Den Lebenshunger als Vehikel der Stoffzufuhr können Sie bei allen richtigen Schriftstellern beobachten. Man stellt Experimente mit sich selber an, um sich Material für sein Schreiben anzuleben.

In Ihrem Journal heißt es: »Könnte ich wie ein Simenon produzieren. Drei Romane pro Monat. Ein Schloss mit Dienerschaft. Ein Weltreich der Distribution und Unterwerfung. Imperium und Imperialismus.« Wie gehen Sie damit um, mit bald 90 immer noch als Geheimtipp gehandelt zu werden und wegen Geldmangels in einer 35 Quadratmeter kleinen Wohnung leben zu müssen?

Für die einen bin ich ein Literaturheiliger und lebender Mythos, für die anderen ein vernagelter, eingebildeter Alter, der seine Erfolglosigkeit mit Elitismus und Dünkel-Attitüden kompensiert. Manchmal schafft mich das Unberühmtsein, denn natürlich träumen Selbstwahn und Ruhmgier in mir von einem Buch, das mich in die Internationale der Habenden erhebt. Manchmal kriege ich einen schmachtenden Neid, wenn ich Dokumentarfilme über Rockstars sehe und über deren enges Publikumsverhältnis meditiere.

Ihre Kritiker werfen Ihnen vor, kein Geschichtenerzähler zu sein, sondern seit mehr als einem halben Jahrhundert nur ein einziges Thema zu kennen: das Rumpopeln am eigenen Ich.

Jede Geschichte ist ein Polizist, der dich verhaftet und einsperrt. Ich bin ein Sprachmensch, kein Geschichtenverpacker und Inhalteverteiler, der ins große Fiktionieren ausbricht. Im Unterschied zu Schmalverbrauchern des Lebens stehen Schriftsteller ihrem eigenen Ich als Rätsel gegenüber. Das Ich ist das Unbekannte, und dieses Ich-Dunkel ist mein Jagdgebiet. Wenn Sie es als Themenlosigkeit sehen wollen, dass ich mein eigenes blutendes Versuchskaninchen bin, bitte. Diese psychologische Selbstausbeutung hat aber wegen der Sprachform nichts Ich-Blutiges. Wenn ich wissen will, was hinter meinem Ich steckt, will ich wissen, was daran für eine weitere Menschheit interessant sein könnte. Banal gesagt: Wenn ich mir auf die Spur komme, komme ich auch Ihnen auf die Spur.

Ihre Bücher durchzieht ein antibürgerliches Pathos, das

Außenseitertum und Grenzerfahrungen feiert. Wie ist es für Sie, alt zu sein?

Alt sein bedeutet Bewusstsein der Todesnähe, Absonderung, Einzelhaft, Einsamkeitsanfälle und den Terror des Ausrangiert- und Abgeschriebenseins, der einen gehässig macht. Wenn ich von Besuchen zurückkomme, werde ich jedes Mal ins definitive Alleinsein gestoßen. Weil das schrecklich ist, ist selbst Beckett am Ende freiwillig in ein Altersheim eingetreten.

2002 notierten Sie: »Ich habe in den Ehen, in der Familie, in der Liebe versagt, sogar die Kinder haben sich abgewandt.«

Als Witz sage ich oft: »Meine größte pädagogische Leistung bestand darin, meinen Kindern vorgelebt zu haben, wie übel es ist, arm zu sein. Deshalb sind sie alle reich geworden.« Meinem erfolgreichsten Kind gehört die größte Paparazzi-Agentur der USA. Boris hat 40 Angestellte, ist Kampfsportler und Pilot, fährt einen Rolls-Royce und besitzt eine riesige Yacht.

Neben Frauen gab es auch drei Männer, die in Ihrem Leben eine entscheidende Rolle gespielt haben. Der erste war Max Frisch.

Wir lernten uns 1960 in Rom kennen. Er war bereits eine viel beanspruchte öffentliche Person, ich dagegen war die personifizierte Pause. Ich sehe ihn immer noch vor mir mit diesem Verhördenken und an seiner Pfeife ziehend, wie andere stottern. Er schrieb damals unter Hochdruck *Mein Name sei Gantenbein*, seinen Eifersuchtsroman über die Jahre mit Ingeborg Bachmann, die sich für beide als fundamentales Unheil entpuppten.

Dass Frisch die Beziehung zu einem Roman verarbeitete, empfand Bachmann als »Missbrauch«. Sie fühlte sich als »Studienobjekt« ausgeweidet und zu »Blutwurst und Braten« gemacht. Haben Sie die beiden zusammen erlebt?

Ja. Der arme Frisch wirkte jedes Mal sehr verspannt und gestresst. Manchmal machte er mir gegenüber Bemerkungen über seine krankhafte Eifersucht, der keine Bildung gewachsen sei.

Der Komponist Hans Werner Henze erzählte: »Der Bachmann gefielen richtige Kerle, Männer aus dem Volk. Wenn

sie im Nachtzug von Rom nach Wien einen Mann kennenlernte, hat sie sich oft eine falsche Identität ausgedacht. Mal
war sie eine züchtige Krankenschwester, dann wieder eine
Lebedame, bei der es nicht ausgeschlossen wirkte, einen
schnellen One-Night-Stand zu haben.«

Die Bachmann war wirklich kein Heimchen. Manchmal ver-
schwand sie einfach mit dem Verleger Giangiacomo Feltrinelli
oder gabelte auf der Straße irgendwelche Matrosen auf.

Frisch schrieb über dieses Verhalten: »Ihre Freiheit gehörte
zu ihrem Glanz. Die Eifersucht war der Preis von meiner
Seite. Ich bezahlte ihn voll. Auf unserer Terrasse mit Blick
über Rom schlief ich mit dem Gesicht in der eignen Kotze.
Einmal habe ich getan, was man nicht tun darf: Ich habe
Briefe gelesen, die nicht an mich gerichtet waren, Briefe von
einem Mann. Sie erwogen die Ehe. Ich schämte mich und
schwieg.« Verstehen Sie, warum der halbe deutsche Literaturbetrieb Bachmann verfallen war?

Sie war keine Schönheit, sondern wirkte eher wie ein kräfti-
ges, robustes Bauernkind. Andererseits hatte sie diesen merk-
würdig verhangenen Blick und konnte bei Lesungen ausfallen
vor Sensibilität und Schwäche. Ich hatte schon damals den Verdacht, dass sie viel interessanter ist als Frisch. Den Schriftsteller Frisch fand ich nicht überwältigend. Stilistisch und drama-
turgisch konnte er schon was, aber dieses *Gantenbein*-Gewäsch
mochte ich nicht. Da ist er auf manchen Seiten ein moralisie-
render Ratgeberonkel.

Als 1963 Ihr Roman Canto erschien, schickte Frisch Ihnen
ein Telegramm: »canto gelesen und verstanden. ich beglück-
wünsche sie und beneide sie um möglichkeiten.«

Aber dann hat er stillschweigend zugeschaut, wie ich ge-
schlachtet wurde. Das Monument Frisch, das sich mit der größten Leichtigkeit sämtlicher Medien bediente, hätte doch seine
mächtige Stimme erheben können. Ich glaube, es kam ihm ganz
zupass, dass ich da in meinem Größenwahn eins aufs Dach
kriegte und in ein Jammertal des Nichterfolgs fiel. Er behauptete, ich hätte einmal gesagt: »Mir wird fast übel, wenn ich

daran denke, wie viele Schriftsteller durch das Erscheinen meines *Canto* vernichtet werden.«

Ist das korrekt zitiert?

Na ja, vielleicht. Jugend überspannt.

Zur Eintrübung Ihres Verhältnisses trug ein Fest bei, das Frisch zum 40. Geburtstag Ihres Kollegen Jürg Federspiel gab.

Von den anwesenden Damen verlangte er zu bestimmen, welche der eingeladenen Jungschriftsteller in welcher Reihenfolge sterben würden. Was er offenbar für ein amüsantes Gesellschaftsspiel hielt, war allen nur unendlich peinlich. Wir waren schließlich nicht als Testpersonen für seinen berühmten Fragebogen eingeladen.

Hätte man nicht einfach sagen können: »Herr Frisch, aufhören!«

Sie haben Frisch nicht gekannt. Der konnte eine Gesellschaft unendlich lang nerven, wenn man nicht auf sein Thema einstieg. Er gab auch gern den Problemonkel. Es interessierte ihn fiebrig, Leute zu beraten, deren Beziehung am Bröckeln war. Unsere späteren Zusammenkünfte waren dann gekennzeichnet durch Verlegenheit und Künstlichkeit. Als ich von seinem Tod hörte, schämte ich mich für den Mangel an Gefühlen und Zuneigung. Vielleicht ist es auch purer Neid von mir, warum ich ihn so schlechtmache. Vielleicht kratzt mich sein brüllender Erfolg bis heute. Oder es ist die alte Vatermord-Geschichte, dass ich seinen Tod auch als Befreiung erlebte. Dabei hätte ich allen Grund, ihm dankbar zu sein, denn er war es schließlich, der mich zu Suhrkamp gebracht hat.

Dort begegneten Sie dem zweiten wichtigen Mann Ihres Lebens.

Frisch stellte mich in einem Hotel in Zürich dem Suhrkamp-Verleger Siegfried Unseld vor. Als ich ihm aus einem Entwurf zu *Canto* vorlas, bot er mir sofort einen Vertrag mit Monatsgehalt an. Es war, als hätte ich einen Hollywood-Vertrag unterzeichnet. Ich stürzte mich in das Buch und schrieb es in nicht einmal einem Jahr. Unseld war hingerissen und prophezeite einen Welterfolg. Und ich war Narr genug, meinen Weltruhm in naiver Freude zu erwarten. *Canto* war das zweite Buch, das Unseld als Verleger verantwortete. So frisch, so an einem Anfang waren wir beide. Umso größer war die Enttäuschung für ihn, als *Canto* mit vernichtenden Worten abgeurteilt wurde. Es wurden damals nur fünfzehnhundert Exemplare verkauft. Ein Reinfall.

Wie ging Ihre Beziehung weiter?

Unseld dachte natürlich schon, dass ich eine Art Genie bin. Aber da ich kein Geschäft war, war ich für ihn kein Geschäftspartner, bloß eine offene Wette. Das war schrecklich für ihn, denn er scharte mit Vorliebe Autoren mit hohen Auflagen um sich. Für ihn war ein großer Schriftsteller dann doch ein erfolgreicher Schriftsteller. Ruhm ohne Erfolg, mein Geschick, gab es für ihn nicht.

Zur Feier seines 65. Geburtstages ließ Unseld die Creme seiner Autoren nach Venedig einfliegen. Wie war dieses Fest für Sie?

Im Flugzeug nach Venedig hatten Unseld und Martin Walser ausgeheckt, dass ich den Torcello-Preis der Suhrkamp Stiftung bekomme, eine tolle Summe. Meine Aktien bei Unseld standen also sehr gut. Nachts fiel er des Alkohols wegen eine lange Treppe hinunter und lag in seinem Blut. Peter Handke hielt ihm die Hand. Als ich mich dem Verletzten näherte, sagte er: »Du nicht!« Warum er mich in seiner Hinfälligkeit plötzlich für seinen potenziellen Mörder hielt, verblüfft mich bis heute.

Sie hatten ihm einmal die Hände um den Hals gelegt und zugedrückt. Vielleicht war das der Grund.

In meinen sieben mageren Jahren nach *Canto* fühlte ich mich sehr zerworfen mit ihm. Und dann kommt der Kerl nach Zürich und hält von einem gemästeten Ichgefühl aus einen Vortrag über den Verleger als Seelsorger, Liebhaber und materiellen Vater des Autors. Als man hinterher zusammensaß, sagte ich: »Ich bringe dich um, du Schwein!« Dann würgte ich ihn, bis sein Kopf blaurot anlief. Natürlich war ich besoffen. Damals war man eigentlich immer besoffen. Das können Sie sich gar nicht vorstellen, was man in sich hineingeschüttet hat.

Wann haben Sie Unseld zum letzten Mal gesehen?

Bevor er krank wurde, sind wir noch einmal ausgegangen. Er ließ seine Jaguarlimousine mit dem Kennzeichen F-SU 1 von einem Chauffeur fahren, und wir gingen fürstlich essen. Er trank wie immer wahnsinnig schnell, und dann habe ich alle möglichen Forderungen vorgebracht. Alles wurde sofort akzeptiert. Am Ende sagte ich: »Nur schade, dass ich ein derartiger materieller Versager bin in deinem Verlag.« Er nahm mich am Arm und erwiderte: »Sag das nicht. Du bist kein Versager. Ich bin dein Versager.« Das war das letzte Statement.

Die dritte große Männerfigur in Ihrem Leben war Elias Canetti.

Er war die größte Begegnung meines Lebens. Ich habe nie wieder eine Person mit einem derart reichen und breit gefächerten geistigen Universum erlebt. In seinen Büchern präsentierte er sich als Mann ohne Unterleib. Dass er im wirklichen Leben ein despotischer Don Juan war, dessen Vielweiberei Züge einer Obsession hatte, bekam ich nicht mit. Erst nach seinem Tod erfuhr ich, dass ich jahrzehntelang einem wahnsinnigen Erotomanen gegenübergesessen hatte. Er war ein Faun, der einen kleinen Harem aus jungen, schönen Adeptinnen hatte und beschlief – mit Zustimmung seiner Frau Veza, die das Ganze organisierte. Nur einmal verblüffte er mich, als er mit Emphase sagte: »Ich war gerade in Israel, und ich sage Ihnen, da gibt es riesige, blonde Weiber! Man möchte diese Stuten sofort bespringen!« Ich dachte: Was? Bespringen? Das war nun wirklich eine Ausdrucksweise, wie ich sie von ihm noch nie gehört hatte.

Machen Sie noch Pläne?

Ich hoffe inständig, das Buch, an dem ich arbeite, zu Ende zu bringen. Ich will schreibend untergehen und über der Maschine zusammenbrechen. Alles andere wäre mein sofortiger Tod.

Ihr Gesicht prangt auf den Titelseiten von Vogue *und* Vanity Fair, *doch sie selber findet sich hässlich; erst 13 Jahre Eros mit einem Granden der französischen Kultur überzeugen sie vom Gegenteil: Hanna Schygulla über das Trauma ihrer Geburt und in* Glamour *verpackte Katastrophen-frauen, über den Schmerz, kein Kind zu haben und das Glück, die eigenen Eltern zu pflegen*

»Männer ab 50 sind biologisch verblendet und schauen bei Frauen meines Alters gar nicht mehr hin – man wird unsichtbar«

HANNA SCHYGULLA

Der Philosoph Peter Sloterdijk sagte: »Ich gehöre zu den armen Menschen, bei denen die Geburtserinnerung nicht aus dem körperlichen Gedächtnis gelöscht ist; ich weiß, dass es eine bestimmte Form von Geburtsstress gibt, der sich zeitlebens reproduziert.« Geht es Ihnen ähnlich?

Ja. An meinem Anfang stand nichts als Schmerz. Als ich schon im Kommen war, wurde meine Geburt durch eine Spritze um einen Tag verzögert, weil der Arzt den Heiligen Abend lieber zu Hause verbringen wollte. Später erfuhr ich, dass er ein Assistent von Josef Mengele in Auschwitz war. Das KZ lag nur wenige Kilometer von meinem Geburtsort Königs-hütte entfernt, dem heutigen Chorzów. Meine Mutter sagte, meine künstlich verschleppte Geburt sei trotz Krieg und Flucht das furchtbarste Erlebnis ihres Lebens gewesen. Und dann hatte sie auch gleich eine Infektion in der Brust und ich eine im

Darm. Mein wahnsinniges Schreien brachte sie fast um den Verstand.

Wie hat Sie Ihr Geburtstrauma geprägt?

Ich hatte früher oft das Gefühl, gelähmt zu sein oder zu ersticken. Aus Horror vor dem Steckenbleiben habe ich in Räumen immer darauf geachtet, am Ausgang zu sitzen. Ich kam nicht richtig aus mir raus und musste mir jedes Mal einen Stoß geben, um zu sprechen. Andere fanden es geheimnisvoll und anziehend, dass ich so wenig gesagt habe, aber mich quälte das Gefühl, durch einen unsichtbaren Schleier von der Welt getrennt zu sein. Ich fühlte mich wie die Knospe einer Blume, die nicht aufgehen kann, weil der Blumenhändler sie fürs Schaufenster mit Konservierungsspray haltbar gemacht hat.

Filmkritiker hielten Ihre Malaisen für Schauspielkunst und schwärmten von Ihrer »melancholischen Aura« und »somnambulen Verlangsamung«.

Mein slawischer Anteil, der ebenfalls zur Langsamkeit tendiert, hat diese Wahrnehmung noch verstärkt. Wenn ich mit Russen zusammen bin, empfinden die instinktiv eine Nähe zu mir.

Im Winter 1948, fast fünf Jahre nach Ihrer Geburt, klopfte ein Mann an die Tür, der gerade aus der Kriegsgefangenschaft entlassen worden war – Ihr Vater.

Ich hatte keine Erinnerungen an ihn. Als meine Mutter mich ihm mit den Worten »Schau mal, dein Hannchen« entgegenhielt, kriegte er die Arme nicht hoch. Die nächsten Jahrzehnte war er für mich ein Fremder, eine tote Seele mit zerstörter Fähigkeit zum Glück, die mich Abstand halten ließ. Dass er in sich eingeschlossen blieb, lag an seinen Kriegserlebnissen. Er sollte 1944 die Landung der Alliierten in Italien verhindern und geriet in die Hölle von Anzio und Nettuno. Seine Kameraden waren fast noch Kinder, er sah sie durch Granaten reihenweise in die Luft fliegen. Das eigene Leben wurde ihm so egal, dass er sich für Himmelfahrtskommandos meldete. Als er meiner Mutter davon erzählte, führte das bei ihr zu einer furchtbaren Desillusionierung. Ich höre sie noch schluchzend fragen: »Und wir? Hast du denn gar nicht an uns gedacht? Bedeuten wir dir nichts?« Jahrzehntelang wiederholte er immer wieder den Satz: »Das Leben ist gar nichts wert!«

Ihr Vater hatte acht Geschwister, Ihre Mutter zehn. Warum blieben Sie ein Einzelkind?

Zwischen meinen Eltern herrschte kalter Krieg. Eine große Rolle spielte Hitler. Meine Mutter war von Anfang an gegen ihn, später sah sie KZ-Häftlinge, die durch den Schnee zur Arbeit getrieben wurden. Mein Vater ist seine Hitler-Verehrung nie losgeworden. Er hat nie ausgekehrt in dieser Ecke. Dafür verachtete ihn meine Mutter. Als ich sechs war, versuchte sie vom vierten Stock in die Tiefe zu springen. Dass sie trotz ihrer Verzweiflungsschreie zusammenblieben, war eine Sache der Konvention. Ihr wichtigster Ratschlag für mein Leben war: »Mach dich nie von einem Mann abhängig. Du siehst ja, was mit mir ist.« Daran habe ich mich immer gehalten.

Obwohl Sie mit 13 einen Schönheitswettbewerb gewannen, fühlten Sie sich hässlich. Warum?

Ich war noch ein Kind, als dieses Gefühl plötzlich da war. Ich fand immer alle schöner als mich. Die Robustheit meines Körpers passte nicht dazu, wie ich mich innerlich fühlte. Ich wollte ein Elflein sein, etwas ganz Zartes, denn so fühlte ich mich: zart, wie ein Blättchen im Wind. Ich habe dann immer am Spiegel geklebt, um nachzusehen, ob ich nicht doch noch schön geworden war.

Wie lange quälte Sie das Gefühl, nicht schön zu sein?

Bis ich wirklich nicht mehr schön war – zumindest nach dem, wie die Männer das halt sehen. Wenn der Sex-Appeal aufhört, ist man in Männeraugen eben nicht mehr schön. Ob jemand von innen leuchtet, zählt nicht.

Sie wurden früh von berühmten Beauty-Fotografen wie Sante D'Orazio und Peter Lindbergh abgelichtet und waren auf den Titelseiten von *Vogue*, *Time* und *Vanity Fair*. Und trotzdem glaubten Sie immer noch, hässlich zu sein?

Ich begann mich manchmal schön zu finden, aber es war immer etwas, was nicht selbstverständlich war und ein Thema blieb. Ich wusste stets, dass Glamour zum Teil eine Lüge ist, und das macht tief im Inneren unsicher. Als Marilyn Monroe starb, war ich 17. Ich habe immer geschaut, was um diese Frau ist. Die hat mich fasziniert. Man kriegte mit, dass sie von Tabletten und Alkohol abhängig war und in der letzten Phase von einer Nervenklinik zur anderen ging. Sie war eine in Glamour verpackte Katastrophe. Schönheit kann auch ein Fluch sein. Der Satz, je schöner die Frau, desto unglücklicher ist sie, stimmt meistens. Die Überschönen werden eher auf einen Sockel gestellt und angebetet als geliebt. Dauernde Schönheit hat auch etwas Langweiliges, wenn sich das nicht mal mit etwas Groteskem ablöst. Im alten Japan haben die Handwerksmeister ein Reiskorn in ihre Vasen eingearbeitet. Indem die Vase nicht ganz perfekt war, wurde sie einmalig. Seit ich nicht mehr konkurrieren muss, kann ich mich auch so sehen. Das löst und tut gut.

2006 sagten Sie: »Ich bin nicht mehr filmogen.«

Ich habe es gesehen, wenn Fotos gemacht wurden – beim Film wollte man mich ja schon nicht mehr. Die Augen werden kleiner, der Mund wird schmaler, die Haare werden weniger. Ich wog zehn Kilogramm mehr. Es war eine Schwere in mich hineingekommen. Ich habe der auch nachgegeben und nicht versucht, mir das irgendwie runterzuhungern. Ich esse gerne und genieße gerne. Wenn die Liebesfähigkeit zunimmt, ist alles andere unwichtig, finde ich. Sie ist es, die die Ausstrahlung ausmacht. Ich will Richtung innere Gesundheit, hin zum Meer. Ich beobachte mein Unbewusstes. Wann kriege ich einen Schluckauf? Wann verspreche ich mich? Was machen meine Hände, während ich diesen Satz sage? Das sagt so viel. Da bin ich in Kontakt mit dem Herzen meiner Wünsche und Abneigungen.

Mit Anfang zwanzig haben Sie drei Jahre lang mit einem italienischen Maler unter einem Dach gelebt, der sich Luis del Pizzo nannte. Wenn Sie im Restaurant einen zweiten Gang bestellen wollten, rastete der Mann aus und warf Ihnen Völlerei vor, eine Todsünde, wie er meinte.

Antiautoritäre Menschen wie ich haben gleichzeitig eine Faszination für Autorität. Luis war zwölf Jahre älter als ich und sah noch älter aus. Weil er Autorität und Stärke ausstrahlte, sind ihm viele auf den Leim gegangen, ich auch. Er wollte Leuchtturm sein und war in Wahrheit ein Schiff in Not. Er bekämpfte, dass ich beim Film war und wollte aus mir eine Intellektuelle machen. Dabei litt er furchtbar darunter, dass der Intellekt für ihn das oberste Kriterium war. Da wird ja keiner wirklich froh, wenn das die letzte Instanz ist. Die Erfahrungen mit ihm haben mich bestärkt, keine eheähnlichen Verhältnisse mehr einzugehen.

1973 fragte sich ein Reporter des *Stern*, was Sie sagen, würde ein Mann Sie fragen: » Was ist, gehen wir bumsen?« Er schrieb: »Die Frage muss ihr gar nicht gestellt werden, denn die würde sie selber stellen.« Richtig?

Den Ausdruck bumsen hätte ich nie gebraucht, auch vögeln nicht. Man versteht sich auch ohne diese ernüchternd motorischen Vokabeln. Mein Satz ging eher so: »Sollen wir oder sollen wir nicht?« Ich bin keine gewesen, die endlos Katz und Maus spielt. Wenn ich in Brand war, dann habe ich das auch gezeigt. Ich habe mich selber dazu erzogen, dass mir die Wahrheit sofort rauskommt, wenn es geht auf eine kesse Art. Unsichere Männer hat so viel offensive Bereitschaft verschreckt. Für die war ich too much.

Als Sie 1985 *Delta Force* in Israel drehten, steckten Sie in Jerusalem einen Zettel in die Klagemauer. Ihr Wunsch: ein Kind.

Für mich wäre damals jedes Kind ein Wunschkind gewesen, aber das wirkliche Wunschkind wäre von Jean-Claude Carrière gewesen.

Carrière schrieb Drehbücher für Luis Buñuel, Milos Forman, Louis Malle und Jean-Luc Godard und zählt zu den Granden der französischen Kultur. Wie haben Sie ihn kennengelernt?

Wir trafen uns 1981 in Paris, weil er das Drehbuch für *Die Fälschung* schrieb, wo ich mitspielte. Es war Liebe auf den ersten Blick, und es folgten 13 Jahre Eros. Den Jüngling Jean-Claude hatten großzügige Huren mit Vergnügen in diese Kunst eingeweiht. Er war der Mann meines Lebens und der Grund, dass ich nach Paris zog. Seine überbordende Kreativität nahm einem den Atem, und er sagte so schlichtschöne Sätze zu mir wie: »Ich schaue dir gern beim Leben zu.«

Carrière war verheiratet und Vater einer Tochter.

Deshalb suchten wir uns ein Liebesnest hoch oben auf dem Montmartre. Ich hatte meine Wohnung, er sein Haus und seine Frau. Die beiden kannten sich seit frühester Kindheit und nach ihm zu schließen, war die Ehe schon lange ein brüderlich-schwesterliches Verhältnis. Jean-Claude ist ein Südfranzose. Wie es war, war für ihn wunderbar. Und ich dachte, das mit uns könnte ein Leben lang halten und wünschte mir ein Kind von ihm. Aber er wollte nicht.

Warum nicht?

Er ist ein toller Schriftsteller und macht dauernd Kinder – geistige. Er sagte: »Ich bin ein armer Mann. Wenn du ein Kind von mir kriegst, bist du mir halb verloren. Wenn du keins kriegst, bist du mir auch halb verloren.« Wenn ich Kindern zuschaute, spürte er, dass ich von ihnen stärker fasziniert war als von Erwachsenen. Er war immer überzeugt, dass ich diejenige bin, die geht. Es kam dann umgekehrt.

Carrière verließ Sie wegen einer Jüngeren und wurde mit 72 noch mal Vater.

Als er mir die Wahrheit einträufelte, saßen wir in dem Lokal, das Sie sehen, wenn Sie bei mir aus dem Fenster schauen. Das Treffen hat nicht mehr als drei Minuten gedauert. Ich wusste, entweder folgt ein bitterer Geschmack für immer, oder ich hole die letzte Süße aus mir heraus. Das zweite hat dann die Oberhand gehabt. Es hat mich glücklich gemacht, dass ich zu dieser Geste fähig war.

Als Zeichen Ihrer Trauer schickten Sie Carrière immer wieder kommentarlos die gleiche Postkarte: Ein Auge, aus dem Wasser quoll. Als letzte Karte bekam er das Auge mit der Kunstträne von Man Ray.

Die Neue hatte auf einem Kind beharrt, während ich nicht darauf beharrt hatte. Später fragte Jean-Claude manchmal, warum ich denn nicht hartnäckiger gewesen wäre oder gegen seinen Willen ein Kind bekommen hätte. Aber das bin ich nicht. Ich hatte auch Angst: Was, wenn irgendwas mit dem Kind ist?

Sie haben Carrières neuer Freundin angeboten, »Patenmutter« zu werden.

Es wäre wunderbar für mich gewesen, ein Kind aufwachsen zu sehen. Ich bin viel hingegangen zu der Kleinen. Ihre Mutter gab sich Mühe, freundlich zu sein, aber es blieb Getue. Vielleicht dachte sie, ich will den Vater zurückerobern. Ich zog dann Leine.

Haben Sie in Ihrem Leben Heiratsanträge bekommen?

Nein. Die Männer haben gespürt, dass ich es schöner fand, sich gegenseitig zu besuchen, als unter einem Dach zu leben. Die Männer, die mich gehabt haben, haben mich nie ganz gehabt, und ich wollte sie auch nicht ganz haben. Ich bin gern allein und brauche es, dass man sich immer wieder fremd wird. Zusammensein ist für mich die Unterbrechung im Alleinsein. Vielleicht wird man zum Einzelgänger geboren.

Sie leben seit mehr als zwanzig Jahren mit der kubanischen Schauspielerin und Regisseurin Alicia Bustamante unter einem Dach. Was macht es einfacher, mit einer Frau zusammenzuleben?

Alicia ist ein Kind des Glücks, das den ständigen Rollenwechsel so liebt wie ich und mit ihrem Kommunikationsgenie Steine zum Vibrieren bringen könnte. Sie hat nie aufgehört, Kind zu sein und kann Menschen mit wenigen Tönen oder Gesten so gut nachahmen, dass unser Alltag zur Bühne wird. Ihre unwiderstehliche Clown-Power ersetzt mir das späte Kind, das ich nie gehabt habe. Sie ist für mich Schwester, Lehrerin und Großmutter. Ein Satz, den ich oft von ihr höre, lautet: »Du musst dich endlich selber so lieben wie ich dich – und du mich!«

Haben Sie je überlegt, ein Kind zu adoptieren?

Ja. Ich hatte mir bereits den Anwalt von Mia Farrow genommen, der bei ihr ja sehr erfolgreich war, und bin in eine größere Wohnung gezogen. Aber dann kam alles anders. Meine Mutter stürzte nach mehreren Schlaganfällen in die Hilflosigkeit des

Alters und wurde die nächsten acht Jahre in gewisser Weise zu meinem Kind. Am Ende ging es mehr und mehr Richtung Rollstuhl und Sprachlosigkeit und Verlöschen. Mein Vater kam dann auch nicht mehr allein zurecht. Er starb mit 96. Bei beiden erlebte ich, wie ähnlich Anfang und Ende des Lebens sind. Als ich meiner Mutter die Hosen hochzog, kam plötzlich der Satz aus ihrem Mund: »Bist du mir auch nicht böse, dass ich jetzt dein Kindchen bin?«

In den 18 Jahren zwischen 1987 und 2005 ruhte Ihre Filmkarriere, weil Sie Ihre Eltern pflegten. Haderten Sie?

Ich wusste, dass ich die letzten Glamourjahre vor mir hatte, aber es gab keine Sekunde des Abwägens, ich musste mich um sie kümmern. Ich habe dann mit einem ungeheuren Aufwand an Energie fast zwanzig Jahre lang ein Doppelleben geführt zwischen der großen Welt von Paris und der kleinen Welt von Zorneding bei München.

Die Zeitungen sind voll von Stars, die sich nicht um ihre Eltern kümmern. Wie leicht fiel Ihnen der Wechsel vom Filmstarleben zur Altenpflege?

Ich hatte von früh auf das unbewusste Bedürfnis, gutzumachen, was das Leben den beiden an Glück schuldig blieb. Wir haben Familienglück auf die verrückteste Weise nachgeholt. So geherzt wurde meine Mutter nie wie von mir. Und ich durfte Kind sein. Mein Vater genoss es, das erste Mal Arm in Arm mit mir zu gehen, und erlebte die vielleicht glücklichste Zeit seines Lebens. Er wurde zum Schluss richtig sonnig, und sein Herz strahlte. Es gelangen ihm endlich die Gesten, die bei unserem Kennenlernen misslangen. Ich habe es auch genossen zu dienen, statt bewundert zu werden. Wegzukommen vom Egozentrischen hat mir gutgetan. Aber ehrlicherweise muss ich sagen, dass ich nicht wusste, dass das fast zwanzig Jahre geht.

Was war die interessanteste Rolle, die Sie wegen Ihrer Eltern abgelehnt haben?

David Lynch wollte mich für *Blue Velvet*. Die Rolle hat dann Isabella Rossellini bekommen.

Zwischen 1969 und 1980 spielten Sie in rund 20 Filmen

von Rainer Werner Fassbinder mit. Nervt es Sie, dass Ihnen heute noch jeder mit diesem Thema kommt?

Nein. Der Rainer war schicksalhaft für mich, denn die Schauspielerin Hanna Schygulla hätte es ohne ihn und die verdeckte Liebe zwischen uns nicht gegeben. Wir spürten beide, dass wir füreinander bestimmt waren, ohne dass wir allzu viel gemein hatten. Ich lebe schon doppelt so lange wie er und trage einen kleinen Teil seines Vermächtnisses weiter. Das ist doch etwas Schönes, dass er durch mich weiterlebt.

Wenige Tage vor seinem Tod sagte Fassbinder: »Als ich die erste Einstellung in meinem Leben gedreht habe, war das toller als der tollste Orgasmus, den ich je hatte. Eigentlich bin ich nur glücklich, wenn ich Filme mache.« Warum war er trotz 41 Filmen in 13 Jahren am Ende ein manisch-depressives Kokainwrack?

Wenn ihm bei seinen frühen Filmen etwas besonders gut gelang, hüpfte er am Set herum wie ein glückliches Kind. Später wirkte er oft wie ein müder Imperator. Vielleicht begann es ihn zu langweilen, dass er sein Leben nur auf dem Umweg über Filme leben konnte.

Fassbinder war am Set ein cholerischer Despot. Nur Sie behandelte er wie ein rohes Ei.

Er wusste, wenn er mich schlecht behandelt, dreh ich mich um und geh. Ich bin keine, die Verletzungen genießt. Das heißt aber nicht, dass ich mich ihm nicht unterworfen habe. Ich liebe die Überwältigung, wenn ich spüre, dass etwas größer ist als ich. Es war ein hoch kompliziertes Wechselspiel zwischen uns. Sein unausgesprochenes Versprechen lautete: Zeig mir, was du alles mit dir machen lässt, und ich zeige dir, wer du bist. Nach Drehschluss ging ich dann auf Abstand. Ich wollte auch nie in die Kommune-Villa in Feldkirchen bei München ziehen. Lieber bin ich dort ein- und ausgeflogen wie ein Vogel aus einem Käfig mit offener Tür. Das Tragische an ihm war, dass er einerseits sagte, die Freiheit fängt da an, wo die Unterdrückung aufhört, andererseits musste er selber immer unterdrücken. Hörigkeit war für ihn ein Liebesbeweis. Wie kann man mit den eigenen Filmen dafür kämpfen, dass der Mensch nicht mehr getreten wird und dabei selber treten? Aber wahrscheinlich sind alle Genies mehr oder weniger unerträglich.

1981, ein Jahr vor seinem Tod mit 37, sagte Fassbinder, dass er und Sie »in all den Jahren keinen, wirklich nicht einen einzigen privaten Satz gewechselt haben«.

Ich war ihm gegenüber scheu und er mir gegenüber. Wir brauchten zwischen uns eine geheimnisvolle Spannung, und die bedurfte keiner Worte. Aber da wäre auch Substanz für anderes gewesen. Ende der Siebzigerjahre kam der Wunsch in mir hoch, ein Kind mit ihm zu haben. Ich habe ihm das aber nie gesagt. Als ich schließlich bereit war, war er wegen der Drogen schon jenseits von allem.

Waren Sie jemals im »Führerbunker«, wie Fassbinders mit Spiegeln ausstaffierter Schlafraum in der Münchner Clemensstraße genannt wurde?

Nein.

Stimmt es, dass Fassbinder Sie heiraten wollte?

Das haben mir Leute aus seiner Gefolgschaft erzählt. Mich hat er nie gefragt.

Später machte er Barbara Valentin und Ingrid Caven Anträge.

Nach mir waren die Tore offen.

Warum wollte Fassbinder, bekennend schwul, unbedingt heiraten?

Ein Tabubrecher sein und gleichzeitig das sogenannte bürgerliche Glück leben, diese beiden Extreme wollte er gleichzeitig ausleben.

Fassbinder schnupfte am Ende sieben Gramm Kokain am Tag.

In den ersten Jahren hat er nie an Drogen rangehen wollen. Wir mussten heimlich kiffen. Wenn er kam, hieß es: »Mach den Joint aus, der Rainer kommt!« Am Ende war er ein ausgepumpter Koloss. Kokain macht ja so fickrig. Ich habe es einmal genommen. Ich mochte das überhaupt nicht. Es hat mich in eine Art Dauereile gebracht, furchtbar. Ich liebe eher Dinge, die mich halluzinieren lassen. Deshalb setze ich manchmal keine Brille auf. Etwas undeutlich zu sehen heißt, etwas anderes zu sehen.

Sie sind Jahrgang 1943. Wie kommen Sie mit dem Alter zurecht?

Pars pro toto: 2011 habe ich wegen meiner Wirbelsäule fast ein Jahr im Rollstuhl gesessen und brauchte Morphium, um wegen der Schmerzen nicht durchzudrehen.

Gehen Sie deshalb erst um drei, vier Uhr morgens schlafen?

Nein, das hat einen anderen Grund. Mir gelingt das Tagträumen am besten nachts. Um Mitternacht herum lasse ich mich in der Zeitlosigkeit nieder, und dann wird das, was ich mir vorstelle, die Wirklichkeit. Ich kann in mir frühere Lebensalter hochkommen lassen, Erotisches eingeschlossen. Darin habe ich Übung. Wofür bin ich Schauspielerin.

Ein Kritiker beschrieb Sie mal als »das ungewöhnlichste erotische Ding seit Marlene Dietrich«.

Die Zeiten sind vorbei, dass Männer mich ansprechen. Ich habe bei Frauen inzwischen mehr Anklang. Bei Männern fangen ab fünfzig die Hormone noch mal an zu prickeln. Es kommt zu einer biologischen Verblendung. Sie sind fixiert auf junge Mädchen und schauen bei Frauen meines Alters gar nicht mehr hin. Man wird unsichtbar.

Sie haben sich in Berlin eine Wohnung gekauft. Was zieht Sie nach mehr als dreißig Jahren zurück nach Deutschland?

Es ist die Aussicht auf ein neues Leben, die mich ein letztes Mal die Wohnung wechseln lässt. Jetzt geht es darum, gute Freunde zu finden, ohne dass ich zwanzig Jahre Zeit dafür habe. Das muss schneller wachsen als früher.

Warum gehen Sie nicht nach München zurück, der Stadt Ihrer Erfolge?

Weil ich dort knietief in meiner Vergangenheit wate. Jeder Stein erinnert mich an etwas. Ich brauche das Gefühl, dass bei mir noch mal was losgeht. Wie unter Zwang habe ich monatelang die Pflanzen in meiner Wohnung mit ihrem Wurzeltuff aus der Erde gezogen und in andere Töpfe verpflanzt. Sie haben es ausgehalten. Deshalb blicke ich mit Wehmut nach vorn.

Wird Alicia Bustamante mitkommen nach Berlin?

Nein. Sie mit Mitte 80 noch einmal zu verpflanzen würde nicht gehen, allein schon wegen der neuen Sprache, die sie lernen müsste. Sie hat ein zweites Zuhause in Kuba und kann in den Schoß ihrer Familie zurückkehren. Unsere Liebe ist inzwischen so tief, dass sie auch über den Ozean reicht. Das ist unser beider Lebensglück.

Ist es, wie behauptet wird, zu neunzig Prozent Veranlagung, ob man glücklich ist?

Ich kann an mir beobachten, dass das nicht stimmt. In den Jahren meiner Karriere hatte ich stets diese Traurigkeit im Blick. In den letzten zwanzig Jahren ist mein Blick immer lichter geworden. Als Kind habe ich mir das Beste auf dem Teller für zuletzt aufgehoben. Diese Marotte ist meine Leuchtspur für mein drittes Alter. Ende gut, alles gut.

Weil er die Lehre als Bogenmacher wegen einer
Holzstauballergie abbrechen muss, zieht er von
Bubenreuth nach London und wird mit Nackt-
fotos von Charlotte Ramp-
ling und Vivienne West-
wood weltberühmt: Juergen
Teller über Alkoholexzesse
und Nordic Walking, über
die bombastischen Eitelkei-
ten von Celebritys und
warum er am Grab des Vaters nackt und mit
Zigarette in der Hand Fröhlich-Bier aus der
Flasche trinkt

»Saufen ist Arbeit, Saufen ist ein Beruf«

JUERGEN TELLER

Sie haben sich im österreichischen Maria Wörth elf Tage lang einer F.-X.-Mayr-Kur unterzogen. Aus welchem Grund?

Freunde haben total geschwärmt von dieser Kur. Ich dachte, wie kann man so schwärmen von so einem Scheiß? Jetzt bin ich auch voll begeistert. Die Kur hat mir super gutgetan.

Zu einer Mayr-Kur gehört, dass einem eine Maschine liter-weise Wasser in den Darm pumpt.

Es tut unheimlich weh, aber es soll gesund sein und genauso wichtig wie Zähneputzen.

Hatten Sie gesundheitliche Probleme?

Ja. Ich bin beim Fotografieren wie ein Tier, das sich anrobbt. Wegen dieser Verrenkungen habe ich Probleme mit meinem Rücken. Um die Schmerzen loszuwerden, habe ich während der Kur Yoga und Wassergymnastik gemacht. Abends war ich fix und fertig und bin um halb acht ins Bett gegangen, aber happy und unheimlich ausgeglichen. Dass ich heute zwölf Kilo weni-ger wiege, habe ich auch der Klinik zu verdanken.

Ein Foto aus der Kurklinik zeigt Sie in kurzer Hose und

mit Pudelmütze beim Nordic Walking. Hipster senken bei dieser Disziplin den Daumen.

Deswegen ist das Foto ja so gut. Natürlich habe ich überlegt, ob ich jetzt der totale Depp bin, da mit so Stöcken langzulatschen. Das sieht ja total bescheuert aus. Es ist mir aber fucking wurscht, wie das ausschaut. Nordic Walking ist großartig, ich bin ein Riesenfan geworden.

Haben Sie Vorsätze gefasst?

Ich versuche nicht mehr zu rauchen. Deshalb habe ich Akupunkturnadeln in den Ohren.

Wie viel haben Sie geraucht?

Dreißig am Tag, seit 35 Jahren.

Zum Thema Trinken sagen Sie: »Ich brauche Alkohol wie ein Auto Benzin.«

Mit dem Trinken habe ich jetzt auch aufgehört. Das war hardcore am Anfang, aber die Trinkerei fing an mich zu langweilen. Ich mag es extrem: entweder ganz viel trinken oder gar nicht. Zwei Glas Wein am Abend, das kann ich überhaupt nicht. Bei mir werden es zwei Flaschen, und dann kommt der Wodka auf den Tisch. Wenn meine Mutter dieses Interview nicht lesen würde, würde ich sagen, dass ich möglicherweise Alkoholiker bin. Statt der Sklave von Alkohol und Nikotin zu sein, will ich die Kontrolle über mein Leben zurückhaben. Ich habe erst in der Klinik gemerkt, wie fertig ich war. Saufen ist Arbeit. Saufen ist ein Beruf.

Sie haben eine 20-jährige Tochter und einen dreizehnjährigen Sohn. Gehört zum Kleingedruckten auf der Geburtsurkunde eines Kindes, dass die Eltern das Recht auf Selbstzerstörung verwirkt haben?

Früher habe ich alles ausprobiert, was neu und verrückt war, von Bungee-Jumping in der Ukraine bis sonst was. Als ich Vater wurde, habe ich mir gesagt, jetzt musst du vernünftig werden. Ich habe dann aber noch mehr getrunken, weil ich ständig zu Hause war und mich langweilte. Ich war auch ein bisschen schwanger. Man geht nicht mehr zum Friseur, zieht bequeme Joggingsachen an, sitzt essend vorm Fernseher und wird dick.

Ihr Vater war ein depressiver Alkoholiker.

Er hat Fröhlich-Bier getrunken, sehr viel. Als Kind konnte ich nicht begreifen, dass jemand solche Mengen in sich reinkriegt. Wenn es richtig losging bei ihm, kam natürlich Schnaps dazu. Wenn meine Mutter ihm zum Regenerieren Tee gab, ging er in sein Versteck und schüttete Stroh-Rum rein, die Mischung war halbe-halbe. Die Heimlichtuerei war total bescheuert, denn man roch den Rum ja. Aber wenn meine Mutter irgendwas sagte, hat er sie geschlagen.

Hat Ihr Vater Sie auch geschlagen?

Ganz wenig. Es hätte mir aber weniger wehgetan, von ihm geschlagen zu werden, als mit anzusehen, wie er meine Mutter schlägt. Das war grauenhaft. Als ich körperlich stärker wurde, habe ich mir vorgenommen, du haust dem eine aufs Maul, wenn er noch mal deine Mutter schlägt. Ich bin aber jedes Mal in meinem Zimmer geblieben. Ich war wie gelähmt. Ich fand mich fucking beschissen, weil ich ihr nicht geholfen habe. Wenn er wegen der Trinkerei am nächsten Morgen fix und fertig war, musstest du schleichend durchs Haus gehen, um ihn ja nicht aufzuwecken. Auch beim Mittagessen hat keiner ein Wort gesagt, weil er immer noch schlief. Wenn meine Mutter ein blaues Auge hatte, herrschte fürchterliche Stimmung, niemand kriegte den Mund auf. Wir wussten, dass er sich total schämt.

Sie sind in Bubenreuth in Mittelfranken aufgewachsen. Wie haben Sie mit 15, 16 ausgesehen?

Ich hatte lange Haare und trug Malerlatzhosen mit einem Atomkraft?-Nein-danke-Sticker. Den *Spiegel* habe ich von vorne bis hinten gelesen. Das gehörte zum Aufbäumen gegen die Eltern. Da wir auf dem Land wohnten, musste mit vierzehneinhalb ein Moped her. Das war das beste Gefühl überhaupt, mit dem Moped rumzueiern. Die Schule war nichts für mich. Statt in den Unterricht zu gehen, habe ich den ganzen Tag Fußball gespielt.

Ihr Vater arbeitete im elterlichen Betrieb, in dem Stege für Gitarren und Geigen hergestellt wurden.

Wir lebten mit der Verwandtschaft unter einem Dach, zur

Werkstatt lief man nur zehn Minuten. Für meinen Vater war das eine klaustrophobe Situation. Er fühlte sich unterdrückt und war zu sensibel, um sich gegenüber der Verwandtschaft zu behaupten.

Sie sind ein Einzelkind. Hat sich Ihr Vater für Sie interessiert?

Wenn ja, hat er es nicht gezeigt. Außer Luftgewehrschießen hat er auch nie etwas mit mir unternommen. Fußball habe ich immer zusammen mit meiner Mutter geschaut. Zu Hause lief ich immer geduckt rum, denn jeden Moment konnten die Dinge explodieren. Diese Atmosphäre hat mich zu einem extrem guten Beobachter gemacht. Ein Blick genügte, und ich wusste, was los war. Heute kommt mir das beim Fotografieren zugute. Ich wittere die Aura eines Menschen, deshalb mache ich ziemlich gute Porträtfotos.

Wie hat sich Ihre Familie Ihre Zukunft vorgestellt?

Meine Mutter meinte, Mensch, so eine Zahntechnikerlehre, das wäre doch was. Ich habe dann aber in einer Werkstatt in der Nachbarschaft eine Bogenmacherlehre angefangen. Damals fand ich das exotisch. Wer ist denn schon Bogenmacher? Nach einem Jahr musste ich die Lehre wegen einer Holzstauballergie abbrechen. In null komma nichts schwoll alles an, und ich kriegte keine Luft mehr. Die Allergie war hundertprozentig psychosomatisch. In der Werkstatt war alles so richtig old-school-mäßig: Befehl und Gehorsam, und Arbeitsbeginn sieben Uhr hieß, dass man um sieben schon voll bei der Arbeit sein musste.

Sie haben sich dann an der Bayerischen Staatslehranstalt für Photographie in München zum Fotografen umschulen lassen.

Als ich meinem Vater gesagt habe, ich werde Fotograf, hat er mir fast eine runtergehauen. Diese Wahl hat er nicht verstanden. Fotograf war für ihn Passbilder und Hochzeitsfotos. Man muss sagen, dass ich aus einer extrem unkultivierten Familie komme. Auf meine Ideen und auf meine visuelle Sprache bin ich durchs Fernsehen gekommen und durch den Wald, der neben unserem Haus begann.

Nach Ihrer Umschulung zogen Sie 1986 nach London.

Ich hatte den Kriegsdienst verweigert und die Einberufung zum Zivildienst bekommen. Mein Drive zu fotografieren war aber so stark, dass ich aus Deutschland weg bin.

Sie hatten keine Ersparnisse und sprachen kein Englisch.

Ich verkaufte meine Fotoausrüstung und behielt nur eine Kleinbildkamera. Mit der fotografierte ich Bands. Für ein Einzelseitenfoto in Magazinen wie *ID* bekam man 45 Pfund. Wenn ich kein Geld für Miete hatte, schlief ich in meinem alten Mercedes 200 Diesel.

Zwei Jahre nach Ihrem Umzug nach London brachte Ihr Vater sich um.

Ich war total schockiert, aber aus allen Wolken gefallen bin ich nicht. Er war zuvor in einem psychiatrischen Krankenhaus, aber da hat er es nicht lange ausgehalten. Beim ersten Versuch, sich umzubringen, wollte er sich erhängen, aber der Haken ist aus der Decke gekracht. Am Tag seines Todes hat er sich ins Auto gesetzt und ist die Schnellstraße entlanggefahren, die an der Stegmacherwerkstatt vorbeiführt. Die Straße ist kerzengerade. Er ist dann genau gegenüber der Werkstatt gegen einen Baum gefahren. Ich bin sicher, das war symbolisch gemeint.

Auf Ihrer Toilette hängt eine Arbeit der britischen Künstlerin Sarah Lucas. Das Foto zeigt eine verdreckte Kloschüssel. Auf der Innenseite der Schüssel steht in roter Farbe die Frage: »Is Suicide Genetic?« Zu Deutsch: Ist Selbsttötung erblich?

Ich denke, es gibt ein Gen dafür, dass du eine suchtanfällige Persönlichkeit hast, und dieses Gen kannst du erben. Aber was Selbstmord angeht, komme ich nicht nach meinem Vater. Er musste mit 14 im Betrieb der Eltern anfangen und hat sich unterdrücken lassen, ich bestimme mein Leben selbst und lebe so frei wie irgend möglich.

Auf einem Ihrer Fotos stehen Sie nackt auf dem Grab Ihres Vaters. Sie halten eine brennende Zigarette in der Hand und trinken Fröhlich-Bier aus der Flasche.

Das Foto war mein Versöhnungsangebot an meinen Vater.

Ich wollte meinen Frieden mit ihm machen und ihm zeigen, dass ich auch meine Probleme mit Sucht habe. Meine Mutter fand das Bild unmöglich und sagte, veröffentliche das nicht, ich will nicht blöd angeschaut werden, wenn ich zum Metzger gehe. Ich hatte ein schlechtes Gewissen, als das Foto in einem Buch von mir erschien, aber das Bild hat eine Tür aufgestoßen und uns einander näher gebracht. Seither können wir besser miteinander reden.

Wann hatten Sie das erste Mal das Gefühl, so etwas wie Erfolg zu haben?

1991 fragte mich das US-Magazin *Details,* ob ich eine amerikanische Nachwuchsband fünf Tage lang auf einer Deutschlandtournee begleiten will. Ich fragte bei Bekannten in London rum, ob jemand schon mal von der Gruppe gehört hätte, aber keiner wusste was. Ich nahm den Job trotzdem an, denn ich hatte mal wieder kein Geld, und außerdem konnte ich umsonst meine Mutter besuchen. Die Band reiste in einem Kleinbus durch Deutschland. Ich war so schüchtern und introvertiert, dass ich erst nach drei Tagen den Mut hatte, ein Foto zu machen. Am Ende hatte ich zehn Rollen fotografiert. Heute würde ich auf 200 bis 400 Rollen kommen. Die Band hieß Nirvana, und als meine Fotos gedruckt wurden, kam *Smells Like Teen Spirit* raus. Durch diesen Zufall hatte ich plötzlich einen Namen, aber eigentlich war mir das ziemlich egal. Wichtig war, dass es sich richtig angefühlt hatte, die Band zu fotografieren, denn die Konzerte waren fantastisch gewesen.

Anfang der Nullerjahre begannen Sie sich selbst zu fotografieren. Warum?

Es macht müde, ständig mit komplizierten Egos und bombastischen Eitelkeiten umgehen zu müssen und Wünsche nach Wasser mit Kokosnussgeschmack zu hören. Celebritys bedeuten unheimlichen Stress, und der geht mir auf den Magen. In Interviews erzähle ich immer, ich hätte einen easy Job und alles sei totaler Fun. Die Wahrheit ist, es ist fucking anstrengend. Wie fotografiert man eine neue Handtasche, wenn man wie ich seit 28 Jahren Handtaschen fotografiert? Ich leide, wenn ich solche

Probleme lösen muss, und wache morgens um vier mit Panik auf, weil ich mir viel zu viel Druck mache. Ich kann keinen Job einfach so runterrotzen und mit dem Scheck nach Hause gehen. Deshalb habe ich mir gesagt, du fängst jetzt mal an, dich selber zu fotografieren, da kann dir niemand reinreden. Ich wollte auch mal wissen, wie es sich körperlich anfühlt, von mir fotografiert zu werden.

Wer drückt auf den Auslöser, wenn Sie Selbstporträts machen?

Ein Assistent oder meine Frau, manchmal auch meine Mutter. Ich bin aber der Regisseur des Bildes, deshalb steht mein Name drunter.

Warum sind Sie auf Ihren Selbstporträts oft nackt?

Ein großer Teil meiner Arbeit ist Modefotografie. Deshalb will ich mit Mode nichts zu tun haben, wenn ich mich selber fotografiere. Es soll keinen Dresscode geben, weil alles, was du anhast, ein Statement ist.

Machen Sie sich Gedanken, wie Ihr Penis auf Ihren Fotos aussieht?

Nee, überhaupt nicht. Mein Penis ist ein blinder Fleck für mich, er ist nicht auf meinem Radar. Wir hatten daheim eine kleine Sauna und einen Mini-Pool für 2000 Mark, und nebenan war der Wald. Ich bin immer nackt rumgezappelt. Das war für mich normal.

Zu Ihren bekanntesten Arbeiten zählt eine Fotoserie, die Sie mit der Schauspielerin Charlotte Rampling zeigt. Wie haben Sie sich kennengelernt?

1996 sollte ich sie für das Magazin der französischen Zeitung *Libération* fotografieren. Ich war mordsnervös, weil ein Traum von mir in Erfüllung ging. Charlotte Rampling, das war für mich *Nachtportier* und die berühmten Fotos von Helmut Newton. Sie war ein harter Knochen, es war überhaupt nicht lustig. Zur Begrüßung sagte sie: »Hallo. Sie haben zehn Minuten.« Ich dachte, fuck, das war's. Aber dann war ich clever und sagte: »Wenn Sie zehn Minuten haben, nehmen Sie sich fünf Minuten und schauen mein Fotobuch an. In den verbleibenden fünf Minuten machen wir dann die Fotos.« Als sie das Buch zuschlug, sagte sie: »Nehmen Sie sich so viel von meiner Zeit, wie Sie brauchen.« Später haben wir uns auf der Beerdigung einer gemeinsamen Freundin wiedergesehen. Sie erzählte, ihre Schwester habe sich umgebracht, und dann habe ich halt gesagt, dass sich mein Vater auch umgebracht hat. So entstand eine Intimität zwischen uns.

Ihre Fotos entstanden in einer Suite des Pariser Luxushotels »Crillon «. Wie sind Sie auf die Idee gekommen, nackt mit Rampling zu posieren?

Ich wollte Selbstporträts mit ihr machen für eine Kampagne von Marc Jacobs. Bei der Anprobe stellte sich heraus, dass ich viel zu dick war, um in die Klamotten von Marc zu passen. Deshalb stand ich nur in Shorts da. Als Charlotte fragte, was wir denn jetzt machen würden, sagte ich: »Ich könnte dich ja küssen und ein bisschen an deinen Brüsten rumfummeln.« Dann war totale Stille. Ich fing zu schwitzen an und dachte, Jesus Christus, das ist ja wohl das Blödeste, was du jemals zu einer Frau gesagt hast. Nach einer gefühlten Ewigkeit zündete sie sich ein Zigarillo an und sagte: »Gut, fangen wir an.« Ich bin dann erst mal aufs Klo gegangen. Und dann haben wir uns geküsst.

Was ließ Rampling Ja sagen?

Ich wollte halt unbedingt wissen, wie sie nackt aussieht, und dieses Naive und Unverstellte von mir hat ihr wohl gefallen. Ich bin dann ein halbes Jahr lang an den Wochenenden immer wieder zu ihr nach Paris geflogen. Ich wollte die Beziehung von einem Paar mit zwanzig Jahren Altersunterschied erkunden.

Ein Foto zeigt Rampling im Abendkleid am Flügel. Sie liegen nackt auf dem Flügel und strecken dem Betrachter Ihre gespreizten Pobacken entgegen. Wie kam es zu dieser Aufnahme?

Ich habe uns immer mehr gepusht, weil ich etwas sehen wollte, was ich noch nie gesehen habe. Ein Flügel ist ein Symbol für Bildung und Kultur, und plötzlich hatte ich Lust, so ein Ding mit meinem nackten Arsch in Verbindung zu bringen. Ich hatte jahrelang Ehrfurcht vor reichen Leuten, und auf einmal war ich in einer der teuersten Suiten eines Prunkhotels. Ich dachte, jetzt mach auch was draus. Jeder Mann beneidet dich darum, die Nacht mit der begehrenswerten Charlotte Rampling zu verbringen. Das gab mir das Gefühl von Macht und Befriedigung, aber gleichzeitig wollte ich mich zum Clown machen.

Ein anderes Nacktfoto aus der Serie zeigt Sie kaviarbeschmiert mit Rampling zu Ihren Füßen.

Ich dachte, wie ist denn das bei den reichen Leuten? Also rief ich den Roomservice an und bestellte Kaviar. Die Portion, die gebracht wurde, fand ich viel zu mickrig. Charlotte wusste natürlich, wo es in Paris Kaviar zu kaufen gibt. Ich marschierte los und kaufte für 1250 Euro Kaviar. Es war ein aufregendes Gefühl, das Zeug mit der Hand auf Bauch und Schenkeln zu verschmieren. In solchen Augenblicken ist die Kamera für mich wie der Schild eines Ritters. Ihr Schutz erlaubt einem Abenteuer, die man sich ohne sie nicht trauen würde. Sie ist die perfekte Entschuldigung, Dinge zu tun, die eigentlich nicht erlaubt sind. Man hat eine Kraft in sich, die man auf den anderen überträgt.

Mussten Sie Rampling die fertigen Fotos zum Autorisieren vorlegen?

Nein. Es gibt extrem wenig Leute, die auf Freigabe verzichten, aber ich frage ja auch nicht jeden Depp, solche Fotos zu machen. Es gibt natürlich Bilder, auf denen Charlotte unvorteilhaft ausschaut, aber die habe ich aussortiert. Ich kann ein Doppelkinn haben, sie niemals. Sie hat Charlotte Rampling zu sein.

Wer hat bei den Fotos auf den Auslöser gedrückt?

Meine Frau. Es war wichtig, dass sie dabei war. So standen wir auf sicherem Boden. Durch ihre Anwesenheit sind wir weiter gegangen, als wir es zu zweit gemacht hätten.

2009 haben Sie die damals 68-jährige Modedesignerin Vivienne Westwood nackt fotografiert. Wie haben Sie das hingekriegt?

Ich kenne Vivienne seit 23 Jahren und habe ihr immer von ihrer milchweißen Haut vorgeschwärmt. Als ich sagte, dass ich sie gern nackt fotografieren würde, antwortete sie: »Nacktaufnahmen? Darüber habe ich noch nie nachgedacht.« Nachdem sie Ja gesagt hatte, lud sie meine Frau, meinen Sohn und mich zu einem frühen Sonntagsdinner in ihr Haus ein. Mitten beim Essen fragte sie: »Machen wir jetzt eigentlich diese Fotos oder nicht?« Ich war mordsnervös und hätte lieber noch weitergegessen, aber sie ging zur Couch und zog sich aus.

Zur Pointe der Fotos gehört, dass das Orange der Sofakissen perfekt mit dem Orange von Westwoods Schamhaar korrespondiert. Haben Sie die Kissen anfertigen lassen?

Nein, die Kissen lagen da. Ich brauchte sie nur ein bisschen hin und her zu schieben. Das war höhere Fügung.

Zu Ihren doppelbödigsten Bildern gehört das Foto einer überdimensionalen Marc-Jacobs-Einkaufstüte, aus der die Beine einer Frau ragen, als würde sie auf einem Gynäkologenstuhl sitzen. Unter dem Bild der Frau ohne Gesicht steht: »Victoria Beckham photographed by Juergen Teller «.

Victoria ist eine sehr clevere Frau, ich bin mir aber nicht sicher, ob sie den tieferen Sinn des Fotos so ganz verstanden hat. Ihr Kalkül war, wenn ich mich auf dieses Spaßfoto einlasse, werde ich in der Modewelt endlich ernst genommen. Ich verschaffe mir ein neues Image, indem ich beweise, dass ich mich über mich selbst lustig machen kann.

Jacobs und Sie galten lange als Traumpaarung. Warum wurde die Zusammenarbeit Knall auf Fall beendet?

Mit Charme kann man mich leicht rumkriegen, aber sobald jemand autoritär wird, blockiere ich. Statt wie bisher gemeinsam über Ideen zu diskutieren, hielt mir Marc plötzlich einen Revolver an den Kopf. Ich bekam von ihm eine SMS, dass ich dann und dann Miley Cyrus für die neue Kampagne zu fotografieren hätte. Miley Cyrus? Fuck, warum sollte ich die fotografieren wollen? Meine Tochter hat mir dazu gratuliert, dass ich Nein gesagt habe.

Wo endet Ihre Freiheit, wenn Sie für Modekonzerne fotografieren?

Deine Freiheit stirbt in der Sekunde, in der du einen kommerziellen Job annimmst. Ich habe gerade für Louis Vuitton gearbeitet. Mein Lieblingsbild zeigte das Model von hinten. Es hieß, sorry, aber es ist unmöglich, dieses Bild zu verwenden. Chinesen empfinden es als respektlos, eine Frau von hinten abzubilden, und Monsieur Arnault, der Eigentümer von Louis Vuitton, mag so etwas auch nicht. Da habe ich gedacht, spinne ich jetzt? Bist du etwa der Einzige, der es ab und zu großartig findet, Frauen von hinten zu vögeln?

Was war die seltsamste Situation, in die Sie Ihr Beruf gebracht hat?

Ich habe mal für *Details* O. J. Simpson in einem Hotel in Florida fotografiert. Er sagte, ich solle mir ein paar Mädchen aufs Zimmer bestellen, denn er habe noch ein, zwei Stunden zu tun. Dabei zeigte er auf eine blonde Frau, die sehr deutsch aussah. Als ich die ersten Fotos gemacht hatte, fragte er aus heiterem Himmel: »Juergen, was glaubst du, wer hat meine Frau umgebracht?« Ich kriegte Panik und sagte, keine Ahnung, ich war nicht dabei. Er brach in höllisches Gelächter aus und sagte: »Nur Gott kennt den Täter.«

Zur Kernidee von Mode gehört, jemanden für out zu erklären. Fürchten Sie den Tag, an dem es heißt: »Juergen Teller? Nicht der schon wieder!«

Nein. Ich steuere meine Arbeit so, dass ich nicht zum Sklaven der Mode-Industrie werde. Deshalb kann es mir fucking egal sein, ob mich jemand für out erklärt. Als ich Vater wurde, fing ich an, Kinder zu fotografieren. Dann habe ich ein Buch über das Essen im Hotel »Il Pelliccano« in der Toskana gemacht. Für ein anderes Buch bin ich ein Jahr lang über das Reichsparteitagsgelände in Nürnberg gekrochen. 2015 hat mich die Akademie der Bildenden Künste in Nürnberg für fünf Jahre als Gastprofessor akzeptiert.

Ihre Lehrtätigkeit haben Sie mit einem Seniorensatz begründet: »Das hält mich jung.«

Ich will mich selbst überraschen, und der Enthusiasmus und die Naivität der Studenten tun mir gut. Es erinnert mich daran, wie ich früher war, und regeneriert mich. Ich füttere die Studenten, und sie füttern mich.

Warum gerade Nürnberg?

Ich hatte Angebote aus Yale, Paris und London, aber das hat mich nicht interessiert. Ich mag es, dass viele meiner Studenten aus Niederbayern kommen und mit schwerem Akzent sprechen. Außerdem wird meine Mutter auch nicht jünger, und man hat ein bestimmtes Heimweh.

Es gibt zwei Fotos, auf denen Sie vor Glück strahlen. Das eine zeigt Sie in einer Kneipe beim Finalspiel der deutschen Mannschaft bei der letzten Fußball-WM, auf dem anderen legt Ihnen Pelé den Arm um die Schulter.

Beides hat eben mit Fußball zu tun. Pelé war mein Ersatzvater. Außerdem hat er meine Frau überzeugt, meine Frau zu werden. Nachdem wir uns ein paarmal verabredet hatten, sagte Sadie, wir sollten das mit uns besser bleiben lassen, ein herumreisender Fotograf mit Kind und eine herumreisende Galeristin, das werde nichts. Ich fand das voll scheiße, aber du kannst einer Frau ja nicht hinterherkriechen, da machst du dich zum Depp. Zwei Monate später habe ich Pelé fotografiert und ihn gebeten, Sadie anzurufen und ihr viel Glück zu wünschen für das Spiel von Arsenal London. Sadie ist nicht so ein Fußballfan wie ich oder mein Sohn, aber sie geht öfter mit Freunden zu Arsenal ins Stadion. Pelé hat dann zwanzig Minuten lang sehr galant mit ihr gesprochen und gesagt, dass er mich für einen netten Typen hält. Sadie dachte, sie trifft der Schlag, als sie begriff, mit wem sie sprach. Sie war so geschmeichelt, dass sie mich anrief. Wir haben dann das nächste Wochenende gemeinsam verbracht. Als ich sie sechs Wochen später fragte, ob sie mich heiratet, sagte sie Ja.

Die Mutter wird mit 20 in einem Viehwaggon nach Auschwitz deportiert, die Tochter lernt mit 18 Egon Prinz zu Fürstenberg kennen, avanciert zur Jetset-Prinzessin und gründet ein Modelabel, das die Welt erobert: Diane von Fürstenberg über Teleshopping und Wickelkleider für Michelle Obama, über ihren Liebhaber Richard Gere und die Jahre, in denen sie nachts Männer im »Studio 54« aufreißt

»Ich wollte ein Männerleben in einem Frauenkörper – und Männer jagen nun mal«

DIANE VON FÜRSTENBERG

Was auch immer Journalisten Sie fragen, in Ihren Antworten taucht meist Ihre Mutter auf. Warum?

Meine Mutter war Jüdin und lebte in Brüssel. Mit 20 Jahren wurde sie mitten in der Nacht aus ihrem Versteck geholt und in einem Viehwaggon nach Polen gebracht. Als sie 2001 starb, fand ich in ihrem Nachlass ein Kuvert mit der Aufschrift »Lily 1944«. Es enthielt ein Stück Pappe, auf das sie Anfang 1944 mit abgebrannten Streichhölzern eine Botschaft an ihre Eltern geschrieben hatte: »Liebe Mami, lieber Papi, eure kleine Lily weiß nicht, wohin man sie bringt, aber sie geht mit einem Lächeln.« Das erklärt, wer ich bin: Nicht die Tochter eines Nazi-Opfers, sondern einer Frau, die mit einem Lächeln ins KZ ging.

Was wurde aus Ihrer Mutter?

Sie war 14 Monate lang Zwangsarbeiterin in verschiedenen KZs, darunter Auschwitz-Birkenau. Als sie mit 21 Jahren von russischen Soldaten aus dem KZ Neustadt-Glewe befreit wurde, wog sie nur noch 49 Pfund. Obwohl die Ärzte ihr sagten, eine

369

Schwangerschaft bedeute ihren Tod, brachte sie mich am 31. Dezember 1946 zur Welt. Wenn ich Geburtstag hatte, schickte sie mir jedes Mal die gleiche Karte: »Gott hat mein Leben verschont, damit ich Dir Deines schenke. Du trägst die Fahne der Freiheit. «

Hat Ihre Mutter über ihr Leben im KZ gesprochen?

Sie wollte keine Schwere in mein Leben bringen, deshalb hat sie geschwiegen. Wenn sie doch einmal von den Lagern erzählte, sprach sie von der Kameradschaft unter den Häftlingen und ihrem dauernden Heißhunger auf Spaghetti. Die eintätowierten Häftlingsnummern auf ihrem Arm ließ sie entfernen, und von dem Wiedergutmachungs-Scheck, den sie vom deutschen Staat bekam, kaufte sie sich einen Pelzmantel.

Welche Ihrer Eigenschaften führen Sie auf Ihre Mutter zurück?

Mein schlechtes Gedächtnis für Schmerz und Leid. Meine Mutter war ein durch und durch positiver Mensch und hatte keinerlei Verständnis für Jammerei. Ihre Lebensphilosophie war, dass man Katastrophen in etwas Positives verwandeln kann – eine Tür schließt sich, eine andere geht auf. Furcht, sagte sie mir immer, ist keine Option. Als ich Angst im Dunkeln hatte, sperrte sie mich in einen Kleiderschrank. Nach ein paar Minuten holte sie mich raus und sagte: »So, jetzt weißt du, dass in der Dunkelheit keine Monster lauern.« Das war schwarze Pädagogik, aber es hat funktioniert.

Die Fotos, die man von Ihnen kennt, zeigen Sie als exotische Schönheit mit rabenschwarzem Haar, Kleopatra-Augen, hohen Wangen und beneidenswerten Beinen. Waren Sie ein hübsches Kind?

Nein. Vielleicht sollte ich sagen: Gott sei Dank nein. In meiner Schule in Brüssel hatten alle blaue Augen und glattes, blondes Haar. Nur mir standen schwarze krisselige Locken vom Kopf ab. Deshalb fühlte ich mich hässlich und unsicher. Heute weiß ich, dass es ein Vorteil ist, wenn sich ein junges Mädchen nicht auf seiner Schönheit ausruhen kann. Ich war streng mit mir und habe mir viel abverlangt. Während sich meine Freundinnen in Bewunderung sonnten, las ich Bücher, um wenigstens ein interessanter Gesprächspartner zu sein. Ich konnte es kaum erwarten, endlich zu den Erwachsenen zu gehören, denn wenn man klein ist, entscheiden immer andere für einen. Meine Lebensziele hießen Unabhängigkeit und Selbstbestimmung.

Mit 18 lernten Sie Ihren späteren Mann Egon Prinz zu Fürstenberg kennen. Wo sind Sie auf den damals noch ein wenig babygesichtigen Adelsspross gestoßen?

Wir wurden uns in einem Nachtclub vorgestellt. Ich fand ihn ein wenig kindisch, aber seine Unbeholfenheit rührte mich. Liebe wurde es erst drei Jahre später, als wir beide in New York lebten. Sein Tempo nahm einem den Atem. An einem durchschnittlichen Abend besuchte er drei Cocktailpartys, ein Dinner, zwei Bälle und eine Schwulenbar.

Mit 21 waren Sie schwanger.

Egon war in Hongkong, als ich das Testergebnis bekam. In einem Telegramm fragte ich ihn, ob ich abtreiben sollte. Seine Antwort war: »Nein. Organisiere die Hochzeit so schnell wie möglich. Liebe und Küsse.«

Sie entstammen einer gut situierten Mittelschichtsfamilie mit griechisch-russischen Wurzeln. Fand der Fürstenberg-Clan, Egon heirate unter Stand?

Man war nicht glücklich, dass nach 900 Jahren erstmals jüdisches Blut in den Stammbaum kam. Egons Mutter, Clara Agnelli, gehörte zur Eigentümerfamilie von Fiat. Deshalb wurde hinter vorgehaltener Hand gezischelt, ich sei auf ein großes Vermögen und einen Adelstitel aus. Egons Vater, Prinz Tassilo, kam zwar zur Hochzeitszeremonie, dem anschließenden Empfang blieb er aber demonstrativ fern.

Stimmt es, dass Egon seinem Vater als Stimmungsaufheller eine Prostituierte aufs Hotelzimmer schickte?

Ja. Anders wäre er gar nicht erst angereist.

Binnen 13 Monaten brachten Sie zwei Kinder zur Welt und gründeten ohne Vorkenntnisse ein Modelabel, das auf Anhieb Erfolg hatte.

Eine Woche nach den Entbindungen habe ich schon wieder gearbeitet. Mit 24 Mutter von zwei Kindern zu sein war mir nicht genug. In mir brannte ein Feuer. Ich wollte Egons Familie beweisen, dass ich keine Schmarotzerin bin. In den ersten Monaten war ich meine einzige Angestellte, die Kleider lagerten im Esszimmer unseres Apartments.

Hat Ihr Prinz-Gemahl Ihre Firmengründung finanziert?

Nein. Ich hasse nichts mehr, als einen Mann um Geld zu bitten. Als ich eines Tages die Rechnungen nicht bezahlen konnte, habe ich den Diamantring versetzt, den Egon mir zur Geburt unserer Tochter geschenkt hatte. Man kann mit einem Mann nur glücklich sein, wenn man ihn verlassen und für sich selbst sorgen kann.

Sie trugen damals meist Hotpants und High Heels. Die Mode, die Sie verkauften, war konservativer.

Mode für elitäre Frauen gab es bereits genug. Ich entwarf praktische, preiswerte Jerseykleider für jeden Tag, waschbar und bügelfrei, aber trotzdem feminin und sexy.

Der amerikanische Modedesigner Halston sagte einmal über Sie: »Sie hätte ihren Weg auch dann gemacht, wenn ihr Name Diane Schmaltz gewesen wäre.« Teilen Sie diese Einschätzung?

Egon gab mir den Titel, eine Million Kontakte und stellte mich der *Vogue*-Chefredakteurin Diana Vreeland vor. Ich sehe aber keinen Grund, ihn dafür verantwortlich zu machen, dass ich mit 28 Jahren 60 Millionen Dollar Umsatz machte.

1976 waren Sie auf dem Cover von *Newsweek*. Auf dem Foto trugen Sie Ihre bis heute berühmteste Kreation: ein Wickelkleid für 75 Dollar, das inzwischen in jedem Modemuseum hängt. Wie entstand Ihr Einfall?

Beim Fernsehen. Als ich sah, dass Richard Nixons Tochter Julie eine Wickelbluse und einen Rock von mir trug, dachte ich, warum machst du aus zwei Teilen nicht eines? Die Umsätze gingen durch die Decke. Ich verkaufte bis zu 25 000 Wickelkleider pro Woche und hatte auf einmal hundert Mitarbeiter. Hausfrauen in den Vorstädten trugen mein Kleid ebenso selbstverständlich wie die Schauspielerin Candice Bergen oder die Bürgerrechtlerin Angela Davis.

Sie führten ein Jetset-Leben zwischen Cortina d'Ampezzo, der Costa Smeralda, Fire Island und Ihrem herrschaftlichen Apartment in der New Yorker Park Avenue. Zu Ihren Abendgesellschaften erschienen Figuren wie Jack Nicholson, Dino De Laurentiis, Paloma Picasso, Andy Warhol, Loulou de la Falaise, Fran Lebowitz, Bob Colacello und Marisa Berenson.

Der Glitzerglanz eines Adelstitels reizte die Fantasie der New Yorker Gesellschaft. Ich war ein bestauntes Unikat, denn eine Jetset-Prinzessin, die jeden Morgen zur Arbeit geht und ihr eigenes Geld verdient, das gab es bis dahin nicht.

Warum scheiterte Ihre Ehe nach dreieinhalb Jahren?

Der Auslöser war eine Titelgeschichte im Magazin *New York*. Auf dem Cover hieß es: »Das Paar, das alles hat. Ist alles genug?« Der Ton der Geschichte war unnötig gehässig, aber der Inhalt stimmte. Erstmals sah ich meine Ehe mit fremden Augen, und der Anblick schockierte mich.

Sie hatten dem Reporter eine vergiftetet Frage gestellt: »Leidenschaft in einer Ehe verpufft nach einer Weile. Finden Sie es aufregend, wenn Ihre linke Hand Ihre rechte Hand berührt?«

Ich kenne keine verheiratete Frau, die sich diese Frage nicht stellt. Egon gab öffentlich zu, Affären zu haben, und ich war nicht besser. Plötzlich kam mir unsere Ehe oberflächlich und abgeschmackt vor. Als Egon überlegte auszuziehen, bestärkte ich ihn. Mit 26 stand ich plötzlich als alleinerziehende, berufstätige Mutter da, aber endlich war ich die unabhängige Frau, die ich seit meinen Kindertagen sein wollte.

Was kostete Egon die Scheidung?

Nicht einen Dollar. Ich verachte Frauen, die Alimente kassieren, obwohl sie sie nicht brauchen. Als Zeichen meiner Unabhängigkeit schenkte ich mir zum Geburtstag eine 200 Jahre alte Farm mit 23 Hektar Land in Connecticut. Zu meinem 30. Geburtstag schenkte ich mir ein 16-Zimmer-Apartment mit Blick auf den Central Park.

Als Steve Rubell und Ian Schrager 1977 das »Studio 54«

eröffneten, zählten Sie zu den ersten Gästen. Wie wirkte der Club auf Sie?

Eine Woche nach Eröffnung bat Halston, den Club ausnahmsweise an einem Montagabend zu öffnen, um Bianca Jagger an ihrem 27. Geburtstag mit einer Party zu überraschen. Als Bianca vor den Augen von Truman Capote, Liza Minelli und Andy Warhol in ihrem Abendkleid ein weißes Pferd bestieg, war mir klar, der Laden wird berühmt. Dass er nach ein paar Wochen zum besten Aufrissort der Welt wurde, lag vor allem an der Einlasspolitik. Am Eingang mit einem 50-Dollar-Schein zu wedeln war zwecklos. Die Türsteher ließen nur Prominente und glamouröse Nobodys rein.

Sie wurden Dauergast im »Studio 54«. Wie vertrug sich das mit Ihren Verpflichtungen als Mutter und Firmenchefin?

Nach dem Abendessen mit meinen Kindern telefonierte ich bis Mitternacht mit Geschäftspartnern in Kalifornien und Asien. Dann zog ich mir Cowboystiefel an, fuhr mit meinem Mercedes in eine Parkgarage in Midtown und betrat den Club wie ein Cowboy einen Saloon. Ich holte mir ein Bier und zog meine Runden. Zwei Stunden später fuhr ich zu meinen Kindern zurück.

Die Tanzfläche des Clubs war mit einem Kokainlöffel dekoriert. Waren Sie Kokserin?

Nein. Ich habe viele Jahre Marihuana geraucht, aber im Vergleich zu meinen Freunden war mein Konsum moderat. Zu beichten hätte ich höchstens, dass ich öfter mal stoned mit dem Auto vom Club nach Hause gefahren bin.

Im New Yorker Nachtleben hatten Sie den Beinamen »Diane the Huntress«. Männern, die eine Beziehung mit Ihnen wollten, rieten Sie, sich den Song »Love Stinks« von der J. Geils Band anzuhören.

Ich hatte es mir verdient, »Die Jägerin« genannt zu werden. Ich wollte ein Männerleben in einem Frauenkörper – und Männer jagen nun mal. Es kickte mich, die traditionellen Geschlechterrollen auf den Kopf zu stellen. Sie als Mann wissen doch, dass zwei Stunden ausreichen, um sich in einem Club jemanden fürs Bett auszusuchen.

Ende der Siebziger waren Sie mit dem Schauspieler Richard Gere liiert. 1980 schrieben Sie bei einem Strandspaziergang auf Bali um fünf Uhr morgens mit großen Buchstaben »Vergiss Richard« in den Sand. Warum?

Richard war eine Obsession für mich geworden. Ich fühlte mich abhängig von ihm, und da ich es hasse, die Kontrolle zu verlieren, habe ich ihn aus meinem Leben exorziert.

Haben Sie je Liebesschmerz empfunden, von dem Sie dachten, er bringt Sie um?

Ich habe gelitten, mich abgewiesen und mies behandelt gefühlt. Ich habe es aber nie zugelassen, dass ein Mann mein Herz bricht.

1977 stand Ihre Firma plötzlich vor dem Bankrott. Was war schiefgelaufen?

Von Ende der Siebziger bis Ende der Achtziger war ich eine miserable Geschäftsfrau. Ich vergab wahllos Lizenzen, egal ob Koffer, Schuhe, Modeschmuck oder Bettwäsche. Die Qualität und der Look der Produkte waren oft minderwertig. Mein Parfüm »Tatiana« zum Beispiel hatte eine Farbe wie Nagellackentferner. Das Image meines Namens wurde trashy, und das ist in der Mode die Todsünde Nummer eins. Ein Modedesigner verkauft Selbstbewusstsein. Das funktioniert aber nicht, wenn Sie ein Has-been sind und die Käufer auf Sie herabblicken.

Zum Niedergang Ihrer Geschäfte kam eine private Kehrtwende. Sie wurden die Muse eines brasilianischen Barfußkünstlers, dann zogen Sie mit dem italienischen Schriftsteller Alain Elkann für fünf Jahre nach Paris.

Die erste Zeit mit Alain habe ich sehr genossen. Ich gründete einen Verlag und einen literarischen Salon, in dem Köpfe wie Alberto Moravia und Bret Easton Ellis verkehrten. Das Problem war, dass Alain es peinlich war, wie ich mich kleidete. Zu grell, zu aufgedonnert, sagte er. Ihm zuliebe begann ich Tweedröcke und flache Schuhe zu tragen, und bald sah ich aus wie eine Lehrerin.

Ihr Freund – er war mit Gianni Agnellis Tochter verheiratet und ist Vater der Fiat-Erben Lapo und John Elkann – betrog Sie.

Ich hatte diese Quittung verdient. Ich erlebte, was alle Frauen erleben, die ihre Persönlichkeit zugunsten eines Mannes aufgeben: Sie werden als unsexy beiseitegeschoben. Als ich endlich so war, wie Alain mich haben wollte, fand er mich nicht mehr begehrenswert und begann eine Affäre mit einer meiner Freundinnen. Als mir 1989 ein Zahn gezogen werden musste, sagte ich mir: »Mit diesem Zahn entfernst du auch Alain!« Bei meiner Rückkehr nach New York habe ich die Stadt kaum wiedererkannt. Ivana Trump war die Frau der Stunde, Gier war eine Tugend geworden, und Donna Karan hatte meinen Platz eingenommen. Ich musste mir eingestehen, eine irrelevante Figur von gestern zu sein. Für einen kompetitiven Menschen wie mich war das äußerst schmerzhaft.

Ihr Wiederaufstieg verdankt sich einer schönen Pointe: Sie, die divenhafte Jetset-Prinzessin mit französischem Akzent, wurden Pionierin im Teleshopping.

Als ich in die Studios des Senders QVC kam, um mir ein Bild von diesem Business zu machen, verkaufte eine Soap-Darstellerin vor den Kameras gerade Haarpflegeprodukte. In weniger als 60 Minuten machte sie 600 000 Dollar Umsatz. Das war ein schlagendes Argument, es selber zu probieren. Bei meinem Debüt im November 1992 war meine Kollektion sofort ausverkauft. In zwei Stunden hatte ich 1,3 Millionen Dollar umgesetzt. Bei einer Folgesendung verkaufte ich 2000 Seidenhosen in weniger als zwei Minuten. Dieser Thrill gab mir mein Selbstvertrauen zurück.

Ende der Neunziger verkauften Sie wieder Luxusmode.

Als ich merkte, dass junge, moderne Frauen wie Gwyneth Paltrow und Uma Thurman in Vintage-Läden horrende Summen für meine alten Wickelkleider zahlten, gründete ich meine Firma 1997 neu. Ich war die Frau, die fallengelassen wurde, um dann von den Töchtern ihrer ersten Kundinnen wiederentdeckt zu werden.

Die große Konstante Ihres Lebens ist der milliarden-schwere Medientycoon Barry Diller, früher Boss von Fox und Besitzer einer hundert Millionen Dollar teuren Segelyacht.

Als wir uns 1975 ineinander verliebten, war Barry gerade mit 33 Jahren Boss des Filmstudios Paramount geworden. Er chauf-fierte mich mit seinem gelben Jaguar E vom Flughafen zu seiner Villa in Beverly Hills. Hinter uns fuhr eine Limousine mit mei-nem Gepäck. An meinem 29. Geburtstag überreichte er mir eine Heftpflasterschachtel. Als ich sie öffnete, funkelten mir 29 lose Diamanten entgegen. Später gab es andere Männer in mei-nem Leben, aber das hat Barrys Liebe nicht kleiner gemacht. Auch als wir schon 20 Jahre kein Paar mehr waren, haben wir immer noch fünf bis sechs Mal am Tag telefoniert und sind zusammen verreist. Es gab bis heute keine Sekunde, in der er nicht für mich da war.

Sie sagen, Sie seien nicht für eine Ehe gemacht. Warum haben Sie Diller 2001 geheiratet?

Weil er 26 Jahre lang auf mich gewartet hat. Als ich meiner Mutter erzählte, dass ich Barry heiraten will, sagte sie: »Er ver-dient es.« Und das tat er wirklich.

Dennoch dauerte es ein Jahr, bis Ihnen die Formulierung »mein Mann« über die Lippen kam.

Dass eine Ehe nicht meinem Wesenskern entspricht, mag daran liegen, dass sich meine Eltern getrennt haben, als ich 13 war. Ich ging auf Internate in England und der Schweiz und war auf mich allein gestellt. Mit dieser Prägung hält man es gut allein aus. Barry hat sein Leben, ich meines. Ich kenne drei Vor-aussetzungen für funktionierende Beziehungen: Man muss den Respekt füreinander wahren, sich Raum geben und alles sein lassen, was einen für Dritte erpressbar macht. Ich habe Barry nie einen Mann verschwiegen, mit dem ich etwas hatte.

Sie führen seit Ihrer Jugend Tagebuch. Werden Sie die Auf-zeichnungen über Ihre Jahre als »Diane the Huntress« ver-öffentlichen?

Mein Agent Andrew Wylie drängt mich dazu, aber ich werde die Entscheidung meinen Kindern überlassen. Mein Eindruck ist, dass nur meine frühen Eintragungen lesenswert sind. Man lernt, dass Schmerz und Frustration Treibstoff einer Karriere sein können. Ohne frühes Leid geht Ihnen irgendwann der Sprit aus. Die Notizen aus den letzten 25 Jahren sind wohl nur für mich von Belang. Je ausgesöhnter der Geisteszustand, desto langweiliger die Tagebücher.

Sie haben die 70 überschritten. Wie denken Sie über Botox und plastische Chirurgie?

Schauen Sie sich die tiefen Falten in meinem Gesicht an. Ich sehe vielleicht noch nicht aus wie Louise Bourgeois, aber ich kann nicht vortäuschen, auch nur eine halbe Stunde jünger zu sein, als ich bin. Vor einiger Zeit habe ich mir beim Skifahren das Gesicht verletzt. Meine Freundinnen sagten: »Diane, dies ist der ideale Moment, dein Gesicht glätten zu lassen. So hätte dein Unfall wenigstens etwas Gutes.« Hätte ich den Rat befolgt, würde ich jetzt wie eine 70-Jährige aussehen, die auf 55 macht. Würde Sie das antörnen? Falten sind Souvenirs, der Beweis, dass man überlebt hat. Deshalb sollte man jede einzelne willkommen heißen. Natürlich hat das Alter seine bösen Momente, wenn man sich eingestehen muss, dass Gedächtnis und Sehkraft nachlassen und die Knie schrumpelig werden. Aber die Alternative wäre, tot zu sein. 1994 bekam ich Zungenkrebs und musste acht Wochen lang bestrahlt werden. Wenn man mit 47 Jahren plötzlich in Todesgefahr ist, ändert sich die Perspektive aufs Leben. Aus »Mein Gott, du bist schon 47!« wird »Mein Gott, du bist erst 47!«. Heute sage ich mir, Diane, du bist im Frühherbst deines Lebens.

Ihre Person ist der Kern Ihres Markenimages. Was wird passieren …

… wenn ich heute bei einem Verkehrsunfall mein Leben aushauche, meinen Sie? Ich bin dabei, meine Firma für diesen Fall vorzubereiten. Die Marke Diane von Fürstenberg soll nicht länger von mir handeln, sondern von den Werten, die ich repräsentiere. Und die lauten in einem Satz zusammengefasst: Eine Frau kann ein Männerleben führen und dabei eine Frau bleiben – feiert diese Freiheit!

Wenn Sie auf Ihr Leben zurückschauen, was war Ihr größter Triumph?

Etwas, was Sie vielleicht wenig beeindrucken wird. Als Barack Obama Präsident wurde, verschickte seine Frau zu Weihnachten eine offizielle Grußkarte. Auf dem Foto trug sie das erste Kleid, das ich in meinem Leben entworfen habe. Mit 22 hatte ich es selber getragen, mit 62 habe ich es neu aufgelegt. Ich sagte mir: Erst warst du eine Jetset-Prinzessin, die Aufstieg und Fall ihres Modelabels verantwortet hat, dann ein Comeback-Kid, und jetzt trägt die First Lady dein erstes Kleid. Deine Mutter wäre in diesem Augenblick sehr, sehr stolz auf dich.

Die Eltern bauen ein Milliarden-Imperium auf und überbieten sich mit wilden Affären, ihr 13-jähriges Kind flieht in die Kunst und will Maler werden: Der Verleger Hubert Burda über seine mit Spaghetti schmeißende Mutter und den lebenslangen Spagat zwischen Handke und Heino, über die Ehe mit der eigensinnigen Maria Furtwängler und den Vorteil, nur 1,70 groß zu sein

»Sterben lernen ist die einzige Weisheit, die man im Leben erreichen kann«

HUBERT BURDA

Die Ehe Ihrer Eltern hätte eine 1-a-Geschichte für die *Bunte* abgegeben. Ihr Vater Franz, einer der Titanen des deutschen Wirtschaftswunders, hatte von seiner zehn Jahre jüngeren Sekretärin ein Kind, das neun Monate nach Ihnen geboren wurde. Seine Geliebte machte er zur Chefredakteurin der Zeitschrift *Effi Moden*, die er für sie gekauft hatte. Seine Ehefrau Aenne feuerte die Nebenbuhlerin mit dem Satz »Ich lass mich nie und nimmer scheiden!«, übernahm das Heft selbst und baute daraus das weltumspannende Imperium Burda Moden. Um ihre Revanche zu würzen, nahm sie sich auf Sizilien einen Liebhaber mit dem klangvollen Namen Giovanni Panarello, mit dem sie fortan in ihrer Villa in Taormina die Ferien verbrachte. Nachdem sie ihren Italo-Lover bei ihrem Geburtstagsfest öffentlich vorgeführt hatte, rächte sich ihr Ehemann mit noch wilderen Affären. Mittendrin in diesem Tollhaus: Sie.

Mein Vater hat sich nicht gerächt. Ihm war der Liebhaber sehr willkommen. Er wusste genau, dass er die Mutter mit seinem unehelichen Kind in einem Maße desavouiert hatte, dass ihr Affären vollkommen zustanden.

Bereute Ihr Vater seine Vielweiberei?

Nein. Er hatte nicht mehr Affären als andere Einflussreiche und ging relativ locker damit um. Liebschaften gehörten für ihn zur Kreativität und guten Laune, so wie die Schubert-Lieder, die er morgens beim Aufstehen sang. Ich glaube, er liebte Picasso deswegen so sehr, weil der ein Weltmeister im Fremdgehen war und mit all diesen schönen Frauen so gut vorwärtskam.

Ihr Vater war ein Getriebener, dessen höchstes Vergnügen es war, 16 Stunden am Tag zu arbeiten. Ihre Mutter kümmerte sich erst um Burda Moden, dann um ihre Kinder. Waren Sie ein einsames Kind, dem vor Kummer das Herz gefror?

Es ist doch etwas Herrliches, ein einsames Kind zu sein! Was du alles aufsaugen kannst, welche Kreativität du entwickeln kannst. Ich hatte noch nie ein Problem mit der Einsamkeit.

Ihre Mutter warf mit Aschenbechern und Telefonen nach ihren Redakteurinnen und beleidigte sie mit gehässigen Bemerkungen. Ihren Gatten ohrfeigte sie in aller Öffentlichkeit mit einem Rosenstrauß. Noch mit 95 antwortete sie auf Fragen nach ihrem Wohlbefinden mit dem Satz: »Mir geht's gut, ich hasse!«

Also, dass sie unkonventionell war, ist schon klar. Als sie mit Giovanni in Taormina in einem Restaurant saß, rief einer der Gäste dauernd »Aenne! Aenne!«, weil er ihre Aufmerksamkeit wollte. Sie nahm einen Teller Spaghetti und schmiss ihn durchs ganze Lokal auf ihn. Man muss dazu wissen, dass diese Aenne Burda sensationell gut aussah. Sie hatte vielleicht nicht die elegantesten Beine – deswegen trug sie immer lange Röcke –, aber sie hatte ein wunderschönes Gesicht. Und sie wusste um ihre erotische Kraft, mit der sie jeden in null Komma nichts in ihren Bann zog. Sie konnte aber auch grässlich sein. Man muss sich ja nur in der griechischen Mythologie auskennen.

Sie entwichen den Ehedramen Ihrer Eltern in die Kunst.

Mit 15 schrieben Sie über Picasso, lasen Gedichte von Mallarmé und waren fest entschlossen, Maler zu werden.

Zwischen 13 und 15 habe ich jeden Nachmittag im Atelier eines Malers verbracht und Leinwände grundiert, Pigmente angerieben und gemalt. Mein Vorbild war Cézanne. Dessen Vater, ein Bankier, war auch dagegen, dass der Sohn Maler wird.

Als Sie Ihrem Vater mit 16 Ihre Berufswahl mitteilten, bekamen Sie zur Antwort: »Halt die Gosch! Du wirst Verleger.« Beleidigte es Sie, dass er Ihre Arkadiensehnsucht missachtete?

Nein. »Halt die Gosch« war bei uns in Baden zu verstehen wie »Grüß Gott«. Der Vater hatte kapiert, dass meine Fähigkeiten für eine Existenz als Künstler nicht reichen würden. Wir einigten uns auf den Kompromiss, dass ich Kunstgeschichte studiere. Die Bedingung war, dass ich mit 25 promoviere und dann ins Unternehmen komme. Ohne diesen Druck wäre ich nach der Promotion vielleicht irgendwo Assistent geworden und hätte auf eine Professur gewartet. Dann würden wir uns jetzt nicht gegenübersitzen.

Das Thema Ihrer Doktorarbeit lautete: »Die Ruine in den Bildern Hubert Roberts«.

Der Vater schüttelte den Kopf und sagte: »Ich baue von morgens bis abends ein Riesenunternehmen auf, und was machst du? Du schreibst über Ruinen!«

Ihre Karriere bei Burda begann mit einem fulminanten Fehlstart.

Ich habe sieben Jahre lang nur Fehler gemacht. Dass ich das überhaupt überlebt habe, ist ein Kapitel für sich. Ich kam aus dem Kunstseminar des berühmten Hans Sedlmayr und hatte mit Freunden einen Philosophenclub gegründet. Marcel Proust lasen wir nur auf Französisch, James Joyce nur auf Englisch, Dante nur auf Italienisch. Da wir natürlich auch Marcuse und Lukács lasen, waren wir, was die Ästhetik betrifft, Marxisten. Ich war wahnsinnig elitär und zum Teil auch von einer unerträglichen Überheblichkeit. Als ich mit dieser Attitüde bei Burda zur Tür reinkam, hieß es natürlich: »Dieses aufgeblasene Rindvieh von Doktor!«

Ihre erste Zeitschriftengründung war 1969 das Männer-magazin *M*. Das Cover zeigte einen Mann, der mit nacktem Oberkörper Kopfstand macht und dabei buschiges, ver-schwitztes Achselhaar sehen lässt. Ihre Mutter kommentierte Ihr Gesellenstück mit den Sätzen: »Der Vater hat deine Zeit-schrift in die Hände gekriegt. Jetzt isst er nichts mehr. Du bist schuld, wenn er stirbt!«

Der Vater war bockelhart gegen mich und hat mich teilweise vor versammelter Mannschaft zur Sau gemacht, aber was *M* angeht, hatte er recht. Die Zeitschrift ähnelte einem Film ohne Regisseur und Drehbuch.

Zu Ihren Beratern bei *M* gehörten der Lyriker Wolf Wond-ratschek, der spätere Hanser-Chef Michael Krüger und der brauseköpfige Ästhetik-Professor Bazon Brock.

Bazon hatte damals einen sehr großen Einfluss auf mich. Ihn bis heute durchzustehen ist eine meiner größten Leistungen. Das ist auch nur mir gelungen. Aber ich verdanke ihm viel. Er war lange der Dramaturg meines Lebens und hat mir beige-bracht, wie Inszenierungen funktionieren.

Als *M* nach nur zwölf Ausgaben beerdigt wurde, hatten Sie zwölf Millionen Mark in den Sand gesetzt. Ihr Vater tobte, Ihre beiden älteren Brüder fühlten sich in ihrer Überzeu-gung bestätigt, Sie seien als Verleger eine Null.

Nach der *M-Krise* bin ich mit Bazon im Schwarzwald spazie-ren gegangen. Ich wollte immer, dass Rudolf Augstein mal von mir Kenntnis nimmt, aber der nahm natürlich überhaupt keine Kenntnis von mir. Da Bazon in Hamburger Pressekreisen ver-kehrte, fragte ich ihn: »Was meint denn der Rudolf? Hast du mal mit ihm über mich geredet?« Er antwortete: »Der Rudolf sagt, wenn dein Vater stirbt, bringen dich deine beiden Brüder um.« Diese Prophezeiung blieb mir im Kopf. Nach dem Tod des Vaters herrschte dann tatsächlich Krieg. Um den zu beenden, haben wir das Erbe in drei Teile geteilt. Im Rückblick war die Realteilung das Beste, was uns passieren konnte.

Als Anfang der Siebziger Ihre Ehe mit Christa Maar zu scheitern drohte, sagte Ihre Frau, Sie sollen zum Analytiker

gehen. Nach einigen Sitzungen sagte der Mann: »Ihr Problem ist Ihr Vater – der will Sie umbringen.«

Das war ein netter Analytiker, ordentlich freudianisch, aber als der mir plötzlich mit Sophokles und König Ödipus kam, habe ich die Sache abgebrochen.

Als Ihr Vater mit 63 Jahren sein Verhältnis mit einer jungen *Bunte*-Reporterin ungeniert zur Schau stellte, sagten Sie ihm: »Das kannst du meiner Mutter nicht antun!« Sie bekamen zur Antwort: »Jetzt pass mal gut auf, Bürschle, ich bin es, der die Firma aufgebaut hat, und wenn du nicht verstehen willst, wie das hier läuft, dann gehst du eben.«

Aus seiner Sicht hatte er recht. Für ihn war ich ein komplizierter, umständlicher Kerl, der dauernd Fehler machte. Wenn er sah, was ich tat, seufzte er meistens: »Mein lieber Heiland!« Dass ihm so einer in seine Affären reinquatschte, machte ihn doppelt wütend.

Ihr Vater verbannte Sie für ein Jahr in die USA. Als Sie zurückkamen, schickte er Ihnen einen Einschreibbrief: »Lieber Hubert! Deine Brüder und ich sind uns einig, dass Du für die Geschäfte dieser Welt nicht gemacht bist. Wir sind der Meinung, Du solltest eine Kunstgalerie aufmachen. Dafür erhältst Du fünf Millionen Mark, womit dann Deine Ansprüche an die Firma erloschen wären.« Haben Sie überlegt, den Deal anzunehmen?

Eine Kunstgalerie? Um Gottes willen! Ich wollte Verleger werden. Aber ich kann verstehen, dass ich für meinen Vater und meine Brüder wahnsinnig schwer zu vermitteln war. Ich war ein komischer Vogel und körperlich nicht privilegiert. Ich war nicht wie Claus Jacobi der 1,85-Meter-Typ, der auf Sylt auftritt, und alle liegen ihm zu Füßen und sagen: »Umwerfend! Hinreißend!«

Sie sind 1,70 Meter groß. Wäre Ihr Leben anders verlaufen, wenn Sie 1,85 Meter groß wären?

Groß gewachsene Menschen müssen nicht den Ehrgeiz entwickeln, hoch zu springen. Es kann ein schweres Handicap sein, 1,85 Meter groß zu sein und saugut auszusehen. Wenn du es dann nicht schaffst im Leben, wunderst du dich umso mehr. Ich habe einem Reporter mal das Thema gegeben: die Tragik des älter werdenden, gut aussehenden Mannes. Da kenne ich Beispiel um Beispiel. Die hatten es alle zu leicht. Denen fehlten die innere Kraft und der Biss.

Der Schriftsteller Peter Handke, einer Ihrer intimsten Freunde, sagt: »Ich habe noch nie einen so einsamen Menschen erlebt wie Hubert Anfang der Siebzigerjahre.«

Es war alles zerbrochen, alles. Ich hatte ja nicht nur mit *M* Mist gebaut. Helmut Markwort, mein Alter Ego zu dem Zeitpunkt, verließ Burda und ging zu *Gong*. Und die Christa, damals sehr links, verließ mich und ging mit Uwe Brandner auf und davon, um Filme zu machen. Das Einzige, was mich überleben ließ, war ein Song von Simon & Garfunkel, den ich immerzu hörte: »I am a rock, I am an island. I have my books and my poetry to protect me.«

Vor was sollten Bücher und Poesie Sie beschützen?

Ich war damals oft in St. Moritz und Saint-Tropez und war in Gefahr, in diese Welt der reichen Erben abzustürzen. Aber in mir war etwas drin, was rausmusste. 1976 war der Vater dann großzügig genug, diesem gescheiterten Vogel mit seinen 36 Jahren die *Bunte* zu geben. Sie war sein absolutes Lieblingskind.

Die *Bunte* erschien damals in Offenburg und war ein Oma-Blatt, in dem Redakteure nahe der Pensionsgrenze Märchen über gekrönte Häupter schrieben.

Als es hieß, der gescheiterte Hubert geht in die Provinz und macht die *Bunte,* habe ich innerhalb kürzester Zeit fast alle meine Freunde verloren. Für sie war es das Lausigste, was du tun konntest.

Wie kamen Sie bei der *Bunte*-Mannschaft an?

Nach der ersten Woche hat die Redaktion gestreikt. Nach vier Wochen war der Machtkampf zu meinen Gunsten entschieden.

Der Spagat zwischen Handke und Heino ist seither eins Ihrer Lebensthemen. Hat Sie erst die Begegnung mit Andy Warhol von Ihrem Komplex befreit, bloß der Verleger von Lowbrow-Heften zu sein?

Da ist was dran. 1973 habe ich Warhol nach Offenburg eingeladen, weil ich meinem Vater zum 70. Geburtstag Porträts der Familie schenken wollte. Die sechs Bilder kosteten zusammen 50 000 Mark. Danach habe ich Warhol öfter in seiner *Factory* in New York besucht. Anders als viele meiner linken Freunde verachtete er die Massenmedien nicht. Weil er den Clash von High und Low spannend fand, wurde er für mich zur Symbolfigur dafür, dass die Welt der Illustrierten und die Welt der Kunst und Literatur nicht unvereinbar sind. Man kann in beiden Welten leben, ohne die eine gegen die andere ausspielen zu müssen. Mein neues Evangelium hieß: *Media is art.* Es war die Lektüre von Warhols Zeitschrift *Interview,* die mich darauf brachte, aus der *Bunten* ein modernes People-Magazin zu machen.

Sie waren zwölf Jahre lang Chefredakteur der *Bunten*. Welche Zeile hätten Sie aufs Cover gehoben, als 1991 eine sogenannte Traumhochzeit anstand: Ein aus einer südbadischen Kleinstadt stammender Medien-Milliardär heiratet die 26 Jahre jüngere Großnichte des legendären Dirigenten Wilhelm Furtwängler, die er als 19-jährige Medizinstudentin in Frankreich erobert hatte?

Wahrscheinlich hätte ich meine Mutter zitiert: »Das gibt eine Katastrophe!«

Ihre Mutter war von der Vermählung mit Maria Furtwängler nicht begeistert?

Nach dem Standesamt sind wir zu Fuß durch den Englischen Garten zum Essen gegangen. Maria wollte ja nichts Großes, keine Kutsche, nichts. Meine Mutter kam im Auto hinterher. So richtige Hochzeitseuphorie ist dann nicht entstanden, es knallten keine Sektkorken. Die Mutter und die Maria haben sich erst ganz zum Schluss verstanden. Im Grunde war meine Mutter gegen alle Frauen, die ich anbrachte.

Sie waren ihr Liebling, ihr »Schniggo«.

Nachdem die Mutter tot war, haben die Frauen eingesehen, wie außergewöhnlich sie war. Das muss man sich vorstellen: Tochter eines Offenburger Eisenbahners aus der grauen Gaswerkstraße. Obere Unterschicht, maximal. Fliegt von der Klos-

terschule, weil die Schwester Oberin sagt: »Deine genagelten
Schuhe sind zu laut auf den Gängen. Wenn deine Mutter kein
Geld für Ledersohlen hat, dann hau ab!« Und plötzlich rast
diese Frau nach oben! Trifft sich mit Frau Gorbatschow, weil sie
ein Credo hat: »Ich will, dass die Arbeiterin schön aussieht.«
Frau Gorbatschow geht zu ihrem Mann und sagt: »Du kannst
die Russinnen nicht so entsetzlich rumlaufen lassen. Wir brauchen die Schnitte von Burda Moden.« Am Ende die Krönung:
weltweit 25 Millionen verkaufte Hefte.

**Als Sie 1993 den *Focus* gründeten, wurde Ihnen fast ein-
stimmig prophezeit, Sie würden ein Fiasko erleiden, mit dem
Sie den gesamten Verlag aufs Spiel setzen. Rudolf Augstein
rief Ihnen bei einem Treffen in Hamburg nach: »Hubert,
wenn du mal gar nichts mehr hast, zu mir kannst du kommen, da kriegst du immer was zu essen!«**

Das war bei einem Mittagessen im »Mühlenkamper Fähr-
haus«. Unser Verhältnis hatte sich inzwischen verändert. Rudolf
war zwei, drei Wochen im Jahr in St. Moritz und wohnte mit
Gisela Stelly...

... seiner vierten Frau...

... schräg gegenüber von meinem Haus. Wir sind oft spazieren gegangen, oder ich kam zu ihnen. Der Sohn Julian lag
am Boden und krabbelte herum. Dass ich den *Focus* machen
wollte, nahm Rudolf mit Humor, denn er war vollkommen
überzeugt, dass ich das Ding an die Wand fahre. Er wusste, mir
würde keine Bank Geld leihen, weil ich mit der Einstellung der
Super!-Zeitung gerade siebzig Millionen Mark verloren hatte.
Dann kam auch noch die Hypo-Bank und kündigte meinen
Fünfzig-Millionen-Kredit. Im Grunde war das mein Aus. Es
gab Morgen, an denen ich nicht wusste, wie ich den Tag überleben soll. Aber weil ich vom *Focus-Projekt* vollkommen überzeugt war, habe ich schließlich unser Münchner Verlagsge-
bäude verkauft. Fortan hatte ich nur eine Sorge: Dass Markwort
zur Tür reinkommt und sagt: »Dr. Burda, lassen Sie's mit dem
Focus lieber bleiben.«

***Super!* war ein Gemeinschaftsprojekt mit Rupert Murdoch.**

Als der sich Hals über Kopf zurückzog, ließ er Sie auf den Kosten sitzen.

Über *Super!* rede ich nicht. Aber lustig ist ja, dass ich Anfang 1991 mit Murdoch Taxi gefahren bin und er nicht einmal mehr das Geld hatte, den Fahrer zu bezahlen. Das war der Mann, der heute die Medienwelt beherrscht. Als wir uns vor drei Jahren beim Weltwirtschaftsforum in Davos über den Weg liefen, deutete er auf mich und sagte zu seiner Frau: »Wendi, this is my best friend ever!« Ich habe gedacht, ja, für siebzig Millionen kann man so was sagen. Das ist die teuerste Freundschaft meines Lebens.

Der *Zeit*-Verleger Gerd Bucerius verhöhnte Sie wegen Zeitschriften wie *Freizeit Revue* als »Rheumadecken-Verleger«, *Stern*-Chefredakteure pflegten von Ihnen als »Hubsie« zu sprechen. Kränkte Sie der Hamburger Spott?

Aus Hamburger Sicht war ich lange eine quantité négligeable, das Schwarzwald-Springerle. Natürlich war diese Herablassung verletzend, wenn man auf Sylt an der Cocktailbar stand, aber ich habe davon profitiert, unterschätzt zu werden. Der Bucerius war ein extrem komplizierter Charakter, aber wir fingen schon Ende der Sechziger an, uns prächtig zu verstehen. Nach meiner *M*-Katastrophe wollte er mich adoptieren. Er kam zu meinem Vater und sagte: »Sie haben drei Söhne, ich habe keinen. Geben Sie mir doch Ihren Jüngsten.« Mein Vater antwortete: »Sie haben ja einen Vogel! Den Kleinen brauche ich.«

Sie haben das Unternehmen Ihres Vaters zu imposanter Größe geführt. Als Sie bei Burda die Nummer eins wurden, gab es im Verlag zehn Zeitschriften, die Umsatzrendite des Unternehmens betrug gerade mal 0,6 Prozent. Heute veröffentlichen Sie 350 Zeitschriften, beschäftigen 10 000 Menschen und machen knapp drei Milliarden Euro Umsatz im Jahr.

Das beweist eigentlich nichts. Vielleicht ist mir sogar wichtiger, was mein Freund Peter Handke von mir hält. Der kann Sie nämlich so was von versenken: »Blas dich nicht so auf! Jetzt redest du wieder eine halbe Stunde lang nur von dir!« Sie müssen Freunde haben – inklusive der Ehefrau –, die Sie korrigieren.

Wer zeigt Ihnen gegenüber den größten Widerspruchsgeist?

Maria, Handke, Markwort – und Kallen, der Vorsitzende unseres Vorstands.

Peter Handke, Ihr Trauzeuge bei der Hochzeit mit Maria Furtwängler, haben Sie 1968 kennengelernt. Über Ihre Beziehung sagten Sie mal: »Ich denke, dem Handke ging ich am Anfang ziemlich auf die Nerven. Ich konnte nicht mithalten mit Freunden wie Wim Wenders und Peter Stein. Ich war für die alle vornehmlich dieser Illustriertenheini. Ich habe dann den Handke lange Zeit umworben, wie eine Frau. Erst seit ein paar Jahren ist es zwischen uns so, dass wir gleich und symmetrisch sind.« Was hat sich ein Medien-Tycoon mit einem scheuen, weltabgewandten Poeten zu sagen, der keinen Computer besitzt, mit der Außenwelt per Fax kommuniziert und sich in Gesellschaft »wie in einen gläsernen Berg eingeschlossen« fühlt?

Es gibt niemanden, der einen besser schauen und staunen lehrt als der Peter. Der größte Feind des Lebendigen ist die Routine: Kenn ich schon, weiß ich schon – deine Urteile sind fertig. Das ist der Tod. Die Welt muss immer wieder fremd werden für dich – und dann kippt sie um. Was Handke »Umsprungsbilder« nennt, ist das, was ich im Leben suche. Gelingt diese Suche, bin ich glücksselig. Außerdem verdanke ich dem Peter, dass ich nicht längst einen Herzinfarkt hatte. Seit ich 1979 seine Erzählung *Langsame Heimkehr* gelesen habe, versuche ich, mein Leben zu dezelerieren, heute würde man sagen: zu entschleunigen.

Handke ist wie eine seltsame Bombe, die jederzeit mitten im Satz hochgehen kann. Über seine cholerischen Wutanfälle sagt er: »Es gibt keinen, den ich nicht in zehn Minuten bis an sein Lebensende gedemütigt hätte.«

Ich habe mal bei seinem Geburtstag die Tischordnung verändert, weil ich sie fürchterlich fand. Als er das mitkriegte, sagte er: »Am besten verlässt du sofort das Lokal!« Ich hätte seinen gesamten Geburtstag ruiniert und sei ein unmöglicher Mensch, mit dem er nie mehr was zu tun haben wolle. Ich ging raus und marschierte fluchend durch die Wälder: »Ich lass mich doch von diesem Deppen und Rindvieh nicht fertigmachen!« Ich glaube, es war Ulla Unseld-Berkéwicz, die sagte, ich solle doch jetzt nicht mit dem Peter brechen, der habe das gar nicht so gemeint.

Sie haben Ihren Freund mit Menschen wie Gianni Agnelli und Liz Taylor zusammengebracht. Wie verhält sich Handke in solchen Situationen?

In der ersten halben Stunde hält er sich schweigend die Hand vors Gesicht. Aber wenn er dann Grünen Veltliner getrunken hat, hört er gar nicht mehr auf zu reden. Wegen des vielen Veltliners sind unsere Treffen für mich immer mit einer Gewichtszunahme verbunden.

Handke sagte in einem Interview mit dem SZ-Magazin, Sie, der Internet-Prophet, könnten noch nicht mal eine SMS schreiben.

Doch, doch, SMS ist ja nicht schwer. Für E-Mails, Websites, Pinterest und Instagram habe ich zwei junge Mitarbeiterinnen um mich herum.

Welches Smartphone benutzen Sie?

Gar keins. Ich telefoniere mit einem Nokia-Modell, das sicherlich über zehn Jahre alt ist. Ich hänge nun mal an diesem Ding.

Der Intellektuelle ist durch den Zweifel definiert. Wie Hamlet ist er tendenziell unfähig zur Tat. Wie erklären Sie, dass mit Springer und Burda zwei der erfolgreichsten deutschen Medienkonzerne von einem promovierten Musikwissenschaftler und einem promovierten Kunsthistoriker in die digitale Welt geführt wurden?

Es ist ein unschätzbarer Vorteil, wenn man zwischen 18 und 26 das Museum seiner Fantasie organisieren kann. Von diesem Fundus zehrst du, denn Fantasie ist das, was du im Mediengeschäft am nötigsten brauchst. Amazon ließ Woody Allen eine Serie drehen. Dass Jeff Bezos auf diese Kombination gekommen ist, zeigt einmal mehr, dass er von uns allen der mit Abstand großartigste Unternehmer ist. Du musst auf Ideen kommen, die Kommunikation herstellen, und dafür brauchst du das Talent, scheinbar Unzusammenhängendes zu verbinden. Deshalb lautet einer meiner Leitsätze: Connect the unexpected, try a moonshot.

Gehen Tatmenschentum und schöngeistige Wolkenschiebereien in einer Person zusammen?

Das Praktische und das Poetische können sich abwechseln. Eine Songzeile, die ich immer laut mitsinge, heißt: »Get your feet back on the ground«. Der *Stern* war unter Henri Nannen lange eine der besten Zeitschriften der Welt. Oft hat es mir den Atem verschlagen, wenn ich die Fotos und das Layout sah. Und was hatte Nannen studiert? Kunstgeschichte!

Als Sie Anfang der Neunziger prophezeiten, das Internet werde die Medienwelt revolutionieren, spotteten Ihre Konkurrenten, Sie würden unter »digitalem Rinderwahn« leiden. Was ließ Sie klarer sehen als die Bosse von Bauer und Gruner+Jahr?

1991 habe ich ein Essen für den Medienphilosophen Vilém Flusser gegeben. Obwohl sein zentrales Thema der Untergang der Schriftkultur war, war er keiner dieser Kulturpessimisten, die unentwegt den Untergang des Abendlandes kommen sehen. Er entwickelte die positive Utopie einer telematischen Gesellschaft, in der die Informationsflut die alten autoritären Diskurse zerbricht und durch ein flüssiges Netz aus Dialogen ersetzt. Durch Flusser kam ich automatisch auf den Medientheoretiker Friedrich Kittler. Dessen These war, dass das Aufschreibesystem Text durch einen Medienverbund auf digitaler Basis ersetzt wird. Durch Kittler habe ich kapiert, dass der Computer zum alles integrierenden Leitmedium werden würde.

Wie nah, wie fremd ist Ihnen eine Kultur, in der die Menschen keine fünf Minuten stillsitzen können, ohne ihre Smartphones zu befummeln?

Als ich mit der Lisa …

... Ihrer Tochter Elisabeth ...

... auf Korsika im Urlaub war, haben wir in einer Strand-
kneipe ein Paar beobachtet. Er hatte so ein Ding vor der Nase,
und sie hatte so ein Ding vor der Nase. Die saßen da eine Stunde
lang, ohne ein Wort miteinander zu wechseln. Diese Art Autis-
mus ist ein neues Phänomen, das mir fremd ist. Wir hatten
einen Lachkrampf.

**Gibt es eine Stimme in Ihnen, die sagt, es wäre klug, sich
vor Informationen zu schützen?**

Ab einer gewissen Uhrzeit will ich nichts mehr wissen. Deshalb schaue ich abends kaum fern. Mit ein paar Ausnahmen
gehe ich um zehn ins Bett. Abendgesellschaften meide ich, denn
es kann nicht meine Feierabendbeschäftigung sein, dass Leute
mit mir erörtern wollen, was ich von den Geschichten in der
letzten *Bunten* halte. Wenn ich um zehn ins Bett gehe, bin ich
um fünf auf. Dann lese ich Gedichte, im Moment von Philippe
Jaccottet, oder Prosa von Handke. Seinen Roman *Mein Jahr in
der Niemandsbucht* lese ich immer wieder. Auf Seite 514 habe
ich gerade den Satz unterstrichen: »Du musst die Erscheinungen draußen immer zu Verwandlungen bringen.« Der Peter ist
derjenige, bei dem ich zur Ruhe komme.

Wie geht Ihr Morgen weiter?

Irgendwann setzt der Reflex ein: Was gibt es Neues? Dann
gehe ich auf *Focus Online* und schaue mir die Seiten von *Huf-
fington Post* und *Bild.de* an.

**Stimmt es, dass Sie frühmorgens in ein Diktaphon spre-
chen?**

Ja, zehn bis zwanzig Minuten lang, im Urlaub auch länger.
Das ist ein Sammelsurium aus Business-Ideen und Gedanken
zu ästhetischen Fragen. Später tippt das jemand. Ich sehe es
durch, schneide Gedanken heraus und klebe sie zusammen mit
Fotos oder Zeichnungen in Kladden. Dieses Journal wird aber
erst nach meinem Tod veröffentlicht werden.

Aus persönlichkeitsrechtlichen Gründen?

Nein. Da stehen keine Indiskretionen und keine Intimitäten
drin. Ich reiße auch meine Wunden nicht auf, und da gibt es

Hunderte. Von mir werden Sie über Günter Prinz nie ein Wort hören, obwohl seine plötzliche Rückkehr von *Super!* zu Springer die schwierigste Situation meines Berufslebens war. Es hält nur auf, sich mit so was zu beschäftigen. Vorwärts, vorwärts! Es ist noch so viel zu tun.

Was haben Sie heute Morgen ins Diktaphon gesprochen?

(Burda geht zu seinem Schreibtisch und holt drei DIN-A4-Bögen.) Ich lese Ihnen ein paar Ausschnitte vor: »Den Leuten vom *SZ-Magazin* die Bedeutung klarmachen, die Warhol für dich hatte ... Erzähle über die Pinakothek und Hubert Robert ... Mache klar, dass München bis heute eine Residenzstadt ist, und wie die Münchner Gesellschaft erst durch Hannes Obermaier und später durch Michael Graeter entstanden ist ... Berlin kann da überhaupt nicht mithalten, und deshalb gehören *Bunte* und Burda nach München, der schönsten Stadt der Welt ... Wie entwickeln sich bei uns die Zahlen des *E*-Commerce? An *Focus-Medizin* das Thema künstliche Blase geben ... Im Interview Kategorien des Sublimen, Schönen und Pittoresken einführen, weil sie sich durch dein ganzes Leben hindurchziehen ...« Sie merken, verwenden konnte ich fast nichts davon für dieses Interview.

2005 veröffentlichte die Journalistin Gisela Freisinger nach mehreren Treffen mit Ihnen die mit Nickligkeiten gespickte Biografie *Hubert Burda. Der Medienfürst*. Warum haben Sie sich auf dieses Projekt eingelassen?

Der Grund war, dass ich jungen Leuten sagen wollte: Lasst euch nicht niedermachen, wenn ihr auf die Schnauze fallt. Nehmt mich als Beispiel. Ich bin sehr oft mit schwersten Verwundungen auf die Schnauze gefallen, aber ich bin immer wieder aufgestanden. Da ich in meiner Jugend geboxt habe, habe ich mir immer gesagt: Doppeldeckung! Irgendwann hören die Schläge auf. Und dann schau, dass du einen Haken anbringen kannst. Der Plot des Freisinger-Buches ist: Ein kleiner Mann brüllt dauernd: Ich! Ich! Ich! Das ist mir zu platt, aber Gram habe ich deshalb keinen. Meine Blätter teilen ja auch aus und vernichten Bücher oder ganze Künstlerkarrieren.

Welche Erziehungsmaximen Ihres Elternhauses haben Sie übernommen?

Beide Eltern waren Hands-on-Menschen, die einem beibrachten: »Sag nicht dem Herrn Ober, dass wir einen Stuhl brauchen. Hol ihn selber.« Diese Haltung habe ich versucht, meinen Kindern mitzugeben.

2010 haben Sie sich aus dem Tagesgeschäft zurückgezogen, angeblich weil Ihr Sohn sagte: »Papa, das wird nichts, wenn du so weitermachst. Du kriegst nichts mehr mit, du pennst.« Sie sollen daraufhin sofort zu Ihrem Finanzvorstand Paul-Bernhard Kallen mit dem Satz gegangen sein: »Bernie, Sie führen ab jetzt den Laden. Mein Sohn meint, ich sei zu alt.«

Da ist ein großer Kern Wahrheit dran. Als Facebook kam, wusste ich, meine Generation ist vorbei. Diese Likes waren eine Lachnummer für mich. Weil ich Facebook nicht benutzt habe, habe ich den Anschluss an alles verloren, was danach kam, von Instagram über Pinterest bis Snapchat. Ich habe auch keine Ahnung, wer Xing erfunden hat, obwohl uns das Unternehmen mehrheitlich gehört. Deshalb halte ich mich aus dem Thema Internetfirmen und neue Technologien raus. Mein Sohn kennt sich da besser aus als ich.

Das Thema Verleger und ihre Kinder ist heikel. Heinz Bauers Sohn starb mit fünf an Leukämie, Ihr Sohn aus erster Ehe starb mit 33 an Darmkrebs, Axel Springers Sohn schoss sich eine Kugel in den Kopf, der Sohn von Leo Kirch wurde wegen Drogenbesitzes zu sechs Monaten Haft verurteilt.

Familiendynastien kann man nicht verordnen. Man kann nur versuchen, Kindern mit Liebe und Zeit den Weg zu erleichtern, der in ihnen vorgezeichnet ist.

Wer hat bei Burda das Sagen, wenn Sie jetzt tot vom Stuhl fallen?

Der Vorstand.

Was darf der Vorstand nicht ohne Sie entscheiden?

Nach wie vor gilt: Bestellt Chefredakteure nicht ohne mich. Ansonsten bin ich der freie Radikale, der durchs Unternehmen läuft und Fragen stellt, auf die man nicht kommt, wenn man im Hamsterrad ist.

Wer Sie in den vergangenen zwei, drei Jahren gefragt hat, was Sie im Innersten beschäftigt, bekam zur Antwort: »Sterben lernen.«

Das ist die einzige Weisheit, die man im Leben erreichen kann. Die eigentliche Lebenskunst ist, dass dein Leben nicht auf der Intensivstation endet, sondern mit einer Überfahrt. Für diese Überfahrt musst du dich vorbereiten. Ich fülle mich mit Bildern und Poesie auf, um Proviant für das andere Ufer zu haben, wie es der Lyriker Antonio Machado einmal genannt hat: »amarrada tu barca a otra ribera«. Der tiefste Reichtum der Kunst ist, dass sie ständig mit dem Gedanken an Tod und Unsterblichkeit spielt. Lorrain, Poussin, Giorgione, Matisse: Deren Bilder sind vorweggenommene Paradiese, die herrlichsten Utopien, zu denen wir Menschen fähig sind. Ob die zutreffen oder nicht, I don't care. Oder nehmen Sie Musik. Heute Morgen beim Frühsport mit meinem Coach habe ich die 4. Ouvertüre von Bach gehört. Diese Oboe und dann das Continuo. Boah! Wie gewaltig, wie heilig! Da kann man nur dankbar werden.

Sie hören beim Frühsport Bach?

Das war ein Zufall. Mein Radioapparat ist dreißig oder vierzig Jahre alt. Auf einem Knopf steht Bayern 4. Den drücke ich jeden Morgen um sieben Uhr fünfzehn.

Der Schriftsteller Karl Julius Weber wählte als seine Grabinschrift: »Hier liegen meine Gebeine, ich wollte, es wären deine.« Ihr Freund Handke mag es kürzer: »Bin hinten«. Auf welche Inschrift fällt Ihre Wahl?

Plus ultra! Immer weiter!

Editorische Notiz und Dank

Die vorliegenden Interviews wurden zwischen 2012 und 2017 für das *SZ-Magazin* geführt. Zeitangaben beziehen sich auf das Erscheinungsjahr dieses Buches.

Ich danke den Co-Interviewern Michael Ebert (Interview mit Hubert Burda) und Malte Herwig (Interviews mit Rupert Everett und Peter Handke).

Dürfen wir alles tun, was wir können?

Miriam Meckel

Mein Kopf gehört mir

Eine Reise durch die schöne
neue Welt des Brainhacking

Piper, 288 Seiten
€ 22,00 [D], € 22,70 [A]*
ISBN 978-3-492-05907-7

Der technologische Fortschritt hat das Gehirn ins Visier genommen und mit ihm wachsen die Erwartungen an unsere grauen Zellen.

Schon jetzt ist vieles möglich: Per Gedanken Texte schreiben oder ein Computerspiel spielen? Über ein Hirnimplantat Querschnittsgelähmten einen Teil ihres Bewegungsspielraums zurückgeben? Alles kein Problem. Wir sind dabei, eine gefährliche Grenze zu überschreiten: Wir werden optimierbar. Miriam Meckel fordert: Wir müssen die Autonomie über unseren Kopf behalten und die Privatsphäre des Denkens bewahren.

PIPER

Leseproben, E-Books und mehr unter **www.piper.de**